U0165541

經典永恆・名著常在

五十週年的獻禮——經典名著文庫

五南，五十年了，半個世紀，人生旅程的一大半，走過來了。
思索著，邁向百年的未來歷程，能為知識界、文化學術界作些什麼？
在速食文化的生態下，有什麼值得讓人雋永品味的？

歷代經典・當今名著，經過時間的洗禮，千錘百鍊，流傳至今，光芒耀人；
不僅使我們能領悟前人的智慧，同時也增深加廣我們思考的深度與視野。
我們決心投入巨資，有計畫的系統梳選，成立「經典名著文庫」，
希望收入古今中外思想性的、充滿睿智與獨見的經典、名著。
這是一項理想性的、永續性的巨大出版工程。
不在意讀者的眾寡，只考慮它的學術價值，力求完整展現先哲思想的軌跡；
為知識界開啟一片智慧之窗，營造一座百花綻放的世界文明公園，
任君遨遊、取菁吸蜜、嘉惠學子！

里斯本下的
歐盟對外關係

吳建輝 著　五南圖書出版公司 印行　——法律與政策

EU

SWEDEN

FINLAND

ESTONIA

LATVIA

LITHUANIA

DENMARK

UNITED
KINGDOM

IRELAND

NETHERLANDS

POLAND

GERMANY

BELGIUM

CZECH REP.

SLOVAKIA

FRANCE

AUSTRIA　HUNGARY

SLOVENIA

ROMANIA

ITALY

BULGARIA

TURKEY

PORTIUGAL　SPAIN

GREECE

序

2009年，里斯本條約生效，歐盟運作開啟了新的篇章。

2009年，我從EUI取得博士學位回國，我的人生旅程來到了新的起點。

歐盟法研究在國內是條孤獨的路，尤其，歐盟對外關係的繁複，更是讓不少學者卻步，或是身陷五里霧中，雲深不知處。這本歐盟對外關係專論的出版，是過去研究中，歐盟對外關係的一個總結。除了在PART 1探討歐盟對外關係的法律規範與政策運作之外，這本書PART 2探討歐盟在各類型國際組織或公約的參與。

從回國後，歐盟對外關係法一直是我的研究主軸，一直有體系的就此議題發表文章，其中第一章原本發表於《歐美研究》季刊，第二章與第三章發表於臺大出版中心所出版的《歐債陰影下歐洲聯盟新財經政策》與《歐盟法之基礎原則與實務發展》。PART 2的第四章則是出版於《東吳法律學報》，第五章、第六章、第七章原本出版於《歐美研究》季刊。這本二十六萬餘字的歐盟對外關係研究，敝帚自珍的說，它堪稱是華文世界裡最具體系性且最為深入的著作。

這本書的出版，象徵了我過去十年來研究的一個小結。而隨著歐盟持續整合，以及國際政治的快速發展，歐盟對外關係也將持續演變。這本書將不會是我在歐盟對外關係研究的結束，而是另一個階段的開始，尤其歐盟對外經貿協定部分，將進一步更深入的檢視。

從外文系的文青，基於對社會正義的渴望轉念法律，青春飛揚時短暫駐足於博愛路上的「檢座」，最後終於成為一個已屆不惑之年而依然困惑的憤怒中年。不管是在人生，抑或在研究，我選了一條less travelled by的

路，總是在不盡如人意的時候，微笑的聳聳肩說，that is my limit。不管在人生，或是研究，每個人有endowment，也有constraint。

未來，一直來一直來。在未來的學術旅程中，會一站一站的停泊。也許在下一個十年後，能更加坦然的接受自己的endowment以及constraint。

吳建輝 謹識
2019年5月四分溪畔

目錄 | CONTENTS

Part 1
歐盟對外經貿法

Chapter 1　歐盟對外經貿政策之發展：法律與政策變遷

壹、前言

　　歐洲聯盟（European Union，下稱歐盟）在其成立伊始之歐洲經濟共同體（European Economic Community，下稱經濟共同體或EEC）時期，對內即以建立共同市場，[1]對外則以逐漸建立共同關稅（Common Customs Tariff）及共同商業政策（Common Commercial Policy），[2]並進而形成關稅同盟為目標。就經濟共同體與關稅暨貿易總協定之關係而言（General Agreement on Tariffs and Trade，下稱總協定或GATT），雖然其與總協定之合致性（compatibility）未曾達成正式結論，[3]但其可謂係該協定第XXIV: 8(a)條概念下之關稅同盟，則為學者及實務界所共認。早於共同體仍非總協定之正式締約方時，經濟共同體在80年代即代表其會員國在總協定架構下發言，在其後之歐洲共同體（European Community，下稱共同體）或全面性之歐盟外交政策尚未發展完全時，以共同商業政策為核心之歐盟經貿政策即係經濟共同體在多邊或雙邊對外關係中最重要之一環。[4]

　　隨著歐洲整合之開展，內部市場與共同商業政策隨之強化。經濟共同體多邊及雙邊之經貿關係亦逐漸繁複。除前述總協定下之參與外，就雙

---

[1]　Treaty Establishing the European Economic Community, art. 2. (hereinafter *EEC Treaty*).

[2]　*EEC Treaty*, art. 3(b): *the establishment of a common customs tariff and a common commercial policy towards third countries.*

[3]　請參照洪德欽，歐洲聯盟之理論與實踐——方法論之分析研究，收於：沈玄池、洪德欽編，歐洲聯盟：理論與政策，頁1-85（1998年）。

[4]　Jan Orbie, Europe's Global Role: External Policies of the European Union 53-54 (2008).

邊而言，其亦與眾多地區、區域整合組織或國家簽訂合作協定。例如，
經濟共同體成立不久，隨著其會員國所屬殖民地之獨立，乃與部分非洲
國家於喀麥隆首都雅溫達簽訂雅溫達公約（Yaoundé Convention between
EAMA [Associated African and Malgache Countries] and EEC）。[5]嗣後，
經濟共同體於1980年與時為創始五國所組成之東南亞國協建立合作協
定（Cooperation Agreement between the European Economic Community
and Indonesia, Malaysia, the Philippines, Singapore, and Thailand—member
countries of the Association of South-East Asian Nations）。[6]此外，就個別
國家而言，在中國採取改革開放政策後，經濟共同體旋於1986年與中國簽
訂貿易與經濟發展合作協定（Trade and Economic Cooperation Agreement
between the European Economic Community and the People's Republic of
China）。[7]就歐盟之對外經貿協定而言，除了追求經濟利益之外，亦有
基於歷史文化、地緣政治與地緣戰略乃至於安全之考量。在歐盟對外經
貿政策逐漸開展後，學者Meunier與Nicolaïdis遂以「貿易力量」（power
in trade），以及「藉由貿易取得力量」（power through trade）來闡述
歐盟固然因其內部市場以及貿易總額，在經貿體系具有結構性之力量
（structural power），同時，歐盟並試圖藉由其在經貿領域之結構下力

5　Convention d'association entre la Communauté économique européenne et les États africains
　　et malgache associés à cette Communauté, JOCE 11.06.1964, n° 93, 1431. 雅溫達公約其後
　　演變為洛梅公約（*Lomé Convention*）以及柯多努協定（*Cotonou Agreement*），關於此
　　項條約發展之演變以及對與非洲、加勒比海與太平洋國家（非加太地區）之影響，請
　　參見洪德欽，歐盟對外貿易與發展協定人權條款之規定與實踐，收於：洪德欽編，歐
　　洲聯盟人權保障，頁375-400（2006年）。

6　Cooperation Agreement between the European Economic Community and Indonesia,
　　Malaysia, the Philippines, Singapore, and Thailand-member countries of the Association of
　　South-East Asian Nations (hereinafter *the 1980 Cooperation Agreement*), OJ 1980, L144/2.

7　Council Regulation (EEC) No. 2616/85 of 16 September 1985 concerning the conclusion of
　　a Trade and Economic Cooperation Agreement between the European Economic Community
　　and the People's Republic of China, OJ 1985, L250/1.

量，追求其他非經貿議題之重要性，此即為其等所謂之「藉由貿易取得力量」。[8]

　　然而，試圖藉由連結經貿議題與其他議題（例如經濟與發展合作、環境保護與良善治理），以強化歐盟在國際場域之角色，涉及歐盟對外行動或措施向非專屬權限擴張，易產生歐盟與會員國間權限分配之緊張。由於歐盟對外經貿協定所涉議題之擴張，涵蓋歐盟之專屬權限與非專屬權限，歐盟立場與會員國立場之協調乃至於共同立場（common position）之形成與單一發聲目標（speak with a single voice）之達成，則係歐盟對外經貿談判之核心之一。此外，在涉及非專屬權限時，對外經貿條約之締結須以混合協定（mixed agreement）之方式締結，除國際權利義務之享有與承擔模糊不清外，會員國內部之批准程序亦可能造成時間上之久滯，柯多努協定（Contonou Agreement）批准程序之完成耗時近5年，則為著例。[9]而在歐盟對外經貿權限之發展上，亦呈現由傳統關稅、貨物貿易領域往服務貿易、智慧財產權等非傳統貿易領域擴張之趨勢。因而，歐盟對外經貿權限之擴張，實具有兩個面向，其一是歐盟專屬權限共同商業政策範疇之擴張，其二則是在非屬專屬權限之狀況下，歐盟如何逐漸行使屬於共享權限或藉由協調與支持會員國措施之方式，介入其他領域。此項權限之擴張，除藉由條約修訂之方式為之，亦透過歐洲法院（European Court of Justice，現改名為歐盟法院〔Court of Justice of European Union〕）加以形成。

　　而就歐盟之對外經貿協定政策而言，在普洛迪（R. Prodi）成為執委會主席後，法國籍之拉米（Pascal Lamy）成為執委會貿易委員，拉米在其就職期間，強調藉由強化多邊主義以達成調控之全球化（managed globalisation）目標。基於此目標，普洛迪內閣維持了對於自由貿易協定談判實質之禁令（moratorium），既有之自由貿易協定談判固然得以繼續

8　Sophie Meunier & Kalypso Nicolaïdis, *The European Union as a Conflicted Trade Power*, 13 J. Eur Pub. Pol'y 906, 910-915 (2006).

9　當然，此項協定除了歐盟與其會員國外，另外有眾多之非加太國家，亦係原因之一。

進行，然而，為了表現歐盟對於多邊架構即世界貿易組織（World Trade Organization, WTO）架構談判之支持，歐盟實質上禁止開啟新的自由貿易協定。在此階段，歐盟與墨西哥、智利以及南非之談判由於係開啟於拉米提出其調控之全球化政策之前，遂持續進行。歐盟與智利間之聯繫協定，並成為早期歐盟對外協定之重要範例之一。此項實質禁令，直到巴羅索（José M. Barroso）成為執委會主席，由英國籍支持自由主義之孟德爾森（Peter Mendelson）接任執委會貿易委員後，才告解除。全球歐洲策略（Global Europe）[10]即係歐盟對於自由貿易協定政策改變之重要宣示。[11]在該策略中，執委會以市場之潛力與市場保護之層級為標準，決定歐盟追求自由貿易協定之對象優先順序，並選取南錐共同市場（Mercado Común del Sur, Mercosur）、東南亞國協以及南韓為優先對象。[12]基於以上脈絡，本文先釐清歐盟對外經貿政策應受何原則或目標之規範與導引。其次，並擬分別從條約修正與案例法之角度，探討歐盟對外經貿權限之擴張與取得。其次，從制度性運作面向，探討歐盟對外經貿協定談判之政策擬定與政策形成。其後，並從政策延續與改變之角度，探討歐盟對外經貿協定政策之演變。

一、文獻回顧與概念釐清

就歐盟對外經貿法或共同商業政策之英文文獻眾多，[13]惟此部分並非

---

[10] *Global Europe*: Competing in the World: A Contribution to the EU's Growth and Jobs Strategy (hereinafter *Global Europe*) COM (2006) 567 (October 2006).

[11] 關於因貿易委員之改變所產生之政策更迭，以及執委會在貿易議題上所享有之自主權，參見Sophie Meunier, *Managing Globalization? The EU in International Trade Negotiation*, 45 J. Common MKT. Stud. 905, 910-915 (2007)。

[12] *Global Europe*, *supra* note 10, at 11.

[13] 關於此部分之文獻有如汗牛充棟，其中著例為P. Eeckhout著作的*EU External Relations Law*；A. Dashwood及M. Maresceau主編的*Law and Practice of EU External Relations: Salient Features of a Changing Landscape*；M. Cremona與Bd. Witte主編的*EU Foreign Relations Law: Constitutional Fundamentals*。

本文文獻回顧所關懷之重點，本小節之文獻回顧主要目的係藉由中文文獻之回顧，釐清我國學術界對於歐盟對外經貿法或共同商業政策之發展，在此基礎上，進而呈現本文可能之貢獻。學者鄧衍森以歐洲鐵路運輸協定判決（Accord Européen sur les Transports Routiers [AETR]，[14]其使用之譯語縮寫是ERTA，係從英文翻譯而來），來探討歐盟對外權限之發展，包含明示或默示權限。[15]其並從歐洲法院案例法之發展，探討WTO協定在歐盟聯盟之法律效力，此乃長期以來歐盟法與WTO法兩法律體系間相互關係之重要問題。[16]學者周旭華從歐盟權限劃分（其用語為權力劃分）的角度，探討歐盟對外貿易關係所涉及之聯盟與會員國間權限劃分關係，梳理歐洲法院自AETR以來之案例法，並評析歐洲法院之1/94諮詢意見，[17]同時討論合作義務在歐盟對外貿易關係中所扮演的角色，以及阿姆斯特丹條約（Treaty of Amsterdam）對於共同體條約第133條第5項之修訂。[18]

學者李貴英則以憲法條約（Constitution Treaty）為對象，探討憲法條約架構下之共同商業政策，雖憲法條約因荷蘭與法國公民投票否決，並未生效，然而憲法條約共同商業政策之內容，為里斯本條約（Lisbon Treaty）所承繼，是以，該文章仍極具參考價值。其分別從共同商業政策內涵之釐清以及決策機制之改變加以評析，並探討里斯本條約後共同商業政策可能之潛在影響，包含共同商業政策如何配合其他歐盟對外政策以及

14 *Commission v. Council*, Case 22/70, [1971] E.C.R. I-263.

15 鄧衍森，歐洲共同體對外權能，貿易調查專刊，2卷，頁45-61（1997年）。

16 鄧衍森，WTO協定歐洲聯盟之法律效力，台灣國際法季刊，1卷3期，頁9-30（2004年）。

17 *Opinion 1/94* of the Court of 15 November 1994 on Competence of the Community to conclude international agreements concerning services and the protection of intellectual property—Article 228 (6) of the EC Treaty [1994] E.C.R. I-05267 (hereinafter *Opinion 1/94*).

18 周旭華，歐洲共同體對外貿易關係權力劃分問題，美歐季刊，14卷4期，頁433-470（2000年）。

相關權限分配與條件多數決適用等。[19]其後，學者陳麗娟探討里斯本條約對於共同商業政策（其譯語為共同貿易政策）之影響，分別述及歐洲法院第1/94諮詢意見（advisory opinion，其譯語為鑑定意見），以及其後阿姆斯特丹及尼斯條約（Nice Treaty）對於共同商業政策有何影響，並分別闡述里斯本條約之由來與里斯本條約生效後，共同商業政策之面貌為何。[20]而早於里斯本條約生效前，李貴英即從歐洲單一市場消除投資障礙之角度，探討歐盟之投資政策，此項議題，實為歐盟取得外人直接投資權限之濫觴。[21]陳麗娟並從歐盟作為國際社會行為者（actor，其譯語為全球角色）之角度，探討歐盟在經貿領域所可能扮演之角色，述及之領域涵蓋世界貿易組織以及雙邊貿易關係，討論在里斯本策略（Lisbon Strategy）[22]下，全球歐洲策略如何強化歐盟之競爭力，並研析歐盟東擴以及里斯本條約對於歐盟之對外經貿政策有何影響。[23]

　　就特定之法律或政策工具而言，學者林欽明曾就歐盟涉及之對外貿易爭議調解，除觸及共同體與總協定之關係外，另對理事會2641/84規則，與反傾銷規則加以探討。[24]同時，學者林宜男亦曾對歐盟反傾銷規則中「傾銷認定」涉及之程序與實體問題加以探討。[25]

---

[19] 李貴英，論歐洲憲法條約架構下之共同商業政策，政大法學評論，96卷，頁345-396（2007年）。

[20] 陳麗娟，里斯本條約後EU的共同貿易政策之研究，貿易政策論叢，11卷，頁169-192（2009年）。

[21] 李貴英，論歐洲聯盟投資政策，收於：洪德欽編，歐洲聯盟經貿政策，頁251-292（2000年）。

[22] European Council, *Presidency Conclusions, Lisbon European Council (hereinafer Lisbon European Council)* doc. SN 100/1/00 REV 1 (23-24 March 2000).

[23] 陳麗娟，歐洲聯盟在經貿領域全球角色之研究，貿易政策論叢，13卷，頁51-88（2010年）。

[24] 林欽明，歐洲聯盟貿易爭議之調解與內部整合，收於：沈玄池、洪德欽編，歐洲聯盟：理論與政策，頁155-205（1998年）。

[25] 林宜男，從實施策略研討歐體反傾銷法之「傾銷認定」，收於：洪德欽編，歐洲聯盟經貿政策，頁203-250（2000年）。

　　而歐盟與特定區域、經濟整合組織或國家間之關係，學者宮國威從政治及經濟之角度，探討歐盟與拉美地區在80年代及90年代初期間之政治對話機制與經貿合作。[26]

　　就文字使用而言，本文在述及歐盟對外涉及經濟或貿易，乃至於以貿易作爲發展協助或發展合作之政策工具等相關協定時，均使用歐盟對外經貿協定，亦即，此用語涵蓋經濟、貿易乃至於發展議題。至若明確指涉屬歐盟專屬權限之共同商業政策時，則以共同商業政策名之，而不採共同貿易政策之用語，蓋因共同商業政策乃英文（common commercial policy）或法文（la politique commerciale commune）或義大利文（la politica commerciale comune）之直接中文翻譯，且爲國內多數學者所採用，且商業在中文使用上就其原意即包含國際貿易，我國民國38年制定之經濟部組織法，時尚無國際貿易局之設立，商業司所涵蓋之事項，即包含「國內商業與國外貿易」以及「輸出入」等。[27]是以，本文在用語上採共同商業政策。最後，須予澄清者，歐盟對外經貿協定所涵蓋之範圍，並不僅限於共同商業政策之範疇，此雖屬自明之理，爲免滋生疑義，仍附帶說明之。

二、行文安排與本文架構

　　本文行文安排如下：除第壹節之問題提出，文獻回顧與概念釐清外，本文擬於第貳節部分，從條約修正與歐洲法院案例法發展之角度，觀察歐盟對外經貿權限的擴張與取得。其中將涵蓋默示（外部）權限之取得

---

[26] 宮國威，當前歐洲聯盟與拉丁美洲政治暨經貿關係之發展及其限制，收於：沈玄池、洪德欽編，歐洲聯盟：理論與政策，頁415-460（1998年）。

[27] 斯時，商業司之主管事項包含：一、關於國內商業及國外貿易之獎進保護監督及推廣事項。二、關於輸出入之管理事項。三、關於商標之登記事項。四、關於交易所之登記監查及保險公司及特種營業之核准登記及監查事項。五、關於公司註冊及商號登記事項。六、關於商業團體業務之指導事項。七、關於會計師之登記及監督事項。八、關於商品檢驗及商品陳列展覽事項。九、關於商約商稅之研究事項。十、關於駐外商務官之指導監督事項。十一、關於其他商業行政事項。經濟組織法（中華民國38年公布），第11條參照。

以及共同商業政策範圍之擴張。第參節則從制度運作與政策演變之角度，探討執委會、理事會、歐洲議會乃至於會員國對於歐盟對外經貿協定談判之授權、開啟，談判期間之指令，以及其後之締結與批准等議題加以討論，並分別探討歐盟對外經貿政策歷來之演變，尤以拉米與孟德爾森擔任執委會貿易委員所產生之影響。第肆節則討論歐盟對外經貿協定之談判與締結應受何原則所規範，並為何目標所導引。第伍節則為本文結論，除摘要本文之研究發現與主要論點外，並提出相關建議。

貳、歐盟對外經貿政策之目標與原則

一、歐盟對外行動之目標與原則

依據歐洲聯盟之運作條約（Treaty on the Functioning of the European Union，下稱TFEU或歐盟運作條約）第207(1)條之規定，歐盟之共同商業政策，應在聯盟對外行動之目標與原則下採行。亦即，共同商業政策係聯盟對外行動之一環，亦應為聯盟對外行動之目標與原則所導引。因而，在探究歐盟對外經貿政策之目標與原則時，第一個出發點即是探究聯盟對外行動之目標。

就聯盟目標而言，歐盟條約第3(5)條規範聯盟與外部世界之關係，依據條約之指示，聯盟應維持並提倡其價值與利益，並促進其人民之保障。聯盟應促進和平、安全、地球之永續發展、人類之團結與相互尊重、自由以及公平之貿易、貧窮之消除以及人權之保障（尤其兒童人權），並應促進國際法之嚴格遵守及其發展（尤其對於聯合國憲章所揭櫫原則之尊重）。[28]就此條文而言，歐盟條約除述及聯盟應追求自由與公平貿易外；

---

[28] TEU, art. 3(5): *In its relations with the wider world, the Union shall uphold and promote its values and interests and contribute to the protection of its citizens. It shall contribute to peace, security, the sustainable development of the Earth, solidarity and mutual respect among peoples, free and fair trade, eradication of poverty and the protection of human rights, in particular the rights of the child, as well as to the strict observance and the*

聯盟目標所揭示之地球之永續發展、人類之團結與相互尊重，以及貧窮之消除，亦與聯盟之對外經貿政策息息相關，分別涉及聯盟對外經貿政策之環境與發展面向。

　　歐盟條約在第五篇第一章以下對聯盟對外政策做基本規範，歐盟條約第21(1)條第1項規定：聯盟在國際場域之行動，應由促成聯盟之創立、發展與擴大以及聯盟意圖在國際上提倡之原則所導引，此原則乃係：民主、法治、人權與基本自由之普遍性與不可分割性、人性尊嚴之尊重、平等與團結原則、聯合國憲章與國際法原則之尊重等。第21(1)條第2項則指示聯盟應與認同上開原則之第三國、國際、區域及全球性組織發展並建立夥伴關係。聯盟應促進共同問題之多邊解決，尤其在聯合國架構下。歐盟條約第21(1)條第1項所揭示之民主、法治、人權與基本自由或人性尊嚴，平等與團結等原則，乃係聯盟創建、發展以及擴大之基礎，此等原則，亦應適用在聯盟之對外關係上。此項規範上之要求，亦係「歐洲作爲規範性力量」（Europe as a normative power）之主要論據之一。[29]同時間，此項規範乃促使歐盟在對外經貿協定上，偏好涵蓋人權或民主或法治條款，並將之列爲必要條件（essential elements）或根本條件（fundamental elements），違反時，並得導致條約以及相關貿易優惠之暫時中止。[30]此項必要條件或根本條件之設置，亦係聯盟對外行動中促進上開原則之重要方法之一，課予一定條件（conditionality）以換取發展協助或貿易優惠亦

---

development of international law, including respect for the principles of the United Nations Charter.

[29] 關於歐洲作爲規範性力量，請參見Ian Manners, *Normative Power Europe: A Contradicdtion in Terms?*, 40 J. Common Mkt. Stud. 235, 235 (2002); Ian Manners, *Normative Power Europe Reconsidered: Beyond the Crossroads,*13 J. Eur. Pub. Pol'y 182, 182 (2006)。

[30] 關於必要條件或根本條件之規範案例，可見於柯多努協定第9(2)條第4款，協定第96(2)條第(c)款並規範違反之法律效果。類似規範亦可於歐盟與印尼、歐盟與菲律賓以及歐盟與越南之夥伴及合作協定第1(1)條中發現。

被認為聯盟對外發展政策之主要特徵之一。[31]

即令是在歐盟自主（autonomous）之對外經貿法律工具中，人權條件亦係歐盟貿易優惠授予之重要考量，例如在普遍性優惠待遇（generalised system of preferences）中，斯里蘭卡雖列於2006年及2008年之普遍性優惠待遇受惠國名單，然因斯里蘭卡對於條件之違反，執委會對於斯里蘭卡曾啟動調查，其目的主要在於確認斯里蘭卡是否確實履行其基於永續發展及良善治理，尤其人權保障之義務。[32]執委會並於2009年發布新聞稿表示：對於斯里蘭卡之人權調查報告業已完成，且經採認。該報告中確認斯里蘭卡之人權保障存在諸多缺失。斯里蘭卡違反其基於第二代「普遍性優惠待遇」之特別誘因安排所為之承諾。執委會將持續藉由外交對話以促進斯里蘭卡遵守其承諾，否則將暫時中止其額外之優惠待遇。[33]該額外優惠並於2010年2月15日經執委會宣布暫時中止6個月。[34]

至於聯合國憲章與國際法原則之尊重，乃至於共同問題之多邊解決，則係聯盟對於多邊主義之強調，有主張聯盟依其創始歷程，其本質即係多邊主義，因而，在對外關係上強調多邊主義，乃是其自我認同之對外投射，並強化聯盟在國際場域之主體性。此項歐盟條約之要求，亦可解釋歐盟在對外經貿關係上，何以強調多邊主義之價值，直至全球歐洲策略後，歐盟乃走向雙邊主義之自由貿易談判上。

---

[31] 關於歐盟對外協定中之條件，請參見Lorand Bartels, Human Rights Conditionality in the EU's International Agreements (2005)。

[32] Commission Decision No. 803/EC of 14 October 2008 providing for the initiation of an investigation pursuant to Article 18(2) of Council Regulation (EC) No. 980/2005 with respect to the effective implementation of certain human rights conventions in Sri Lanka.

[33] Generalised System of Preferences (n. d.). Commission statement on Sri Lanka GSP+ report. Retrieved from http:// trade.ec.europa.eu/doclib/press/index.cfm?id=46.

[34] Generalised System of Preferences (2010). EU temporarily withdraws GSP+ trade benefits from Sri Lanka. Retrieved from http://trade.ec.europa.eu/doclib/press/index.cfm?id=515 &serie=316&langId=en.

歐盟條約第21(2)條規定：

聯盟應擬定並追求共同政策與行動，且應在所有國際關係領域上高度合作，以茲：

防衛其價值、基本利益、安全、獨立與完整；

鞏固並支持民主、法治、人權、國際法之原則；

依據聯合國憲章之目標與原則，且依據赫爾辛基原則，以及巴黎憲章之宗旨，維護和平、避免衝突並強化國際安全；

促進所有國家整合於全球經濟中，包含藉由國際貿易限制之持續消除；

幫助國際措施之發展以保護並改善環境品質，以及全球自然資源之永續管理，進而確保永續發展；

協助遭遇自然或人為災難之人民、國家以及區域；

促進以強化之多邊合作以及全球良善治理為基石之國際體系發展。

就上開原則而言，固然促進所有國家得以在全球經濟整合受惠，以及強化多邊合作以及全球良善治理係與歐盟對外經貿政策最直接相關者，但是，其他原則之重要性，亦不可忽視，尤其經貿力量常被歐盟用來作為追求非經貿目的之工具，其中，最為典型者，乃係鞏固並支持民主、法治、人權、國際法之原則。

此外，歐盟條約第21(1)條與第21(2)條之目標，除規範歐盟條約第五篇，以及歐盟運作條約第五部分涉及之對外行動外，同時，亦應規範任何其他聯盟政策之外部面向（the external aspects of its other policies），[35]同時，聯盟應確保其在對外行動之不同領域內之連貫性（consistency），以及對外行動與其他聯盟政策之連貫性。就此連貫性之達成，歐盟條約課予理事會與執委會（在最高對外代表之協助下）應確保該連貫性，且應合作以達成連貫性之效果。[36]聯盟政策連貫性之要求，不管是在對外行動之

---

[35] TEU, art. 21(3), subpara. 1.

[36] TEU, art. 21(3), subpara. 2.

不同領域上，或對外行動與其他聯盟政策間，乃是聯盟對外行動之重要原則。此項連貫性要求，在聯盟機構內應確保聯盟機構間之合作，以及各政策間之協調。此項要求亦適用於聯盟與會員國間，即與聯盟與會員國間之真誠合作原則（sincere cooperation）有關。依據歐盟條約第4(3)條規定：依據真誠合作原則，聯盟與會員國應完全相互尊重，彼此協助源於條約所生任務之執行。[37]會員國應採取任何一般或特定之適當措施，以完全履行條約或共同體機構措施所課予之義務。[38]會員國並應協助聯盟任務之達成，且避免有礙聯盟目標達成之措施。[39]此項真誠合作義務，係歐盟對外行動之重要憲法原則，在歐洲法院之案例法中，歐洲法院亦常以此憲法原則，宣告會員國之措施違反條約義務。

二、歐盟對外經貿政策之目標與基本原則

討論歐盟對外經貿關係之基本原則，有諸多基本原則係與歐盟法之基本原則共通，亦即，歐盟對外經貿關係除因該領域之特殊性，有受特殊原則規範之必要外，同時間，亦需受到歐盟法共通之基本原則所規範。就此共通之基本原則而言，厥其要者為授權原則以及其後之權限分配（delimitation of competence）原則，[40]此項原則在本文後述之諸多諮詢意見，法院對此一再強調其重要性。此項原則亦印證了法律依據之選擇，在歐盟法或歐盟對外經貿法中，具有根本之重要性。除了上開共通原則之外，本文以下擬就歐盟對外經貿政策具有特別價值之兩項原則加以討論，亦即政策之連貫與立場之一致（coherence）以及歐盟與會員國間之真誠合作義務兩項原則，加以評析。此兩項原則之所以重要乃係因為歐盟對外經貿協定，除涉及經貿議題外，往往涉及非經貿面向，就權限之分配上，

---

[37] TEU, art. 4(3), subpara. 1.

[38] TEU, art. 4(3), subpara. 2.

[39] TEU, art. 4(3), subpara. 3.

[40] 關於權限分配原則，另請參照Panos Koutrakos, *Legal Basis and Delimitation of Competence of EU External Relations*, *in* EU Foreign Relations Law: Constitutional Fundamentals 171, 171-198 (Marise Cremona & Bruno de Witte eds., 2008)。

除落於共同商業政策之聯盟專屬權限外，亦可能涉及聯盟與會員國間之共享權限，乃至於會員國之專屬權限，因而，如何藉由聯盟與會員國之真誠合作，進而確保聯盟不同部門之對外政策以及聯盟對外政策與內部政策之政策連貫，以及聯盟與會員國間立場一致，並促成聯盟與會員國在國際代表之一致性（unity of international representation），實係歐盟對外經貿協定談判之重要課題。其次，由於共同商業政策係歐盟對外行動之一環，其亦須受到歐盟對外行動之原則與目標之規範與導引，本節更進一步析論，共同商業政策如何在更廣泛之歐盟對外行動架構下，提倡聯盟之價值並達成聯盟之目標。

（一）政策連貫與立場一致

就聯盟之政策之一般性而言，歐盟條約在第13(1)條首先在關於聯盟機構之規範上，要求聯盟之制度運作架構應提倡其價值、促進其目標、追求其利益、聯盟公民及其會員國之利益，並應確保聯盟政策其行動之連貫、有效（effectiveness）及延續（continuity）。同時，在述及歐盟之最高外交代表時，歐盟條約並要求最高外交代表應確保聯盟外部行動之連貫，且應於執委會內部負責聯盟之對外關係並協調相關外部行動。因而，最高外交代表之主要職責之一乃係，負責聯盟之外部關係，協調外部行動以促成聯盟外部行動之連貫性。而就外部行動與其他政策而言，歐盟條約第21(3)條第2款規定，聯盟應確保不同領域之對外行動，以及此等政策與其他政策間之政策連貫。理事會與執委會，在聯盟外交與安全政策最高代表之協助下，應確保該政策連貫，並應合作以達成該目的。就此條文而言，歐盟條約所課予聯盟之義務，乃在於確保聯盟內部政策與外部政策，以及不同部門之外部行動間之政策連貫，且聯盟條約並課予聯盟機關相互合作以達成該目標之義務。

而由於條約不同文本用語之使用，在德文版本、法文版本中，英文用語之consistency均使用cohérence或Kohärenz之用語。因而，條約文本所產生之第一個解釋上之難題，乃係英文用語之consistency與其他版本之cohérence或Kohärenz之涵義是否相同。其次，歐洲法院在判例法除使用

consistency一字之外，另使用coherence之用語。亦即，依據歐洲法院之判例，其用語係consistency and coherence連用，此第二個解釋難題即係，若consistency與coherence意義相同，則歐洲法院無兼用兩者之必要，然若其意義不同，則英文之coherence應如何加以理解？

學者Hillion比較數版本之條約原文，認為英文版本之consistency應與其他版本之用語cohérence相同，亦即，除應消極避免政策間之衝突外，亦應積極創造政策間之連結與互補（complementarity and synergy），就歐洲法院使用之用語consistency and coherence，其考察法院在*Commission v. Germany*[41]以及*Commission v. Luxembourg*[42]兩個案例，在該案例中，法院均同時使用consistency以及coherence兩個用語，就該二判決之法文與德文版本中，consistency係使用cohérence或Kohärenz，倘若判決使用coherence之用語時，相關之法文用語是unité，德文則是Einheitlichkeit，因而，其認為英文之coherence其意涵應係一致或整體。就此，Hillion主張，歐盟對外行動之政策連貫與立場一致，除消極地應避免聯盟各部門對外行動以及內部政策與外部政策乃至於聯盟政策與會員政策之衝突外，並應積極地尋求各政策間連結與互補之可能。就此目標而言，其區分消極及積極兩個面向加以討論。就消極面向而言，其研析在里斯本條約生效前共同體與會員國、歐盟與會員國以及共同體與歐盟間之權限分配，如何藉由權限之劃分達成消極之政策連貫與立場一致。其次，就積極面向而言，強調真誠合作原則所應扮演之角色。應藉由聯盟機構間之合作以及聯盟與會員國間之合作，積極促成聯盟對外行動之政策連貫與立場一致。[43]

（二）真誠合作義務

歐盟與會員國間廣泛之合作義務則來自於歐盟條約第4(3)條之真誠合

---

41 *Commission v. Germany*, Case C-433/03, [2005] E.C.R. I-6985.

42 *Commission v. Luxembourg*, Case C-266/03 [2005] E.C.R. I-4805.

43 Christophe Hillion, *Tous Pour Un, Un Pour Tous! Coherence in the External Relations of the European Union*, *in* Developments in EU External Relations Law 10, 12-15, 18-35 (Marise Cremona ed., 2008).

作原則。依據眞誠合作原則，聯盟與會員國應相互尊重，協助彼此完成條約所賦予之任務；會員國應採取一般或特定之適當措施以執行條約或聯盟機構措施所導致之義務；會員國並應促進聯盟任務之達成，且應避免妨礙達成聯盟目標之措施。就歐盟條約第4(3)條所課予之義務而言，可分兩個層次加以討論：就義務之課予而言，歐盟條約第4(3)條第一句要求聯盟與會員國相互尊重，且均有協助彼此完成條約所賦予義務之責任。亦即，眞誠合作原則之義務人，並不僅限於會員國，聯盟亦負有相同之義務。其次，歐盟條約第4(3)條第二句則規範會員國就條約或聯盟措施所產生之義務，會員國應採取適當措施以確保義務之滿足。而條約第4(3)條第三句更進一步就主要可分爲積極與消極兩個面向加以規範：一方面要求會員國應促進聯盟任務之達成；另一方面要求會員國避免妨害聯盟目標之達成。就聯盟之對外行動而言，歐盟條約第五章以下設有進一步之規範。歐盟條約第21(2)條本文要求聯盟應制定並追求共同政策與共同行動，並應在各國際關係領域上高度合作（a high degree of cooperation），俾以達成聯盟對外行動之諸多目標。

在歐洲法院之案例而言，歐洲法院首先在1978年歐洲原子能共同體公約（Euratom Treaty，下稱Euratom）下提及眞誠合作義務，在涉及國際原子能總署架構下之核能物質、器材與運送之實體保護公約（Convention on the International Atomic Energy Agency on Physical Protection of Nuclear Materials, Facilities and Transportation）簽署時，法院指出：該公約在共同體境內之執行僅有在共同體機構與會員國在談判以及締約階段密切聯繫（close association）下方能達成。當一特定國際義務部分落於共同體權限，部分落於會員國權限時，該國際義務僅有在共同體與會員國聯繫下才能加以承擔，而此項情形，亦爲Euratom公約所預見。[44]在公約生效後，在共同體內部與會員國內之執行亦須共同體與會員國之密切合作（close

---

[44] Ruling of 1/78 on Draft Convention on the International Atomic Energy Agency on Physical Protection of Nuclear Materials, Facilities and Transportation (hereinafter *Ruling 1/78*). [1978] E.C.R. I-2151, para. 34.

cooperation）。[45]此項見解旋即適用在共同體脈絡下，法院在2/91諮詢意見[46]中表示：即令上開意見是在Euratom架構下做成，上開合作義務在EEC條約架構下亦屬適用，蓋上開合作之義務乃係基於共同體國際代表之一致性要求所導出。[47]質言之，共同體與會員國之合作義務適用於談判、簽署以及內國執行階段，此項合作義務不僅適用於Euratom架構，也適用於共同體架構。再者，此項義務之依據乃係基於共同體對外代表之一致性所致。

　　就對外經貿政策而言，歐洲法院在其判例法中，亦多次強調真誠合作義務在歐盟對外經貿政策之重要性，例如，歐洲法院於1/94諮詢意見中，以真誠合作義務，回應執委會關於承認會員國對於服務貿易總協定（General Agreement on Trade in Services, GATS）以及智慧財產權協定（Agreement on Trade-Related Aspect of Intellectual Property Rights, TRIPS）享有權限，將使執委會在執行WTO條約上產生問題之疑慮。亦即，在不屬於共同體權限之議題上，會員國無可避免地將試圖表示其意見，此外亦將產生一領域究係共同體權限或會員國權限之分歧，並衍生出適用程序之爭議，如此將弱化共同體之談判條件。[48]對此，法院首先指出：關於條約履行可能產生之問題及共同體一致立場之需求，並無法更改條約所定共同體與會員國之權限分配規範。此外，本案既然涉及共同體權限以及會員國權限，共同體與會員國須確保彼此在談判、締約以及義務之履行等議題上緊密合作。此項合作之義務源自於共同體國際代表一致性（unity in international representation of the Community）之要求。[49]

45　*Ruling 1/78*, para. 36.

46　*Opinion 2/91* on Convention No. 170 of the International Labour Organization concerning safety in the use of chemicals at work (hereinafter *Opinion 2/91*) [1993] E.C.R. I-01061, para. 36.

47　*Opinion 2/91*, para. 36.

48　*Opinion 1/94*, para. 106.

49　*Opinion 1/94*, para. 108.

參、歐盟對外經貿權限之擴張與取得：條約修正與案例法之發展

一、條約修正歷程

（一）EEC條約

共同商業政策濫觴於EEC條約第三部分共同體政策之第二篇（經濟政策）第三章第110條以下：主要規範共同商業政策之目標，出口補助政策（aid for exports），過渡期間內以及過渡期間經過後，共同商業政策之運作以及其他相關措施。其中最具重要性者厥為EEC條約第110條以及第113條之規定。EEC條約第110(1)條中敘明：藉由關稅同盟之建立，會員國依其利益，欲促進世界貿易之和諧發展、國際貿易限制之逐漸解除以及關稅壁壘之降低。[50]EEC條約第110(2)條則指示共同商業政策應考量會員國間關稅之解除對於其境內事業競爭力提升之有利效果。[51]就共同商業政策之目標而言，依其經濟環境背景，該時貿易障礙多數以關稅方式居多，因而，條約明示關稅壁壘之降低。然而，隨著自由化之展開，非關稅壁壘亦屬國際貿易限制之核心，其重要性，亦逐漸超越關稅壁壘。而除了自由化目標外，共同商業政策亦強調世界貿易之和諧發展，此項目標或有發展政策之色彩。而在其創立伊始，共同商業政策即強調會員國內產業之競爭力。

EEC條約第113條條文共有四項，第1項規範在過渡期間經過後，共同商業政策之施行與內容；第2項規範執委會與理事會之決策與權責；第3

---

[50] *EEC Treaty*, art. 110(1): *By establishing a customs union between themselves the Member States intend to contribute, in conformity with the common interest, to the harmonious development of world trade, the progressive abolition of restrictions on international exchanges and the lowering of customs barriers.*

[51] *EEC Treaty*, art. 110(2): *The common commercial policy shall take into account the favourable incidence which the abolition of customs duties as between Member States may have on the increase of the competitive strength of the enterprises in those States.*

項規範經濟共同體對外締結條約之相關程序：第4項則規範條件多數決之適用。詳言之，在過渡期間經過後，經濟共同體之共同商業政策應本於一致之原則，尤其涉及關稅稅率之修改，關稅與貿易協定之締結，自由化措施一致性之達成，出口政策，以及諸如補貼或反傾銷等貿易保障措施時。此項條文文字之使用，可能產生些許爭議，亦即，條文在尤其涉及關稅稅率之修改後所臚列之諸事項，係列舉規定，抑或例示規定。此項文義上之模糊，或有疑義之處，惟依據多數學者見解以及案例法之發展，則證明該事項乃屬例示規定，而非列舉規定。況其法文用語，「尤其涉及」（particularly in regard to）實足證明條文所列事項，僅係條約制定者所特別關懷之事項，而非在於界定共同商業政策之範疇。

　　EEC條約第113(2)條就共同商業政策之執行規定，執委會應擬具提案，供理事會採認。依同條第4項之規定，理事會行使職權時，應以條件多數決之方式為之。EEC條約第113(3)條則規範經濟共同體與第三國締結協定之程序：倘若執委會認有必要與第三國締結協定，其應向理事會提出建議，請求理事會授權允許執委會開啟此項談判。同項第2款則規定，執委會在進行談判時，應諮詢由理事會所設立以協助理事會之特別委員會，且應在理事會所下之指示架構下進行。[52]EEC條約第114條規定：在涉及共同商業政策時，經濟共同體對外協定之締結，應以經濟共同體名義為之，在過渡期間第一階段與第二階段時，應由理事會以一致決之方式締結，在過渡期間經過後，則由理事會以條件多數決之方式締結之。[53]同時，EEC條約第116(1)條規定，在涉及共同市場之利益時，會員國在經濟性質國際組織架構下之（international organization of an economic

---

[52] 此特別委員會即所謂之113委員會，嗣因條號變更，則改稱133委員會。113委員會其後成為歐盟對外經貿政策形成的最重要場域，亦係理事會監督執委會最重要之機制之一。

[53] *EEC Treaty*, art. 114: *The agreements referred to in Article 111, paragraph 2, and in Article 113 shall be concluded by the Council on behalf of the Community, acting unanimously during the first two stages and by means of a qualified majority vote.*

character）之行動僅得以共同行動（common action）爲之。爲達此目的，執委會應擬具提案，敘明該共同行動之範疇以及該共同行動如何執行，以供理事會以條件多數決之方式加以採認。

最後，須加以釐清者乃係EEC條約第113條以及第116條之規範，前者要求對外商業協定須以共同體名義締結，並應適用條約第228條之規範。而第116條則要求會員國在具有經濟性質之國際組織內之行爲須以共同行動爲之，就此，執委會並有提案供理事會採認之權限。兩者之差異在於，在一經濟性質之國際組織架構下，若經濟共同體無從成爲該組織之會員，則共同體之會員國應藉由共同行動之方式，採取一致之立場，以維護共同體之利益。[54]

（二）馬斯垂克條約

單一歐洲法（Single European Act）[55]係羅馬條約於1957年簽訂以來第一次重大修訂，除增訂EEC條約第100a條以下之規定，以加速內部市場之整合外，並於單一歐洲法第三篇加入政治合作之條文，成爲歐盟於1992年成立後，第二支柱共同外交及安全政策（Common Foreign and Security Policy）之先驅。然而，就共同商業政策而言，單一歐洲法並無相關修正，共同商業政策之第一次修正始於馬斯垂克條約（Maastricht Treaty）。馬斯垂克條約除了將經濟共同體條約更名爲歐洲共同體條約（Treaty establishing the European Community，下稱ECT或共同體條約）外，[56]亦將共同商業政策獨立爲一篇，即第三部分共同體政策之第七篇。馬斯垂克條約除刪除共同體條約第111條關於過渡期間之規定（因已無必要），另將第116條關於過渡期間後共同體在涉及共同市場之利益時，在經濟性質之國際組織架構下應採取共同行動之規定刪除。就國際組織內之參與或條約締結而言，則於共同體條約第113(3)條內，將原本條文之「與第三國之協定」（agreements with third countries）修正爲「與一國或多國

---

54 參照後文註142，及其本文。

55 Single European Act, OJ 1987, L169/1.

56 Treaty Establishing the European Community, OJ 1992, C224/6.

或國際組織之協定」（agreements with one or more States or international organisations）。此外，共同體條約另於第113(3)條下增訂第3款，規定共同體條約第228條關於共同體對外協定締結程序之規範，應予以適用。[57] 簡言之，在馬斯垂克條約之修正下，共同商業政策之範疇並未擴張，然而，共同體對外條約之締結，則將文字釐清為適用於一國或多國乃至於國際組織之協定。然而，就程序規範而言，共同體條約則明白宣示共同條約第228條程序之適用。

（三）阿姆斯特丹條約

阿姆斯特丹條約最為人所熟知（或詬病）者，厥為條文之整編。因而，與共同商業政策有關一望即知之變革乃係共同商業政策移至第九篇，以及相關條號之改變，原本屬於共同體條約第110條之規定，被移至第131條，而吾人所熟知之共同體條約第113條則整編為第133條（因而113委員會改稱133委員會），其他經馬斯垂克條約刪除之條文，則不予贅列經刪除字眼。共同體條約第131條維持原第110條關於共同商業政策目標之條文，第132條則維持原第112條關於出口補助之規範。共同體條約第133條除保留了原第113條關於共同商業政策範疇，對外協定之締結及條件多數決之適用等規範外，並於第5項增列理事會在經由執委會之提案，且經諮詢歐洲議會後，得將本條第1項至第4項之規範，在服務貿易或智慧財產權未為本條所涵蓋之範圍，延伸適用於服務或智慧財產權（services and intellectual property rights）之國際談判或協定上。[58]

此項修正，主要是因應歐洲法院第1/94諮詢意見關於服務貿易除模式一跨境服務提供（cross-border supply）因具有與貨品貿易相同之特質，屬於共同商業政策之一環，而為共同體之專屬權限外，其餘三個模式之服務

---

[57] 詳後文註173，及其本文。

[58] *ECT, as amended by Amsterdam Treaty, art. 133(5): The Council, acting unanimously on a proposal from the Commission and after consulting the European Parliament, may extend the application of paragraphs 1 to 4 to international negotiations and agreements on services and intellectual property insofar as they are not covered by these paragraphs.*

貿易則屬於共同體與會員國之共享權限（shared competence）。[59]同時，此項共享權限性質亦適用於仿冒品之自由流通以外之智慧財產權部分，因而共同體條約第113(5)條所稱之就其不為第1項至第4項所涵蓋部分，即屬模式一以外之服務貿易，以及不屬於仿冒貨品之自由流通以外之智慧財產權部分。[60]共同體條約明文賦予理事會得經由執委會之提案，在徵詢歐洲議會後，以一致決之方式，擴大共同商業政策之範疇。然而，理事會未曾援引此條文，以擴大共同商業政策之範疇。蓋理事會乃由會員國相關部長組成，難以想像會員國在無其他誘因或壓力之情形下，主動以理事會決定之方式，將權限移轉予共同體。

（四）尼斯條約

　　尼斯條約對共同商業政策做出另一重大修正，也造成諸多解釋上之難題。尼斯條約對共同體條約第133條增列數項。首先，第133條第1項至第4項除維持既有條文，並於尼斯條約修訂後之共同體條約第113(3)條第2款另加入：理事會與執委會應確保所協商之協定與共同體內部之法律或政策相符。[61]其次，第133(5)條捨棄由理事會得依據執委會提案，經徵詢歐洲議會得以一致決方式將前四項之規定延伸適用於服務以及智慧財產權之規範模式，改以條約明文規定：第1項至第4項之規定，就其等議題未為第1項至第4項所涵蓋部分，應適用於服務貿易（trade in services）以及智慧財產權之商業面向（commercial aspects of intellectual property rights）之條約談判與締結上，然此項規定應無礙於條約第133(6)條之規範。[62]然而，得

---

[59] 其餘三個模式之服務貿易係：境外消費（consumption abroad）、自然人呈現（natural persons presence）及商業呈現（commercial presence）。

[60] 詳後文註152，及其本文。

[61] *ECT,* as amended by Nice Treaty, art. 133(3), sentence 2: *The Council and the Commission shall be responsible for ensuring that the agreements negotiated are compatible with internal Community policies and rules.*

[62] *ECT,* as amended by Nice Treaty, art. 133(5): *Paragraphs 1 to 4 shall also apply to the negotiation and conclusion of agreements in the fields of trade in services and the*

藉由執委會提案，理事會經徵詢歐洲議會後，以一致決之方式延伸第133條第1項至第4項適用範疇之規定，仍出現在智慧財產權之其他面向（亦即，非商業面向部分）。亦即，尼斯條約修正後共同體條約之共同體條約第133(7)條仿照阿姆斯特丹條約修正後之共同體條約第133(5)條之規定，賦予理事會得依據執委會之提案，經徵詢歐洲議會後，得將第133條第1項至第4項之規定，就其未爲共同體條約第133(5)條所涵蓋部分，延伸適用於智慧財產權協定之談判與締結。而此所謂未爲共同體條約第133(5)條所涵蓋部分，即係不屬商業面向之智慧財產權領域。

　　詳言之，就條文所示，未爲第1項至第4項所涵蓋部分，係指模式一（跨境服務提供）以外之服務貿易以及仿冒貨品自由流通以外之智慧財產權部分，此係歐洲法院案例法之影響，業如前述。然應另予指出者，此處條文用語與阿姆斯特丹條約之用語有所差異。亦即，阿姆斯特丹條約後之用語則係「貿易」與「智慧財產權」。相對於此，尼斯條約後之用語係「服務貿易」以及與智慧財產權之商業面向。兩者用語之差異主要係後者已確定納入共同商業政策之範圍，因而須限制在服務「貿易」以及智慧財產權之「商業面向」上。前者，僅授權理事會得經執委會之提案，經徵詢歐洲議會以一致決之方式擴大共同商業政策之範疇，因而，前者之範疇乃加以限縮。其二，應予說明者，係條文使用「服務貿易」之用語，固爲WTO協定下之用語，此項用語，依據歐洲法院之1/08諮詢意見，[63] 該用語應以WTO協定爲其脈絡加以解釋。[64]然而，在WTO協定架構下，係使用「與貿易有關之智慧財產權」（Trade-related Aspects of Intellectual Property Rights），共同體條約第133(5)條所使用之「智慧財產權之商業面

---

commercial aspects of intellectual property, insofar as those agreements are not covered by the said paragraphs and without prejudice to paragraph 6.

[63] *Opinion 1/08* of the Court of 30 November 2009 on the grant of compensation for modification and withdrawal of certain commitments following the accession of new Member States to the European Union [2009] E.C.R. I-11129.

[64] 詳後述註162，及其本文。

向」，固然符合共同商業政策之脈絡，但與WTO協定之用語不一，解釋上其範疇是否與WTO協定之範圍一致，則易生疑義。[65]

共同體條約第133(5)條第2款則規定，共同體在對外締結第133(5)條第1款所涉事項之協定時（即服務貿易與智慧財產權之商業面向），倘若系爭協定之內容涉及在共同體內部規則之採認須以一致決方式為之，或當系爭協定涉及條約賦予共同體權限，然共同體尚未以採行內部規則之方式行使權力時，此等協定之締結則排除第133(4)條規定之適用。[66]詳言之，在涉及不為1/94諮詢意見所涵蓋，亦即涉及原本不適用第133條第1項至第4項之規定之服務貿易（除跨境服務提供外）與智慧財產權之商業面向時（除仿冒貨物之自由流通外），談判之開啟與條約之締結，依據1/94諮詢意見不屬於共同商業政策之一環，而應為共同體與會員國之共享權限。尼斯條約修正後，共同體條約第133(5)條第1款規定，該條第1項至第4項之規定，應適用於此二領域。亦即應適用條件多數決以及共同體條約第300條之規範。然而，第133(5)條第2款設下兩項例外，共同體即使在服務貿易或智慧財產權之商業面向此二領域對外簽訂協定，若系爭協定之內容涉及在共同體內部規則之採認須以一致決方式為之，或當系爭協定涉及條約賦予共同體權限，然共同體尚未以採行內部規則之方式行使權力時，該例外仍不屬共同體之共同商業政策，並無條件多數決之適用，而應依據第133(5)條第3款之規定，適用一致決方式。就此兩項例外而言，在涉及內部權限共同體須以一致決決策而採行共同規則之領域時，共同體對外協定之締結，亦須採取一致決之方式為之。此即所謂共同體內部權限與外部權

---

[65] Markus Krajewski, The Reform of Common Commercial Policy, in European Union Law after Lisbon 292-306 (A. Biondi, P. Eeckhout & S. Ripley eds., 2012).

[66] *ECT, as amended by Nice Treaty, art. 133(5), subpara. 2: By way of derogation from paragraph 4, the Council shall act unanimously when negotiating and concluding an agreement in one of the fields referred to in the first subparagraph, where that agreement includes provisions for which unanimity is required for the adoption of internal rules or where it relates to a field in which the Community has not yet exercised the powers conferred upon it by this Treaty by adopting internal rules.*

限平行主義（parallelism）之要求。相同之立法意旨也可以在共同體條約第133(6)條第1款中發現，亦即，倘若一協定包含超越共同體內部權限之事項，尤其是將導致會員國內國法規之調和（harmonisation），而該調和係共同體條約所禁止時，該條約則不應締結。[67]第二種情況則是當一協定涉及共同體與會員國之共享權限，而共同體尚未以採認共同規則之方式行使權力，而排除會員國在該領域內採取措施之可能時，共同體對外協定之締結，亦須以一致決之方式為之。[68]

然而，須加以強調者，共同體條約第133(5)條第4款復規定：第133(5)條之規定不應影響會員國與第三國或國際組織維持或締結國際協定之權利，在該系爭協定符合共同體法或其他相關國際協定之規範時。[69]依據歐洲法院長期以來之見解，共同體對外締結之協定（WTO協定除外），係共同體法之核心部分，直接拘束會員國。其效力低於共同體之創始條約，然優於共同體之次級立法以及會員國之內國立法。在涉及前述三項協定時，因其非屬共同體之專屬權限，共同體固然得以採取內部措施或對外締結協定，在不牴觸共同體法或共同體所締結之國際協定時，會員國在該領域內並非不得對外締結國際協定，亦即，在不牴觸共同體法以及共同體締結之條約之情形下，會員國仍享有剩餘權限（residual competence）。

此外，依據共同體條約第133(5)條第3款之規定，應適用一致決之水平協定（horizontal agreement）談判與締結，並不僅限於前述三種情形，若涉及共同體條約第133(6)條第2款所規定事項，理事會亦應以一致決之

---

[67] *ECT, as amended by Nice Treaty, art. 133(6), para. 1: An agreement may not be concluded by the Council if it includes provisions which would go beyond the Community's internal powers, in particular by leading to harmonisation of the laws or regulations of the Member States in an area for which this Treaty rules out such harmonisation.*

[68] 詳後述註92，及其本文。

[69] *ECT, as amended by Nice Treaty, art. 133(5), subpara. 4: This paragraph shall not affect the right of the Member States to maintain and conclude agreements with third countries or international organi-sations insofar as such agreements comply with Community law and other relevant international agreements.*

方式決定談判之開啟以及協定之締結。[70]第133(6)條第2款主要涉及三項敏感服務貿易領域，亦即：文化與視聽服務、教育服務、社會與人類健康服務。第133(6)條第2款明定，此三項服務貿易係共同體條約第133(5)條第1款之例外，而屬於共同體與會員國之共享權限。因而，就共同體對外協定之締結，須依據共同體條約第300條（即重新編碼前之第228條）之規定外，系爭協定之談判須依據會員國之合意（accord）而為，此外，就協定之締結，亦須由共同體與會員國共同締結，[71]此即所謂之混合協定。[72]同時，第133(6)條第3款則釐清運輸政策仍應適用第五篇及條約第300條之規範。[73]

綜言之，尼斯條約之修正為共同商業政策創造了非常繁複之程序以及例外事項。一方面，條約起草者固然因為1/94諮詢意見之緣故，將服務貿易以及智慧財產權之商業面向劃歸共同商業政策，而為共同體之專屬權限。然而，條約起草者並設下諸多例外，第1項例外出現在第133(5)條第2款之規定，亦即倘若涉及服務貿易或智慧財產權之商業面向之協定，其觸及在共同體內部規則上應以一致決方式為之，或共同體尚未以內部規則方式行使權限時，條件多數決之規範並不適用。而應適用一致決之方式。易

---

[70] *ECT,* as amended by Nice Treaty, art. 133(5), subpara. 3: *The Council shall act unanimously with respect to the negotiation and conclusion of a horizontal agreement insofar as it also concerns the preceding subparagraph or the second subparagraph of paragraph 6.*

[71] *ECT,* as amended by Nice Treaty, art. 133(6), subpara. 2: *In this regard, by way of derogation from the first subparagraph of paragraph 5, agreements relating to trade in cultural and audiovisual services, educational services, and social and human health services, shall fall within the shared competence of the Community and its Member States. Consequently, in addition to a Community decision taken in accordance with the relevant provisions of Article 300, the negotiation of such agreements shall require the common accord of the Member States. Agreements thus negotiated shall be concluded jointly by the Community and the Member States.*

[72] 關於混合協定之討論，請參見Piet Eeckhout, External Relations of the European Union: Legal and Constitutional Foundations 193 (2011)。

[73] 參見後文註162及其本文。

言之，即令該二領域劃爲共同商業政策，但並非所有議題均得以條件多數決之方式爲之，此乃決策程序之例外。第2項例外則是涉及若干敏感服務貿易領域，即文化與視聽服務、教育服務、社會與人類健康服務，該等領域不屬於共同商業政策之一環，而無第133條第1項至第4項之適用，此亦係第133(5)條第1款將服務貿易與智慧財產權之商業面向劃入共同商業政策之例外。此三項敏感服務貿易，仍屬於共同體與會員國之共享權限。因而，倘若共同體對外協定涉及此三項議題時，除須適用共同體條約第300條之相關規範外，談判之開啟須經由會員國之合意爲之，以及條約之締結則須由共同體與會員國以混合協定之方式共同締結。第3項例外則是，運輸政策仍爲既有共同運輸政策（規定於第五篇）以及共同體條約第300條所規範，因而，倘若涉及運輸服務，仍不適用共同商業政策之規範，而應適用共同運輸政策。最後一項例外（嚴格來說，這不是例外，而是共同體對外權限基本原則之重申）則是，倘若共同體所欲締結之協定，逾越共同體內部政策，尤其將導致會員國內部法規之調和，而該調和復爲條約所禁止時，共同體不得締結該條約。詳言之，共同體內部規則之建立，不得藉由共同體對外締結協定之方式爲之。共同規則之建立，應依據共同體內部市場之規範爲之，不得藉由對外權限之行使而間接導致內部規則之建立。易言之，固然默示外部權限（implied external competence）之取得，得因內部權限之行使而導出，但無從藉由外部權限之行使，而取得默示內部權限（implied internal competence）。然而，此須特別加以區別者，此項規定並不排除共同體對外締結協定，而該協定所擔負之國際義務須由共同體與會員國共同履行。[74]

（五）憲法條約與里斯本條約

　　憲法條約因荷蘭與法國之公民投票加以否決，因而未曾生效。然而，就觀察共同商業政策範疇之擴張而言，憲法條約實係里斯本條約之先聲。蓋因憲法條約對於共同商業政策之修正，爲里斯本條約所全盤接受。

---

[74] Krajewski, *supra* note 65.

其中，最引人注目者，將所有服務貿易以及智慧財產權之商業面向劃入共同商業政策，即令某特定敏感服務貿易領域例外適用一致決，但不影響其爲共同商業政策，而屬聯盟專屬權限之本質。其次，則是外人直接投資（foreign direct investment）被列入共同商業政策之一環，然而，條約並未對外人直接投資加以定義，因而其範疇如何容有爭議。而里斯本條約對於歐盟最大的改變在於：其去除原本支柱概念的聯盟體系，由條約明文賦予聯盟法人格，並由歐盟承繼共同體之法人格。原本共同體條約部分，則多數爲歐盟運作條約[75]所繼受。原本共同體條約關於共同商業政策部分，則規定於歐盟運作條約第五部分（聯盟外部行動）第二篇部分。於此，應再次強調者，共同商業政策置於聯盟之外部行動下，意味共同商業政策正式成爲聯盟外部行動之一環，須受到相關聯盟外部行動之原則所規範，或聯盟之目標所導引。[76]

就條文而言，歐洲聯盟運作條約就共同商業政策之規範僅有兩個條文，亦即刪除共同體條約第132條關於出口補助以及第134條關於執委會授權會員國在遭逢經濟困境時，採取緊急措施之（因此二條文幾乎未曾使用過）。歐洲聯盟運作條約所保留之兩個條文，即係原共同體條約第131條關於共同商業政策之目標以及原第133條關於共同商業政策如何運作之規範。歐盟運作條約第206條規定，藉由關稅同盟之建立，聯盟依其利益應（shall）促進世界貿易之和諧發展、國際貿易與外人直接投資限制之逐漸消除，以及關稅與其他障礙之降低。[77]就此條文而言，首應注意者，歐

---

[75] Consolidated version of the Treaty on the Functioning of the European Union, OJ 2010, C83/47.

[76] 詳前述註28，及其本文，並請參見Angelos Dimopoulos, *The Effects of the Lisbon Treaty on the Principles and Objectives of the Common Commercial Policy*, 15 EUR. FOREIGN AFF. REV. 153, 153 (2010)。

[77] TFEU, art. 206: *By establishing a customs union in accordance with Articles 28 to 32, the Union shall contribute, in the common interest, to the harmonious development of world trade, the progressive abolition of restrictions on international trade and on foreign direct investment, and the lowering of customs and other barriers.*

洲聯盟運作條約使用「應」（shall）之字眼，取代原本共同體條約之意欲（aim to），就此，歐盟運作條約課予聯盟較強之法律義務。其次，就限制之消除而言，條約除保留原本之國際貿易之限制，亦加入外人直接投資之限制。因此，就共同商業政策範疇部分，由國際貿易擴張至外人直接投資。第三則是原本共同體條約第131條僅提及關稅壁壘之降低，然而，隨著自由化之進行，非關稅障礙（non-tariff barrier）之重要性相對提高，因而，歐盟運作條約第206條同時述及關稅與其他障礙之降低。

變動更大的則是歐盟運作條約第207條之規定，第207(1)條首先重述共同商業政策應本於一致之原則，然而，在此一致原則之後，條文所特別強調之領域則有所擴張。亦即共同體條約第133(1)條係規定爲「共同商業政策應本於一致之原則，尤其涉及關稅稅率之修改，關稅與貿易協定之締結，自由化措施一致性之達成，出口政策，以及諸如補貼或反傾銷等貿易保障措施時」。歐盟運作條約尤其在涉及所例示之領域，除原本「關稅稅率之修改」以及「自由化措施一致性之達成，出口政策，以及諸如補貼或反傾銷等貿易保障措施時」外，在關稅與貿易協定之締結部分，則涵蓋貨品貿易、服務貿易以及智慧財產權之商業面向、外人直接投資等議題。易言之，歐盟運作條約將服務貿易以及智慧財產權之商業面向由原本共同體條約第133(5)條另以一項規範之方式，併入歐盟運作條約第207(1)條中。此項規範方式解決了基於1/94諮詢意見而來，模式一（跨境服務提供）之服務貿易以及仿冒貨品之自由流動由共同體條約第133條第1項至第4項規範，其餘部分則由第5項規範之割裂情形。同時間，除貨品貿易、服務貿易以及智慧財產權之商業面向此三項WTO協定所涵蓋之議題外，歐盟運作條約並將關稅與貿易協定之締結範圍，延伸至外人直接投資。亦即，共同商業政策涵蓋外人直接投資，而爲聯盟之專屬權限。日後，吾人將得預見以聯盟爲締約主體之雙邊投資協定（Bilateral Investment Treaty）。歐盟運作條約第207(1)條除在範疇上做擴張外，並於其後加入共同商業政策應在聯盟對外行動之原則與目標之架構下進行。條約明確指出共同商業政策係聯盟對外行動之一環，且爲聯盟對外行動之原則所規範，並爲聯盟對外行動目標所導引。

　　就共同商業政策之執行，歐盟運作條約第207(2)條規定，歐洲議會與理事會，應依據普通立法程序（ordinary legislative procedure）以規則（regulation）之方式，制定措施以確定共同商業政策之執行架構。就此，共同商業政策成為理事會與歐洲會議共同決策程序之一環，理事會不再壟斷共同商業政策之決策權限。歐盟運作條約第207(3)條第1款則規定，在共同商業政策之範疇下，若與一國或數國訂定國際協定時，除非本條有特殊規定之情形，應適用歐盟運作條約第218條之規定（此即原共同體條約第300條）。[78]其次，第207(3)條第2款則重述共同體條約第133(3)條之規定，亦即執委會應向理事會擬具建議，經其授權允許必要談判之開啟。理事會與執委會應確保協定之內容與聯盟內部政策與法律相符。[79]第207(3)條第3款雖延續執委會之談判應為理事會所設立之特別委員會（即133委員會，現改名為貿易政策委員會〔Trade Policy Committee〕）之協助，並應遵循理事會所發布談判指令。[80]然而，該款另新加一句，執委會應定期向該特別委員會以及歐洲議會報告相關談判之進展。[81]就此，歐洲議會對於談判進程之掌握，有了更實質之影響。依目前之運作情形，歐洲議會內設立一國際貿易委員會（Committee on International Trade, INTA）以監督共同商業政策之執行。在此里斯本條約修正之前，執委會與歐洲議

---

[78] TFEU, art. 207(3), subpara. 1: *Where agreements with one or more third countries or international organisations need to be negotiated and concluded, Article 218 shall apply, subject to the special provisions of this Article.*

[79] *Ibid.,* subpara. 2: *The Commission shall make recommendations to the Council, which shall authorise it to open the necessary negotiations. The Council and the Commission shall be responsible for ensuring that the agreements negotiated are compatible with internal Union policies and rules.*

[80] *Ibid.,* subpara. 3, sentence 1: *The Commission shall conduct these negotiations in consultation with a special committee appointed by the Council to assist the Commission in this task and within the framework of such directives as the Council may issue to it.*

[81] *Ibid.,* sentence 2: *The Commission shall report regularly to the special committee and to the European Parliament on the progress of negotiations.*

會間關於共同商業政策下談判之進展，係依據執委會與歐洲議會之框架協定（Framework Agreement on relations between the European Parliament and the Commission）[82]第19條以下之規定，知會（inform）歐洲議會。相對於此，歐盟運作條約課予執委會應（shall）定期向歐洲議會報告談判進展之義務，歐洲議會在對外經貿談判上所得扮演之角色，相對強化許多。

　　歐盟運作條約第217(4)條則進一步規範共同商業政策對外協定之締結程序。第1款規定，該等對外協定應以理事會條件多數決之方式進行談判，並加以簽署。[83]然而，第217(4)條於第2款與第3款則列出部分例外規定。首先，在涉及服務貿易、智慧財產權之商業面向或外人直接投資之協定時，倘若該協定所涉及之議題，就其內部規則之採認須以一致決方式為之時，其對外協定之談判與締結，亦應以一致決之方式為之。[84]如前所述，此乃前述平行主義之要求。其次，第3款則對服務貿易之敏感領域部分（亦即文化與視聽服務、社會、教育與健康服務）做出特別規範，亦即須以一致決之方式為之。依據歐盟運作條約第217(4)條第3(a)款之規定，在文化與視聽服務議題上，當該協定危及聯盟之文化與語言多樣性時，須以一致決方式為之；[85]而第3(b)款則規定，在社會、教育、健康服務領域，若該協定嚴重擾亂內國對於該等服務之組織管理，並損及會員國提供該服務之責任時，亦應以一致決之方式為之。[86]然而，條文用語之「危及

---

[82]　Framework Agreement on relations between the European Parliament and the Commission, OJ 2010, C341E/1.

[83]　TFEU, art. 207(4), subpara. 1: *For the negotiation and conclusion of the agreements referred to in paragraph 3, the Council shall act by a qualified majority.*

[84]　*Ibid.*, subpara. 2: *For the negotiation and conclusion of agreements in the fields of trade in services and the commercial aspects of intellectual property, as well as foreign direct investment, the Council shall act unanimously where such agreements include provisions for which unanimity is required for the adoption of internal rules.*

[85]　*Ibid.*, subpara. 3(a): *in the field of trade in cultural and audiovisual services, where these agreements risk prejudicing the Union's cultural and linguistic diversity.*

[86]　*Ibid.*, subpara. 3(b): *in the field of trade in social, education and health services, where*

聯盟之文化與語言多樣性」以及「嚴重擾亂內國對於該等服務之組織管理，並損及會員國提供該服務之責任」具有高度不確定性，如何加以判定，則有一定之困難。

　　歐盟運作條約第207(5)條則重述共同體條約（尼斯條約修正後）第133(6)條第3款之規定，亦即，若涉及運輸政策之國際協定之締結，仍應繼續適用共同運輸政策之以及歐盟運作條約第218條之規定。[87]此外，歐盟運作條約第207(6)條則重申共同體條約第133(6)條第1款之意旨，聯盟在共同商業政策領域權限之行使，不得影響聯盟與會員國權限之分配，且於條約在特定領域排除調和措施時，聯盟權限之行使不得導致在該領域會員國立法或管制措施之調和。[88]

　　由以上分析，里斯本條約對於共同商業政策之影響略有以下數端：首先係共同商業政策正式成為歐盟對外行動之一環，需為歐盟對外行動之目標與原則之導引與規範。亦即，共同商業政策並不僅於追求經濟利益，「藉由貿易取得力量」以追求非經濟目標，強化「歐盟作為規範性行為者」之形象。此所謂之非經濟目的，主要揭櫫於歐盟條約第五篇第一章中，其中最為重要者，厥為歐盟條約第21條之規定：同時，在歐盟運作條約第五部分聯盟對外行動，第一篇以單一條文第205條之方式規範聯盟對外行動之一般條款，援引歐盟條約第五篇第一章之規範。因而，歐盟條約第五篇第一章之規範，於此經明文援引。[89]

---

these agreements risk seriously disturbing the national organisation of such services and prejudicing the responsibility of Member States to deliver them.

[87]　TFEU, art. 207(5): *The negotiation and conclusion of international agreements in the field of transport shall be subject to Title VI of Part Three and to Article 218.*

[88]　TFEU, art. 207(6): *The exercise of the competences conferred by this Article in the field of the common commercial policy shall not affect the delimitation of competences between the Union and the Member States, and shall not lead to harmonisation of legislative or regulatory provisions of the Member States in so far as the Treaties exclude such harmonisation.*

[89]　就此，參見前文註28，及其本文。

其次，則係歐洲議會對於歐盟共同商業政策影響力之強化，共同商業政策經里斯本條約修正後，則適用共同決策程序，同時，里斯本條約並課予執委會向歐洲議會報告談判進程之義務。就此，歐洲議會對於執委會在對外經貿談判政策之影響力遽增。[90]

第三則是共同商業政策範疇的擴增，首先係對於服務貿易以及與商業有關之智慧財產權被列為共同商業政策，成為歐盟之專屬權限，而就服務貿易中的文化與視聽服務或社會、教育、健康服務部分，當系爭欲簽訂之協定涉及危及聯盟之文化與語言多樣性，嚴重擾亂內國對於社會、教育、健康服務之組織管理，並損及會員國提供該服務之責任時，應以一致決之方式為之。此欲說明者，一致決之規範，並不妨礙該二項服務貿易，係歐盟專屬權限之本質。易言之，即令就該等服務貿易上，在符合條文所定之要件時，應適用一致決，然而，並不影響該權限屬於聯盟專屬權限之定性，同時，一致決之適用，並不當然意味會員國具有否決權。此外，就文化與視聽服務或社會、教育、健康服務部分，對外固然屬於共同商業政策，而為歐盟之專屬權限，對內並不影響歐盟與會員國之權限劃分。亦即，此項規範，則為學者所稱之反向之AETR效果，亦即，歐盟之內部調和會員國法律與規範之權限，不得藉由外部權限取得。[91]同時，就協定之執行而言，歐盟就文化與視聽服務或社會、教育、健康服務取得專屬權限，並不影響歐盟內部與其會員國就執行該協定之責任歸屬。依據學者Krajewski之主張，歐洲法院在1/75意見中，即預見條約對外由歐盟單獨締結，對內須由歐盟與會員國共同執行之情形。[92]最後，由於外人直接投資之劃入共同商業政策，因而成為歐盟之專屬權限，在此情形下，會員國將無從與第三國簽訂或修改或終止雙邊投資條約，在此同時，執委會並歐洲

90　參見後述註190，及其本文。

91　Krajewski, *supra* note 65, at 21-22.

92　*Ibid., at* 21. 另參見Eeckhout, *supra* note 72, at 61。

法院對瑞典、奧地利[93]以及芬蘭[94]提起訴訟，主張此三會員國未廢止其等在加入歐盟之前，與第三國簽訂之雙邊投資協定中，違反歐盟法規範之條文，因而違反共同體條約第307(2)條[95]之規範，此項主張並爲歐洲法院所支持。因而，會員國面臨一項困境，亦即，一方面其等負有義務與第三國談判，並修訂或終止原雙邊投資協定所含有之違反歐盟法規範之部分，另一方面，因外人直接投資被列爲歐盟專屬權限，會員國即無權與第三國談判以修訂或終止雙邊投資協定，因而，執委會乃提案，制定一規則以處理在過渡期間，歐盟如何授權會員國行使外人直接投資權限，以簽訂、修正或終止雙邊投資協定之相關程序。[96]

二、歐洲法院案例法之發展

（一）AETR

AETR係歐盟對外經貿政策發展的重要里程碑，該案雖非直接涉及共同商業政策，而係導因於共同運輸政策之爭議，然歐洲法院對於內部權限與外部權限之論述，同樣適用於共同商業政策上。該案係涉及在聯合國歐洲經濟理事會（United Nations Economic Commission for Europe）架構下，簽訂歐洲鐵路運輸協定（AETR）以規範跨國運輸工具員工之工作條件，[97]此公約原於1962年間業已簽訂，惟因批准國家不足，無從使該公約

---

[93] *Commission v. Austria*, Case C-205/06 [2009] E.C.R. I-01301; *Commission v. Sweden,* Case C-249/06 [2009] E.C.R. I-01335.

[94] *Commission v. Finland*, Case C-118/07 [2009] E.C.R. I-10889.

[95] 現爲歐盟運作條約第351(2)條。

[96] Proposal for a Regulation of the European Parliament and of the Council Establishing Transitional Arrangements for Bilateral Investment Agreements between Member States and third Countries, COM (2010) 344 final. 請參照Chien-Huei Wu, Foreign Directive Investment as Common Commercial Policy: EU External Economic Competence after Lisbon, in EU External Relations Law and Policy in the Post-Lisbon era 375, 375-400 (Paul James Cardwell ed., 2011)。

[97] AETR, para. 1.

生效，1970年3月20日，共同體之六會員國乃於理事會架構下集會，討論在該公約談判中應採取之立場，以及達成日後將由會員國簽署該公約之決定。[98]執委會認為理事會該日進行之程序，違反經濟共同體條約第75條、第228條以及第235條之規範，因而向歐洲法院提出撤銷之訴。然而，理事會主張該日之程序不屬於具有法拘束力之法律行為，因此該程序之適法性並非為法院所得審查。[99]就程序部分，法院認為經濟共同體條約排除法院得審查者，僅係理事會之建議或意見，因其等並不具法律拘束力，然而，由於該日之程序實際上拘束會員國，且拘束共同體以及共同體之機構，若限縮法院之管轄權，將與經濟共同體條約第173條之目的不符。[100]法院因而認為該案在程序上應予准許。

然而，此案最具重要性者，乃係法院對於默示外部權限之推導。法院認為：在條約並未明文賦予經濟共同體談判並締結國際協定之權限時（如在本案中AETR所涉及之共同運輸政策），經濟共同體是否得對外締結協定，應取決於共同體法規範與第三國關係之一般體系。[101]經濟共同體條約在第210條賦予經濟共同體法人格，其目的在於對於共同體所追求之整體目標而言，其在對外關係上享有對外締結契約連結之權限。[102]而在決定經濟共同體是否有權限締結對外協定，應考量條約整體架構，而不僅限於個別實質條文。[103]該等對外協定之締結權限，可能源自於條約之明文賦予（例如條約第113條或第114條締結關稅與貿易協定，或第238條締結聯繫協定之情形），亦有可能從條約之條文或共同體在此等條文架構下採取之措施所導出。[104]尤其，當共同體為了執行條約之共同政策而制定共

---

[98] AETR, para. 82.

[99] AETR, para. 2.

[100] AETR, paras. 38-42.

[101] AETR, para. 12.

[102] AETR, paras. 13-14.

[103] AETR, para. 15.

[104] AETR, para. 16: *Such authority arises not only from an express conferment by the Treaty—as is the case with Articles 113 and 114 for tariff and trade agreements and with Article 238 for*

同規則之相關條文時，會員國即無從以個別或共同之方式與第三國簽訂可能影響上開共同規則之國際協定。[105]當（只要）共同體規則成立後，僅共同體得以與第三國承擔並執行將影響共同體法適用之國際義務。[106]就經濟共同體條約條文之執行而言，共同體內部措施之體系無從與外部關係割裂。[107]

　　法院並強調：共同運輸政策之採行乃係經濟共同體條約第3(e)條明定之目標，而依據經濟共同體條約第5條之規定，會員國一方面應採取所有適當措施以確保其基於條約所擔負義務之滿足，另一方面，應避免任何可能妨礙條約目標達成之措施。綜合此二項條文整體觀察，即可導出：在經濟共同體採認共同體規則以達成條約目標時，會員國即無從在共同體機構架構之外，承擔可能影響共同體規則或改變該規則範圍之國際義務。[108]

　　AETR對於歐盟對外經貿法之發展有兩點根本性之影響：其一係歐盟對外權限可能從條約之條文，或歐盟在條約條文架構下採取之共同措施所推導而出，聯盟對外權限並不以明示為必要。此外，此項默示權限亦有可能是獨占權限。亦即，倘若會員國在共同體架構外承擔國際義務，將影響到共同體法之執行時，此時，會員國即無從在共同體架構之外，與第三國

---

association agreements—but may equally flow from other provisions of the Treaty and from measures adopted, within the framework of those provisions, by the Community institutions.

[105] AETR, para. 17: *In particular, each time the Community, with a view to implementing a common policy envisaged by the Treaty, adopts provisions laying down common rules, whatever form these may take, the Member States no longer have the right, acting individually or even collectively, to undertake obligations with third countries which affect those rules.*

[106] AETR, para. 18: *As and when such common rules come into being, the Community alone is in a position to assume and carry out contractual obligations towards third countries affecting the whole sphere of application of the Community legal system.*

[107] AETR, para. 19: *With regard to the implementation of the provisions of the Treaty the system of internal Community measures may not therefore be separated from that of external relations.*

[108] AETR, paras. 20-22.

簽訂國際協定以承擔或執行國際義務。就此之法律基礎，法院認為可由條約之目的以及經濟共同體條約第5條（里斯本條約生效後，現為歐盟條約第4(3)條）[109]之聯盟忠誠義務所導出。

（二）1/75與1/76諮詢意見

依據EEC條約第228(1)條第2項（阿姆斯特丹條約後重新編碼後為第300條第6項，現則為歐盟運作條約第218條第11項）[110]之規定，理事會或執委會或會員國得於共同體對外協定締結前，向歐洲法院聲請諮詢意見，以確認擬締結之國際協定是否牴觸共同體或聯盟條約之規定。倘若歐洲法院認為系爭預將簽訂之國際條約與歐洲共同體條約牴觸，只有依據歐洲聯盟條約第48條所規定之程序修改歐洲共同體條約時，共同體方得簽訂該國際協定，從而該國際條約得以在共同體內發生效力。該條文之立法目的在於確保共同體在對外協定之締結上，謹守授權原則（principle of conferral），未侵犯會員國之對外條約締結權限；其次，歐盟對外協定締結程序符合共同體法之程序規範，在條約締結前即得以確定該預定之條約是否牴觸共同體條約，避免共同體在締結條約後，因該條約牴觸共同體規範而無法履行，斲傷歐盟在國際領域之聲譽並損及法安定性。每逢歐盟對外締結重要協定時，諮詢意見機制每每成為界定聯盟與會員國權限分配，誰有權締結系爭協定及相關法律基礎之重要依據。

1/75[111]諮詢意見主要涉及經濟共同體是否有（專屬）權限，締結在經

---

[109] Consolidated Version of Treaty on European Union, OJ 2010, C83/13, art. 4(3): *Pursuant to the principle of sincere cooperation, the Union and the Member States shall, in full mutual respect, assist each other in carrying out tasks which flow from the Treaties.*

[110] TFEU, art. 218(11): *A Member State, the European Parliament, the Council or the Commission may obtain the opinion of the Court of Justice as to whether an agreement envisaged is compatible with the Treaties. Where the opinion of the Court is adverse, the agreement envisaged may not enter into force unless it is amended or the Treaties are revised.*

[111] *Opinion 1/75* of the Court of 11 November 1975 on OECD Understanding on a Local Cost Standard [1975] E.C.R. 1355 (hereinafter *Opinion 1/75*).

濟合作與發展組織架構下關於本地成本瞭解書（OECD Understanding on a Local Cost Standard）。就此，理事會對該瞭解書屬否EEC條約第228(1)條之國際協定有所質疑，因而在程序上主張歐洲法院不應受理此項諮詢意見。就此，法院認為：系爭瞭解書在國際法上之形式並不具關鍵重要性，EEC條約所指之協定係一般性質之用語，其目的在於指涉國際法上之主體所為之承諾，且具有法律拘束力，至其形式如何，在所不問。[112]系爭瞭解書包含一特定標準，亦即對特定議題設立一定之行為規範，且該標準拘束所有締約方。而該標準僅在足夠證據得以支持之例外情形下得以不予遵守，法院因而認為，該瞭解書係EEC條約第228條之協定無誤。[113]法院並強調EEC條約設置一特別機制，使得共同體機構得以於對外協定締結前，請求歐洲法院對於該擬締結之協定與EEC條約是否牴觸加以評斷，其目的乃在於避免協定簽訂後，對於共同體與會員國間，乃至於共同體與第三國間產生國際權利義務之模糊以及相關解釋及執行之困境。而該擬簽訂之協定是否與EEC條約相牴觸，應從所有條約之條文加以檢視，亦即須考量共同體機構之權限，以及相關之實質規範。[114]

　　法院隨即就共同體之權限加以討論，法院首先強調EEC條約第112條係規範出口補助政策，而第113(1)條亦述及出口政策，因而，系爭瞭解書所欲規範之出口政策之標準，乃係經濟共同體權限之一環。而在執行相關條約條文時，經濟共同體依其權限不僅有權制定共同體法之內部規則，亦有權對外締結國際協定，此亦為EEC條約第113(2)條與第114條所明文肯認。[115]共同商業政策事實上係一混合內部措施與外部措施且交互影響之領域，其間並無優先順序可言。有時，國際協定係為了執行一預先擬定之政策；有時，政策由國際協定所界定。[116]上開協定有可能僅係一綱要

---

[112] *Opinion 1/75*, 1359-60.

[113] *Opinion 1/75*, 1360.

[114] *Opinion 1/75*, 1361.

[115] *Opinion 1/75*, 1362-63.

[116] *Opinion 1/75*, 1363: *A commercial policy is in fact made up by the combination and*

性質之協定，僅勾勒一些原則以供遵循，即如本案之情形。此時，就執行出口政策可能亦無法從共同規則中找到相關規範。然而，必須強調者是：共同商業政策係一依據特定措施逐漸發展之結果，有時無法區別該政策之自主或外部面向，且因其共同商業政策之本質，亦無法預設共同規則之存在，毋寧該共同規則係處於逐漸演變之狀態。[117]

就經濟共同體是否應具有專屬權限而言，此問題應從系爭瞭解書之目的與EEC條約如何看待共同商業政策加以討論。[118]由於系爭瞭解書中之標準適用於共同商業政策所涉及之交易，就瞭解書規範之客體係屬共同商業政策之範疇無訛，而共同商業政策應在共同市場運作之脈絡下理解，其目的在於保障共同體之利益；在此共同體內，會員國之特定利益須彼此加以調適。而基於此項看法，自然將得出會員國不得以共享權限為基礎，主張其享有自由得以另一單獨措施以維護其在對外關係之利益。蓋因此項做法可能危及共同體共同利益之保障。[119]個別會員國之單方措施將導致出口信貸授與條件之差異，造成不同會員國中產業在對外競爭條件之扭曲，而此項競爭條件之扭曲僅能藉由共同體對於出口信貸條件設立一致規範加以解決。因而，無從接受在系爭瞭解書所處理之議題（亦即出口政策，或更廣泛來說共同商業政策）會員國得獨立於共同體之外，在共同體境內或在國際場域中另行行使共享權限。EEC條約第113條以及第114條關於共同商業政策對外協定締結之條件等相關規範，清楚顯示會員國於共同體之外行使共享權限，為條約所不許。否則，無異承認在對外關係上，會員國得採取與共同體相左之立場，因而扭曲制度架構，危及共同體內之互信，從而

---

interaction of internal and external measures, without priority being taken by one over the others. Sometimes agreements are concluded in execution of a policy fixed in advance, sometimes that policy is defined by the agreements themselves.

[117] Opinion 1/75, 1363.

[118] Opinion 1/75, 1363.

[119] Opinion 1/75, 1363-64.

使得共同體無從完成其保障共同利益之任務。[120]

　　在1/76諮詢意見[121]中，涉及歐洲內陸水路船隻停航基金協定（Agreement establishing a European laying-up fund for inland waterway vessels）是否與共同體條約牴觸之問題。該協定主要規範歐洲內陸河流（萊茵河及莫賽爾河〔Moselle〕）之航行船隻管理問題，依據法院之見解，系爭停航基金協定主要係針對在一內陸水路運輸在國際運輸網路中具有格外重要性之區域，就其經濟條件做一合理規範。本案所涉及最為重要者厥為共同運輸政策，此項政策乃是EEC條約第3條所欲達成之目標之一。為執行共同運輸政策，EEC條約第75條規定，理事會得制定共同規則，以規範往來共同體一個或多個會員國境內之運輸，並提供建立共同運輸政策體系之法律基礎。[122]在本案涉及之情形，由於第三國（亦即瑞士）基於長久以來之國際條約在該水路上享有航權，共同運輸政策之目標將無從達成，從而產生與瑞士訂定國際協定以規範系爭水路運輸之需求。[123]

　　共同體對外締結此項協定之權限，並不僅限於條約所明示之規定，上開權限亦可從條約條文中導出。即使在無明文之情形，每當共同體法為共同體機構就其內部體系創造權限以達成一特殊目的，共同體即有權承擔為達成該目的所必須之國際義務。[124]此項原則尤以內部權限已經被用來制定措施以達成共同政策為最，然而，該原則並不限於該目的。在本案之情形，儘管共同體內部措施遲於系爭協定締結且生效後，方以執委會提案，欲經理事會同意以規則之方式加以制定，然而，若共同體在國際協定之參

---

[120] *Opinion 1/75*, 1364.

[121] *Opinion 1/76* of the Court of 26 April 1977 on *Draft Agreement* establishing a European laying-up fund for inland waterway vessels [1977] ECR 741 (hereinafter *Opinion 1/76*).

[122] *Opinion 1/76*, para. 1.

[123] *Opinion 1/76*, para. 2.

[124] *Opinion 1/76*, para. 3: *That authority to enter into the international commitments necessary for the attainment of that objective even in the absence of an express provision in that connexion.*

與係達成共同體目標所必須，則藉由締結協定以拘束共同體與第三國之權限仍可從EEC條約創設共同體內部權限之相關條文中取得。[125]

為達成共同運輸政策，理事會有權依據EEC條約第74條與第75條制定任何適當規範。就此，經濟共同體當然有權與第三國簽訂國際協定，在不牴觸條約條文之情形下，並有權與該第三國合作，並建立適當之機關，諸如本案中「歐洲內陸水路船舶基金」之國際機構。在此基礎下，共同體與該第三國並得賦予該國際機構適當之決定權限，在為達成目標所必須時，該國際機構並得決定在此國際架構下制定條文之性質、內涵、執行與其法律效果。[126]

而由於共同體內有六個會員國，部分屬曼海姆萊茵河航行公約（Convention of Mannheim for the Navigation of the Rhine of 17 October 1868）之締約方，部分屬盧森堡莫賽爾運河化公約（Convention of Luxemburg of 27 October 1956 on the Canalization of Moselle）之締約方，因而，系爭條約出現一特殊狀況，呈現共同體、部分會員國（而非全部會員國）以及瑞士係系爭協定之締約方。然而，協定第3條明定，該六個共同體會員國之所以參與該協定，目的乃在於修改上開二公約以利協定之執行。就此特別之承諾（undertaking）而言，依據EEC條約第234(2)條[127]

---

[125] *Opinion 1/76*, para. 4: *Although the internal Community measures are only adopted when the international agreement is concluded and made enforceable, as is envisaged in the present case by the proposal for a regulation to be submitted to the Council by the Commission, the power to bind the Community vis-à-vis third countries nevertheless flows, by implication from the provisions of the Treaty creating the internal power and in so far as the participation of the Community in the international agreement is, as here, necessary for the attainment of one of the objectives of the Community.*

[126] *Opinion 1/76*, para. 5.

[127] *EEC Treaty*, art. 234: *The rights and obligations arising from agreements concluded before the entry into force of this Treaty between one or more Member States on the one hand, and one or more third countries on the other, shall not be affected by the provisions of this Treaty. To the extent that such agreements are not compatible with this Treaty, the Member*

之規定，在該協定中，共同體與該六會員國之參與為EEC條約所容許。然而，正因為上開承諾之存在，盧森堡公約與曼海姆公約兩者間之衝突將得以消除，系爭協定所欲建立之機制並得以執行。因而，系爭六會員國參與該協定之目的，僅在於消除上開衝突，而非執行協定機制其他事項所必須。[128]而依據系爭協定第4條所示，該協定適用於共同體之所有會員國，即令該等會員國不屬本協定之締約方。就此，可以認為除系爭特別承諾外，共同體會員國在該協定下之義務，完全係因共同體依據EEC條約第228(2)條簽訂協定所致。準此，就系爭亦參與本協定之六會員國而言，未達侵害共同體外部權限之程度。[129]

（三）1/78諮詢意見

1/78[130]諮詢意見主要涉及在聯合國貿易與發展會議（United Nations

State or States concerned shall take all appropriate steps to eliminate the incompatibilities established. Member States shall, where necessary, assist each other to this end and shall, where appropriate, adopt a common attitude. In applying the agreements referred to in the first paragraph, Member States shall take into account the fact that the advantages accorded under this Treaty by each Member State from an integral part of the establishment of the Community and are thereby inseparably linked with the creation of common institutions, the conferring of powers upon them and the granting of the same advantages by all the other Member States.

[128] *Opinion 1/76, para. 7: Precisely because of that undertaking the obstacle presented by the existence of certain provisions of the Mannheim and Luxembourg Conventions to the attainment of the scheme laid down by the Agreement will be removed. The participation of these States in the Agreement must be considered as being solely for this purpose and not as necessary for the attainment of other features of the system.*

[129] *Opinion 1/76, para. 7: Except for the special undertaking mentioned above, the legal effects of the agreement with regard to the Member States result, in accordance with Article 228 (2) of the Treaty, exclusively from the conclusion of the latter by the Community. In these circumstances, the participation of the six Member States as contracting parties to the Agreement is not such as to encroach on the external power of the Community.*

[130] *Opinion 1/78 of the Court of 4 October 1979 on International Agreement on Natural Rubber*

Conference on Trade and Development, UNCTAD）架構下簽訂之國際天然
橡膠協定（International Agreement on Natural Rubber），是否為共同體之
共同商業政策所涵蓋，倘若答案為肯定，會員國有無以混合協定之方式，
參與該天然橡膠協定之談判與簽訂之權限。國際天然橡膠協定主要係在
聯合國大會1974年第3202號決議，建立一個新國際經濟秩序之行動方案
下進行。為此，聯合國貿易發展委員會在奈洛比集會時，達成奈洛比決
議（Nairobi Resolution），提出一整合方案（integrated programme）。[131]
希望以整合性之措施，確保天然橡膠貿易條件之穩定發展、市場價格之穩
定與供需之平衡，並促進大宗物資貿易之擴張，以及開發中國家產業之
多元化，並促進其等之競爭力。[132]基於此目標，國際天然橡膠協定擬成
立一共同基金，以處理天然橡膠儲存量相關議題之安排，諸如價格、各國
內國之庫存政策、出口限額及其他生產條件、穩定財務機制及出口盈餘、
改善市場進入條件等。[133]就其涉及議題而言，並不僅止於關稅之降低或
貿易之遂行，亦涉及國際大宗物資貿易之管制，此外，並希望藉由共同基
金及安全存量之設立，穩定天然橡膠之價格，俾以保護生產者及消費者之
利益。[134]因而，國際天然橡膠協定意圖建立一全球性之組織，以規範天
然橡膠之生產、消費、財政援助、出口限制乃至於安全存量等，其性質與
傳統係以降低關稅之商業協定有別。本案之爭點在於國際天然橡膠協定涉
及基於國際社會對於開發國家之團結義務所為之發展協助（development
aid），以及共同基金之分攤等面向，且該協定規範廣泛之經濟政策，而
不僅限於共同商業政策，更係在全球層次大宗物資貿易之管制，因而該協
定是否逸脫共同商業政策之範疇，而須由共同體與會員國以混合協定之方
式，共同簽訂。

　　[1979] ECR 2871 (hereinafter *Opinion 1/78*).

[131] *Opinion 1/78*, paras. 6-7.

[132] *Opinion 1/78*, para. 8.

[133] *Opinion 1/78*, para. 8.

[134] *Opinion 1/78*, paras. 20-21.

　　就此，法院認為：就國際天然橡膠協定試圖建立一個全球層次在天然橡膠市場管制之組織，因而就其所建立之機制，以及其法律性質而言，與傳統規範關稅降低或數量限制之協定有別。因而，欲判斷系爭協定是否為共同商業政策所涵蓋，即須考量此等特徵之範疇與其效果以及共同商業政策之概念，並須考量是否該協定所涉及之發展面向是否足以排除該協定作為共同商業政策之一環。[135]法院指出，奈洛比決議係系爭橡膠談判之基礎，該決議中除強調開發中國家之需求之外，並涵蓋諸多商業面向之考量，此外，就工業化國家之利益，該決議亦未加以忽視。固然，系爭協定涵蓋發展協助常見之優惠授與，然而，多數開發中國家更關心之議題乃是：根本貿易條件之改變。同時間，在天然橡膠之生產國與消費國間，勢必須尋求平衡，因而，開發中國家無可避免地將意識到，在國際天然橡膠協定之談判中，經濟利益之考量乃是談判重點之一。[136]

　　其次，法院強調系爭協定須在諸多國際大宗物資協定之脈絡下加以檢視，亦即為數眾多之大宗物資已為國際協定所規範，倘若共同體未在規範關稅或數量限制等議題之傳統商業協定外，加入此等大宗物資協定，一個一致的共同商業政策將無從建立。[137]經由聯合國貿易發展會議之推波助瀾，此類管制大宗物資之協定數量逐漸增加，倘若認為共同體無法利用此等更加完備之機制以促進國際貿易之發展，將無從發展任何具有實質意義之共同商業政策。因而就解釋上而言，不應認為共同商業政策僅限於傳統之關稅或數量限制等議題，而不涵蓋如系爭協定所設計發展更完備之機制。蓋若不採此解釋，則共同商業政策在經濟發展過程中將無用武之地。在EEC條約制定時，條約制定者固然認為貿易自由化係共同商業政策之重要環節，然而此立法背景並不妨礙共同體發展其共同商業政策，在貿易自由化之外，在全球市場上就特定貨品為更完備之管制。[138]

---

[135] *Opinion 1/78*, para. 41.

[136] *Opinion 1/78*, para. 42.

[137] *Opinion 1/78*, para. 43.

[138] *Opinion 1/78*, para. 44.

　　EEC條約第113條要求經濟共同體依據一致之原則發展一共同商業「政策」，因而對外關係須從較廣之角度加以理解，而非僅係特定關稅或數量限制體系之執行。此項見解亦可從共同商業政策所列之諸多政策（亦即關稅稅率之改變、關稅及貿易協定之締結、自由化措施一致性之達成，出口政策與貿易保障措施等）係一例示之規定得到佐證；EEC條約第113條不應阻絕共同體在其他程序中規範對外貿易之可能。若對共同商業政策採取過度限縮之解釋，會員國與非會員國在經濟關係涉及特定貨品所造成之差異，可能擾亂共同體內部市場之競爭秩序。[139]

　　就共同商業政策與經濟政策之分野而言，法院指出，EEC條約第三部分，第二篇規範共同體之經濟政策，在此篇之架構下，第三章規範共同商業政策。因而共同商業政策係廣義之經濟政策之一環，前者係屬共同體之權限，而就後者而言，EEC條約指示會員國應彼此協調，以達到一致之共同立場。然而，倘若一對外協定涉及共同商業政策之範疇，不能因其亦涉及其他經濟政策，即否認其具有共同商業政策之性質。[140]在本案中，國際天然橡膠協定固然對經濟政策中原物料之供應或其價格政策產生影響，然而並不能因為此項經濟影響即排除該協定落於共同商業政策範疇之本質。同理，一特定大宗物資具有戰略物資之性質，亦無從據此即排除為共同商業政策所規範。[141]

　　相同的考量亦適用在討論EEC條約第113條及第116條之界線上，就其目的而言，兩項條文均在促進共同商業政策在國際經濟關係上之實現。就其行動之基礎而言，則奠基於不同之基礎，乃至於適用不同之理念。依據EEC條約第113條，共同商業政策係由經濟共同體獨立決定，亦即藉由共同體機構之獨立措施進行，並適用EEC條約第228條之規定，由共同體締結。相較於此，EEC條約第116條則希望藉由逐漸演進之共同行動，在經濟共同體無法成為會員之國際組織內協調會員國之措施。在此情形下，

---

[139] *Opinion 1/78*, para. 45.

[140] *Opinion 1/78*, para. 48.

[141] *Opinion 1/78*, para. 49.

因共同體並非爲該國際組織之會員，唯一可能之方式乃是會員國之共同行動。[142]

法院最後澄清，EEC條約第113條及第116條之類似爭議在1/75諮詢意見中即已出現，易言之，1/75諮詢意見乃是在經濟合作與發展組織架構下締結關於本地成本之瞭解書，究應適用第113條之程序，抑或第116條之程序，其主要區別點在於：系爭在國際組織架構下之談判結果，是否爲國際法主體達成之具有拘束力之合意。若其結論爲肯定，則應適用EEC條約第113條、第114條及第228條之規範。[143]

最後法院就共同基金預算攤派之方式加以分析，法院指出：就談判之歷程而言，有由經濟共同體預算支付或由個別會員國支付，若採前者方式，故無問題，則系爭國際天然橡膠協定應由共同體單獨簽訂，因該領域係屬共同商業政策，而爲經濟共同體之專屬權限。最後談判結果係由會員國負擔相關費用，由於費用支出來自於會員國，此部分自需會員國之參與，則系爭協定應由經濟共同體與會員國以混合協定之方式，共同簽署。[144]

1/78諮詢意見涉及幾項歐盟對外經貿協定之重要議題，首先除了共同商業政策範疇之闡述，以及該政策與其他經濟政策之關係外，法院對於EEC條約第113條與第116條之適用亦加以釐清。其次，該天然橡膠協定涉及一項爲經濟共同體與會員國長期實踐之締約模式，亦即，由經濟共同體與會員國共同締結協定，並應各自履行批准程序。就經濟共同體部分，則由理事會批准，就會員國部分，則各自依內國憲法程序加以批准，此項模式，乃係通稱之混合協定模式。在談判過程中，涉及經濟共同體專屬權限部分，由執委會發言；涉及非專屬權限部分，則由理事會輪值主席發言。

---

[142] *Opinion 1/78*, para. 50.

[143] *Opinion 1/78*, para. 51: *Whether the negotiations undertaken within the framework of an international organization are intended to lead to an undertaking entered into by entities subject to international law which has binding force.*

[144] *Opinion 1/78*, paras. 52-62.

混合協定造成經濟共同體與會員國權利義務之混淆，且對其他談判方而言，亦造成極大之困擾，有時亦危及經濟共同體對外代表之一致與共同立場之達成。最後，1/78諮詢意見呈現的乃是國際經濟發展之脈絡，亦即，傳統以關稅減免以及數量限制之消除為核心之商業協定已逐漸失去重要性，逐漸取代者乃是對於特定市場或更廣泛議題之管制，此即消極整合（negative integration）與積極整合（positive integration）之辯。共同商業政策之範疇，須在國際經濟發展之脈絡下加以理解，否則，共同商業政策將失去其存在之價值。

（四）1/94與1/08諮詢意見

1/94與1/08[145]兩項諮詢意見，主要係針對共同體加入世界貿易組織以及其後，在世界貿易組織架構下，因為歐盟之東擴所衍生之服務貿易承諾表修改之相關問題。亦即，前者係針對世界貿易組織協定應由共同體與會員國共同締結，抑或僅應由共同體單獨締結；後者則係涉及與WTO會員國修改服務貿易承諾之協定，應由誰締結之議題。

早在關稅暨貿易總協定時代，歐洲經濟共同體即代表所有會員國在GATT發言，然而，斯時歐洲經濟共同體並不具有締約方之身分。而自烏拉圭回合談判開啟伊始，理事會即決定由共同體代表共同體以及會員國談判，然而，該決定亦陳明對於誰有權簽署條約，並未預先加以確定。[146]隨而烏拉圭回合談判告一段落，共同體與其會員國即面臨誰得以簽署WTO條約之問題，主要涉及共同體與會員國權限分配之憲政爭議。該爭議之產生，一方面源於WTO涵蓋領域之擴大，除包含原貨品貿易外，亦涵蓋服務貿易以及與貿易有關之智慧財產權；另一方面，共同商業政策是否限於條文所列之領域，若否，是否得藉由默示權限導出共同體之專屬權限，乃有本件諮詢意見之產生。

---

[145] *Opinion 1/08* of the Court of 30 November 2009 on the grant of compensation for modification and withdrawal of certain commitments following the accession of new Member States to the European (2009) ECR I-11129 (hereinafter *Opinion 1/08*).

[146] *Opinion 1/94*, para. 3.

在1/94意見中，執委會主張：WTO所涉及之GATT、GATS以及TRIPS均屬於共同體條約第113條之範疇。理事會與會員國則持反對意見，主要涉及部分的GATT領域，以及多數之GATS及TRIPS領域，理事會認為不屬於共同體之專屬權限。就本案涉及之爭議，法院將WTO涉及之議題分為GATT及GATS與TRIPS兩者，並分別依據共同體條約第113條以及默示專屬權限之主張加以檢驗。

1. 就GATT 1994部分

就GATT議題部分，理事會與會員國主張：在農業協定及食品衛生與動植物檢疫措施協定，共同體亦須援引共同體條約第43條共同農業政策之規定，此外，在技術性障礙亦不屬共同體之專屬權限，因為該領域共同體並未完成調和立法。對此法院認為，農業協定之目的並未涉及共同農業政策目標，蓋因農業協定之目的在於在全世界建立一個公平及市場取向之農業貿易體系，共同體在執行農業協定之措施，須在共同農業政策之法律依據下制定，並不排除共同體對外以第113條共同商業政策為法律依據締結條約。[147]法院並認為，食品衛生與動植物檢疫措施協定之目的，在於建立一個多邊機構的規則與紀律，指導衛生與檢疫措施之研訂、採用及執行，藉以將其對於貿易之負面影響降至最低。因此，該協定得以依據共同體條約第113條加以簽訂。[148]再者，就技術性障礙協定而言，法院認為技術性障礙協定之目的，在於確保技術規則及標準，以及相關之檢驗程序，並未對國際貿易造成不必要之障礙，因此亦屬於共同體條約第113條共同商業政策之範疇，而為共同體之專屬權限。[149]

2. 就GATS與TRIPS部分

就此二領域，法院分別就共同體條約第113條之共同商業政策以及默示權限部分加以檢驗，探討共同體在上開議題上是否具有專屬權限。

以共同體條約第113條為法律依據部分，法院在結論上認為：在GATS

---

[147] *Opinion 1/94*, paras. 28-29.

[148] *Opinion 1/94*, para. 31.

[149] *Opinion 1/94*, para. 33.

架構下除模式一之跨境服務提供，與在TRIPS架構下對於仿冒貨品之禁止進入共同體市場自由流通兩者，因其與傳統貨品貿易相似，屬於共同商業政策外，其他則非共同體商業政策所涵蓋。

　　法院首先回顧其在1/78諮詢意見之論述，認為：共同體條約第113條不應解釋為限於傳統對外貿易領域。相反地，對外貿易須從較廣之角度加以處理。共同體第113條關於共同商業政策之條列應解釋為例示規定而非列舉規定。法院並強調，服務貿易在國際貿易中具有愈來愈重要的角色，因此，服務貿易不能一概被認為不屬於共同商業政策之範疇。法院於是認為，要釐清服務貿易是否為共同商業政策所含括，必須逐一檢驗各種類之服務，因此，法院乃援引服務貿易總協定第I: 2條之規定，將服務貿易依四種模式加以檢驗。[150]就跨境服務提供而言，該服務係由一國之服務提供者，提供與另一國之服務消費者。服務提供者並未移動到另一國，或反方向而言，服務消費者亦未移動到另一國。因此，在模式一之服務提供而言，與貨品貿易並無差別，從而不應認為跨境服務提供模式之服務貿易，不為共同商業政策所含括，[151]然而其他三種模式之服務提供則非如此。就自然人呈現而言，依據共同體條約第3條，將共同商業政策以及涉及自然人的進入與移動措施分別規範之條約規範可以得知，自然人移動不屬於共同商業政策之範疇，此亦可以從條約另立專章以規範自然人及法人之移動上得到佐證。因此，境外消費、商業據點呈現以及自然人呈現，並不屬於共同商業政策之範疇。[152]

　　法院對於與貿易有關之智慧財產權協定，主要區分仿冒貨品之置入市場以及其他領域兩者加以討論，就仿冒貨品之置入市場而言，法院首先指出理事會Council Regulation (EEC) No. 3842/86規則，禁止仿冒貨品進入共同體市場而得以自由流通。該理事會規則主要涉及海關在共同體外部邊境應採取之措施，並正確地選擇共同體條約第113條作為法律依據。而既然

---

[150] *Opinion 1/94*, paras. 40-43.

[151] *Opinion 1/94*, para. 44.

[152] *Opinion 1/94*, paras. 45-47.

共同體機構在內部得以自主的採取措施規範仿冒貨品之自由流通，對外，共同體亦得獨自就此議題締結國際條約。[153]

　　而就其他議題而言，法院指出：固然智慧財產權與貿易有其關聯性，例如藉由智慧財產權之保障得以排除他人製造具有相同商標之貨品，而智慧財產權之目的也在於強化這種貿易效果。然而，這個效果無法正當化將該議題列入共同商業政策的主張。蓋因，智慧財產權影響的不僅國際貿易，也影響共同體內之貿易。[154]此外，與貿易有關之智慧財產權協定之目的在於強化以及調和在全世界層次的智慧財產權保障。該協定並在共同體已經調和完成之領域外，進行調和。該協定之締結甚至於有助於共同體內部市場之形成與運作。而必須注意的是，共同體本即具有權限依據共同體條約第100條，第100a條進行會員國關於智慧財產權立法之調和，甚至於並得依據第235條之規定，創造一個取代會員國立法之權力。然而，上開條文涉及不同之共同體決策程序，倘若共同體得依據共同商業政策藉由對外條約之締結，間接達成調和共同市場關於智慧財產權保障之規範，則上開條文所涉及共同決策程序，或一致決之要求，將被規避。[155]

　　就默示權限部分，執委會主張：若法院認為共同體依據共同體條約第113條不具有締結上開二協定之專屬權限，其備位聲明主張：共同體的專屬權限可以從條約創設共同體之內部權限之條文，或者共同體機構就上開內部權限所為之立法行為，或從共同體為達成共同體之內部目標而有簽訂國際條約之需要上導出。依據執委會之看法，在服務貿易領域，並無任何議題不為共同體權限所涵蓋，包含設立事業之權利，提供服務以及運輸之自由。因此，共同體之對外專屬權限得自共同體之內部權限延伸而出。[156]

　　然而上開論據亦為法院所不採，法院首先重申其在AETR之見解，在

---

[153] *Opinion 1/94*, para. 55.

[154] *Opinion 1/94*, para. 57.

[155] *Opinion 1/94*, paras. 59-60.

[156] *Opinion 1/94*, paras. 73-74.

涉及自共同體內部與共同體外第三國間之運輸時，共同體之權限延伸至國際法架構下之關係，共同體在該領域內締結國際條約有其需要性。[157]然而，法院語鋒一轉，認為：共同體之對外專屬權限並不當然從其內部權限中得以導出，僅有在共同體法有可能受到會員國以個別或集體之方式與第三國締結條約之行為所影響時，會員國方喪失其承擔國際義務之權利。此外，法院並指出：1/76諮詢意見中所闡述的共同體之默示專屬權限，並不限於共同體業已就其內部權限為共同體措施之情形並不適用於本案，因1/76諮詢意見涉及萊茵河與莫賽爾河流域既有航行者（諸如瑞士）之權利，在上開事務之管制上除共同體會員國外尚須將瑞士納入，因此，共同體對外權限之產生並不以共同體對內權限之行使為要件。在本案則無此特殊情狀。

　　就TRIPS而言，執委會依據AETR見解主張倘若會員國得共同參與TRIPS，既有共同體機構之立法措施將受到影響；並依據1/76諮詢意見主張其參與TRIPS以達成條約所定目標之需要；並依據共同體條約第100a條以及第235條主張共同體之默示專屬權限。[158]法院對此重述1/76諮詢意見於本案並無適用之餘地，再者並無從單獨就共同體第100a條以及第235條導出專屬權限。值得檢驗者係AETR判決意旨。[159]然而，本案所涉及與貿易有關之智慧財產權領域，共同體僅在少數領域為調和措施，且在其他領域並未有何調和措施之預見性。因此共同體無從導出專屬權限，因而共同體應與會員國共同簽署TRIPS。[160]

3. GATS架構下共同體與會員國承諾表之修正

　　隨著2004年及其後2007年之東擴，共同體於2004年依據GATS第V: 5條[161]之規定，通知WTO祕書處，其將修訂於烏拉圭回合談判中所為之承

---

[157] *Opinion 1/94*, para. 76.

[158] *Opinion 1/94*, para. 99.

[159] *Opinion 1/94*, paras. 100-102.

[160] *Opinion 1/94*, paras. 102-105.

[161] GATS第V條主要規範經濟整合。

諾表，俾以將共同體及新會員國之承諾表整併。由於包含美國、臺灣在內諸多會員國表達其在對於承諾表修正涉及之利益損害，理事會乃授權執委會依據GATS第XXI: 2條之規定，代表共同體及會員國與相關WTO會員協商補償條約。[162]理事會並決議授權執委會簽署該條約，然而在該條約簽署時，執委會須陳明系爭協定在共同體及會員國履行其內國法程序前不生效力。

就共同體法之內部程序而言，理事會並指示執委會以提案之方式，送交理事會以部長理事會之方式議決上開條約。[163]執委會乃以共同體條約第133條第1項至第5項以及共同體條約第300條第2項爲法律基礎，締結上開條約。在該提案之解釋說明中，執委會表示：在條約協商之始，執委會並無法排除該條約可能涉及共同體與會員國之權限，然而就談判結果均落於共同體之內部權限，且未涉及共同體條約所排除不得立法調和之領域，因此與共同體條約第133條第6項無涉，因而系爭協定之締結係屬共同體之專屬權限。

對此理事會與會員國則表示反對立場，認爲系爭協定涉及共同體以及會員國之權限，因而，應由會員國與共同體共同締結。理事會締結系爭協定之決定，應依據共同體條約第133條第1項到第5項，連結共同體條約第300條第2項，以及共同體條約第71條、第80條第2項、第133條第6項爲之，同時並應連結共同體條約第300條第3項之規定。[164]相較於此，歐洲議會在通過其決議時僅援引共同體條約第133條第1項到第5項，連結共同體條約第300條第2項以及第3項爲法律依據。[165]

而法院在1/08意見中所必須處理之問題在於：藉由尼斯條約之修正，共同體對外權限是否進展至擁有專屬權限，乃至於足以支撐其獨自參與

---

[162] *Opinion 1/08*, paras. 16-17.

[163] *Opinion 1/08*, paras. 18-20.

[164] *Opinion 1/08*, paras. 25-27.

[165] *Opinion 1/08*, para. 28.

系爭協定之簽署。[166]就系爭問題，法院首先回顧其在1/94諮詢意見之見解，亦即，跨境服務提供係屬共同體條約第133條第1項至第4項所規範之共同商業政策所涵蓋。而藉由該條第5項第1款之增列，共同體得以參與其他模式之服務貿易，[167]而此條約條文所稱之服務貿易，必須在全球架構下加以解釋。再者，修正條約條文之解釋應在1/94諮詢意見的脈絡下為之，亦即，法院在1/94諮詢意見將大部分之服務貿易歸為會員國權限。共同體條約第133條第5項第1款之修正，主要係就上開判決進一步增加共同體之權限。因此，修正條約條文所稱之共同體得以參與之服務貿易，應該包含GATS所稱的排除跨境服務提供以外之其餘三個服務提供模式。[168]然而，這個解釋方式並不當然意味共同體在所有服務貿易議題上均享有專屬權限，蓋因共同體條約第133條第6項第2款排除文化與視聽服務、教育服務，以及社會與健康服務。該議題上，對外條約之締結須由共同體與會員國共同為之，因為本案中涉及上開第133條第6項第2款所排除之議題，因而法院在結論上認為：系爭承諾表修正之協定，應以混合協定之方式加以締結。

肆、歐盟對外經貿權限之制度運作與政策變遷

本節首先將從制度面向之角度，探討歐盟對外經貿政策之運作，包含執委會與理事會關於談判權限之取得、理事會所為之談判指令之執行及貿易政策委員會之角色。此外，由於歐洲議會之角色逐漸增加，亦將探討歐洲議會之被諮詢權或同意權，乃至於在共同決策程序時，其間之區別。其次將從政策變遷之角度，探討歐盟對外經貿政策之改變，尤其從拉米至孟德爾森擔任執委會貿易委員對於自由貿易協定談判態度之轉變。就此，本

---

[166] *Opinion 1/08*, para. 116.

[167] *Opinion 1/08*, paras. 118-119.

[168] *Opinion 1/08*, paras. 121-122.

節將觸及幾項歐盟之重要貿易政策文件，包含里斯本策略、全球歐洲策略以及歐洲2020策略[169]等。

一、歐盟對外經貿權限之制度運作

（一）EEC條約

　　就制度運作而言，歐盟對外經貿權限之行使，主要涉及理事會與執委會之互動、表決程序，以及歐洲議會角色之逐漸增加。就制度面向之規範而言，除了EEC條約第113條外，另一個重要條文則是第228條之規範。就EEC條約簽訂伊始，第228(1)條第2項即規範歐洲法院諮詢意見之權限，而如同第二節之說明，歐洲法院藉由諮詢意見之給予，以案例法之方式型塑了歐盟之對外經貿權限。依據EEC條約第113(3)條之規定，在共同商業政策範疇內，若有對外締結協定之必要時，執委會應向理事會提出建議，理事會則允許必要談判之進行。同時，理事會並應透過113委員會，以協助執委會進行談判，執委會就談判之進行並應依循理事會之談判指令（negotiation directive）為之。

　　詳言之，談判之開啟，執委會應擬具提案，向理事會提出建議（同時，執委會通常草擬談判權限之內容），請求理事會授予談判權限（negotiation mandate）。就談判權限之授予，依EEC條約第113(4)條之規定，適用條件多數決之方式加以議決。而談判進行中，理事會除了藉由113委員會加以監督之外，同時亦可藉由談判指令之指示，決定談判之方向。在涉及重要談判場合時（例如烏拉圭回合談判），理事會通常伴隨著談判場合同時舉行。亦即，在執委會參與談判後，亦同時藉由理事會協調歐盟之內部立場，如此，理事會得以隨時掌控談判之進展。須加以說明者係，就EEC條約而言，第113條並未明示第228條程序之適用（雖然在解釋上當導出必然之結論），同時，歐洲議會之角色在第113條中，則付之闕

---

[169] European Commission, *Europe 2020: A Strategy for Smart, Sustainable and Inclusive Growth, Communication from the Commission* (hereinafter *Europe 2020*) COM (2010) 2020 final (3 March 2010).

如。

歐盟對外經貿協定之締結，除考量EEC條約第113條之規定外，同時亦須參照條約第228條之規定。條約第228(1)條第1款規定，當共同體須與一國、多國或國際組織簽訂國際協定時，該國際協定應由執委會加以協商。除執委會所享有之權限外，該國際協定應由理事會在徵詢議會（Assembly，合併條約之後，改稱歐洲議會）後加以締結。[170]就此規定而言，歐洲議會僅具有被徵詢權，亦即，理事會僅須徵詢歐洲議會，縱歐洲議會之意見與理事會之意見相左，理事會仍得無視於歐洲議會之意見，締結該對外協定。EEC條約第228(1)條第2款則規定理事會、執委會或會員國得就擬欲簽訂之國際協定與共同體條約是否相符合，聲請諮詢意見。倘若法院意見為否定，則該國際協定須俟共同體依據EEC條約第235條之規定，修改EEC條約之後，方得以締結系爭國際協定。[171]此項預先就國際協定與共同體條約是否牴觸之諮詢意見設計，主要係避免對外協定簽訂後，卻與共同體條約牴觸，產生法律衝突並危及法律安定性。此項制度設計，同時賦予歐洲法院在歐盟對外經貿法議題，具有關鍵性之影響力。其次，須加以注意者，歐洲議會在此第228條之程序中並無聲請權，蓋因在EEC條約第228條之程序下，其僅具有被徵詢權之緣故，並未涉及歐洲議會之特權（prerogative）。最後，EEC條約第228(2)條則規定：共同體締

---

[170] *EEC Treaty*, art. 228(1), subpara. 1: *Where this Treaty provides for the conclusion of agreements between the Community and one or more States or an international organisation, such agreements shall be negotiated by the Commission. Subject to the powers conferred upon the Commission in this field, such agreements shall be concluded by the Council after the Assembly has been consulted in the cases provided for by this Treaty.*

[171] *EEC Treaty*, art. 228(1), subpara. 2: *The Council, the Commission or a Member State may, as a preliminary, obtain the opinion of the Court of Justice as to the compatibility of the contemplated agreements with the provisions of this Treaty. An agreement which is the subject of a negative opinion of the Court of Justice may only enter into force under the conditions laid down, according to the case concerned, in Article 236.*

結之條約拘束共同體機構與會員國。[172]依據歐洲法院向來之案例法，共同體對外締結之國際協定，係共同體法核心（integral）之一部分，同時拘束共同體機構與會員國，亦同時應具有直接效力（少數協定如WTO協定例外），且得爲會員國法院聲請先行裁決之客體。

（二）馬斯垂克條約

1992年，馬斯垂克條約簽訂後，共同體條約第113條做了若干修訂，除第113條第3項第1款之條文用語修正爲「與一國或數國或國際組織間之協定」，在用語上與第228(1)條第1款之用語一致之外，並增列第3款，明定在涉及共同商業政策之對外協定時，第228條之相關規範應予適用。[173]就第113條而言，1992年之歐盟條約並無重大修正。

相對於此，共同體條約第228條則經大幅度修正，馬斯垂克條約對於歐盟對外協定締結之規範，做更詳盡之規範，此乃因應共同體對外協定大幅增加而有其規範上之需求。共同體條約第228(1)條採取與第113(3)條類似之用語，當條約規範共同體與一國或數國或國際組織間協定之締結時，執委會應向理事會提出建議，理事會並應授權允許必要談判之開啟。執委會在進行談判時，應諮詢由理事會所設立以協助理事會之特別委員會，且應在理事會所下之指示架構下進行。亦即，修正後之共同體條約第228(1)條第1款之規定，係綜合了條約第113(3)條之第1款與第2款之規範。在馬斯垂克修正後，明文連結第113條與第228條之規範。第228(1)條亦述及理事會設立之特別委員會（即113委員會）之角色。第228(1)條第2款則規範理事會在行使本條權限時，除第2項之例外規定外，應依條件多數決之方式爲之。此項新增條文，複述了條約第113(4)條之規範。

共同體條約第228(2)條首先則重述原本條文第228(1)條後段，除執委會所享有之權限外，協定應由理事會以條件多數決之方式加以締結（徵詢歐洲議會之規定則移至第228條第3項）。此外，條文並新增：當協定涉及

---

[172] *EEC Treaty*, art. 228(2).

[173] *ECT,* art. 113(3), subpara. 3: *The relevant provisions of Article 228 shall apply.*

內部規則須以一致決方式採認，或涉及共同體條約第238條所示之聯繫協
定時，應以一致決之方式為之。[174]就內部規則部分，此乃係共同體內部
規則與對外關係平行主義之要求，而聯繫協定則是共同體重要之對外協定
類型，具有特殊之重要性所致。

共同體條約第228條第3項第1款前段則規定，共同體對外協定之締結
應由理事會徵詢歐洲議會後為之。但條文明文排除依據第113(3)條所締
結之協定之適用，其中並包含應適用共同體條約第189b條與第189c條[175]
程序以採認內部規則之情形。[176]易言之，共同體條約第228條第3項第1款
明文排除共同商業政策下之對外協定，歐洲議會之被徵詢權限。第228條
第3項第1款後段則要求歐洲議會須即時提出其意見，遇有遲延時，理事
會並得逕行條約締結程序。共同體條約第228條第3項第3款則明定，在緊
急情形，理事會與歐洲議會得同意於一定期限內，行使歐洲議會之同意
權。[177]

共同體條約第228條第3項第2款則規定例外須取得歐洲議會同意之情
形，當共同體所欲締結之對外協定涉及共同體條約第238條之聯繫協定、
其他藉由組織合作程序以建立制度架構之協定、對共同體具有預算影響之
協定、將導致依據189b條所規範之程序所為之共同體措施之修正時，則須
取得歐洲議會之同意。易言之，有四項協定歐洲議會享有同意權，亦即第

---

[174] *ECT*, art. 228(2): *Subject to the powers vested in the Commission in this field, the agreements shall be concluded by the Council, acting by a qualified majority on a proposal from the Commission. The Council shall act unanimously when the agreement covers a field for which unanimity is required for the adoption of internal rules, and for the agreements referred to in Article 238.*

[175] 共同體條約第189b條與第189c條係規範共同立場（common position）之決策程序。

[176] *ECT,* art. 228(3), subpara. 1, first sentence: *The Council shall conclude agreements after consulting the European Parliament except for the agreements referred to in Article 113(3), including cases where the agreement covers a field for which the procedure referred to in Article 189b or that referred to in Article 189c is required for the adoption of internal rules.*

[177] *ECT,* art. 228(3), subpara 3.

238條之聯繫協定、其他建立制度架構之協定、具有預算影響之協定以及將導致共同體依據條約第189b條程序所採認之內部措施修正之協定。就此四項例外而言，前二者對於共同體體制與架構將產生重大影響，因而賦予歐洲議會在此議題上較大之權限，而預算本身即為歐洲議會之權限，因而，倘若一對外協定具有預算意涵，即應取得歐洲議會之同意。茲有疑義者，乃在於共同體條約第228條第3項第1款與第2款均提及第189b條之共同決策程序，第1款規定，即使共同商業政策下對外協定之締結，即令涉及第189b條之程序，仍毋須徵詢歐洲議會之意見；第2款則規定，若涉及依據第189b條程序制定之共同體內部措施之修正時，應取得歐洲議會之同意，兩者間應如何加以適用？依據條文之文義而言，就涉及第113(3)條之對外協定，亦即屬於共同商業政策而為共同體專屬權限之對外協定，即使涉及條約第189b條之程序，仍毋須諮詢歐洲議會。亦即，在共同商業政策範疇內，對外經貿協定之締結，歐洲議會並無被諮詢權。然而，倘若在共同商業政策之外，若須依據共同體條約第189b條修訂共同體內部規則者，則須得到歐洲議會之同意，並非以諮詢歐洲議會為已足。

　　馬斯垂克條約簽訂後，共同體條約第228(4)條則設立經由一授權程序，得以簡易程序批准修訂後之歐盟對外協定，而毋須經由第228(2)條之規定，由執委會提案，經諮詢歐洲議會後，由理事會批准。共同體條約第228(4)條規定，在締結對外協定時，倘若該協定設有簡易程序或由協定所設之機關採認修訂程序，理事會得以例外之方式，授權執委會以共同體之名義，批准系爭協定之修改，而毋須依照第228(2)條之規定重新批准協定。在此授權中，理事會並得明定授權之條件。[178]然而，此項程序，在重要之歐盟對外經貿協定中，不具有實用價值，蓋因理事會不願輕易將協定締結權限，委由執委會行使。

　　共同體條約第228(6)條則重述諮詢意見聲請之規定，亦即，理事會、執委會與會員國得向歐洲法院聲請諮詢意見，以確定擬欲締結之協定是否

---

[178] *ECT*, art. 228(4).

與共同體條約相符。若其結論爲否定，得須經由歐盟條約第N條之規定，修改條約後，方得批准該協定。在此條文之前，共同體條約第228(5)條則新增規範明定：當理事會欲締結一須修訂共同體條約之對外協定時，系爭協定之締結須以共同體條約依據歐盟條約第N條加以修正爲前提。亦即，僅有在修訂共同體條約之後，該對外協定方得以締結。第228(5)條與第228(6)條兩者之差別僅在於有無聲請歐洲法院給予諮詢意見，就擬締結之協定含有與共同體條約牴觸之條文時，須先修訂共同體條約方得以締結系爭對外協定一節，則無不同。共同體條約第228(7)條則重述EEC條約第228(2)條之規定，規範以共同體名義締結之對外協定之效力，其拘束共同體機構及會員國。

（三）阿姆斯特丹條約

就歐盟對外協定之締結程序，阿姆斯特丹條約又對其加以修訂。經修訂且重新編碼之共同體條約第300(2)條除重述原第228(2)條之規定，另外加上理事會在決定簽署以及締結對外經貿協定時，亦可以理事會決定之方式，以條件多數決之方式在該協定生效前提前實施該協定。此項提前實施之規定，主要解決歐盟對外協定之批准程序（尤其在混合協定之情形），有時須耗費數年時間之實際需求。其後，共同體條約第300(2)條增列第2款及第3款，第2款規定在決定中止對外經貿協定之適用時，或在依據聯繫協定成立之機構內，共同體須採取共同立場以採認具有拘束力之決定時（除該決定係補充或修正聯繫協定之制度架構外），亦適用前款之程序。[179] 對外協定之中止，主要適用含有人權或民主條款之歐盟對外協定，在此等條款違反時，若其違反情節重大，共同體得片面中止協定之適用，進而中止（關稅或貿易）優惠之授與；至於聯繫協定所成立之機構內，因其採認具有拘束力之決定，案例逐漸增加，因而產生特別規範之需求。然而，此項理事會以條件多數決決定中止協定之適用，或在聯繫協定設立之機構內共同立場之採認，因排除共同體條約第300(3)條之適用，因

---

[179] *ECT,* as amended by Amsterdam Treaty, art. 300(2), subpara. 2.

而剝奪歐洲議會之被諮詢權或同意權；從而，條約第300(2)條第3款則規定：在理事會做出提前適用未生效之協定、暫時中止對外協定適用之決定，或在聯繫協定之共同立場決定時，應立即及完整地通知歐洲議會。在此等決定之情形下，歐洲議會之權利乃是事後之被知會權，而非如第300(3)條之事前徵詢權或同意權。

（四）尼斯條約

尼斯條約對於第300(2)條第2款，理事會以條件多數決決定共同體共同立場之適用範圍加以擴張。由於歐盟對外經貿協定成立機構並得採認具有拘束力之決定逐漸增加，並不限於聯繫協定，因而，尼斯條約修正後之共同體條約第300條第2項第2款規定，理事會得以條件多數決決定共同體之共同決定之決策方式，亦適用其他協定設有機構，得以採認具有拘束力決定之情形。[180]同時，共同體條約第300(6)條關於在對外協定簽訂前，得向歐洲法院聲請諮詢意見之規定亦加以修正。就具有請求權之主體部分，除原先之執委會、理事會個別會員國外，另加入歐洲議會。自此，歐洲議會得向歐洲法院聲請諮詢意見，以確認擬欲簽訂之歐盟對外協定，是否與共同體條約相牴觸。[181]

（五）憲法條約與里斯本條約

里斯本條約修訂後，歐盟運作條約第218條規範歐盟對外協定之締結程序，其規範模式與未經生效之歐盟憲法條約第III-323條類似。就其條文規範結構而言，歐盟運作條約第218條係落於第五部分聯盟對外行動之下，並於第五篇部分規範國際協定。第五篇除第218條之規定外，另就AETR之案例法予以明文化，除此，亦將聯繫協定以及歐洲中央銀行對外協定加以規範。

歐盟運作條約第216(1)條規定：在條約明文規定，或國際協定之締結在聯盟政策架構下係達成條約目標所必須，或為聯盟具有法定拘束力之措

---

[180] *ECT,* as amended by Nice Treaty, Art. 300(2), subpara. 2.

[181] *ECT,* as amended by Nice Treaty, Art. 300(6).

施所明定，或將影響共同規則或改變其範疇時，聯盟得與一國或數國或國
際組織締結國際協定。[182]同條第2項則規定，聯盟對外締結之協定拘束聯
盟機構以及會員國。就第1項之規定而言，主要係AETR之成文法化。亦
即，法院在AETR中表示，聯盟之對外權限，並不僅限於條約所明示，亦
得從條約條文或聯盟在該條文架構下所採取之措施所導出。因而，歐盟運
作條約第216(1)條規定，除條約明文外，若為達成聯盟目標所必須，或為
聯盟措施所明定時，聯盟亦得對外締結國際協定。至於，協定之締結將影
響聯盟之內部規則或其範疇除在AETR一案中為法院所宣示外，此項原則
並一再於1/75、1/78以及1/94等諮詢意見中為法院所重申。

　　歐盟運作條約第217條則規定：聯盟得與一國或數國或國際組織
訂定聯繫協定，以建立互惠權利義務、共同行動與特殊程序之聯繫
（association）。[183]此條條文乃重述原共同體條約第310條之內容，將聯
繫協定之締結，一併移至聯盟對外行動架構下之國際協定中。就此，章節
安排乃為之統一。

　　歐盟運作條約第218(1)條首先澄清，條約第218條與第207條之關係，
亦即，在無礙於歐盟運作條約第207條在共同商業政策領域內特別規定之
前提下，聯盟與第三國或國際組織間國際協定之談判或締結，應適用本
條之程序。[184]其次，歐盟運作條約第218(2)條則規定：聯盟對外協定談判
開啟之授權、談判指令之採認、協定簽署之授權以及締結應由理事會為

---

[182] TFEU, art. 216(1): *The Union may conclude an agreement with one or more third countries or international organisations where the Treaties so provide or where the conclusion of an agreement is necessary in order to achieve, within the framework of the Union's policies, one of the objectives referred to in the Treaties, or is provided for in a legally binding Union act or is likely to affect common rules or alter their scope.*

[183] TFEU, art. 217.

[184] 類似規範意旨，亦可在歐盟運作條約第218(3)條第1款中發現，該款規定，除本條之特殊規定外，在與一國或數國或國際組織締結國際協定時，應適用歐盟運作條約第218條之規定。

之。[185]本項明定應由理事會為之者，包含談判之開啟及其談判權限之賦予、談判期間談判指令之採認，乃至於談判結束後在協定簽署之前，亦應取得理事會之授權談判代表方得以簽署，最後，須由理事會加以締結。聯盟對協定之談判、簽署與締結程序方告完備。

歐盟運作條約第218(3)條規定，執委會或聯盟外交與安全最高代表（若擬簽訂之協定完全或主要涉及共同外交與安全政策時）應向理事會提出建議，理事會則應以決定之方式授權談判之開啟，並視其情形，任命聯盟談判代表或談判代表團之首。[186]歐盟運作條約第218(3)條與共同體條約第300條之差異，乃在於里斯本條約修正生效後，共同商業政策締結之協定或其他對外議題之協定（例如共同外交與安全政策）均規範在聯盟對外行動部分中，並設置特別章節以規範聯盟之國際協定。歐盟不再區分共同體支柱，或共同外交與安全支柱，因而，本條規範，除適用原共同體支柱之對外協定外，並適用原第二支柱之對外協定。而依據里斯本條約之設計，原屬於共同體支柱之對外事項由執委會主導，而屬於原第二支柱之事項，則由聯盟之最高代表主導。聯盟之最高代表並同時具有執委會副主席之雙重身分，以利於聯盟政策之橫向聯繫。歐盟運作條約第218(3)條因而規定，向理事會提出建議，要求授權開啟談判者，可能係執委會，亦可能係聯盟之最高外交與安全代表。

歐盟運作條約第218(4)條則仿照共同體條約第300條第1項第1款之規定，理事會得對談判代表下達談判指令，並得設立一特殊委員會，在談判過程中，談判代表須諮詢該委員會之意見。[187]此特殊委員會即原133委員會，惟在共同體條約架構下，條文用語強調協助（assist）字眼，此用語在里斯本條約則不復見，僅保留談判代表應諮詢該委員會之規範。此外，原133委員會之名稱意味該委員會主要負責共同商業政策之範疇，然依據

---

[185] TFEU, art. 218(2): *The Council shall authorise the opening of negotiations, adopt negotiating directives, authorise the signing of agreements and conclude them.*

[186] TFEU, art. 218(3).

[187] TFEU, art. 218(4).

歐盟運作條約第218(4)條之規定，則不僅限於共同商業政策之範疇，亦涉及其他對外事務。然而該委員會改名為貿易政策委員會，似無法完全涵蓋該委員會所轄事務。

歐盟運作條約第218(5)條規定，理事會應經談判代表之提案，以理事會決定之方式決定對外協定之簽署，若依情勢所需，並得決定在該協定生效前暫時實施。[188]歐盟運作條約第218條第6項第1款並規定，理事會應經談判代表之提案，以決定之方式締結該對外協定。[189]歐盟運作條約第218條第6項第2款則分別規定除完全規範共同外交與安全政策外之其他對外協定之締結程序。歐盟運作條約第218條第6項第2(a)款規定須取得歐洲議會同意之對外協定類型，計有：聯繫協定；加入歐洲人權及基本權保障公約之協定；藉由組織合作程序以設立一特殊架構之協定；具有重要預算影響之協定；或該協定涉及普通立法程序或特別立法程序（special legislative procedure）而須取得歐洲議會同意之領域者。[190]此項同意，理事會與歐洲議會並得就其同意權之行使，設一時限。在前款所規定之五種對外協定以外之其他協定類型，歐盟運作條約第218條第6項第2(b)款規定，應諮詢歐洲議會，歐洲議會須在理事會視緊急程度所設之時限內表示意見。若時限內歐洲議會未表示意見，理事會得逕自採取行動。歐洲運作條約第218(6)條與共同體條約第300條第3項第1款規定之主要差異在於：歐盟運作條約未明文排除歐洲議會在共同商業政策領域之同意權，亦即，是否須

---

[188] TFEU, art. 218(5).

[189] TFEU, art. 218(6), subpara. 1.

[190] TFEU, art. 218(6), subpara. 2, indent(a): *After obtaining the consent of the European Parliament in the following cases: (i) association agreements; (ii) agreement on Union accession to the European Convention for the Protection of Human Rights and Fundamental Freedoms; (iii) agreements establishing a specific institutional framework by organising cooperation procedures; (iv) agreements with important budgetary implications for the Union; (v) agreements covering fields to which either the ordinary legislative procedure applies, or the special legislative procedure where consent by the European Parliament is required.*

取得歐洲議會之同意，除條約列舉之協定類型外，應依據該領域之內部立法程序而定，若涉及普通立法程序或特別立法程序而須取得歐洲議會之同意者，對外協定之締結，亦應取得歐洲議會之同意。此項修正，將內部權限與外部權限之程序加以統一。

　　歐盟運作條約第218(7)條則重述關於一對外協定若載有修正之簡易程序，或藉由系爭協定設立之機構採認決定時，理事會於締結系爭協定時，得授權執委會以聯盟名義，批准上開修正或機構之決定。同時，理事會亦得就該授權設立一定條件。[191]歐盟運作條約第218(8)條則規定投票程序，原則上，理事會應以條件多數決之方式爲之。[192]然而，同條第2款則規定例外之情形。首先，倘若協定涉及之議題，在聯盟內部行爲之採認須採一致決程序時，對外協定之締結亦須採一致決程序。其次，在涉及聯繫協定或與候選成員國簽訂之經濟、財政、技術合作協定或加入歐洲人權與基本權保障公約之協定，均須以一致決之方式爲之。此外，就歐洲人權與基本權保障公約而言，締結該加入公約之協定應於所有會員國批准後始得爲之。[193]

　　歐盟運作條約第218(9)條則規定對外協定之暫時中止，或在對外協定機構內立場之採認程序。就此，條文規定，理事會得依執委會或聯盟最高代表之提案，以理事會決定之方式暫時中止一特定對外協定之執行，或在對外協定設有機構並得以採認具有拘束力之決定時，理事會亦得以理事會

---

[191] TFEU, art. 218(7).

[192] TFEU, art. 218(8), subpara. 1.

[193] TFEU, art. 218(8), subpara. 2: *However, it shall act unanimously when the agreement covers a field for which unanimity is required for the adoption of a Union act as well as for association agreements and the agreements referred to in Article 212 with the States which are candidates for accession. The Council shall also act unanimously for the agreement on accession of the Union to the European Convention for the Protection of Human Rights and Fundamental Freedoms; the decision concluding this agreement shall enter into force after it has been approved by the Member States in accordance with their respective constitutional requirements.*

決定之方式，確立聯盟在對外協定架構下之機構內所應採取之立場，以為在該機構內採認。[194]歐盟運作條約第218(10)條則重申歐洲議會在國際協定之授權、談判、簽署、締結此一程序中，應立即且完整地被知會。[195]歐盟運作條約第218(11)條則係會員國、歐洲議會、理事會或執委會得向歐洲法院聲請諮詢意見，以確認擬締結之協定是否與聯盟條約相符之規定。此三項規定均係延續共同體條約之規範，並無實質變更，僅就協定暫時中止或立場之確立議題上，增加聯盟最高代表之提案權。

依據上開分析，吾人可以發現，在里斯本條約修正後，歐盟之對外條約締結權限共有四種：亦即條約明文規定：該國際條約之締結，就聯盟政策架構而言，係達成聯盟目標所必須；該締結係歐盟具法拘束力之工具所要求；系爭條約將影響共同規則或更動其範疇。學者Craig認為，經里斯本條約之修正，歐盟幾乎在任何議題上，均可以找到對外締結條約之法律基礎。其並強調，取得對外締結條約之權限，並不當然意外該權限係歐盟之專屬權限，應加以區別，亦即歐盟固然有權對外締結條約，但並不當然意味會員國在該議題上即失去締結條約之權限。[196]

其次，歐盟對外條約締結之決策程序與內部政策之締結程序恢復一致，亦即對內在須適用普通立法程序時，對外條約之締結即須取得歐洲議會之同意。學者Eeckhout指出，由於多數歐盟締結之國際條約具有直接效力，若排除歐洲議會在該條約上之參與，無異迴避內部立法程序要求歐洲議會同意之規範。[197]

而最困難之問題在於涉及經貿議題與非經貿議題混合時，歐盟對外談判代表之指定，此項議題，又涉及法律基礎之選擇。亦即，聯盟之對外談判代表，可能係執委會，可能係最高代表，學者Eeckhout依據歐盟運作條約第207(3)條及第218(1)條的規定，認為在涉及共同商業政策之範疇

---

[194] TFEU, art. 218(9).

[195] TFEU, art. 218(10).

[196] Paul Craig, The Lisbon Treaty: Law, Politics and Treaty Reform 399-401 (2010).

[197] Eeckhout, *supra* note 72, at 203.

內，執委會之參與即屬必要。[198]而就法律基礎之選擇上，在里斯本生效之前，就歐盟條約第47條僅規定，共同外交與安全政策不得影響共同體權限以及相關程序之行使，反之，則無類似要求。在里斯本生效後，新的歐盟條約第47條則規定，共同外交與安全政策不得影響歐盟其他權限以及相關程序之行使，反之亦然。因而，以共同體為主軸的法律基礎選擇，勢必受到挑戰。就此，學者Craig認為：法院將嚴格遵循其判例見解，認為就歐盟之權限而法律基礎選擇上，若可從不同之條文導出，即應引用不同之法律基礎，並適用不同之程序。僅在程序相互衝突時，方排除此項要求之適用。同時，除非系爭措施之目的係有主從之分外，兩項法律基礎均須引用，而在主要目的與附隨目的之間，則以主要目的作為法律基礎。[199]在歐盟對外交經貿協定（尤其在夥伴及合作協定涉及防止武器擴散、國際刑事法院合作、對抗恐怖主義等議題）涉及之議題甚為廣泛，日後是否僅得以共同商業政策或發展政策為法律基礎，不無疑義。

二、歐盟對外經貿政策之演變

世界貿易組織之成立，係歐盟對外經貿政策最重要之里程碑，歐盟取得正式之會員身分，一方面歐盟被視為多邊主義最堅強之擁護者，另一方面，歐盟也積極地促成新議題之談判。歐盟被視為新加坡議題（包含貿易與競爭、投資、政府採購與貿易便捷化）之主要推手。基於對於多邊主義之擁護，[200]歐盟在拉米擔任執委會貿易委員時，對於自由貿易談判，除了已開啟之談判持續進行外，對開啟新自由貿易談判採取事實上之禁令，藉此，一方面顯示歐盟對於追求多邊主義談判之決心，另一方面，避免雙邊主義之談判危及多邊主義可能之成果。然而，此項政策在孟德爾森

---

[198] Eeckhout, *supra* note 72, at 197.

[199] Craig, *supra* note 196, at 416-417.

[200] 關於歐盟對多邊主義之偏好，請參見Knud Erik Jørgensen, *A Multilateralist Role for the EU?*, *in* The European Union's Role in International Politics: Concepts and Analysis 30, 30-36 (Ole Elgström & Michael Smith eds., 2006)。

擔任執委會貿易委員並提出全球歐洲策略後，則告終止。固然歐盟條約第13(1)條要求聯盟機構應確保其政策及行動之延續性，然而，隨著會員國政治局勢乃至於歐盟議會之組成所導致的歐盟機構之遞嬗亦係為民主原則之本質。因而，孟德爾森在擔任執委會貿易委員會，歐盟旋即與東南亞國協、南錐共同市場與南韓展開自由貿易談判，並已完成其與南韓之談判。以下，本小節則檢視歐盟自里斯本策略後之經貿政策發展，將涵蓋全球歐洲策略以及歐洲2020策略。

（一）里斯本歐盟峰會與里斯本策略

21世紀肇始，歐盟峰會於里斯本舉行，在該峰會達成以強化就業、經濟改革以及社會凝聚為主軸，建立知識經濟之目標。[201]聯盟為其自我設立一策略目標，亦即在新世紀開始之第一個十年內，成為最具競爭力以及動能之知識經濟，得以永續經濟發展、創作更多且更好之工作機會，以及更強之社會凝聚。[202]為達此項目標，首先，聯盟須自我準備，藉由更好之資訊社會與研發政策；強化競爭力與創新之制度性改革；以及完成內部市場俾以轉型成以知識為基礎之經濟與社會。其次，聯盟須現代化其歐洲社會模型，在人力上投入更多投資並打擊社會排拒（social exclusion）。最後，聯盟須藉由總體經濟政策持續其健康之經濟展望與發展前景。[203]

里斯本歐盟峰會之主席結論，乃成為日後所稱之里斯本綱要（Lisbon Agenda）或里斯本策略。在孟德爾森擔任執委會貿易委員後，全球歐洲策略係為里斯本策略注入新動能之重要政策文件之一。然而，在里斯本策略發布後，時為執委會貿易委員之拉米對於如何達成上開目標有著與孟德

---

[201] *Lisbon European Council* (2000).

[202] *The Union has today set itself a new strategic goal for the next decade: to become the most competitive and dynamic knowledge-based economy in the world, capable of sustainable economic growth with more and better jobs and greater social cohesion.* (*Lisbon European Council*, para. 5).

[203] *Lisbon European Council*, para. 5.

爾森迥異之藍圖。拉米強調「調控之全球化」，因而就策略上拉米強調多邊關係勝於雙邊關係。作爲法國籍之貿易委員，以及其偏社會主義之色彩，乃強調如何駕馭全球化（harness globalisation）[204]以避免部分特定團體在這全球化過程中未蒙其利，卻受其害。此時歐盟之對外經貿政策著重於世界貿易組織之多邊體系，同時，亦係多邊談判之最強烈擁護者，1996年新加坡議題（亦即貿易與競爭、貿易與投資、政府採購、貿易便捷化）乃係歐盟強力主導之談判議題。然而，新加坡議題生命週期並未持續太久，即面臨1999年西雅圖部長會議中反全球化之挫敗，歐盟在多邊架構下之貿易政策，亦因而相對應調整，2001年杜哈回合（Doha Round）發展議程乃是爲挽救世界貿易組織於不墜，強化對於全球化之調控與駕馭，俾使開發中國家亦能在貿易自由化中受惠。此時，歐盟爲表示其對於多邊架構之擁護及決心，在對外貿易政策上，就新自由貿易談判之開啟上，採取實質上之禁令。里斯本策略所提出之目標，歐盟主要希望藉由多邊架構而加以達成。然而，由於杜哈回合談判進展之遲滯，主要貿易夥伴如美國、中國均投入自由貿易談判之競賽中，隨著執委會貿易委員會更迭，歐盟對外經貿政策亦隨之改弦易張。

（二）高層小組報告與更新之里斯本策略

在執委會之貿易委員由孟德爾森取代拉米之前，歐盟即曾於2004年，委由前荷蘭總理柯克（Wim Kok）擔任主席，組成一高層小組（High Level Group）對於里斯本策略之進展提出評估報告。該報告認爲里斯本策略自2000年採認，至2004年呈現一幅錯綜之圖像（mixed picture），[205]

---

[204] 關於此主張之評論，請參見Pascal Lamy, *Harnessing Globalisation: Do We Need Cosmopolitics?* Speech at the London School of Economics and Political Science (1 February 2001) *at* http://www.lse.ac.uk/collections/globalDimensions/lectures/harnessingGlobalisationDoWeNeedCosmopolitics/transcript.htm 及 Steve Charnovitz, *The WTO Cosmopolitics*, 34 N. Y. U. J. Int'l L. & Pol. 299, 299 (2002)。

[205] Wim Kok, Facing the Challenges: The Lisbon Strategy for Growth and Employment 10-11 (2004).

　　該報告指出，里斯本策略採認以來，世界急速變化，除網路公司之泡沫化、九一一恐怖攻擊等，就貿易政策而言，即令世界貿易組織之會員戮力於杜哈回合談判之開啟，就其進度與預期之完成時程則備極艱難。此外，會員國亦恐懼雙邊貿易協定將取代多邊架構之地位並妨礙其發展。此外，對外貿易上，除面臨傳統貿易強權美國之挑戰外，新興經濟體如中國與印度之出現，除對歐盟之對外貿易帶來高度挑戰，亦對歐盟帶來契機。[206]此項評論，實爲日後全球歐洲策略對於中國與印度高度著墨之先聲。

　　上開高層小組報告公布後，執委會於2005年發布一份里斯本策略重新出發之文件，[207]在該文件中，執委會強調：成長對於繁榮係不可或缺，除可爲聯盟創造完全就業外，並爲社會正義以及契機之基礎。對歐洲在全球之角色亦具有關鍵性影響並決定歐洲有無能力動員足夠資源以回應全球挑戰。[208]執委會並強調，經濟成長與就業機會之創造均有其國際面向，一方面須完成杜哈回合之談判，此項目標另須輔以雙邊或區域之自由貿易協定，例如南錐共同市場與海灣合作理事會。此外，在管制及行政之整合上亦應加強，除傳統大西洋兩岸之（transatlantic）經濟關係外，亦應加強與亞洲國家如中國、印度等新興經濟體之經濟關係。[209]

（三）全球歐洲策略

　　在此更新之里斯本策略中，全球歐洲策略乃是其中重要一環。全球歐洲策略之目的乃在於釐清貿易政策對於刺激成長以及創造就業之貢獻。全球歐洲策略意圖澄清：在快速變動之世界中，歐盟將如何建立一個更全面、整合而前瞻之對外經貿政策，進而更強化歐洲之競爭力。全球歐洲強

---

[206] *Ibid.,* at 9-12.

[207] European Commission, *Communication to the Spring European Council, Working together for Growth and Jobs: A new Start for the Lisbon Strategy* (hereinafter *A New Start for the Lisbon Strategy*), COM (2005) 24 final (2 February 2005).

[208] *A New Start for the Lisbon Strategy*, 4.

[209] *A New Start for the Lisbon Strategy*, 18.

調調適歐盟之貿易政策工具以面對新挑戰、與新貿易夥伴互動，以及確保歐洲市場對世界開放，且其他市場同時也對歐盟開放。[210]此外，全球歐洲策略強調，由於全球化之影響，國際與內部之區別逐漸消融，內部政策通常對於外部政策產生影響，反之亦然。因而型塑一個更整合以及連貫之政策，乃是執委會之重要目標。[211]基於此項理念，全球歐洲策略強調正確之內部政策以及對外市場之開展，以強化歐盟之競爭力。[212]

就歐盟之外部經貿政策而言，全球歐洲策略首先宣示：歐盟將不會自多邊主義中退卻，歐盟仍然信守其對於多邊主義之承諾。[213]在其他國家條件適合時，歐盟將隨時準備重拾多邊架構之談判。[214]雙邊架構之談判，倘若處理得宜將促進且加速多邊貿易自由化之進行，然而，雙邊主義亦有可能危及多邊談判，因而，全球歐洲策略強調：歐盟將確保其所開啟之新自由貿易談判將成為多邊主義之基石，而非障礙。[215]

全球歐洲策略並進而說明：自由貿易協定對歐洲來說並不陌生，例如在歐盟鄰國政策中，自由貿易協定對強化歐盟與鄰國之經濟與管制連結扮演重要角色。自由貿易協定亦係歐盟與非加太國家間經濟夥伴協定（Economic Partnership Agreement）以及其他與中美洲與安地斯共同體（Andean Community）間聯繫協定之重要基石。然而，此部分之政策主要係因應鄰國政策或發展目標，對於歐盟之貿易利益（尤其與亞洲國家間）則未妥善因應。此外，上開協定之範疇仍屬有限，聯盟應將其他議題列入考量，且在雙邊貿易關係上，聯盟應在較寬廣之架構下思考貿易政策。此外，若欲藉由貿易政策以助聯盟創造就業與追求成長，聯盟在日後

---

[210] *Global Europe, supra* note 10, at 2.

[211] *Global Europe, supra* note 10, at 2.

[212] *Global Europe, supra* note 10, at 4-8.

[213] *Global Europe, supra* note 10, at 10.

[214] *Global Europe, supra* note 10, at 10.

[215] *Global Europe, supra* note 10, at 10.

自由貿易協定之選擇上，應以經濟因素作爲主要考量。[216]因而就新自由貿易協定談判夥伴之選擇乃係市場潛力（經濟規模與成長）與對歐洲出口利益之保護層級（包含關稅與非關稅）。同時，歐盟應注意潛在談判夥伴與其他歐洲競爭者間之談判，其對於歐盟市場與經濟之可能影響，以及對於其他歐盟鄰國與開發中國家貿易夥伴貿易優惠之減損。[217]

就自由貿易談判對象之選擇而言，全球歐洲策略基於以上兩要件乃決定以東南亞國協、南韓以及南錐共同市場爲優先談判對象，因其具有廣大市場潛力且對於歐盟出口利益存有高度保護，再者，該三國家（地區）亦與歐盟之競爭對手（考慮）進行自由貿易談判。印度、俄羅斯以及海灣合作理事會亦屬優先對象之一。而中國固然符合上開要件，然因其可能遭逢之契機與挑戰，則須特別注意。[218]就自由貿易協定之內容而言，全球歐洲策略強調，此項競爭力導向之自由貿易協定（competiveness-driven FTA）在其範疇上必須全面且具有企圖心，應以最高限度之貿易自由化爲目標，其中包含廣泛之服務貿易自由化以及投資協定。就投資協定而言，歐盟須與會員國充分協調，以完成此項歐盟投資協定。倘若歐盟之貿易夥伴業已與其他競爭對手簽署FTA，歐盟至少須確保相等之貿易自由化程度。[219]

（四）歐洲2020策略

2010年，執委會提出一份名爲歐洲2020策略之政策文件，在該文件中，執委會表示：歐洲須轉型成一個聰明、永續且含括之經濟體（a smart, sustainable and inclusive economy）。所謂聰明之成長意指發展成爲一個以知識與創新爲基礎之經濟體；所謂永續成長係指能源使用更有效率、更加環保且更有競爭力；所謂含括之成長意指促進高度就業俾得以

---

[216] *Global Europe, supra* note 10, at 10-11.

[217] *Global Europe, supra* note 10, at 10-11.

[218] *Global Europe, supra* note 10, at 10-11.

[219] *Global Europe, supra* note 10, at 10-11.

提供社會與區域凝聚。[220]就歐洲2020策略之外部面向而言，執委會強調應運用所有外部政策工具，藉由開放以及公平之市場上參與，強化歐盟之成長。在規則導向之國際架構下，開放之歐盟方得受惠於全球化之契機。[221]與里斯本策略相仿，執委會之主要重心在於藉由知識創新以創造永續經濟成長，進而促進聯盟之就業機會。[222]

在歐洲2020策略之下，就歐盟之貿易政策而言，執委會強調應完成既有多邊以及雙邊之談判，並嚴格執行既有之國際協定，尤其應著重非關稅壁壘部分。其次，應開展未來產業之貿易，尤其綠能科技與綠能產品，高科技產品與服務以及國際標準化措施。此外，應與主要貿易夥伴建立高層戰略對話，以處理戰略議題，除應強化與美國間之跨大西洋經濟理事會以及與中國間之高階經濟對話之功能外，並應深化其與日本及俄羅斯之關係。最後，執委會強調，其將持續向理事會報告貿易與投資障礙，以改善歐盟產業對外之市場進入與管制環境。[223]

在歐洲2020策略之下，促進聯盟之競爭力仍係聯盟之主要目標。[224]同時，執委會亦明確表明：貿易政策係歐盟2020策略之重要環節，貿易政策須擴大其範圍以確保歐盟之競爭優勢，此亦包含貿易與投資政策。[225]除了發展全面之投資政策外，執委會並應將投資保障與投資自由化政策，整合於現進行中之貿易談判中。[226]基於此原則，執委會表示：其將儘速提案更新相關之談判指令，從加拿大、新加坡以及印度等三個國家開始，希望在既有貿易談判中涵蓋更廣泛之投資議題。此外，與第三國間（尤其

---

[220] *Europe 2020, supra* note 169, at 5.

[221] *Europe 2020, supra* note 169, at 22.

[222] *Europe 2020, supra* note 169, at 10.

[223] *Europe 2020, supra* note 169, at 24.

[224] *Europe 2020, supra* note 169, at 14.

[225] European Commission, *Trade, Growth, and World Affairs*: Trade Policy as a Core Component of the EU's 2020 Strategy, COM (2010) 612 final (9 November 2010) (hereinafter *Trade, Growth, and World Affairs*), 6.

[226] *Trade, Growth, and World Affairs, supra* note 225, at 6.

中國）單獨之投資協定亦將列入考量。[227]

伍、結論

　　本文試圖從條約修正以及案例法發展之角度，探討歐盟對外經貿法之演進。本文首先釐清，里斯本條約中關於歐盟對外行動之目標以及相關之基本原則對於歐盟之對外經貿政策將產生何規範上之導引，並研析如何藉由真誠合作原則達成歐盟對外經貿政策之連貫以及立場之一致，以強化歐盟在國際代表之單一性。其次，本文從EEC條約以降乃至於里斯本條約之變革，對於歐盟對外經貿權限有何根本性之改變。並從歐洲法院自AETR以來之判決，探討歐盟對外經貿權限之取得與擴張，其中涵蓋默示權限、混合協定等核心議題。在討論歐洲法院之判例法發展時，並佐以國際經貿體系之演進，從消極整合到積極整合，從GATT乃至於WTO之成立等。在探討歐盟對外經貿權限議題後，本文並研析歐盟對外經貿政策之制度運作以及政策變遷，此項議題除涉及歐盟專屬權限之擴張外，亦包括決策程序之改變，以及歐洲議會角色之強化，再者，由於執委會中貿易委員之更替所衍生之政策之更迭，均係本文探討之範圍，就政策變遷而言，本文從里斯本策略出發，析論全球歐洲策略以來，歐盟對外貿易政策之演變，並探求歐洲2020策略對於歐盟之對外經貿政策可能產生之影響。

　　依據以上研究，本文發現：在歐盟對外經貿法的發展過程中，條約修正以及隨之而來的歐盟權限擴張，固然是歐盟對外經貿法發展之重要動力。然而，除了條約修正外，法院之判例見解，亦屬歐盟對外經貿法擴張之重要推手。其中厥為重要者乃係AETR以降之默示（專屬）權限，以及內部權限與外部權限之平衡主義。此外，在對外經貿協定之締結過程中，權限劃分係歐盟機構與會員國持續爭論之課題，也因此提供了法院介入之契機。法院之判決，也常是下一次條約修正予以成文化之客體。再者，歐

---

[227] *Trade, Growth, and World Affairs*, *supra* note 225, at 6.

盟對外經貿法之發展，係在世界貿易體系持續演變中進行，因而在關於國際大宗物資協定以及後來之世界貿易組織協定中，歐盟對外經貿法之發展係隨著國際經貿體系之發展而與時俱進，因而傳統以關稅減讓為主軸之負面整合逐漸失去其重要性，國際組織所具有之規制功能乃至於積極整合，逐漸成為國際經貿體系之重心。因而，共同商業政策之內涵亦需隨之演變。

此外，歐盟對外經貿政策之演變，經歷了歐洲整合由歐洲經濟共同體、歐洲共同體，乃至於歐盟的成立、共同外交與防衛政策支柱概念之產生，乃至於里斯本條約生效後，將共同商業政策置於歐盟對外行動之整體脈絡下，從而，歐盟之對外經貿政策，須受到聯盟對外行動之目標與原則所導引。是以，歐盟之對外經貿政策，除追求經貿目的外，並富有外交、安全、發展色彩。而近來歐盟對外經貿政策之轉變，全球歐洲策略乃係其中重要轉折點，執委會貿易委員之更迭，對此具有關鍵性影響。在追求競爭導向之自由貿易協定時，里斯本條約賦予歐盟之外人直接投資權限，對歐盟在自由貿易談判之擴展上，有相當之助益。

Chapter 2　歐盟對外經貿協定的多重面向與治理模型

壹、前言

　　遠自歐洲經濟共同體（European Economic Community）[1]肇建伊始，共同商業政策（Common Commercial Policy）即為共同體對外政策之重要一環，斯時基於共同體之專屬權限（exclusive competence），共同體乃與第三國或國際組織訂定經濟及貿易（合作）協定，促進關稅貿易之消除與貿易之自由化，以達成共同體之目標。隨著共同體之發展，權限之擴增，乃至於國際經貿事務之演變，歐洲聯盟（European Union，以下簡稱歐盟）對外經貿協定從以貿易自由化為主要目標之自由貿易協定（Free Trade Agreement, FTA），擴展至其他非經貿議題或發展合作議題。歐盟對外經貿協定常具有不同之目標，有時出於經濟目的，有時則側重於政治與安全目標，有時兩者交錯，並藉由歐盟之經貿力量達成其他非經貿目標。因而，本文所稱之對外經貿協定，係廣泛指涉歐盟之對外協定中全部或部分涉及經濟貿易事務者，其涵蓋範圍有時超越經貿事務，而涉及政治安全事項，仍屬本文所指之對外經貿協定。而即令在經濟領域，亦有不為WTO規範所涵蓋，而以貨幣整合為主之貨幣協定。就此，歐盟對外經貿協定之樣態，呈現相當多元之面貌。在此基礎上，本文擬從歷史發展、協定種類與法律基礎三個角度，探討歐盟對外經貿協定之類型。

---

[1]　由於里斯本條約之生效，歐盟正式取代並承繼歐洲共同體（European Community），因而本文在行文上多數使用歐盟一詞；然而，若基於歷史脈絡所需，則將使用共同體字眼，惟有時仍無法避免馬斯垂克條約生效前之脈絡下使用歐盟一詞，此乃行文之限制，先予敘明。

　　在此基礎上，本文進而從政治監督與司法審查的角度，探討歐盟對外經貿協定的治理模型。就政治監督部分，主要可以分成垂直之政治監督與水平之政治監督兩個態樣。就垂直之政治監督而言，主要受到歐盟與會員國權限分配所影響，基於授權原則（principle of conferral），歐盟僅能在條約授權之範圍內採取措施，因而倘若擬簽訂之歐盟對外經貿協定超脫歐盟之專屬權限，涉及共享權限乃至於會員國之專屬權限時，即需以混合協定（mixed agreements）之方式加以締結。而就水平之政治監督而言，則主要著重於歐洲議會與理事會之角色，亦即歐洲議會與理事會對於談判之開啟、談判之進行以及條約之締結與履行，各自扮演怎樣之角色。里斯本條約生效後，歐洲議會對於共同商業政策扮演更重要之角色，此一條約變革對於實際運作有何影響，亦應進一步檢驗。就司法審查部分，則側重法院如何藉由其管轄權之行使，控制擬締結之歐盟對外經貿協定與歐盟初級條約法規範[2]之合致性。本文主要聚焦於兩個訴訟類型，亦即諮詢意見程序與撤銷訴訟，此二類型乃歐盟機構與會員國乃至於個人對於歐盟對外經貿協定與歐盟初級條約法規範是否相牴觸最重要之訴訟類型，而雖然在其他訴訟類型（諸如先行裁決程序）歐洲法院亦可能處理歐盟對外經貿協定之解釋，以及次級立法與歐盟對外經貿協定之合致性議題，然而此等訴訟類型並非著重歐盟對外經貿協定是否牴觸初級條約法規範，因而本文並不處理此類訴訟類型。

---

[2] 本文所謂之初級條約法規範係指歐盟法之初級法規範（primary sources），亦即會員國所簽訂之條約法規範，例如歐洲經濟共同體條約、歐洲共同體條約、歐洲聯盟條約（Treaty on European Union, TEU）、歐盟運作條約（Treaty on the Functioning of the European Union, TFEU）等。

貳、歐盟對外經貿協定之多重面向

一、歷史發展

學者霍夫曼（Andrea Ribeiro Hoffmann）以歐盟與南錐共同市場經貿關係之演變為例，主張在觀察國際經濟關係議題上對外經貿協定之演進，主要可以區分為三個世代，第一代協定（first-generation agreement）出現於1960年代以及1970年代，主要涉及商業政策，例如關稅之減讓，或非關稅壁壘之消除，其間並提及可能之互惠合作，就實際層面而言，此項協定亦有可能僅述及最惠國待遇。第二代協定（second-generation agreement）出現於1980年代間，通常重述彼此間提高經濟合作之意圖。而第三代協定（third-generation agreement）則出現於1990年代以後，其範疇最為寬廣，且包含民主、人權或環境保護等條件。[3]

歐盟前駐日公使雷特勒（Michael Reiterer）並以此標準主張歐盟與東南亞國協在1980年簽訂之合作協定（Cooperation Agreement）屬於第二代協定，柯多努協定（Cotonou Agreement）則屬於第三代協定。[4]此概念之區分主要可以理解歐盟對外經貿協定範疇之擴張，由傳統之商業議題（關稅減讓、非關稅壁壘或最惠國待遇）逐漸擴展至經濟合作與發展合作，有時在協定下並有類似共同委員會之機構安排。第三代協定之範疇則大幅度擴張，除經濟議題外，並涵蓋政治、人權或良善治理等非經貿面向，對外經貿協定逐漸強化其規範性色彩。歐盟藉由貿易力量追求非經貿力量之趨勢，乃漸趨明顯。而在第二代協定演變至第三代協定之過程中，

---

[3] Andrea Ribeiro Hoffmann, *A More Cooperation EU Policy towards MERCOSUR? The Case of Foreign Direct Investment (1980-2000)*, CIES e-Working Paper No. 6/2005 (17 August 2011), retrieved from http://www.cies.iscte.pt/destaques/documents/CIES-WP6_Ribeiro_.pdf

[4] Michael Reiterer, *Interregionalism: A New Diplomatic Tool: The European Experience with East-Asia*, at 3rd Conference of the European Union Studies Association Asia-Pacific (EUSA-AP) (4 October 2012), retrieved from http://www.eusa-japan.org/download/eusa_ap/paper_MichaelReiterer.pdf

有時全面向之經貿協定非一蹴可幾，歐盟與第三國則輔以框架合作協定（Framework Cooperation Agreement）以為過渡，此項模式可以在歐盟與墨西哥間之經貿協定中發現。

而全球歐洲策略之後，則可以視為第四代協定之開展，此類協定主要著重於自由貿易協定之簽署，歐盟執委會對此稱之為新一代之自由貿易協定，強調市場之潛力以及既有之貿易障礙強度。因而，第四代之協定其目的較為特定，以強化歐盟之全球競爭力為目標。此外，就談判之進行，有時夥伴與合作協定之簽署，被視為自由貿易協定談判開啟之重要基石或前提要件，此項例子，可以見諸於歐盟與東南亞國協會員國之夥伴與合作協定以及自由貿易協定之談判歷程上。

二、協定種類

（一）夥伴與合作協定

夥伴與合作協定之簽訂，主要適用對象乃係東南亞國協之會員國（例如印尼、菲律賓、越南）、前蘇聯之共和國（例如俄羅斯、烏克蘭、喬治亞共和國），此外，歐盟此刻正與中國進行夥伴與合作協定之談判。夥伴與合作協定可以視為合作協定之進化，除涵蓋範圍變廣，加入更多實質性義務之外，多數夥伴與合作協定並包含必要條件或基本條件之規範。例如，在歐盟與印尼締結之夥伴與合作協定第1(1)條即開宗明義指出：由聯合國人權宣言以及國際人權法文件所揭示之對民主原則以及基本人權之尊重，係支撐締約方內部以及國際政策之基石，並構成本協定之必要要件。[5]

---

5 Framework Agreement on comprehensive Partnership and Cooperation between the European Community and its Member States, of the one part, and the Republic of Indonesia, of the other part, art. 1(1): *Respect for democratic principles and fundamental human rights, as laid down in the Universal Declaration of Human Rights and other international human rights instruments applicable to both Parties underpins the internal and international policies of both Parties and constitutes an essential element of this Agreement.*

　　其次，夥伴與合作協定某程度亦含有地緣政治或地緣策略目標。例如，在執委會關於歐盟與印尼之夥伴與合作協定的說明中即明白揭示：藉由夥伴與合作協定之簽訂，歐盟將得以在該一傳統上由中國與美國影響之區域承擔更多之責任。藉由夥伴與合作協定，歐盟得以提倡歐洲價值、在具有共同利益之廣泛議題促進具體合作。此外，基於印尼係亞洲第三大人口國且係世界上人口最多之穆斯林國家，此項協定亦將成為文化夥伴之例證。[6]

　　就其涵蓋議題而言相當廣泛，除包含傳統貿易與投資議題外，亦涵蓋其他領域之合作，例如工業政策與中小型企業、運輸、能源、人權、環保及自然資源、森林、健康、組織犯罪與貪汙之防制、洗錢之防制、打擊非法藥物、移民乃至於公民社會之合作等。此外，夥伴與合作協定亦包含較完善之制度架構，例如爭端解決機制以及對於違反必要要件或基本要件得暫時中止協定之相關規範。

（二）經濟夥伴協定

　　歐盟對外之經濟夥伴協定主要適用在非加太國家（African, Caribbean and Pacific, the ACP countries）上，此部分經濟夥伴協定之簽訂，係在柯多努協定架構下為之。就柯多努協定之前身洛梅公約（Lomé Convention）而言，其關於貿易之規範主要係建立在非互惠之貿易優惠

6　European Commission, Proposal for a Council Decision on the Signing of the Framework Agreement on comprehensive Partnership and Cooperation between the European Community and its Member States, of the one part, and the Republic of Indonesia, of the other part, COM (2009) 492 final, (22 September 2009) 2: *The PCA will allow the EU to assume greater responsibility and influence in a region which traditionally tends to be orientated towards and influenced by China and the US. By virtue of the PCA, the EU will promote European values and enhance concrete cooperation in a wide range of areas of mutual interest. Finally, the Agreement will be regarded as a positive example for a partnership of civilizations, given that Indonesia is the third most populous country in Asia and the largest Muslim country in the world.*

上（nonreciprocal trade preferences），[7]然而，柯多努協定則預期日後將簽訂與WTO規範不相牴觸之經濟夥伴協定，柯多努協定之談判事實上係在廣泛之WTO多邊貿易架構下進行，亦即，因再次取得WTO之豁免（waiver）可能性微乎其微，從而該協定即以簽訂與WTO規範相符合之經濟夥伴協定為目標。柯多努協定並要求歐盟與相關國家自2002年開始展開談判，以期於柯多努協定之準備階段結束前（即2007年12月31日）完成相關經濟夥伴協定談判。

其次，就歐盟之立場與自身發展經驗而言，其認為區域經濟整合有助於經濟成長、政治穩定以及區域安全，因而歐盟促使非加太國家進行以地區為主之區域整合，此亦係南南合作（south-south cooperation）之一環，因而歐盟與非加太國家間之經濟夥伴協定係以非加太各區域組織會員國之方式為之。然而，必須澄清者，此項做法最後締約方仍係個別區域整合組織之會員國與歐盟間締結。而又因經濟夥伴協定涉及會員國權限，因而就歐盟與其會員國而言，係以混合協定之方式締結，歐盟與其會員國亦屬締約方之一。再者，由於在此柯多努架構下所為之經濟夥伴協定，具有濃厚之發展色彩，其法律依據除援引原共同體條約第133條共同商業政策作為法律依據外，另援引共同體條約第181條發展政策作為法律依據。[8]

就經濟夥伴協定之締結而言，在西非部分，歐盟與象牙海岸[9]已締結

---

7 Olufemi Babarinde & Gerrit Faber, *From Lomé to Cotonou: ACP-EU Partnership in Transition*, in The European Union and the Developing Countries: The Cotonou Agreement 1, 1-16 (Olufemi Babarinde & Gerrit Faber eds., 2005).

8 ECT as amended by Amsterdam Treaty, art. 181: *Within their respective spheres of competence, the Community and the Member States shall cooperate with third countries and with the competent international organisations. The arrangements for Community cooperation may be the subject of agreements between the Community and the third parties concerned, which shall be negotiated and concluded in accordance with Article 300. The previous paragraph shall be without prejudice to Member States' competence to negotiate in international bodies and to conclude international agreements.*

9 Stepping Stone Economic Partnership Agreement between Côte d' Ivoire, of the one part,

過渡經濟夥伴協定（Interim EPA），並與迦納[10]展開過渡經濟夥伴協定之談判。就中非部分，歐盟與喀麥隆已締結過渡經濟夥伴協定。[11]就東非與南非而言，談判則較為停滯，談判方並同意重啟談判。此外，歐盟業已與東非共同體簽訂經濟夥伴協定。就南部非洲而言，歐盟業已與波札那、賴索托、史瓦濟蘭簽訂經濟夥伴協定，同時莫三比克亦已加入該經濟夥伴協定，歐盟此刻正試圖說服納米比亞加入該協定。

就加勒比海共同體（CARICOM），歐盟亦已與該共同體締結經濟夥伴協定，此項經濟夥伴協定此刻正進行翻譯以及相關歐盟與會員國批准程序。須特別說明者，此項協定之簽訂係於加勒比海國家論壇組織（Caribbean Forum of ACP States）之架構下為之，因而除了加勒比海共同體十五個國家之外，另包含多明尼加共和國（Dominican Republic）亦參與該經濟夥伴協定。

（三）聯繫協定

聯繫協定係規範於歐盟運作條約第217條（原共同體條約第310條），該條規定：聯盟得與一國或數國或國際組織建立涉及互惠權利義務關係、共同行動或特殊程序之聯繫。[12]聯繫協定可溯及共同體在1963年與土耳其所簽訂之聯繫協定，[13]其目的具有高度地緣政治之考量。該聯繫

---

and the European Community and its Member States, of the other part [2009] OJ L 59/3 (3 March 2009).

[10] 參見European Commission, *Countries and Regions* (4 October 2012), retrieved from http://ec.europa.eu/trade/wider-agenda/development/economic-partnerships/negotiations-and-agreements/#west-Africa。

[11] Interim Agreement with a view to an Economic Partnership Agreement between the European Community and its Member States, of the one part, and the Central Africa Party, of the other part [2009] OJ L 57/2 (28 February 2009).

[12] TFEU, art. 217: *The Union may conclude with one or more third countries or international organisations agreements establishing an association involving reciprocal rights and obligations, common action and special procedure.*

[13] Agreement creating an association between the European Economic Community and Turkey

協定第2(2)條宣示協定之目標，亦即促進締約方間貿易與經濟關係之持續且均衡之強化、考量確保土耳其經濟發展之需求，並改善土耳其人民之就業水平與生活條件。[14]為達此目標，共同體與土耳其間應成立一關稅同盟。[15]此外，聯繫協定亦預見了土耳其加入共同體之可能性。聯繫協定第28條規定，一旦聯繫協定之運作已經進展到足以正當化預見土耳其完全接受EEC條約之義務時，締約方應檢視土耳其加入共同體之可能性。[16]就該聯繫協定之法律基礎而言，雖該協定預見土耳其加入共同體之可能性，但該條規範僅要求締約方考慮其可能性，未正式接受土耳其為候選會員國，因而係共同體條約第238條關於聯繫協定之規範，仍係共同體與土耳其間聯繫協定之法律依據。[17]

其次，聯繫協定之另一特殊類型乃係歐盟於1993年與歐洲自由貿易協會（European Free Trade Association, EFTA）國家所簽訂之歐洲經濟區協定（European Economic Area Agreement，下稱EEA協定）。斯時芬蘭與奧地利仍為EFTA之會員國，尚未加入歐盟。依據理事會以及執委會締結EEA協定之決定可知，該協定係屬聯繫協定之性質，該決定中前言援引之法律基礎係共同體條約第238條之規定。[18]此外，EEA協定第1(1)條亦明白

(hereinafter *EU-Turkey Association Agreement*) [1964] OJ L 217/3687 (29 December 1964).

14　*EU-Turkey Association Agreement*, art. 2(2).

15　*EU-Turkey Association Agreement*, art. 2(1).

16　*EU-Turkey Association Agreement*.

17　Décision du Conseil du 23 décembre 1963 portant conclusion de l'accord créant une association entre la Communauté économique européenne et la Turquie, JCEE 3685/64 (29 décembre 1964), at préambule.

18　*Council and Commission Decision 94/1/ECSC*, EC of the Agreement on the European Economic Area between the European Communities, their Member States and the Republic of Austria, the Republic of Finland, the Republic of Iceland, the Principality of Liechtenstein, the Kingdom of norway, the Kingdom of Sweden and the Swiss Confederation [1994] OJ L 1/1 (3 January 1994) (hereinafter *Council and Commission Decision 94/1/ECSC*), second preambular.

指出，該聯繫協定之目的在尊重相同規則以及本於相同競爭條件下，促進締約方間持續且均衡之貿易與經濟關係之強化，並創造均一質性之歐洲經濟區（homogeneous European Economic Area）。[19]爲達此目的，EEA協定應致力於創造貨物、人員、服務、資金之自由流通；確保競爭條件未遭扭曲、規則經平等尊重；以及在其他議題諸如研發、環境、教育與社會政策上之密切合作。[20]

而聯繫協定之大量使用初始於地中海國家，亦即在1995年巴塞隆納宣言（Barcelona Declaration）後所展開之巴塞隆納進程（Barcelona Process）而簽訂之歐盟—地中海協定（Euro-Med Agreement），其目的在於避免因歐盟之擴大而造成其他鄰近國家基於無從加入歐盟而生之孤立感。某程度而言，與地中海國家簽訂之聯繫協定乃是歐盟與中、東歐國家間所簽訂之歐洲協定（Europe Agreement）之回應。[21]在此歐盟—地中海協定架構下之地中海國家包含：突尼西亞、以色列、摩洛哥、約旦、埃及、阿爾及利亞、黎巴嫩。其中，歐盟與巴勒斯坦獨立組織間亦曾於1997年簽訂過渡聯繫協定（Interim Association Agreement）。

聯繫協定第一次擴及南美洲國家則是歐盟與智利間之聯繫協定，主要

---

[19] EEA Agreement, art. 1(1): *The aim of this Agreement of association is to promote a continuous and balanced strengthening of trade and economic relations between the Contracting Parties with equal conditions of competition, and the respect of the same rules, with a view to creating a homogeneous European Economic Area, hereinafter referred to as the EEA.*

[20] EEA Agreement, art. 1(2): *In order to attain the objectives set out in paragraph 1, the association shall entail, in accordance with the provisions of this Agreement: (a) the free movement of goods; (b) the free movement of persons; (c) the free movement of services; (d) the free movement of capital; (e) the setting up of a system ensuring that competition is not distorted and that the rules thereon are equally respected; as well as (f) closer cooperation in other fields, such as research and development, the environment, education and social policy.*

[21] 歐洲協定乃是中、東歐國家爲了加入歐盟，與歐盟簽訂以建立聯繫關係之協定，此項協定與聯繫協定最大之差異，即在於是否預見加入歐盟之可能。

是對於美國與智利間自由貿易協定之回應。[22]現正進行之聯繫協定,則及於中美洲國家,包含哥斯大黎加、薩爾瓦多、瓜地馬拉、宏都拉斯、尼加拉瓜與巴拿馬。此項聯繫協定並含有一自由貿易支柱,業已於2010年完成簽署,此刻正進行翻譯與相關法律程序。

(四)穩定與聯繫協定

穩定與聯繫協定(Stabilisation and Association Agreement, SAA)主要適用在巴爾幹半島國家,其除聯繫協定之目標之外,並著重巴爾幹半島之新獨立國家間之區域安全與內部穩定。穩定與聯繫協定之法律依據除上開聯繫協定之條文外,並援引原子能共同體條約第101條之規定。[23]此部分國家包含馬其頓共和國、克羅埃西亞、阿爾巴尼亞、蒙特內哥羅共和國。歐盟與塞爾維亞、波士尼亞以及赫塞哥維納存有過渡穩定與聯繫協定(Interim SAA)。值得特別說明者,歐盟與馬其頓共和國、克羅埃西亞、阿爾巴尼亞、蒙特內哥羅共和國間之穩定與聯繫協定,在前言中敘及該等國家作為潛在候選會員國(status as a potential candidate for European Union membership)之身分。而由於前南斯拉夫聯邦解體前所涉及之相關國際刑事犯罪,歐盟與塞爾維亞間之穩定與聯繫協定,含有與前南斯拉夫

---

[22] 關於美國與智利(墨西哥)間之FTA協定,如何影響歐盟與智利之聯繫協定(以及歐盟與墨西哥之經濟夥伴、政治協調與合作協定),參見Andreas Dür, *EU Trade Policy as Protection for Exporters: The Agreements with Mexico and Chile,* 45 J. Common Mkt. Stud. 833, 833-855 (2007)。

[23] Art. 101 of EAEC Treaty reads: *The Community may, within the limits of its powers and jurisdiction, enter into obligations by concluding agreements or contracts with a third State, an international organisation or a national of a third State. Such agreements or contracts shall be negotiated by the Commission in accordance with the directives of the Council: They shall be concluded by the Commission with the approval of the Council, which shall act by a qualified majority. Agreements or contracts whose implementation does not require action by the Council and can be effected within the limits of the relevant budget shall, however, be negotiated and concluded solely by the Commission; the Commission shall keep the Council informed.*

聯邦國際刑事法庭合作之義務，此項義務構成該穩定與聯繫協定之必要要件。[24]同樣之義務也出現在歐盟與蒙特內哥羅共和國以及波士尼亞間的穩定與聯繫協定第2條。[25]穩定與聯繫協定與上開一般之聯繫協定之差別在於，歐盟與巴爾幹半島國家簽訂之穩定與聯繫協定在協定前言中，明文提及預見該巴爾幹半島國家成爲潛在候選會員國之可能，雖協定之法律依據仍僅援引聯繫協定之法律基礎。其次則是在與前南斯拉夫聯邦國際刑事法庭有關之部分國家中，該等穩定與聯繫協定中，明文述及與前南斯拉夫聯邦國際刑事法庭合作之義務，並以該義務作爲協定之必要要件。

（五）自由貿易協定

　　歐盟之自由貿易協定談判，係於全球歐洲策略之後始積極展開。就在拉米（Pascal Lamy）調控之全球化（managed globalisation）論述下，除非業已展開之自由貿易談判仍繼續進行外，歐盟實質上維持著對於自由貿易談判之禁令。然而，必須特別強調者，在全球歐洲策略之前所爲歐盟與墨西哥間之協定係以經濟夥伴、政治協調與合作協定爲名，其內容雖涵蓋自由貿易區之建立，然仍強調政治面向之合作。而歐盟與智利間固然亦有自由貿易區之建立，然係以聯繫協定爲名。此做法意味歐盟在對外經貿談判過程中，固然著眼於經濟利益之考量，但同時，非經貿考量在全球歐洲策略前之談判中，亦扮演一定角色。詳言之，歐盟與墨西哥間之經濟夥伴、政治協調與合作協定，其法律基礎除規範共同商業政策之共同體條

---

[24] EU-Serbia SAA, art. 2: *Respect for democratic principles and human rights as proclaimed in the Universal Declaration of Human Rights and as defined in the Convention for the Protection of Human Rights and Fundamental Freedoms, in the Helsinki Final Act and the Charter of Paris for a New Europe, respect for principles of international law, including full cooperation with the International Criminal Tribunal for the former Yugoslavia (ICTY), and the rule of law as well as the principles of market economy as reflected in the Document of the CSCE Bonn Conference on Economic Cooperation, shall form the basis of the domestic and external policies of the Parties and constitute essential elements of this Agreement.*

[25] EU-Montenegro SAA, art. 2; EU-Bosnia SAA, art. 2.

約第133條之外，亦包含發展政策之第181條。[26]至於歐盟與智利間之聯繫協定，其法律依據理所當然的乃是共同體條約第310條關於聯繫協定之規範。[27]

　　全球歐洲策略發表後，歐盟最具關鍵性之突破乃係其與韓國間自由貿易協定之簽署。[28]就該自由貿易協定而言，除實質面向議題之廣泛以及高度自由化程度外，其名稱使用亦具有重要象徵意涵。詳言之，歐盟與韓國間之自由貿易協定，係全球歐洲策略以來最具重要性之協定，其全球歐洲策略所追求之自由貿易談判，乃係以競爭力為基礎之自由貿易協定，因而經濟利益在全球歐洲策略下具有關鍵性之影響力。就規範形式而言，與歐盟－墨西哥之經濟夥伴、政治協調與合作協定或歐盟－智利之聯繫協定不同，歐盟－韓國之自由貿易協定並無政治對話或外交與安全事務之合作等面向，該自由貿易協定係以經貿議題為核心之協定。就其涵蓋之議題而言，除第一章係協定之目標與相關定義外，以下分別包括國民待遇以及貨品之市場進入；貿易救濟；技術性障礙；防疫及檢疫措施；關稅及貿易促進；服務貿易、事業與電子商務；給付與資金移動；政府採購；智慧財產權；競爭；透明度；貿易與永續發展；爭端解決；制度架構與最終條款等。就其涵蓋內容觀之，歐盟－韓國之自由貿易協定正如其名稱所示，係一以自由貿易為主軸之協定，與前述具有非經貿目的之經濟夥伴協定、聯

---

[26] Council Decision 2000/658/EC of 28 September 2000 concerning the conclusion of the Economic Partnership, Political Coordination and Cooperation Agreement between the European Community and its Member States, of the one part, and the United Mexican States, of the other part [2000] OJ L 276/44 (28 October 2000), first preambular.

[27] Council Decision 2005/269/EC of 28 February 2005 on the conclusion of the Agreement establishing an association between the European Community and its Member States of the one part, and the Republic of Chile, of the other part [2005] OJ L 84/19 (2 April 2005), first preambular.

[28] Free Trade Agreement between the European Union and its Member States, of the one part, and the Republic of Korea, of the other part (hereinafter *EU-Korea FTA*) [2011] OJ L 127/6 (14 May 2011).

繫協定或穩定與聯繫協定等有顯著之差異。

（六）關稅同盟

1990年，共同體與安道爾以換文之方式締結關稅同盟協定，該協定並經理事會以90/680/EEC理事會決定加以批准。[29]此項關稅同盟協定之法律依據除斯時規範共同商業政策之第113條外，因該協定涉及關稅同盟之形成，除對外關稅之統一外，為免除貨物自安道爾進口至共同市場境內內部稅賦之課徵，因而理事會亦援引共同體條約第99條，[30]調和共同市場消費稅、營業稅或其他間接稅之規定。系爭關稅同盟協定前言明白宣示：基於地理、歷史以及社會與經濟因素之考量，安道爾之情形得以正當其特殊安排以免除進口稅、消費稅、營業稅之課徵。[31]

該協定第一編關稅同盟中，第2條即明定就商品名稱及編碼協調制（Harmonised Commodity Description and Coding System of Tariff nomenclature）第二十五章至第九十七章所規範之貨物，共同體與安道爾間應成立一關稅同盟，相關事務並應為協定條文所規範。[32]協定第3(1)條規定，關稅同盟條款之適用，限於在共同體或安道爾境內製造之貨物（包含全部或部分係由第三國取得之產品，且已於共同體或安道爾境內自由流通者）；並應適用源自於第三國且業已於共同體或安道爾境內自由流通

---

[29] Council Decision 90/680/EEC of 26 November 1990 on the conclusion of the agreement in the form of an exchange of letters between the European Economic Community and the Principality of Andorra (hereinafter *EC-Andorra Agreement*) [1990] OJ L 374/13 (31 December 1990).

[30] *EEC Treaty*, art. 99: *The Commission shall consider how the legislation of the various Member States concerning turnover taxes, excise duties and other forms of indirect taxation, including countervailing measures applicable to trade between Member States, can be harmonised in the interest of the common market. The Commission shall submit proposals to the Council, which shall act unanimously without prejudice to the provisions of Articles 100 and 101.*

[31] *EC-Andorra Agreement*, second preambular.

[32] *EC-Andorra Agreement*, art. 2.

者。[33]同條第2項則規定，自第三國進口之貨物，倘若其進口程序業已遵守，且經關稅或其他具有相同性質之費用業已繳納，且就系爭產品就上開稅賦而言無部分或全部之退稅時，即應認爲該產品在共同體或安道爾境內自由流通。[34]理事會認爲有援引共同體條約第99條之作爲法律依據之考量，可以在協定第三編之第13(1)條得到解釋。該條明定，就現行適用於共同體與第三國間，免除進口稅、消費稅及營業稅課徵之規範，在來往於共同體與安道爾間之旅客所攜帶之行李貨物上，應得予以適用。[35]依據此規定，旅客倘若來往於安道爾與共同體間，其所攜帶之行李貨物，得免除進口稅、消費稅及營業稅之課徵。

　　除安道爾之外，歐盟與聖馬利諾間亦訂有關稅同盟協定，就理事會批准歐盟與聖馬利諾間之關稅同盟協定之法律依據而言，理事會係援引共同體規範共同商業政策之第133條，以及理事會在達成共同體目標所必要時，得以一致決方式採取必要措施之第308條作爲法律依據。[36]相較於歐盟與安道爾間之關稅同盟協定，並無共同體條約第93條（原第99條）之適用，該協定中並無相關間接稅免除之規範。歐盟與聖馬利諾間之關稅同盟協定，在第3條分別作與歐盟與安道爾間關稅同盟協定第3條類似之規範，亦即製造於歐盟或聖馬利諾之貨物，或源自於第三國但業已於歐盟境內或聖馬利諾境內自由流通之貨物，適用關稅同盟章節之規定。[37]

（七）貨幣協定

　　歐盟對外經貿協定最特殊也最爲少見之類型，乃係貨幣協定，此項

---

[33] *EC-Andorra Agreement*, art. 3(1).

[34] *EC-Andorra Agreement*, art. 3(2).

[35] *EC-Andorra Agreement*, art. 13(1).

[36] Council Decision 2002/245/EC of 28 February 2002 on the conclusion of an agreement on co-operation and customs union between the European Economic Community and the Republic of San Marino and of the Protocol thereto following the enlargement which took effect on 1 January 1995 (hereinafter *EC-San Marino Agreement*) [2002] OJ L 84/41 (28 March 2002).

[37] *EC-San Marino Agreement*, art. 3.

協定有其歷史因素。聖馬利諾原本依據其與義大利間之條約為基礎，以義
大利里拉作為法定貨幣，歐元區成立後，聖馬利諾與義大利間之法律關係
勢必將有所調整。因而，理事會乃於1998年12月31日以1999/97/EC理事會
決定，[38]通知聖馬利諾須調整其與義大利間關於貨幣安排之法律關係，[39]
其次在該決定第3條至第6條間，規範共同體在談判過程中應採取之立場包
含：聖馬利諾因其歷史背景，原本使用義大利里拉，因里拉改用歐元而使
用歐元作為法定流通貨幣；[40]聖馬利諾在未經共同體同意之前，不得發行
歐元紙鈔或硬幣；[41]聖馬利諾應執行共同體關於歐元之規範，並應與共同
體合作避免歐元之偽造；[42]聖馬利諾境內之金融機構，並得與歐洲中央銀
行訂定清算系統。[43]理事會決定第7條至第10條授權義大利得代表共同體
與聖馬利諾為相關貨幣協定之協商與簽訂。[44]

　　基於理事會此決定，義大利乃代表共同體與聖馬利諾簽訂貨幣協
定，[45]在該貨幣協定前言，即明白援引共同體條約第111(3)條作為法律依
據。共同體條約第111(1)條首先規範理事會應依據執委會或歐洲中央銀行
之建議，經徵詢歐洲議會以及歐洲中央銀行後，得以一致決之方式與非共
同體會員國之第三國締結協定，以成立歐元與非共同體貨幣之固定匯兌體
系（conclude formal agreements on an exchange-rate system for the ECU in

---

[38] *Council Decision 1999/97/EC* of 31 December 1998 on the position to be taken by the Community regarding an agreement concerning the monetary relations with the Republic of San Marino (hereinafter *Council Decision 1999/97/EC*) [1999] OJ L 30/33 (4 February 1999), art. 1.

[39] *Council Decision 1999/97/EC*, art. 1.

[40] *Council Decision 1999/97/EC*, art. 3.

[41] *Council Decision 1999/97/EC*, art. 4.

[42] *Council Decision 1999/97/EC*, art. 5.

[43] *Council Decision 1999/97/EC*, art. 6.

[44] *Council Decision 1999/97/EC*, art. 7-9.

[45] Monetary Agreement between the Italian Republic, on behalf of the European Community, and the Republic of San Marino [2001] OJ C 209/1 (27 July 2001).

relation to non-Community currencies）。共同體條約第111(3)條第1款則規定，當共同體須與一國或數國或國際組織締結貨幣或外匯體制議題之協定時，理事會應依據執委會之建議，經徵詢歐洲中央銀行後，以條件多數決之方式決定談判之安排以及協定之締結。該安排應確保共同體採取單一立場，且執委會應與談判過程密切聯繫。[46]由於涉及議題係落於特殊之貨幣政策，因而援引之法律依據有所差異。共同體條約第111條之規範，乃係共同體條約第300條之明文例外規定。

三、法律基礎

就法律基礎之選擇而言，歐盟可能援引不同之法律基礎，以締結各類型之歐盟對外經貿協定，主要可歸納為共同商業政策、聯繫協定、發展政策以及歐盟運作條約第352條之概括條款。同時歐盟內部市場之規範，有時亦可能被援引作為對外協定之法律基礎。不同之法律基礎，將影響協定締結之程序。基於授權原則，法律基礎向來是歐洲法院對於歐盟措施是否違反歐盟條約規範的審查重點之一。

（一）首先，共同商業政策係歐盟對外經貿協定之主要基礎，歐盟運作條約第207條第3項規範：在歐盟對外與第三國或國際組織有締結國際協定之必要時，應適用歐盟運作條約第218條關於國際協定之締結與第207條之特別規範。[47]依據共同商業政策所締結之協定，原則上其決策模式應

---

[46] *ECT, as amended by Amsterdam Treaty, art. 111(3), first subparagraph: By way of derogation from Article 300, where agreements concerning monetary or foreign exchange regime matters need to be negotiated by the Community with one or more States or international organisations, the Council, acting by a qualified majority on a recommendation from the Commission and after consulting the ECB, shall decide the arrangement for the negotiation and for the conclusion of such agreements.*

[47] TFEU, art. 207(3): *Where agreements with one or more third countries or international organisations need to be negotiated and concluded, Article 218 shall apply, subject to the special provisions of this Article.*

依據條件多數決爲之。[48]例外情形上，若涉及服務貿易與智慧財產權之商業面向，就其歐盟內部規範應以一致決爲之時，協定之締結即應適用一致決之規範；[49]此外，若該協定涉及文化與視聽服務，而可能危及歐盟之文化與語言多樣性，或涉及社會、教育與健康服務，而可能嚴重干擾會員國對於該服務之建置乃至於危及會員國對於該服務提供之責任時，亦應適用一致決之規範。[50]此外，里斯本條約生效之後，條約賦予歐洲議會同意權限，因而在歐盟援引共同商業政策對外簽訂經貿協定時，歐洲議會將具有更高之影響力。[51]

在歐盟對外經貿協定中，以共同商業政策作爲法律基礎者，晚近之重要案例爲歐盟與韓國之自由貿易協定，[52]以及歐盟與哥倫比亞暨秘魯所簽訂之貿易協定。[53]在此二協定之簽署過程中，可以逐漸看出里斯本條約對於以共同商業政策作爲法律基礎之歐盟對外經貿協定決策之影響。就歐盟與韓國之自由貿易協定而言，基於歐洲議會之堅持，爲執行歐盟與韓國間自由貿易協定之特別防衛規則，與該自由貿易協定同時間通過。[54]歐洲議

---

[48] TFEU, art. 207(4), first subpara.

[49] TFEU, art. 207(4), second subpara.

[50] TFEU, art. 207(40), third subpara.

[51] 關於歐洲議會之角色，參見周旭華，里斯本條約後歐洲議會在歐盟對外事務的新角色，收於：歐盟對外經貿協定與談判策略研討會，頁30（2011年）。

[52] 關於歐盟與韓國之FTA，參見Der-Chin Horng, *Reshaping the EU's FTA Policy in a Globalizing Economy: The Case of the EU-Korea FTA*, 46 J. World Trade 301, 301-326 (2012)。

[53] 就歐盟與哥倫比亞暨秘魯之貿易協定，在執委會提案之理事會決定草案中，除援引共同商業政策之外，並援引歐盟運作條約第91條與第102(2)條之共同運輸政策與內部市場作爲法律基礎。Proposal for a Council Decision on the signing, on behalf of the European Union, of the Trade Agreement between the European Union and Colombia and Peru, Brussels, COM (2011) 570 final, 2011/0245(NLE) (22 September 2011), 5.

[54] P7_TA (2011) 0061, European Parliament legislative resolution of 17 February 2011 on the proposal for a regulation of the European Parliament and of the Council implementing the bilateral safeguard clause of the EU-Korea Free Trade Agreement, COM (2010) 0049 – C7-

會與執委會在其共同聲明中表示，若歐洲議會向執委會建議開啟特別防衛措施之調查，執委會應予以認真考慮，若執委會認為不應提起特別防衛措施之調查，應向歐洲議會之主管委員會擬具報告說明理由。其次，若經歐洲議會之主管委員會請求，執委會應向歐洲議會報告歐盟與韓國自由貿易協定關於非關稅措施以及貿易與永續發展措施之執行情況。而此所謂之主管委員會即係國際貿易委員會（International Trade Committee, INTA）。就歐盟與哥倫比亞暨秘魯之貿易協定而言，歐洲議會在同意該協定時並做出決議，強調貿易與永續發展、人權保障、民主原則與法治原則、公民社會團體之參與、勞工權利、企業社會責任等議題。[55]

　　（二）其次，歐盟對外經貿協定之第二個重要法律基礎在於聯繫協定之規範。依據歐盟運作條約第217條之規範，歐盟得與一國或數國或國際組織簽訂協定，以建立互惠權利義務、共同行動或特別程序之聯繫。[56]晚近歐盟對外之重要聯繫協定，包含與非加太國家簽訂之柯多努協定（此亦可擴及其前身洛梅公約與雅溫達公約〔Yaoundé Convention〕）；與中、東歐國家簽訂之歐洲協定；與地中海國家簽訂之歐盟—地中海協定；與巴爾幹半島國家簽訂之穩定與聯繫協定以及歐洲經濟區協定。在部分協定中，雖然名稱未使用聯繫協定之用語，依據理事會之決定，其援引之法律基礎亦為聯繫協定之法律基礎，例如歐盟與南非簽訂之貿易與發展合作協定。[57]聯繫協定之主要特徵在於其欲與第三國建立互惠權利義務、共同行動或特別程序之聯繫，就其涵蓋面向而言，並不僅於經濟或貿易面向，在

0025/2010 – 2010/0032 (COD), 2012/C 188 E/29, OJ C 188 E/93 (28 June 2012).

[55] Resolution on the EU trade agreement with Colombia and Peru, 2012/2628 (RSP) (*adopted* 13 June 2012).

[56] TFEU, art. 217.

[57] Council Decision 2004/441/EC of 26 April 2004 concerning the conclusion of the Trade, Development and Cooperation Agreement between the European Community and its Member States, on the one part, and the Republic of South Africa, on the other part, OJ L 127/109 (29 April 2004). 此協定引用之法律基礎為，歐洲共同體條約第310條關於聯繫協定之規範。

合作程度而言，亦有較爲深化之目標。就其決策程序而言，聯繫協定之簽署，在里斯本條約生效之前即應取得歐洲議會之同意，而非以徵詢歐洲議會之意見爲已足。

依據聯繫協定使用對象加以觀察，吾人可以發現聯繫協定主要使用在與歐盟具有歷史連結之前殖民地非加太國家、即將加入歐盟之中東歐國家（2004年與2007年之東擴）、被列爲潛在候選會員國之巴爾幹半島國家、與歐盟貿易往來密切之EFTA國家以及鄰國政策之地中海國家。在歷史發展上，在希臘尚未加入歐盟時，歐盟即曾與希臘簽訂聯繫協定，同時間，歐盟亦與土耳其簽訂有聯繫協定。除此之外，聯繫協定由於其涵蓋範圍廣泛，且亦給予歐洲議會同意權，在法律基礎之選擇上，有時執委會爲避免法律爭議，或許因便利之故，援引聯繫協定作爲法律基礎。然而，此類聯繫協定是否達到共同行動或特殊程序之程度，並非毫無爭議。[58]

（三）歐盟對外經貿協定之第三個重要法律基礎在於發展政策，此項法律基礎見諸於歐盟運作條約第209條第2項，主要規範歐盟得與第三國或國際組織簽訂國際協定，以達成發展歐盟條約第21條聯盟對外行動以及歐盟運作條約第208條發展政策之目標。此項法律基礎常適用在1980年代歐體對外簽訂之合作協定，以及在1990年代以降之夥伴與合作協定。此類之夥伴與合作協定主要見諸於歐盟與東南亞國協之國家。在歷史之演變上，可以發現在1980年代，歐體習慣以合作協定名之，而90年代以降則習慣以夥伴與合作協定爲名稱。此項名稱之改變，可以視爲歐盟試圖在該區域與東南亞國協會員國建立「夥伴」關係，以擴展其在該區域之影響。而此項夥伴與合作協定（自其前身合作協定起），同時援引共同商業政策以及發展政策，亦顯示經濟與貿易利益，亦係此類夥伴與合作協定之重要支柱。

而另一值得相互參照者，乃係經濟夥伴協定，此類協定乃係基於柯多努協定而來。主要原因在於杜哈部長會議時，歐盟無法再延續其以洛梅

[58] Marc Maresceau, *Bilateral Agreements Concluded by the European Community, in* Collected Coursesof the hague academy of international law 410, 410-412 (The Hague Academy of International Law ed., 2004).

豁免（Lomé waiver）之方式，規範其與非加太國家間之優惠貿易關係，歐盟須以一符合WTO規範之方式，規範其與非加太地區之貿易關係。[59]因而，逐漸簽訂符合WTO規範之經濟夥伴協定，乃係內建於柯多努協定之目標之一。而值得注意者，雖然柯多努協定援引共同體條約第310條關於聯繫協定之規範，作為規範歐盟與非加太地區國家間關係之法律基礎，在其後之經濟夥伴協定上，歐盟改援引共同商業政策以及發展政策作為其法律基礎，[60]此項法律基礎之改變，亦反映歐盟在規範其與非加太地區之關係，逐漸導入互惠之經貿考量。

（四）第四個可能被援引作為歐盟對外經貿協定之法律基礎者，乃係歐盟運作條約第352條之規範，亦即若聯盟行動在條約政策架構下，且為達成條約目標所必須，然而條約並未賦予聯盟適當權限時，在經由執委會提案，經取得歐洲議會同意時（原共同體條約僅規範徵詢歐洲議會意見），得以一致決之方式，採取適當措施。此項法律依據在共同體尚未取得環境權限時，即被用來規範聯盟對外參與環境公約之權限。[61]同樣地，在歐盟對外經貿協定時，有時亦被援引作為補充其他權限之法律基礎。例如，歐盟與俄羅斯簽訂之夥伴與合作協定，以及歐盟與喬治亞簽訂之夥伴與合作協定，除援引共同商業政策外，亦援引共同體條約第235條之規範，以作為法律基礎。「夥伴」與合作協定之使用，意味蘇聯解體後，歐盟與前蘇聯國家間之「夥伴」關係。然而值得探究者，何以均使用夥伴與合作協定之名稱，但歐盟與東南亞國協之夥伴與合作協定援引發展政策，

59　Olufemi Babarinde, *The Changing Environment of ACP-EU Relations*, in The European Union and the Developing Countries: The *Cotonou Agreement* 17, 20 (Olufemi Babarinde & Gerrit Faber eds., 2005).

60　See e. g., Council Decision 2009/152/EC of 20 November 2008 on the signature and provisional application of the interim agreement with a view to an Economic Partnership Agreement between the European Community and its Member States, of the one part, and the Central Africa Party, of the other part, OJ L 57/1 (28 February 2009).

61　參見吳建輝，歐盟作為全球環境行為者：以其在氣候變化綱要公約之參與為例，歐美研究，43卷1期，頁27-87（2013年）。

而與前蘇聯國家則非援引發展政策。此項法律基礎之選擇，或暗示歐盟與前蘇聯國家之夥伴關係，強調地緣政治與地緣策略之成分較高，而非著重於發展合作。

最後，除上開法律基礎外，歐盟之內部權限有時亦會被援引作為對外經貿協定之輔助法律基礎，此類權限包含內部市場、共同運輸政策等。由於歐洲法院在歐洲鐵路運輸協定判決（Accord Européen sur les Transports Routiers, AETR）關於默示權限之法律見解，內部權限亦可能導出歐盟之對外權限。[62]

除此之外，歐盟對外經貿協定有一特殊類型，即係貨幣協定，此一協定涉及歐元區之對外事務，歐盟運作條約第219條第1項規定，理事會基於歐洲央行或執委會之建議，經徵詢歐洲央行以及歐洲議會後，得以一致決之方式，與第三國之貨幣建立匯兌協定，藉以達成價格穩定之目標。歐盟與聖馬利諾間之貨幣協定，即係依據此一法律基礎簽訂。

參、歐盟對外經貿協定之治理模型

關於歐盟對外經貿協定之治理議題，可以從政治監督與司法審查兩個面向加以討論。就政治監督部分，首先得以從垂直分權之角度探討歐盟與會員國就特定協定之談判過程以及其後之簽署與執行，各自扮演之角色；其次，得以從水平分權之角度剖析理事會與歐洲議會在歐盟對外經貿協定之談判開啟、歷程乃至於協定之簽訂，兩者所扮演之角色。另外，從司法審查之角度，探討歐洲法院如何藉由諮詢意見確保對外經貿協定與歐盟初級條約法規範之合致性；其次，在條約簽訂後透過撤銷訴訟挑戰歐盟所締結之經貿協定之適法性。

---

[62] 關於AETR，參見鄧衍森，歐洲共同體對外權能，貿易調查專刊，2期，頁45-61（1997年）。

一、歐盟對外經貿協定之政治監督

　　歐盟對外經貿協定之政治監督，可從垂直面向與水平面向兩個方面加以討論。就垂直面向而言，主要涉及歐盟與會員國間之權限分配，亦即若一特定協定除涉及歐盟之專屬權限外，另涉及共享權限乃至於會員國之專屬權限時，其談判之進行、條約之締結與執行將如何處理。就水平面向而言，主要涉及歐盟之政治部門，主要為理事會與歐洲議會對於談判之進行，將如何監督及如何締結等。而由於歐盟對外經貿協定可能依據不同之法律基礎加以簽訂，不同之法律基礎將適用不同之決策程序，其政治監督模式亦將有所不同。就水平面向之政治監督，歐盟運作條約關於歐盟對外經貿協定之規範，主要見諸於第218條，同時涉及共同商業政策部分，則於第207條另有特別規定。

（一）垂直面向之政治監督

　　基於授權原則，歐盟僅能於其經授權之範圍內採取作為或不作為之措施，此項原則向來為歐盟法之基本原則，並明文規範於歐盟之初級條約法規範。[63]而由於歐盟對外經貿協定所涉及之議題眾多，有時並常以經貿手段追求非經貿目標，[64]因此歐盟對外經貿協定常常超脫歐盟之專屬權限，因而在對外談判以及條約締結乃至於條約義務之履行上，不能單獨為之，需有賴會員國之協助。因而，混合協定之設計乃應運而生。混合協定係指：因系爭條約之內容除涉及歐盟之專屬權限外，並涉及共享權限或會員國之專屬權限，因而歐盟與會員國同時為歐盟對外經貿協定之締約方，因此造成條約之一方為第三國，另一方為歐盟與其會員國之特殊狀況。

　　就混合協定之談判過程而言，在通常情形下，涉及歐盟專屬權限部分時，由執委會負責談判之進行，倘若涉及共享權限或會員國之專屬權限部分，則由輪值主席代表歐盟與其會員國發言。此項談判模式，在世界衛

63　TEU, art. 5(1).

64　Sophie Meunier & Kalypso Nicolaïdis, *The European Union as a Conflicted Trade Power*, 13 J. Eur. Pub. Pol'y 910, 910-15 (2006).

生組織架構下之煙草控制框架公約為其著例。[65]然而，有時理事會會授權執委會代表歐盟與其會員國對外談判，就條約之簽署以及國際義務之履行而言，並不受到此項授權之影響，歐盟以歐體身分簽署世界貿易組織協定（Agreement Establishing the World Trade Organisation, WTO Agreement，下稱WTO協定）則為著例。就混合協定之簽署而言，須由歐盟之理事會以理事會決定之方式，授權歐盟之特定談判代表代表歐盟簽署，同時會員國之代表亦應簽署該條約。就條約之批准程序而言，亦應由歐盟與會員國各自為之。至於條約內容之執行，就專屬權限部分，分別由歐盟與會員國各自執行；若涉及共享權限部分，則由歐盟與會員國共同執行。就條約之談判、締結與執行，歐盟與會員國均應依據真誠合作原則（principle of sincere cooperation），相互合作。[66]

　　混合協定最有名之例子乃歐盟以歐體身分加入世界貿易組織時之1/94諮詢意見。[67]其後，由於歐盟東擴涉及之服務承諾議定書之簽署，乃至於越南加入世界貿易組織之雙邊協定之締結所衍生之1/08諮詢意見[68]與 *Commission v. Council*，[69]均涉及混合協定之相關議題。

　　1/94諮詢意見主要起源於烏拉圭回合談判告一段落後，WTO協定究

---

[65] Chien-Huei Wu, *EU's Participation in the WHO and FCTC: A Good Case for "EU as a Global Actor?"*, 5 Asian J. WTO & Int'l Health L. & Pol'y 467, 467-99 (2010).

[66] 關於混合協定，請參見Piet Eeckhout, EU External Relations Law 212-266 (2011)。

[67] *Opinion 1/94* of the Court of 15 November 1994 on Competence of the Community to conclude international agreements concerning services and the protection of intellectual property—Article 228(6) of the EC Treaty [1994] ECR I-05267 (hereinafter *Opinion 1/94*).

[68] *Opinion 1/08* of the Court of 30 November 2009 on the grant of compensation for modification and withdrawal of certain commitments following the accession of new Member States to the European Union [2009] ECR I-11129 (hereinafter *Opinion 1/08*).

[69] Opinion of Advocate General Kokott Delivered on 26 March 2009 on Case C-13/07 (hereinafter *Opinion of Advocate General Kokkot*), reprinted in Christoph Herrmann & Jörg Philipp Terhechte (eds.), European Yearbook of International Economic Law 2011 483-522 (2011). This case was eventually withdrawn, and therefore there was no final ruling from the European Court of Justice.

竟應由歐盟單獨締結，或應由歐盟與會員國以混合協定之方式共同締結。雖然歐洲經濟共同體自1970年代以降即代替會員國在關稅暨貿易總協定架構下發言，然而由於世界貿易組織所涉及之事務逐漸擴張，除傳統之貨品貿易之外，另涵蓋服務貿易以及與貿易有關之智慧財產權，因而理事會與會員國即主張，WTO協定應由歐盟與會員國共同締結，而不應由歐盟單獨締結；相較於此，執委會則持相反立場，認為WTO協定應由歐盟單獨締結。

就此項爭議而言，歐洲法院在結論上認為：共同體條約第113條關於共同商業政策之條列應被認為係非列舉式的規定。法院並強調，服務貿易在國際貿易中具有愈來愈重要的角色，因此服務貿易不能一概被認為不屬於共同商業政策之範疇。法院於是認為，要釐清服務貿易是否為共同商業政策所含括，必須逐一檢驗各種類之服務，因此法院乃援引服務貿易總協定（General Agreement on Trade in Services，下稱GATS）第I: 2條之規定，將服務貿易依四種模式加以檢驗。[70]就跨境提供而言，該服務係由一國之服務提供者，提供與另一國之服務消費者。服務提供者並未移動到另一國，或反方向而言，服務消費者亦未移動到另一國。因此，在模式一之服務提供而言，與貨品貿易並無差別，從而不應認為跨境提供模式之服務貿易，不為共同商業政策所含括。[71]而其他三種模式之服務提供則非如此。就自然人呈現而言，依據共同體條約第3條將共同商業政策以及涉及自然人的進入與移動措施分別規範之條約規範可以得知，自然人移動不屬於共同商業政策之範疇。此亦可以從條約另立專章以規範自然人及法人之移動上得到佐證。因此，境外消費、商業據點呈現以及自然人呈現並不屬於共同商業政策之範疇。[72]

就與貿易有關之智慧財產權協定而言，法院主要區分為仿冒貨品之置入市場以及其他領域兩者加以討論。就仿冒貨品之置入市場而言，法院

---

[70] *Opinion 1/94*, paras. 40-43.

[71] *Opinion 1/94*, para. 44.

[72] *Opinion 1/94*, paras. 45-47.

首先指出理事會Council Regulation (EEC) No. 3842/86規則，禁止仿冒貨品進入共同體市場而得以自由流通。該理事會規則主要涉及海關在共同體外部邊境應採取之措施，並正確地選擇共同體條約第113條作為法律依據。既然共同體機構在內部得以自主地採取措施規範仿冒貨品之自由流通，對外，共同體亦得獨自就此議題締結國際條約。[73]

就其他議題而言，法院指出：固然智慧財產權與貿易有其關聯性，例如藉由智慧財產權之保障得以排除他人製造具有相同商標之貨品，而智慧財產權之目的也在於強化這種貿易效果。然而，這個效果無法正當化將該議題列入共同商業政策的主張，蓋因智慧財產權影響的不僅是國際貿易，也影響共同體內部之貿易。[74]此外，與貿易有關之智慧財產權協定其目的在於強化及調和在全世界層次的智慧財產權保障。該協定在共同體已經調和完成之領域外，並進行調和。該協定之締結甚至有助於共同體內部市場之形成與運作。而必須注意的是，共同體本即具有權限依據共同體條約第100條、第100a條進行會員國關於智慧財產權立法之調和，甚至於得依據第235條之規定，創造一個取代會員國立法之權利。然而，上開條文涉及不同之共同體決策程序，倘若共同體得依據共同商業政策藉由對外條約之締結，間接達成調和共同市場關於智慧財產權保障之規範，則上開條文所涉及共同決策程序或一致決之要求將被規避。[75]

基於以上論述，歐洲法院在結論上因而認為：貨品貿易固然為共同商業政策所涵蓋，然而共同商業政策並未完全涵蓋服務貿易以及與貿易有關之智慧財產權，因而WTO協定應由歐盟與會員國共同締結。[76]上開論述由於尼斯條約之修正，歐洲法院乃於1/08諮詢意見中再度面臨新的難題：歐盟對外經貿權限是否因條約修正進展至擁有專屬權限，乃至於足以支撐其

---

[73] *Opinion 1/94*, para. 55.

[74] *Opinion 1/94*, para. 57.

[75] *Opinion 1/94*, paras. 59-60.

[76] 關於1/94諮詢意見，並請參見吳建輝，歐盟對外經貿法之發展：法律與政策變遷，歐美研究，42卷4期，頁804-809（2012年）。

獨自參與因2004年以及其後2007年之東擴，歐盟依據GATS 第XXI: 2條之規定由執委會代表歐盟以及會員國與相關WTO會員協商補償協定。[77]

　　就系爭問題，歐洲法院首先回顧其在1/94諮詢意見之見解，亦即跨境服務提供係屬共同體條約第133條第1項至第4項所規範之共同商業政策所涵蓋。而藉由該條第5項第1款之增列，共同體得以參與其他模式之服務貿易，[78]而此條約條文所稱之服務貿易，必須在全球架構下加以解釋。再者，修正條約條文之解釋應在1/94諮詢意見的脈絡下為之，亦即法院在1/94諮詢意見將大部分之服務貿易歸為會員國權限。共同體條約第133條第5項第1款之修正，主要係就上開判決進一步增加共同體之權限。因此，修正條約條文所稱之共同體得以參與之服務貿易，應該包含GATS所稱的排除跨境服務提供以外之其餘三種服務提供模式。[79]然而，這個解釋方式並不當然意味共同體在所有服務貿易議題上均享有專屬權限，蓋因共同體條約第133條第6項第2款排除文化與視聽服務、教育服務、與社會以及人類健康服務。該議題上對外條約之締結須由共同體與會員國共同為之。[80]

　　至於*Commission v. Council*一案，則係涉及歐盟與越南間之入世議定書究竟應援引共同體條約第133條第1項至第5項之規定（即共同體之專屬權限），抑或應同時援引第133條第6項涉及文化與視聽服務、教育服務、與社會以及人類健康服務之規定（此項事務為共享權限）。本案因里斯本條約之生效而撤回。然而，總辯官（Advocate General）在其意見書中表示，因為系爭入世議定書所涵蓋之服務承諾，涉及共同體條約第133條第6項之服務，而第133條第6項又規範了不同之適用程序（亦即一致決模式），因而理事會批准上開入世議定書之決定，應同時援引共同體條約第133條第6項。歐盟須與會員國一同批准上開越南之入世議定書，而無權單

---

[77] *Opinion 1/08*, para. 116.

[78] *Opinion 1/08*, paras. 118-19.

[79] *Opinion 1/08*, paras. 121-22.

[80] 關於1/94諮詢意見，並請參見吳建輝，前揭註76文，頁57-59。

獨批准上開議定書。[81]

（二）水平面向之政治監督

　　首先，若歐盟欲與第三國或國際組織簽訂國際協定時，主要權限仍繫諸於理事會，亦即對外協定自談判至締結，總共可分為四個階段，而這四個階段：開啟談判之授權、談判指令之採認、協定簽署之授權以及協定之締結，均由理事會為之。[82]在此過程中，執委會（倘若該協定全部或主要涉及共同外交與安全政策時，則為聯盟最高外交代表）應擬具提案向理事會提出建議，由理事會以理事會決定之方式授權談判之開啟，並視其情形指定談判代表。[83]同時，理事會並得向談判代表發出談判指令。此外，並得設立一委員會以監督談判之進行，藉由此項委員會理事會得以適時掌握談判之進展。[84]其後，依據談判代表之建議，理事會得藉由理事會決定之方式授權協定之簽署，若依其情形所需，並得准予在協定生效前之暫時適用（provisional application before entry into force）。[85]最後，理事會得依據談判代表之建議，以理事會決定之方式決定締結系爭國際協定。而依據國際協定之內容，歐洲議會在此締結過程中扮演不同之角色。若涉及聯繫協定、歐洲人權公約、建立特別制度框架以組織合作程序、具有重要預算意涵、或協定涉及普通立法程序或特別立法程序所適用之範圍，而須取得歐洲議會之同意時，在對外協定之締結過程中，均應取得歐洲議會之同意，方得締結該國際協定。其餘類型，則應徵詢歐洲議會之意見。[86]此外，歐盟運作條約並對協定生效後之修正加以規範，亦即若系爭協定對於該協定之修正設有簡易程序，或係由該協定所設立之組織為之者，理事會亦得授權談判代表代表歐盟同意該修正。理事會對於該授權，亦得課予特

81　Opinion of Advocate General Kokott, paras. 157-170.

82　TFEU, art. 218(2).

83　TFEU, art. 218(3).

84　TFEU, art. 218(4).

85　TFEU, art. 218(5).

86　TFEU, art. 218(6).

定條件。[87]原則上理事會應以條件多數決之方式決定之，但在涉及例外情形，例如該協定涵蓋須以一致決之事務，聯繫協定、以及與候選會員國間之合作事務時，即應適用一致決之方式爲之。此外，就加入歐洲人權公約之決定，理事會亦應以一致決之方式爲之。[88]

就國際協定之締結，共同商業政策對於依據共同商業政策所簽訂之經貿協定設有特別規範，主要見諸於歐盟運作條約第207條。該條第3項首先指出，若基於共同商業政策之執行，歐盟與第三國或國際組織有必要締結國際協定時，除非第207條設有例外規定時，即應適用第218條之規範。就談判之開啟，執委會應擬具提案向理事會提出，由理事會以理事會決定之方式授權談判之開啟。同時，理事會與執委會應確保對外協定與歐盟內部政策及規則不相牴觸。同時，理事會亦得設立一特別委員會，以協助執委會談判之進行，此外，談判之進行亦應依據理事會所發布之框架而爲之。執委會應定期向上述委員會與歐洲議會報告談判進行情況。[89]就談判之開啟與協定之締結，理事會應以條件多數決之方式爲之，但例外在涉及服務貿易、與智慧財產權之商業面向或外人直接投資時，若內部規範涉及一致決事務時，理事會即應以一致決之方式爲之。此外，若協定涉及文化與視聽服務，而該協定將危及歐盟之文化與語言多樣性，或該協定涉及社會、教育、健康服務，而該協定嚴重干擾會員國上開服務之建置與危及會員國提供服務之責任時，即應適用一致決。[90]

參照歐盟運作條約第218條與第207條以觀，歐盟對外協定之締結主要依據歐盟運作條約第218條之規範，但若該協定係在共同商業政策下締結，則應適用第207條之特殊規範。綜合兩項條文之規範，原則上理事會之決定應依條件多數決之方式爲之，但在涉及例外情形（在共同商業政策爲服務貿易、智慧財產權、外人直接投資、文化與視聽服務、社會、教育

---

[87] TFEU, art. 218(7).

[88] TFEU, art. 218(8).

[89] TFEU, art. 207(3).

[90] TFEU, art. 207(4).

與健康服務；在國際協定架構下則為聯繫協定、與候選會員國之合作、歐洲人權公約）則應適用一致決之方式為之。就共同商業政策而言，一致決之決策方式並不影響共同商業政策係歐盟之專屬權限。此外，一致決之決策並不意味會員國享有否決權，尤其在文化與視聽服務以及社會、教育與健康服務，一致決之決策設有要件，有待會員國提出論據以正當化一致決之主張。至於歐洲議會之角色，共同商業政策並未予以特殊規範，因而回歸到歐盟運作條約第218條之規範予以適用。在里斯本條約生效之前，歐洲議會對於國際協定僅具有被徵詢權，且共同商業政策之協定亦被排除適用，因而里斯本條約大幅增加了歐洲議會對於國際協定之監督權限。歐盟運作條約第218條第6項所列之應取得歐洲議會之同意者，與本文較為相關者除聯繫協定外，並涵蓋涉及預算事務，或協定涉及普通立法程序或特別立法程序所適用之事務，而該程序中應取得歐洲議會之同意者。就此規範而言，歐洲議會對外之國際協定監督權限，取得與其對內權限平行之權限。倘若涉及預算或內部事務應取得歐洲議會之同意者，對外即應取得歐洲議會之同意。

里斯本條約關於歐洲議會在共同商業政策權限之增加，主要係回應共同商業政策民主赤字之質疑。長期以來，歐盟共同商業政策主要由理事會所特別設立之133委員會所掌控，理事會藉由該特別設立之委員會，用以控制談判之進行、談判方向之掌握以及特定談判指令之執行。然而，理事會係由會員國之部長所組成，並不具有民意基礎。此外，133委員會常為貿易政策官僚所主導，因而強化共同商業政策之民主正當性的呼聲乃隨之高漲。[91]在里斯本條約生效前，執委會與歐洲議會間關於共同商業政策下談判之進展，係依據執委會與歐洲議會之框架協定[92]第19條以下之規定知會（inform）歐洲議會。相對於此，歐盟運作條約課予執委會應（shall）

---

[91] Matthew Baldwin, *EU Trade Policies—Heaven or Hell?* 13 J. Eur. Pub. Pol'y 929, 929-931 (2006).

[92] Framework Agreement on relations between the European Parliament and the Commission [2010] OJ C 341 E/1 (16 December 2010).

定期向歐洲議會報告談判進展之義務，歐洲議會在對外經貿談判上所得扮
演之角色，相對強化許多。而里斯本條約生效後，歐洲議會為行使其新取
得關於共同商業政策之權限，乃設立一國際貿易委員會以監督共同商業政
策之執行。國際貿易委員會之建置主要係仿傚133委員會，希望可以達成
相同之型塑以及監督共同商業政策，乃至於影響談判方向之目標。此項目
標是否可以達成，仍有待觀察。然而，從目前之實踐而言，歐洲議會在歐
盟與韓國間簽訂之自由貿易協定以及歐盟與哥倫比亞暨秘魯簽訂之貿易協
定之批准過程中，確實扮演一定之角色。[93]

　　在歐洲議會之堅持下，歐盟－韓國自由貿易協定強化了防衛條款，提
供締約方得以暫時中止關稅減讓之執行，[94]同時歐洲議會並著力於確保特
別防衛規則之執行。因而在執委會提出歐盟－韓國自由貿易協定防衛措施
之執行規則之提案時，[95]歐洲議會在行使其同意權時提出若干修正案，其
中包含防衛措施之啟動程序、產品之定義、市場之監督機制等。[96]基於歐
洲議會之堅持，執委會乃將上述意見列入考量，歐洲議會乃於執委會提出
修正提案之後，同意防衛措施規則立法程序。[97]此外，執委會與歐洲議會
並通過一聯合聲明：在該聲明中，執委會與歐洲議會首先指出共同合作以
監督歐盟－韓國自由貿易協定執行之重要性。基於此精神，若歐洲議會認

---

[93] See Cédric Dupont, *Unexpected Changes? EU Bilateral Trade Negotiations before and after Lisbon,* at the International Conference on Beyond Lisbon Treaty: Re-examing EU Institutions and Governance, held at Institute of European and American Studies, Academia Sinica, Taipei, Taiwan (7-8 September 2012), 10-25.

[94] Press Release, *EU-South Korea free trade agreement passes final hurdle in Parliament Plenary Session External/international trade* (17 February 2011) Reference No. 20110216IPR13769.

[95] Proposal for a Regulation of the European Parliament and of the Council Implementing of the Bilateral Safeguard Clause of the EU-Korea Free Trade Agreement, COM (2010) 49, final. (20 October 2011).

[96] P7_TA, *supra* note 54, at 0301.

[97] P7_TA, *supra* note 54, at 0061.

為有開啟防衛措施調查之必要並向執委會提出建議，執委會應認眞考量是否有由官方主動提起防衛措施之必要。若執委會之意見爲否定，則應擬具一份報告，載明相關理由及解釋予歐洲議會。其次，在歐洲議會提出請求時，執委會應就歐盟—韓國自由貿易協定關於非關稅壁壘或貿易與永續發展之議題提出報告。[98]

關於歐盟與哥倫比亞暨秘魯間之貿易協定，歐洲議會（以及理事會）則強調香蕉防衛機制之重要性，此外歐洲議會並要求執委會在簽署之條約文本中另外加入人權與永續發展之相關文字。首先，國際貿易委員會在2012年4月12日提出質詢，要求執委會就以下問題回覆：

在現行之貿易協定中，執委會有無提出任何具體具有拘束力之機制得以確保基本人權之尊重？執委會如何評估秘魯與哥倫比亞符合聯合國與國際勞工組織關於人權公約之要求（包含結社自由與集體協商）？在既有之貿易協定架構下，執委會是否意欲鼓勵與確保公民社會之參與？執委會如何確保秘魯與哥倫比亞確實履行貿易協定（第九章）貿易與永續發展專章之相關規範，尤其該章不爲協定之爭端解決機制所涵蓋？執委會是否支持應採取一具有拘束力之機制，以強化貿易與永續發展專章？而依據系爭貿易協定之永續影響評估結論，該協定之生效如何促進秘魯與哥倫比亞之反貧困、促進社會凝聚、投資保障、永續發展與經濟發展？[99]

其後，在2012/2628(RSP)決議中，歐洲議會再度強調上開人權保障、貿易與永續發展、公民社會參與等議題。歐洲議會並採取強烈之用語，諸如遺憾（regret）或譴責（condemn）等字眼。例如：歐洲議會對於貿易與永續發展雖然涵蓋具有法拘束力之義務，但此等義務並不爲爭端解決機制所涵蓋。因而，倘若在違反貿易與永續發展章節之義務時，並無制裁機制。此時，反較既有之強化普遍性優惠待遇（general system of preferences

---

[98]　*Id.*

[99]　Question for oral answer to the Commission, O-000107/2012 (27 April 2012).

plus）措施來得不利。[100]歐洲議會並強烈譴責工會成員與人權鬥士、平民、原住民之暗殺事件乃至於內部武裝衝突之受害事件。[101]在結論上，歐洲議會強調：里斯本條約賦予歐洲議會關於國際協定之新權限意味著新的責任，歐洲議會提議於2013年第一季在歐洲議會以及安地斯共同體國家之其中一個首都舉辦聽證，基於此聽證，並將製作一書面報告提交國際貿易委員會以及人權附屬委員會，以說明歐盟與哥倫比亞暨秘魯之貿易協定之實施情形。

二、歐盟對外經貿協定之司法審查

（一）諮詢意見

依據歐盟運作條約第218條第11項之規定，會員國、歐洲議會、理事會或執委會得向歐洲法院聲請諮詢意見，以確認擬簽訂之協定（the agreement envisaged）是否與初級條約法規範相符。若歐洲法院之意見為否定，則非經條約修正程序，系爭協定不得簽署。因而司法審查之第一種類型乃係事前之司法監督，此一制度設計在於避免歐盟與第三國承擔國際權利與義務後，系爭協定被歐洲法院宣告違反歐盟之初級條約法規範，因而造成歐盟與第三國間法律關係之複雜化。事前審查之機制，有兩項要件值得注意：其一，歐盟對外所欲簽訂者，乃係國際協定；其次，該協定係「擬」簽訂之協定。[102]在Opinion 1/75 Local Cost Standards一案中，歐洲法院表示：系爭協定之正式名稱對於該協定是否得以適用諮詢程序，向歐洲法院聲請諮詢意見並不具決定性影響。諮詢程序所稱之協定係一概括性用語，亦即歐洲法院採取廣義之見解，主要著重於系爭國際協定是否規範國際法上之義務，而具有法拘束力。[103]就協定須為擬簽訂之協定而言，

---

[100] European Parliament resolution of 13 June 2012 on the EU trade agreement with Colombia and Peru (2012/2628 [RSP]) (13 June 2012), para. 1.

[101] *Id.* para. 9.

[102] *Opinion 1/75* of the Court of 11 November 1975, ECR [1975] 01355.

[103] *Id.* at 1359-1360.

亦即該協定須非已簽署之協定，且歐盟業已預見有簽訂該協定之可能性，最主要之判別點在於歐盟是否已採取措施或進行相關之討論。就此事前審查機制而言，最著名之案例即係EEA協定。EEA協定係歐盟與EFTA國家間之聯繫協定，理事會以及執委會締結EEA協定之決定前言即援引共同體條約第238條作爲法律基礎。[104]就EEA協定之締約方而言，除瑞士外，其餘EFTA國家均參與EEA協定。此外，EEA協定締結時，芬蘭與奧地利仍爲EFTA之會員國，尚未加入歐盟。

　　EEA協定之締結，產生歐盟對外關係法上之重要爭議，亦即原本協定條文草案中關於EEA法院之設置，其權限得以解釋EEA協定，但因EEA協定之條文與共同體條約用語諸多重複，恐危及共同體法之自主性（autonomy）。其次，原EEA協定條文草案並設計EFTA會員國法院得向歐洲法院聲請先行裁決，惟該裁決對EFTA會員國法院不具有拘束力，此不具拘束力之裁決，亦恐折損歐洲法院裁判之權威。因而，歐洲法院在1/91諮詢意見中，[105]認爲系爭EEA協定與共同體條約之規範牴觸，未經修改共同體條約前，不得締結。基於此諮詢意見，歐盟與EFTA之會員國乃重新修改EEA協定，放棄EEA法院之設置，且明定倘EFTA會員國向歐洲法院聲請先行裁決，該裁決應對EFTA會員國法院具有拘束力。歐洲法院乃於1/92諮詢意見中，[106]肯認EEA協定與共同體條約之合致性。

　　由上述EEA協定之例子吾人可以得知，依據歐盟初級條約法規範之設計，對於歐盟對外經貿協定之第一種司法監督乃係在於條約締結前，藉由諮詢意見之程序，由歐洲法院事前審查擬締結之協定是否與歐盟初級條約

---

[104] *Council and Commission Decision 94/1/ECSC*, second preambular.

[105] Opinion 1/91 of the Court of 14 December 1991 on *Draft Agreement* between the Community, on the one hand, and the countries of the European Free Trade Association, on the other, relating to the creation of the European Economic Area [1991] ECR I-06079.

[106] Opinion 1/92 of the Court of 10 April 1992 on *Draft Agreement* between the Community, on the one hand, and the countries of the European Free Trade Association, on the other, relating to the creation of the European Economic Area [1992] ECR I-02821.

法規範牴觸，若與歐盟初級條約法規範牴觸，須修改歐盟相關條約，否則不得締結該協定。此項設計之目的在於事前檢視擬締結之協定與歐盟初級條約法規範之合致性，以避免日後國際爭端之產生。基於此項設計，歐洲法院乃在1/91諮詢意見宣告擬簽訂之EEA協定關於EEA法院之設計，與歐洲法院確保歐盟法完整之精神有違，因而認為EEA協定與初級條約法規範不相符合，歐盟不得簽署。其後，EEA協定經修改後，歐洲法院乃在1/92諮詢意見中肯認修改後之EEA協定與歐盟條約不相牴觸，因而歐盟得以締結EEA協定。[107]

（二）撤銷訴訟

　　歐盟運作條約第263條規定：歐洲法院應審查執委會與歐洲議會之立法行為，以及理事會之行為之適法性（意見與建議除外），同時並得審查歐洲議會與歐盟峰會對於第三人產生法律效力之行為（produce legal effects vis-à-vis third parties）。[108]基於上開目的，歐洲法院對於會員國、歐洲議會、理事會、執委會所提出關於欠缺權限、違反必要程序規範、違反條約規範、違反法治原則或權力濫用等事由之訴訟，具有管轄權。[109]此外，除了歐盟機構與會員國之外，歐盟運作條約並賦予個人在符合一定要件時，得向歐洲法院提起訴訟。亦即，若系爭行為係指向該自然人或法人，或對其有直接且個別之影響（of direct and individual concern），或是在涉及管制行為時，對其有直接影響而無須執行措施時，該自然人或法人即得向歐洲法院提起訴訟，主張撤銷該行為。[110]就此得撤銷之法律行為，依其實踐係針對理事會締結國際協定之理事會決定為之。亦即，因系

---

[107] 諮詢意見之另一重要案例，乃係歐洲法院關於歐盟加入歐洲人權公約之2/94諮詢意見。2/94諮詢意見主要涉及三項爭議，首先係程序問題，亦即該諮詢意見聲請之可容許性，其次則分別為歐盟是否有權加入歐洲人權公約，以及在歐盟加入歐洲人權公約後，歐洲法院與歐洲人權法院管轄權如何分配之問題。

[108] TFEU, art. 263(1).

[109] TFEU, art. 263(2).

[110] TFEU, art. 263(4).

爭理事會決定係歐盟機構之行為，為歐盟運作條約第263條所涵蓋，歐洲法院對此享有管轄權；其次，審查之客體若屬理事會決定而非國際協定之事實意味歐洲法院避免以內國法院之立場，決定一國際協定之效力。[111]

　　此類撤銷訴訟之類型，如前述涉及越南入世議定書之理事會決定之 *Commission v. Council* 一案，除此之外，另一著例則係歐盟與美國所簽訂之乘客姓名紀錄協定（Agreement between the European Community and the United States of America on the processing and transfer of PNR data by Air Carriers to the United States Department of Homeland Security, Bureau of Customs and Border Protection, PNR Agreement，下稱PNR協定）一案。[112] 系爭PNR協定主要係美國因應九一一恐怖攻擊後，為確保飛航安全而要求各航空公司預先提供美國國土安全部各該飛往美國之航班乘客姓名與相關個人資料。因應此項要求，執委會乃與美國簽訂PNR協定，以規範歐盟境內之航空業者提供上開資訊之相關義務。在理事會通過2004/496/EC理事會決定以締結系爭PNR協定時，曾向歐洲議會徵詢意見，理事會並以情況緊急，限歐洲議會於一定期限內表示意見。隨即，理事會則以歐洲議會未即時表示意見為由，逕行通過締結該PNR協定之決定。

　　在過程中，歐洲議會曾依諮詢意見程序，向歐洲法院聲請諮詢意見，惟因理事會通過該2004/496/EC理事會決定確定締結該PNR協定，歐洲議會乃提起本案訴訟，並撤回該諮詢意見之聲請。歐洲議會之主要論據基礎在於，理事會援引共同體條約第95條內部市場之規範以締結該PNR協定之法律基礎，係錯誤之法律基礎。歐洲議會認為：系爭PNR協定並非為了消除提供服務貿易之障礙，以達成內部市場之建立或其完善運作而設，

---

[111] Maresceau, *supra* note 58, at 242.

[112] Joined Cases C-317/04 and C-318/04, *European Parliament v. Council and Commission* (2006) ECR I-04721. 值得注意者乃係此案係由歐洲議會提出，被告則係理事會與執委會，歐洲議會原本僅就涉及其特權（prerogatives）受到侵害部分，具有撤銷訴訟之當事人適格，而由於共同決策程序領域之擴張，歐洲議會所得提出之撤銷訴訟範疇，亦逐漸擴張。

上開協定並未涵蓋任何達成該目標之條款。系爭PNR協定之目的乃在於提供一法律基礎，使得歐盟境內之航空業者得以向美國提供乘客資訊。相對於此，理事會則主張：系爭協定涉及乘客個人資料在歐盟與美國境內之自由流通，且歐盟境內之航空業者若對是否遵守美國之規範採取不同之立場，將扭曲歐盟境內航空業之競爭關係，因而內部市場得以作為該協定之法律基礎。就此，法院採取與歐洲議會相同之立場。法院指出：系爭個人資料提供之目的在於防衛公共安全或國家安全，此項目的不為95/46/EC個人資料保護與其自由流通之指令所涵蓋，同時，共同體條約第95條亦不及於上開基於國家安全目的所為之資訊交換，因而，共同體條約第95條不得作為系爭2004/496/EC締結PNR協定理事會決定之法律基礎。[113]就法律效果而言，因系爭PNR協定規範締約方得隨時終止該協定，並於終止通知之90日後生效，因而法律乃向後定一期日，宣判後之90日即2006年9月3日失效。

肆、結論

本文從歷史演進、協定種類、法律基礎等不同角度，分析歐盟對外經貿協定之多重面向。本文發現，第一代與第二代之經貿協定主要以經貿議題，尤其是關稅減讓為中心，至第三代之經貿協定則加入了人權條款、民主條款乃至於國際刑事法院條款等。至於第四代之經貿協定則以自由貿易協定為主軸，主要係著眼於歐盟競爭力之提升，經濟考量再度成為歐盟對外經貿協定之核心。其次，歐盟對外經貿協定除以「自由貿易協定」為名之外，還有其他不同協定類型，例如關稅同盟、貨幣協定、夥伴與合作協定、經濟夥伴協定以及聯繫協定等。各種不同類型的協定具有不同之法律基礎，因而其決策程序也有所不同。就其法律基礎而言，可以從共同商業政策、聯繫協定、發展政策以及歐盟運作條約第352條之概括條款取得。

---

[113] *European Parliament v. Council and Commission*, paras. 63-70.

同時，歐盟內部市場之規範亦可能被援引作為對外協定之法律基礎。不同之法律基礎，則將相對應適用不同之決策程序。在里斯本條約修正之前，若適用共同商業政策，歐洲議會則不具有同意權限，僅有被徵詢意見之權力。而由於授權原則之要求，法律基礎之選擇，係歐洲法院之審查重點之一。

在分析各類型之歐盟對外經貿協定之後，本文試圖從政治監督與司法審查的角度勾勒歐盟對外經貿協定之治理模型。就政治監督部分，可以分為垂直之政治監督與水平之政治監督。為因應授權原則之限制，以及歐盟對外經貿協定所涉及之議題常超脫歐盟之專屬權限，而涵蓋共享權限乃至於會員國之專屬權限，因而混合協定乃成為回應垂直政治監督所生之新機制。此項垂直之政治監督同時連結至諮詢意見之司法審查，亦即歐洲法院常被要求藉由諮詢意見或撤銷訴訟回應，歐盟是否得以單獨簽訂特定經貿協定，此項著例乃係涉及WTO協定之1/94諮詢意見、1/08諮詢意見以及 *Commission v. Council*。至於，水平之政治監督則著重歐洲議會與理事會之角色。里斯本條約生效後，歐洲議會對於歐盟對外經貿協定之條約締結程序影響力大增，此項權限擴充所產生之影響體現在歐盟—韓國自由貿易協定之防衛措施機制，以及歐盟與哥倫比亞暨秘魯之貿易協定所涉及之貿易與永續發展、人權保障等議題上。

就司法審查部分，則從歐洲法院之諮詢意見與撤銷訴訟兩項訴訟類型，探討歐洲法院對於歐盟對外經貿協定之事前或事後之審查型態。就諮詢意見而言，本文以EEA協定以及歐洲人權公約為例，分析歐洲法院如何確保歐盟對外經貿協定與歐盟初級條約法規範不相牴觸。至於撤銷訴訟而言，本文則以PNR協定為例，析述歐洲法院如何撤銷歐盟締結特定對外經貿協定之理事會決定，因而控制歐盟對外經貿權限之行使。就歐盟對外經貿協定而言，其治理模型呈現了其憲政體制之特殊性，因而在政治監督上，除可見於水平之政治監督外，垂直之政治監督亦係重要議題。而為了確保歐盟對外經貿權限之正當行使，司法審查則是節制此項權限之重要機制。

Chapter 3 　歐盟對外經貿協定在歐盟法秩序之效力

壹、前言

　　歐洲整合過程中，四大自由流通之確立以及共同市場之建立，乃係歐洲經濟整合之重要成就。除此內部市場面向而言，歐洲整合過程另涉及外部關係面向，亦即，歐洲經濟共同體（European Economic Community，下稱共同體）[1]以及其後之歐洲聯盟（European Union，下稱歐盟）藉由共同商業政策（Common Commercial Policy）或其他對外政策權限之行使，與第三國或國際組織締結國際協定，此項權限之行使成為歐盟對外關係法之重要課題。事實上，遠自歐洲經濟共同體條約時期（Treaty Establishing the European Economic Community，EEC條約）即於第113條（共同商業政策）、第228條（國際協定之締結）規範共同體對外經貿協定之締結、該協定對於共同體機構以及會員國拘束力。同時間，早在關稅暨貿易總協定時期（General Agreement on Tariffs and Trade, GATT），斯時，共同體並非總協定之締約方，然而共同體即已取代會員國在GATT架構下參與談判。歐盟對外經貿協定之簽訂，以及其在GATT架構下之參與，在歐盟對外關係法之發展上，向來為學界與實務所關注。

　　歐盟對外關係法之發展主要可以區分兩個面向，其一係歐盟對外如何參與國際組織或國際公約，以及如何締結對外經貿協定。其二則是，歐盟

---

[1] 由於里斯本條約之生效，歐盟正式取代並承繼歐洲共同體（European Community），因而本文在行文上多數使用歐盟一詞；然而，若基於歷史脈絡所需，則將使用「共同體」字眼，惟有時仍無法避免馬斯垂克條約生效前之脈絡下使用「歐盟」一詞，此乃行文之限制，先予敘明。

對外所參與之國際組織、國際公約或締結之雙邊協定，在歐盟法秩序之效力如何。前者為典型之權限劃分之憲法問題，此面向所著重之議題在於歐盟是否有權限參與系爭國際組織或締結多邊公約或雙邊協定，同時間，並探求歐盟如何型塑或重構國際法秩序，並分析歐盟在國際場域上與其他行為有何差異；後者則常被簡化為一元論與二元論之辯。此議題實際上與歐盟法效力之爭議有其異曲同工之處。詳言之，歐盟對外經貿協定在歐盟法秩序之效力，與歐盟條約在會員國法秩序之效力，就其起源而言係基於相同之本質，即一國際法主體對外締結國際條約，該國際條約在該國際法主體之內國法秩序下，具有何法律效果。

就歐盟條約在會員國法秩序之效力而言，歐盟法院（Court of Justice of the European Union, CJEU，原為歐洲法院European Court of Justice, ECJ）[2]在著名之*Van Gend en Loos*一案中表示：共同體法構成一國際法之新法秩序，就此法秩序之利益而言，國家業已限縮其主權權利，且在此法秩序中，主體並不僅限於會員國，並及於其國民。[3]歐盟法院因而確立了歐盟法之直接效力（direct effect）。其後，並因歐盟法優先性之確定，成為歐盟法之兩項重要基本原則。相對於此，歐盟對外簽訂之國際公約或雙邊協定，是否得以構成一國際法之新秩序，是否當然具有直接效力或優先性，乃是此議題值得探究之處。就其實質內容主要涉及以下幾個根本議題：首先，該國際公約或雙邊協定對於歐盟機構與會員國之拘束力為何？其次，該協定在歐盟法秩序內之法律位階為何？若與基礎條約法規範[4]或

2　由於里斯本條約之生效，歐洲法院正式更名為歐盟法院，由於本文所援引之案例均為里斯本條約生效後所做出，同時，又考量專業用語統一之需求，因而，本文在行文上若述及此一機構之本身時，則以歐盟法院稱之。若述及其在里斯本條約生效前所為之判決，則仍以歐洲法院名之。

3　Case 26/62, *Van Gend en Loos*, ECR, English special edition, 12.

4　本文所謂之基礎條約法規範係指歐盟法之主要法規範（primary sources），亦即會員國所簽訂之條約法規範，例如歐洲經濟共同體條約、歐洲共同體條約、歐洲聯盟條約（Treaty on European Union, TEU）、歐盟運作條約（Treaty on the Functioning of the European Union, TFEU）等。

次級立法相牴觸時，法律衝突如何解決？第三，就該對外經貿協定所生之權利與義務，對於個人有何影響，亦即，該對外經貿協定是否具有直接效力。最後，該對外經貿協定所衍生之派生法，例如就協定之運作與執行或爭端之解決設有合作理事會（Cooperation Council）、聯合委員會（Joint Committee）或爭端解決機制，此類機制所爲之決定是否拘束歐盟機構，其法律位階爲何？是否具有直接效力？

就前述議題而言，國內學界研究多集中於關稅暨貿易總協定以及WTO協定在歐盟法之效力，[5]本文除建立在該等研究之基礎上，並擴及其他雙邊協定，同時檢討歐盟對外經貿協定之派生法在歐盟法之效力。本文之行文安排如下：在此前言之後，第貳節將討論歐盟對外經貿協定對歐盟與會員國之拘束力，第參節與第肆節則分別討論該協定之直接效力與法律位階，第伍節則討論歐盟對外經貿協定之派生法在歐盟法之效力，主要聚焦於協定執行機構或爭端解決機制之決定，在歐盟法之效力，第陸節則爲本文之結論。

然而，在進入本文討論之前，有兩個前提問題須加以釐清：其一爲直接效力之概念，其與直接適用性（direct applicability）以及可援引性（invocability）之差異爲何？其次，在法律位階之比較上是否以前述概念爲基礎，亦即一歐盟對外經貿協定若不得直接適用於歐盟法秩序，不具直接效力且不得爲訴訟當事人所援引，此時，是否即無法律位階衝突之問題？

就第一層次之概念釐清問題，首先，以直接效力而言，此乃係歐盟法

5 鄧衍森，WTO協定在歐洲聯盟之法律效力，台灣國際法季刊，1卷3期，頁9-30（2004年）；何曜琛，WTO爭端解決裁決於國內法院的效力——兼評以歐盟經驗對我國的借鏡，中華國際法與超國界法評論，3卷1期，頁201-222（2007年）。關於GATT與WTO協定之在歐盟法體系之直接效力，英文文獻甚多，其具重要性者，請參見Stefan Griller, *Judicial Enforceability of WTO Law in the European Union. Annotation to Case C-149/96, Portugal v. Council*, 3 J. Int'l Econ. L. 441, 441-472 (2000); Piet Eeckhout, *Judicial Enforcement of WTO Law in the European Union—Some Further Reflections*, 5 J. Int'l Econ. L. 91, 91 (2002)。

最為核心之概念之一，歐盟法院在其著名之*Van Gend en Loos*一案中揭櫫歐盟法之直接效力，其主要論述基礎乃係歐盟法體系之主體除國家之外，亦包含個人。就此角度而言，直接效力之重要特徵乃係歐盟法除規範國家義務外，同時亦賦予個人權利。因而，將直接效力之理論延伸至歐盟對外經貿協定時，則指涉歐盟對外經貿協定是否賦予個人可得主張之權利。

然而，一歐盟對外經貿協定是否具有直接效力，其前提係該協定得直接適用於歐盟法秩序；詳言之，直接適用係指一歐盟對外經貿協定是否可以於歐盟法秩序內無需任何併入（incorporation）或轉換程序（transformation）予以直接適用，就此適用之場域包含歐盟法院與會員國法院。此項爭議主要或可視為傳統一元論與二元論之爭議。[6]依據歐盟法院之向來見解，歐盟對外經貿協定乃係歐盟機構之措施（an act of the institutions of the Union），因而構成歐盟法體系之核心部分（form an integral part of Community law）。[7]此項概念與在美國法概念下常以自動履行（self-executing）近似，因而一對外經貿協定是否可以直接適用除涉及一元論與二元論之憲政架構外，同時另涉及系爭對外經貿協定所課予之義務是否明確與特定。[8]

而可援引性則指在一訴訟中，當事人是否可援引該條約條款作為攻擊防禦之基礎，尤其作為主張歐盟次級立法之違法性審查基礎。在歐盟法院之案例中，一歐盟對外經貿協定可否為個人在先行裁決程序或會員國於撤銷訴訟中予以援引，有時亦與前述之直接適用性加以混淆。例如在一連串之GATT／WTO訴訟中，歐盟法院認為GATT與WTO協定係基於互惠原則

---

[6] Francesca Martines, *Direct Effect of International Agreements of the European Union*, 25 Eur. J. Int'l L. 129, 133-134 (2014).

[7] Case 181/73, *Haegeman v. Belgium*, [1974] ECR 00449, paras. 4-5. 本案涉及歐洲經濟共同體與希臘締結之聯繫協定（association agreement）。

[8] Martines, *supra* note 6, at 134; John H. Jackson, GATT, International Treaties, and National Laws and Constitutions, in The Jurisprudence of GATT and the WTO: Insights on Treaty Law and Economic Relations 195, 302 (2000). 依據學者John Jackson之見解，是否可以直接適用，與美國法概念下之直接履行（self-executing）相近。

所爲之互利安排，且充滿彈性與協商空間，不得直接適用於歐盟法秩序，並未賦予個人權利，同時，會員國亦不得援引GATT或WTO協定藉以審查歐盟次級立法之合法性。因而，一歐盟對外經貿協定是否可於歐盟法院或會員國法院內予以援引，有時亦與該協定是否具有直接效力相關。然而，一對外經貿協定不具有直接效力並不當然意味該協定不得在歐盟法秩序中予以援引。歐盟法院在部分案例中即明白指出：一對外經貿協定並未賦予個人權利，但此一事實並不妨礙其將系爭協定作爲審查歐盟措施合法性之基礎。

　　從而，藉由上述分析吾人可以得知，直接適用性係直接效力與可援引性之前提，若一對外經貿協定僅勾勒一般原則而未課予締約方具體義務，則該協定將因不具明確且特定之義務而無從直接適用於歐盟法體系。因其不具有直接適用性亦無從賦予個人權利，或於歐盟法院或會員國法院中予以援引。然而，一對外經貿協定即使具有直接適用性，並不當然意味該協定即賦予個人權利，亦即，並不當然產生直接效力。同時，不具直接效力之對外經貿協定，並不當然妨礙其作爲基礎藉以審查歐盟措施合法性之可能。然而，就此類議題而言，歐盟法院對於不同類型之對外經貿協定，亦有不同之闡釋，因而，以下擬就拘束力、直接效力、法律位階以及對外經貿協定之派生法在歐盟法秩序之效力，加以分析。

貳、歐盟對外經貿協定對歐盟與會員國拘束力

　　歐盟對外經貿協定對於歐盟以及會員國是否具有拘束力，此一議題之所以具有爭議乃在於基於條約信守原則（pacta sunt servanda），[9]歐盟對外所締結之經貿協定拘束歐盟以及歐盟機構，而會員國對外所締結之經貿協定拘束該會員國本身並無疑義。然而，有爭議者乃係基於歐盟法之規範，歐盟對外締結之經貿協定是否拘束會員國，或會員國所締結之經貿協

9　此原則亦爲維也納條約法公約第26條所明文規範。

定，是否拘束歐盟。此項議題因與條約未經第三國同意，不爲該國創造權利或義務（pacta tertiis nec nocent nec prosunt）之國際法原則相左，[10]因而有其討論之價值，以下乃就此二面向加以分析。

一、歐盟對外經貿協定拘束歐盟與會員國之法律基礎

EEC條約賦予歐洲經濟共同體國際法人格，同時間，里斯本條約生效後，該國際法人格爲歐盟所繼承。國際法人格之取得意味歐洲經濟共同體以及其後之歐盟具有國際法主體之身分，得以與其他國際法主體締結國際協定，享受權利並負擔義務。基於條約信守原則，歐盟爲其所締結之國際協定所拘束。就歐盟對外締結之國際協定在歐盟法秩序之效力而言，不論是EEC條約或現今之歐盟運作條約（Treaty on the Functioning of the European Union, TFEU）均載有明文。歐盟運作條約第216(2)條規定：歐盟對外所締結之國際協定，拘束歐盟之機構以及會員國。[11]就歐盟對外經貿協定拘束歐盟機構而言，此部分並無疑義，乃係前述條約信守原則之明文。然而，就拘束歐盟之會員國部分，此部分之拘束力，乃係來自於會員國基於歐盟法義務。詳言之，依據條約未經第三國同意，不爲該國創造權利或義務之國際法原則，歐盟之會員國除非以混合協定（mixed agreement）[12]之方式參與歐盟對外經貿協定之締結，否則依據國際法，歐

---

[10] 此原則亦爲維也納條約法公約第34條所明文規範。

[11] TFEU, art. 216(2): *Agreements concluded by the Union are binding upon the institutions of the Union and on its Member States.*

[12] 混合協定係指歐盟與其會員國同時爲一歐盟對外經貿協定之締約方，關於混合協定請參見Joni Heliskoski, Mixed Agreements As a Technique for Organizing the International Relations of the European Community and Its Member States (2001); Rafael Leal-Arcas, *The European Community and Mixed Agreements*, 6 Eur. Foreign Aff. Rev. 483, 483-513 (2001); Ramses A. Wessel, *The EU as a Party to International Agreements: Shared Competences, Mixed Responsibilities, in* Law and Practice of EU External Relations 152 (Alan Dashwood & Marc Maresceau eds., 2008); Piet Eeckhout, EU External Relations Law 212 (2. ed., 2011)。

盟之會員國不受該歐盟協定所拘束。因而，歐盟運作條約第216(2)條之目的，在於創設會員國遵守歐盟對外經貿協定之歐盟法義務。

　　就歐盟對外經貿協定在歐盟法秩序之地位而言，依據歐盟法院之向來案例法學：歐盟對外簽訂已生效之國際協定，就其在歐盟法之地位而言，係屬EEC條約第177(1)(b)條之共同體機構之措施（現為歐盟運作條約第267(1)(b)條），因而構成歐盟法體系之核心部分。[13]就此而言，歐盟對外經貿協定其對於歐盟機構與會員國之拘束力，其要件乃以理事會（Council of the European Union）依據歐盟運作條約第218條之程序，以理事會決定締結該協定為已足，並不以轉化（transposition）為必要。當然，不同之歐盟對外經貿協定所產生之效力（尤其是否具有直接效力）因協定之性質與內容而有所差異，同時間，不需要轉化系爭對外經貿協定並非當然意味歐盟無須採取任何執行措施（implementing measures）以執行該協定。[14]

　　至於歐盟對外經貿協定之拘束力以及該協定之執行，兩者應如何區辨乃一難題，尤其系爭協定之執行涉及會員國時。詳言之，歐盟是否有權對外締結經貿協定，以及是否有權執行該經貿協定，兩者之權限應予以區別。歐洲法院在著名的歐洲鐵路運輸協定判決（Accord Européen sur les Transports Routiers, AETR）[15]表示：在決定經濟共同體是否有權限締結對外經貿協定時，應考量條約整體架構，而不僅限於個別實質條文。[16]該等對外經貿協定之締結權限，可能源自於條約之明文賦予（例如EEC條約第113條或第114條締結關稅與貿易協定，或第238條締結聯繫協定之情

---

[13]　Case 181/73, *Haegeman v. Belgium*, [1974] ECR 00449, paras. 4-5. 本案涉及歐洲經濟共同體與希臘締結之聯繫協定（association agreement）。

[14]　Piet Eeckhout, EU External Relations Law (2. ed., 2011), 327.

[15]　Case 22/70, *Commission v. Council* [1971] ECR 263. 關於AETR，參見鄧衍森，歐洲共同體對外權能，貿易調查專刊，2卷，頁45-61（1997年）；吳建輝，歐盟對外經貿法之發展：法律與政策變遷，歐美研究，42卷4期，頁789-792（2012年）。

[16]　AETR, para. 15.

形），亦有可能從條約之條文或共同體在此等條文架構下採取之措施所
導出。[17]依據法院在AETR之見解，歐盟對外權限可以從歐盟基礎條約之
條文或歐盟依據基礎條約條文所採取之次級立法措施中導出，此乃著名
之默示權限（implied competence）。然而，AETR之見解，並不當然意味
歐盟具有對外權限時，其當然擁有內部權限。亦即，AETR僅處理歐盟內
部權限之默示外部權限，而未處理外部權限之默示內部權限。[18]因而，即
令歐盟對外具有外部權限得以締結協定，並不當然意味其在內部具有執
行該協定之權限。此項內部權限與外部權限之差異，最明顯之例子乃係
健康與文化服務之例外，亦即，健康與文化服務係服務貿易之一環，屬
於共同商業政策而爲歐盟之專屬權限。因而，就外部權限而言，歐盟得
對外締結健康服務或文化服務之經貿協定。然而，就健康服務或文化服
務而言，歐盟內部僅具有補充、支持或整合（complementing, supporting
and coordinating）之權限。因而，在此類協定之實行上，仍須會員國之協
助。同樣的，在1/94諮詢意見[19]中，歐洲法院固然認爲貨品貿易屬於共同
商業政策之範疇，而屬於共同體之專屬權限，然而，就貨品貿易總協定所
涉及之議題，例如第2條之間接稅部分，仍爲會員國之權限，因而，就貨
品貿易總協定之執行而言，仍需會員國之協助。[20]

　　就歐盟與會員國相互合作以執行歐盟之對外經貿協定而言，歐洲法院
在*Kupferberg*[21]一案中表示：執行共同體對外經貿協定所需採行之措施，

---

[17]　AETR, para. 16.

[18]　Markus Krajewski, *The Reform of the Common Commercial Policy*, in EU Law after Lisbon 292-306 (Andrea Biondi, Piet Eeckhou & Stefanie Ripley eds., 2012).

[19]　*Opinion 1/94* of the Court of 15 November 1994 on the competence of the Community to conclude international agreements concerning services and the protection of intellectual property, [1994] ECR I-05267.

[20]　Piet Eeckhout, *supra* note 14, at 325-326.

[21]　Case 104/81, *Hauptzollamt Mainz v. Kupferberg*, [1982] ECR 03641(hereinafter *Kupferberg*). 本案涉及歐洲經濟共同體與葡萄牙締結之自由貿易協定（此協定係在歐洲自由貿易協會（European Free Trade Association）架構下締結，亦即，締約方另包含其

應依斯時協定所影響之範圍由共同體機構或會員國決定之。就此協定執行需共同體機構與會員國共同協力執行之特質，尤以系爭協定之義務涉及不同議題時最為明顯。[22]詳言之，法院在*Kupferberg*中首先澄清共同體條約賦予共同體對內採取措施之權限，同時，並賦予共同體對外與非會員國締結國際協定之權限。而依據EEC條約第228(2)條之規定，共同體對外締結之協定拘束共同體機構以及會員國，因而，就共同體對外經貿協定所衍生義務之執行，有賴於共同體機構以及會員國之協力。而在執行協定所產生之義務的同時，會員國一方面履行了與該非會員國之協定義務本身，更重要的是，會員國在此義務執行過程中，亦完成了其對於共同體所擔負之義務。法院乃重申：共同體對外經貿協定構成共同體法之核心部分。[23]

二、會員國對外經貿協定例外拘束歐盟之理由

如前所述，條約信守以及條約未經第三國同意，不得為該國創造權利或義務乃是國際法之基本原則。因而，若是歐盟係一主權國家或一般非經會員國移轉權限之國際組織，則將無會員國對外所締結之經貿協定是否拘束歐盟之問題。然而，由於歐盟因其經會員國移轉部分權限之特質，使得在例外情形（尤其是會員國均為該經貿協定之締約方時），歐盟將為該經貿協定所拘束。[24]就此類會員國之對外經貿協定在例外情形下拘束歐盟之著例，乃係1947年制定之關稅暨貿易總協定。

他歐洲自由貿易協會國家）。

22　Kupferberg, para. 12.

23　Kupferberg, paras. 11 & 13.

24　會員國對外經貿協定是否對於歐盟產生拘束力，其中一重要類型乃係會員國加入歐盟前之條約之效力，此項議題為歐盟運作條約第357條，亦即，在歐洲經濟共同體成立前，或者在會員國加入歐盟前該會員國基於國際協定所產生之權利或義務不因共同體之成立或加入歐盟而有所影響，然而，同條第2項則規定，若系爭協定之義務與歐盟法之義務相牴觸時，該會員國則負有除去系爭與歐盟法義務相牴觸之條約義務。惟此項規範，並非本文所討論之客體。

歐洲法院在*International Fruit Company*[25]一案中面對兩個問題：第一，EEC條約所稱共同體機構所爲措施之有效性是否亦需考量其是否符合國際法；第二，共同體限制自第三國進口之保護措施是否違反GATT第11條禁止數量限制之規範。法院就第一個問題表示肯定，認爲共同體法措施之有效性，亦應從國際法之角度加以審酌。[26]而就系爭措施是否違反GATT第11條之規範，則應考量兩個問題，其一係共同體是否爲GATT所規範；其二則係GATT是否賦予共同體個人權利，使其得以在法院主張共同體措施之有效性。[27]

就共同體是否受GATT拘束而言，歐洲法院表示：在會員國締結EEC條約時，所有會員國均爲GATT所拘束，且在締結EEC條約時，會員國無從脫免於對於第三國所擔負之國際法義務。相反地，會員國繼續遵守GATT之意圖，卻可以從EEC條約之條文，以及會員國依據GATT第24條通知GATT祕書處EEC條約之簽訂所發表之聲明中得知。此項會員國欲遵守GATT之意圖，尤其可以下兩個條文中得知：首先，EEC條約第110條申明EEC條約之目的與GATT之目的一致。其次，EEC條約第234條所規定：會員國對第三國所擔負之國際義務不因EEC條約而有所影響。而由於EEC條約第110條至第113條之規定，共同體將逐漸取得對外關稅以及貿易之權限。因而藉由會員國憑藉將上開權限移轉給共同體之事實，會員國即展現了其等欲令共同體受GATT所拘束之意圖。就事實發展而言，自從EEC條約生效，尤其在共同對外關稅開始實施後，上開權限之移轉即已出現於會員國間，同時，共同體亦採取諸多措施以行使此項權限，此項權限之行使並爲GATT締約方所肯認。同時，共同體業已在GATT架構下就關稅減讓部分成爲GATT之談判夥伴，且EEC條約第114條亦規定，共同體有權代表

25　Joined Cases 21 to 24/72, *International Fruit Company* [1972] ECR 01219.

26　詳見後文。

27　*International Fruit Company*, para. 19: *Confer rights on citizens of the Community on which they can rely before the courts in contesting the validity of a Community measure.* 就GATT是否賦予個人權利部分，詳見後文。

會員國就上開關稅之議題締結對外經貿協定。基於以上說明，法院乃認為共同體為GATT所拘束。[28]

　　法院在*International Fruit Company*一案中所面臨之挑戰在於：就形式觀察而言，共同體並非GATT之締約方，然而就實質上而言，會員國業將關稅與貿易之權限移轉給共同體。因此若拘泥於形式而主張僅會員國受GATT所拘束，而共同體不為GATT所拘束，將造成受拘束者並無實質權限之窘境。同時，並將影響共同體日後是否得以在GATT架構下進行談判。此外，此項解釋將與會員國之意圖相左，並與EEC條約第238條之規範意旨不符，從而歐洲法院在結論上採取類似國家繼承之概念，因為權限之移轉，因而產生共同體為GATT所拘束之結果。

　　相對於GATT對於共同體拘束力之肯認，歐洲法院在*Peralta*[29]一案中則拒絕將前述見解延伸至國際海事組織架構下之防止船舶汙染國際公約（International Convention for the Prevention of Pollution from Ships）。法院在該案中表示：共同體並非該公約之締約方，同時，共同體並未因EEC條約之簽訂而承擔會員國在該公約適用領域之權限，因此，該公約並未產生拘束共同體之效力。[30]此項立場並為歐洲法院在*Interhanko*[31]再次肯認。歐洲法院指出，相對於GATT所規範之議題，會員國已逐漸將主權移轉至共同體之特徵，會員國並未有將防止船舶汙染公約所規範議題之權限移轉至共同體之趨勢。故在會員國未將相關議題之主權移轉予共同體前，不能因共同體之會員國均係防止船舶汙染公約之締約方，即要求共同體擔負國際義務。[32]就此而言，條約未經第三國同意，不為該國創造權利或義務之

---

[28] *International Fruit Company*, paras. 10-18.

[29] Case C-379/92, *Peralta* [1994] ECR I-3453.

[30] *Peralta*, para. 16.

[31] Case C-308/06, *International Association of Independent Tanker Owners (Intertanko) and Others v. Secretary of State for Transport* [2008] ECR I-4057, paras. 48-49 (hereinafter *Intertanko*).

[32] *Intertanko*, paras. 48-49.

國際法原則仍然有其適用之餘地。

參、歐盟對外經貿協定在歐盟法之直接效力

就歐盟對外經貿協定之直接效力而言，主要可以區分為兩大類別。第一類為GATT與WTO協定，依據歐盟法院之長期見解，GATT與WTO協定並不具有直接效力。[33]僅在特殊情形下，當共同體措施直接援引GATT或WTO協定之相關規範或欲執行此等規範時，該協定方具有直接效力。至於歐盟對外經貿協定之第二種類型，則為GATT與WTO協定以外之聯繫協定、夥伴與合作協定乃至於自由貿易協定等。[34]

---

[33] 除了GATT與WTO協定，歐洲法院認為不具有直接效力外，歐洲法院亦認為聯合國海洋法公約不具有直接效力，歐洲法院在*Interhanko*一案中表示：共同體簽署海洋法公約並予以批准，因而，該公約之條文構成共同體法體系之核心部分。故應進一步審酌者乃是該公約依其性質以及由前言、目標與條文所勾勒的廣泛邏輯是否排除該公約之條文得以作為審查共同體次級立法之可能。依據歐洲法院之見解：海洋法公約之目的在於發展國際社會在探索、使用以及利用海洋之國際法則，為達此一目的，海洋法公約之締約方乃同意藉由該公約建立一促進國際航行之法律秩序，一方面考量人類整體之利益與需要，另一方面強化和平、安全與國際合作。海洋法公約並欲就沿岸國與船籍國之利益取得一平衡，因而就主權國家之主權權利予以規制。然而，就個人而言，海洋法公約無意因該公約之通過賦予個人獨立之權利或自由。甚且，個人僅得在其所有之船舶與船籍國間建立實質聯繫時，方得享受國際航行自由。固然海洋法公約賦予船舶一定權利，然而，這一事實並不當然意味海洋法公約賦予與船舶相關之個人權利，蓋因船舶之國際地位乃繫諸船籍國，而非該船舶屬於個人或法人之事實。歐洲法院因此在結論上認為：聯合國海洋法公約無意建立一直接且立即適用於個人之規則，也無意賦予個人得以援引並對抗國家之權利或自由。從而，海洋法公約之性質及其廣泛邏輯排除其作為審查共同體措施合法性基礎之可能。在本案中，歐洲法院將國際公約是否賦予個人權利或自由以及該公約是否得以作為審查共同體次級立法之基礎，兩者合而為一。因為海洋法公約並未賦予個人獨立之權利與自由，因此，該公約不得作為審查共同體次級立法合法性之基礎。*Intertanko*, paras. 48-49.

[34] 就多邊公約而言，歐洲法院亦肯認生物多樣性公約得作為審查歐盟次級立法違法性之

一、關稅暨貿易總協定與WTO協定

法院在*International Fruit Company*一案中表示：就一個國際協定是否得以用來檢驗共同體措施是否有效，該國際協定需能夠賦予個人權利，使得個人在法院前主張。就此而言，法院認為應就系爭國際協定之精神、規範結構以及條文用語加以考慮。[35]法院認為GATT乃係基於談判原則所為之互惠且互利之安排（reciprocal and mutually advantageous arrangements），其特徵為具有高度彈性，尤其提供了排除條約適用之可能，例如在例外情況下得以採取防衛措施；同時，GATT之爭端解決機制亦具高度外交色彩。就防衛機制而言，GATT第19條規定當國內產業受有嚴重損害或有嚴重損害之虞時，得暫時中止總協定全部或一部之義務，取消或修正關稅減讓。此項防衛措施之實施，在情形嚴重時，並得不經諮商程序而暫予實施。

就爭端解決機制而言，GATT第22條第1項規定，一締約方應對於其他締約方關於影響總協定實施之任何事項，給予合理之考慮，並提供充分諮商之機會。同時，第2項則規定，如果前述諮商無法達成協議，GATT

基礎，在涉及生物科技發明是否得以授與專利權之*Netherlands v. European Parliament and Council* 一案中，荷蘭主張系爭指令違反共同體之國際義務，其中包含生物多樣性公約。對此，歐洲法院認為生物多樣性公約與WTO協定之性質有異，並非基於互惠而達成之互利安排。法院進一步指出，即使如理事會所主張，生物多樣性公約無法賦予個人權利，然而，此項事實並不當然意味在訴訟中法院不得審查共同體是否遵守其國際義務。此外，本案涉及的爭點是：系爭指令是否課予會員國容許生物科技專利之共同體義務，而此項義務違反會員國本身之國際義務。綜合以上說明，法院認為其得以依據生物多樣性公約審查系爭指令之合法性。就此案例見解而言，法院之論述主軸仍延續是否基於互惠原則而為之互利安排，因生物多樣性公約不屬此類安排，因而得作為法院審查共同體措施合法性之基礎。同時，法院在本案中區分一國際協定是否得以賦予個人權利，以及法院是否得以之作為審查依據兩項類型。在涉及GATT與WTO協定之案例中，法院似乎將兩者視為同一議題。Case C-377/98, *Netherlands v. European Parliament and Council* [2001] ECR I-07079, paras. 53-55.

[35] *International Fruit Company*, para. 20. (For this purpose, the spirit, the general scheme and the terms of the General Agreement must be considered.)

締約方大會應依據締約方之請求與任何有關締約方諮商。其次，在GATT
第23條規定，若一締約方認為其依總協定直接或間接可得之利益有所減
損，或總協定任何目標之達成，因其他締約方怠於履行總協定所定之義務
等原因而受阻，該締約方得向其他締約方或認為有關之各締約國提出書面
意見及建議，其相對締約方應慎重考慮。對於上開爭議，若相關締約方未
於合理期限內達成協議，得將前述爭議提交締約方大會解決，締約方大會
應迅予調查，並提出適當建議或是適當裁決。

　　基於上開GATT之特徵，若GATT第11條在上開脈絡下檢驗，將得出
GATT並未賦予個人得以在法院主張之權利。因而，共同體措施是否有
效，不應就其是否與GATT牴觸加以審酌。[36]就*International Fruit Company*
一案係透過先行裁決之方式加以提出，因其考量重點在於GATT是否賦予
個人權利而得以在會員國法院中主張。與此取向相對的是，會員國是否
得援引GATT之規定提起撤銷訴訟，認為共同體次級立法，違反GATT規
範，因而無效。就此問題，歐洲法院在*Germany v. Council*[37]再次採取否
定之見解，且不論是就GATT是否賦予個人得於會員國法院中得主張之權
利，或會員國得否以GATT為基礎，主張共同體措施違法，法院均採取否
定之態度。此項立場在WTO成立後仍未改變，法院在*Portugal v. Council*[38]
對此做出明確回應。

　　*Germany v. Council*一案主要涉及共同市場內建立香蕉共同組織之
理事會規則是否違反GATT等其他國際條約。在本案中，德國主張不論
GATT是否具有直接效力，共同體措施均不應違反GATT之規範。相對
地，理事會與執委會則認為，因GATT不具有直接效力，即不能以此為依
據審查共同體措施之合法性，除非共同體措施之採認係為執行特定GATT
之義務。就此爭議，法院重申：在考量GATT在共同體法體系之地位時，
GATT之精神、規範架構以及條文用語需整體考量。法院隨即重述其在

36　*International Fruit Company*, paras. 21-28.

37　Case C-280/93, *Germany v. Council* [1994] ECR I-04973.

38　Case C-149/96, *Portugal v. Council* [1999] ECR I-08395.

*International Fruit Company*之見解，認為GATT係互惠與互利之安排，具有高度彈性，且於特定情況下並得中止條約義務之適用。基於上述特徵，歐洲法院指出：其業已於之前之案例中表示個人不得援引GATT之規範在共同體法院中挑戰共同體措施之合法性，同時前述特徵亦排除歐洲法院在會員國所提出之訴訟中以GATT為基礎，檢驗共同體措施之合法性。[39]因此，法院在結論上重述其著名之兩階段論證，法院首先指出GATT之義務並非明確且不符條件，而GATT之精神、規範結構與條文用語無法導出承認其在內國法院得以直接適用之義務。在不具直接適用義務之前提下，僅有共同體為執行特定GATT之義務，或共同體明白援引GATT之條文時，歐洲法院方得以GATT審查共同體措施之合法性。[40]此項見解乃係著名之*Fediol v. Commission*[41]與*Nakajima v. Council*[42]案例法。此二項案例主要涉及國際貿易法制與個人關係最為密切之兩項議題：貿易障礙以及反傾銷與補貼措施。

　　*Fediol v. Commission*一案涉及一項共同商業政策之新政策工具，該理事會規則賦予共同體市場經營者一項權利，在共同體之其他貿易夥伴涉有不法之商業實踐（illicit commercial practice）時，得向執委會聲請救濟。此所謂之不法商業實踐主要依據該貿易夥伴是否有違反相關國際貿易規範

---

[39] *Germany v. Council*, para. 109 (Those features of GATT, from which the Court concluded that an individual within the Community cannot invoke it in a court to challenge the lawfulness of a Community act, also preclude the Court from taking provisions of GATT into consideration to assess the lawfulness of a regulation in an action brought by a Member State under the first paragraph of Article 173 of the Treaty.)

[40] *Germany v. Council*, para. 111 (It is only if the Community intended to implement a particular obligation entered into within the framework of GATT, or if the Community act expressly refers to specific provisions of GATT, that the Court can review the lawfulness of the Community act in question from the point of view of the GATT rules.)

[41] Case 70/87, *Fédération de l'industrie de l'huilerie de la CEE (Fediol) v. Commission* [1989] ECR 1781.

[42] Case C-69/89, *Nakajima v. Council* [1991] ECR I-2069.

（例如GATT）爲斷。在此調查過程中，執委會將首先考量被指控之非法商業實踐是否違反國際貿易規範，其次將考量若採取相關之對應措施是否符合共同體利益。本案中，共同體內植物油與蛋白質產業工會對於阿根廷之差別出口關稅提出控訴，認爲此項措施違反GATT規範。在本案中，執委會認爲GATT不具有直接效力，無法於共同體法院中直接適用。然而，法院指出：固然GATT不具有直接效力，但此並不意味個人不能援引GATT之相關條款以確認共同體貿易夥伴之措施是否構成不法商業實踐。尤其系爭理事會規則明白指出不法商業實踐之定義係依據國際貿易規範而定，而此國際貿易規範包含GATT。詳言之，既然系爭理事會規則賦予共同體市場經營者援引GATT以請求執委會確認共同體其他貿易夥伴之行爲是否構成不法之商業實踐，系爭共同體市場經營者自應有權請求法院審查執委會在執行此一共同體規則之相關措施是否合法。[43]

　　*Nakajima v. Council*一案則涉及共同體反傾銷基本規則關於擬制正常價格（constructed normal value）之規定，以及具體個案中對於Nakjima公司所爲之反傾銷調查措施是否符合GATT架構下之東京回合反傾銷規範。在本案中，理事會主張東京回合反傾銷規範與GATT相似，並未賦予個人權利，且不得於共同體法院中直接適用。因此，個人不得於共同體法院中援引反傾銷規範以挑戰共同體措施之合法性。針對理事會之主張，歐洲法院指出：本案中Nakajima並非依賴反傾銷規範之直接效力而提出此項訴訟，相反地，其法律論據係共同體措施違反EEC條約規範，以及條約適用所涉及之法治原則。法院重申GATT並不具有直接效力，而因東京回合反傾銷規範係爲解釋GATT之相關反傾銷條文，並釐清其義務以確保執行之

---

[43] *Fediol v. Commission*, para. 22: *It follows that, since Regulation No. 2641/84 entitles the economic agents concerned to rely on the GATT provisions in the complaint which they lodge with the Commission in order to establish the illicit nature of the commercial practices which they consider to have harmed them, those same economic agents are entitled to request the Court to exercise its powers of review over the legality of the Commission's decision applying those provisions.*

一致與確定性。從而，東京回合反傾銷規範亦不具有直接效力。然共同體基本反傾銷規則之目的在於執行上開反傾銷規範，因而，共同體有義務確保該規則之執行符合反傾銷規範，而未牴觸其國際義務。在此狀況下，法院自有義務檢驗共同體之措施是否違反其所欲履行之國際義務。[44]

在WTO成立之後，WTO在歐盟法秩序內之效力，再次成為會員國與理事會爭執之焦點，*Portugal v. Council*一案中，葡萄牙主張共同體與巴基斯坦以及印度所簽訂之紡織品備忘錄違反WTO協定之貨物總協定以及國際紡織品協定，因而起訴請求撤銷批准上開備忘錄之理事會決定，歐洲法院乃再度審視WTO協定在共同體法秩序內之效力。法院首先重述其在*Kupferberg*之見解，認為共同體機構有權在其對外締結之國際協定中規範該協定在共同體法秩序之效力，只有在該協定未就此議題予以規範時，歐洲法院方有權對此表達其見解。同時，依據國際法，一國際協定之締約方均應依誠信原則忠實履行該協定所課予之國際義務，然而，除非該國際協定依其條約目的與規範客體業已明確指明履行方法時，締約方有權依據其內國法制之要求決定履行該義務之適當途徑。針對WTO協定在共同體法秩序內之執行而言，歐洲法院表示：固然WTO協定業已強化防衛措施之實施要件，同時，強化爭端解決機制，然而，WTO協定仍然強調締約方間之談判。尤其在爭端解決機制中，一締約方即使經判認違反WTO協定，並被要求撤銷其違反義務之措施，此時，該締約方仍得藉由協商之方式，給予其他締約方補償藉以維持此違反措施。此時，若歐洲法院以WTO協定為基礎，要求共同體機構撤銷系爭措施，無異剝奪共同體機構在該協定所享有之協商可能，而壓縮共同體機構之迴旋空間（scope of manoeuvre）。[45]因而，法院在結論上認為：WTO協定與GATT相同，其

---

44 *Nakajima v. Council*, paras. 26-32.

45 *Portugal v. Council*, para. 42: *As regards, more particularly, the application of the WTO agreements in the Community legal order, it must be noted that, according to its preamble, the agreement establishing the WTO, including the annexes, is still founded, like GATT 1947, on the principle of negotiations with a view to 'entering into reciprocal and mutually*

目的在於藉由協商之方式取得互惠與互利之安排，與共同體其他對外經貿協定係包含不對稱之權利義務關係或促進第三國與共同體之整合有別，因而WTO協定依其條約目標與規範客體並不屬於共同體法院以之作為基礎進而得審查共同體措施合法性之法律依據。

從以上案例可以發現歐洲法院在*Portugal v. Council*一案中，援引*Kupferberg*之見解，然而，卻做出與*Kupferberg*一案不同之判斷，*Kupferberg*涉及共同體與葡萄牙之自由貿易協定，[46]其性質與GATT或WTO協定相近，均係為藉由貿易障礙之消除，促進自由貿易之遂行，法院在兩個案子中立場之差異，或許可以從多邊與雙邊角度加以解釋，在雙邊情況下，共同體具有較多之談判籌碼，而在多邊架構下，共同體所擁有之談判籌碼較有限，因此，歐洲法院乃強調不應藉由法院直接效力之肯認，限縮共同體機構之迴旋空間。

二、聯繫協定、夥伴與合作協定以及自由貿易協定

在*Bresciani*[47]一案中，Genoa法院向歐洲法院聲請先行裁決，其主要問題之一乃係：歐洲經濟共同體與非洲國家以及馬達加斯加間簽訂之雅溫達公約（Yaoundé Convention）[48]第2(1)條關於：共同體應消除關稅或其他與進口關稅相類似規費（charges having an effect equivalent to customs duties on imports）之規定，是否具有直接效力因而得以賦予共同體人民個

---

advantageous arrangements' and is thus distinguished, from the viewpoint of the Community, from the agreements concluded between the Community and non-member countries which introduce a certain asymmetry of obligations, or create special relations of integration with the Community, such as the agreement which the Court was required to interpret in Kupferberg.

[46] 詳後述。

[47] Case 87/75, *Bresciani v. Amministrazione delle finanze dello Stato*, [1976] ECR 129.

[48] 該公約乃係洛美公約（Lomé Convention）以及其後科多努協定（*Cotonou Agreement*）之前身。

別權利，進而會員國法院應予保障。[49]法院在該案中表示：欲決定系爭公約以及相關條文是否得以賦予爲共同體法所保障之個人權利，應就該公約與相關條文之精神、規範結構及條文用語加以考量。[50]

　　歐洲法院指出：在EEC條約第四部分，條約規範了歐洲經濟共同體之原始會員國與其海外屬地與其殖民地之特殊關係，基於特殊之政經連結，共同體與此類屬地與前殖民地聯繫之目的在於促進此等地區之政經與文化發展。其後，此類海外屬地與前殖民地逐漸獨立，共同體乃與非洲國家與馬達加斯加簽訂雅溫達公約，因而雅溫達公約之目的亦在於強化共同體與此等國家間之聯繫。而由於共同體與會員國同時均係雅溫達公約之締約方，故依據EEC條約第228條之規定，共同體受其拘束。就公約第2(1)條關於關稅或其他與進口關稅相類似規費之消除而言，就此共同體之關稅減讓義務，並不負任何條件；相對於此，非洲國家以及馬達加斯加則依其發展需要或工業化程度，得以調整。就此而言，雅溫達公約之目的並非共同體與聯繫國家承擔相同之權利義務，相反地，雅溫達公約之目的在於促進聯繫國家之發展。雅溫達公約於第2(1)條藉由明文援引共同體條約第13條關於消除關稅或其他與進口關稅相類似規費之規定，足見共同體對於聯繫國家擔負與會員國彼此間相同之義務。而由於系爭「其他與進口關稅相類似規費」之規範明確（precise），且不受任何明示或默示之保留所限制，該規範具有賦予受共同體法所規範之個人權利之效力，因而得以於會員國法院中主張。[51]

　　隨後，共同體對外經貿協定是否具有直接效力之爭議隨即蔓延至雙邊

---

[49]　*Bresciani v. Amministrazione delle finanze dello Stato*, para. 15: *Has immediate effect so as to confer on Community 'citizens' an individual right, which the national courts must protect.*

[50]　*Bresciani v. Amministrazione delle finanze dello Stato*, para. 16: *Regard must be simultaneously paid to the spirit, the general scheme and the wording of the Convention and of the provision concerned.*

[51]　*Bresciani v. Amministrazione delle finanze dello Stato*, paras. 17-26.

協定，包含共同體與希臘、土耳其之聯繫協定以及共同體葡萄牙之自由貿易協定。共同體與希臘之聯繫協定，因條約之目的以及條文之義務明確且特定，因而歐洲法院認為得於會員國法院中直接被援引，作為審查共同體措施之基礎。至於，共同體與土耳其間之聯繫協定，歐洲法院在早期之案例*Demirel*[52]認為該協定之義務過於廣泛而不具有直接效力，然而，之後在一連串之案例中，則多肯認該聯繫協定之直接效力。至於，共同體與葡萄牙之自由貿易協定，法院在*Polydor v. Harlequin*[53]一案與其後之*Kupferberg*採取不同之取徑。在共同體與葡萄牙間之自由貿易協定上，主要爭議在於共同體對外經貿協定若非涵蓋不對稱之權利義務或不具有給予第三國特殊優惠或促進該第三國與共同體間整合之目標者，是否得具有直接效力。

就共同體與希臘間之聯繫協定而言，歐洲法院在*Pabst & Richarz KG v. Hauptzollamt Oldenburg*[54]一案中，肯認共同體與希臘間之聯繫協定關於禁止課予與國內相近產品較高內地稅之規定得具有直接效力，此一條文規範與EEC條約中關於內地稅收禁止歧視之內容幾近一致。在本案中，法院審視條約之目的與性質，並檢驗具體條約實質義務，認為系爭聯繫協定所課予之禁止課徵與國內相近產品較高之內地稅規範，具有直接效力。

法院指出：系爭聯繫協定之目的在為希臘加入共同體預先準備，就此目標乃試圖在共同體與希臘間建立一關稅同盟，在農業政策上予以調和以及開放勞工之自由移動。同時，系爭內地稅之規定，課以一明確且特定之義務，就其實施或效果而言，無需後續執行措施之採認。[55]

---

[52] Case 12/86, *Meryem Demirel v. Stadt Schwäbisch Gmünd* [1987] ECR 03719.

[53] Case 270/80, *Polydor Limited and RSO Records Inc. v. Harlequin Records Shops Limited and Simons Records Limited* [1982] ECR 00329.

[54] Case 17/81, *Pabst & Richarz KG v. Hauptzollamt Oldenburg* [1982] ECR 01331.

[55] *Pabst & Richarz KG v. Hauptzollamt Oldenburg*, para. 27: *It contains a clear and precise obligation which is not subject, in its implementation or effects, to the adoption of any subsequent measure.*

　　相對於共同體與希臘間之聯繫協定，以及共同體與土耳其間之聯繫協定是否具有直接效力，歐洲法院前後則有不同之見解。在*Demirel*一案中主要涉及一居住於德國之土耳其工人，其配偶以觀光簽證方式進入德國，於上開簽證到期後，移民機關命其配偶離境，否則將予以強制驅逐出境。*Demirel*因而提起訴訟，主張上開離境之命令，違反共同體與土耳其於1963年締結之聯繫協定以及1970年之附加議定書關於人員自由移動之條文規範。

　　歐洲法院指出：一個共同體對外經貿協定之條款是否得以直接於會員國法院中適用，應考量其條文用語、條約目的以及條約性質，並應考量系爭條款是否涵蓋清楚、明確且就其執行或效果無需仰賴後續措施之義務。[56]

　　依據此一標準，法院乃檢視系爭共同體與土耳其間之聯繫協定，法院指出：該聯繫協定之目標係藉由共同體之幫助促進土耳其之經濟發展，進而逐漸調和經濟政策以達成關稅同盟之建立。就協定內容與結構而言，該協定主要設定一般原則規範，僅於特定議題方為具體規範。就人員之自由移動部分，該協定課予締約方以漸進方式達成此一目標之義務。就條約目的之達成部分，協定設立一由共同體與土耳其政府共同組成之聯合委員會，得以採認決定以釐清具體執行措施。就此，聯合委員會曾於1980年採認1/80決定，該決定之內容主要規範已經於共同體內部工作之土耳其勞工，其就業條件不得予以進一步限制。然而，就勞工之家庭成員團聚權部分，聯合委員會並未就此有所規範。因此，就協定條文所規範之人員自由移動部分，依據歐洲法院之見解，並未達足夠明確且不附條件而得以於會

---

[56] *Demirel*, para. 14: *A provision in an agreement concluded by the Community with non-member countries must be regarded as being directly applicable when, regard being had to its wording and the purpose and nature of the agreement itself, the provision contains a clear and precise obligation which is not subject, in its implementation or effects, to the adoption of any subsequent measure.*

員國法院直接適用之程度。系爭條款僅課予締約方相互合作以達成協定之
目的，並未直接賦予個人權利。[57]依據上述論據，歐洲法院乃認為共同體
與土耳其間之聯繫協定關於人員自由移動部分，不具有直接效力。就本案
之分析而言，固然歐洲法院關於協定條文義務之分析尚屬妥當，然而，依
據學者Maresceau之觀察，歐洲法院對於協定之目的有一重要之疏漏，亦
即歐洲法院並未提及協定提及土耳其加入共同體之可能，此項疏漏在其後
之判決中予以補正。[58]

在Savas[59]一案中，歐洲法院再度面對共同體與土耳其間之聯繫協定
是否具有直接效力之問題，本案起源於一土耳其夫妻持觀光簽證進入英
國，於簽證失效後持續停留於英國，隨後開始經營紡織品以及速食業。之
後其等向英國移民機關申請合法居留，為英國當局所拒，因此其等乃向英
國法院提出訴訟，英國法院進而向歐洲法院聲請先行裁決。本案之法律爭
議主要涉及兩項：協定本身關於投資之規範以及附加議定書關於投資之規
範。

就一共同體對外經貿協定是否具有直接效力而言，歐洲法院援引其既
有之判例見解認為：一對外經貿協定之條款是否得以直接適用，應考量其
條文用語、條約目的與性質，藉以判斷該條款是否含有明確與特定而就其
執行與效果而言毋需仰賴後續執行措施之義務。[60]

---

[57] *Demirel*, para. 24: *That provision does no more than impose on the contracting parties a general obligation to cooperate in order to achieve the aims of the Agreement and it cannot directly confer on individuals rights which are not already vested in them by other provisions of the Agreement.*

[58] Marc Maresceau, *Bilateral Agreements Concluded by the European Community, in* Collected Courses of the Hague Academy of International Law 125, 269 (Hague Academy of International Law ed., 2004).

[59] Case C-37/98, *The Queen v. Secretary of State for the Home Department, ex parte Abdulnasir Savas* [2000] ECR I-02927 (hereinafter *Savas*).

[60] *Savas*, para. 39: *This Court has consistently held that a provision in an agreement concluded*

　　基於此一標準，法院進一步援引其在*Demirel*之見解，認爲系爭聯繫協定就人員自由移動部分僅提出一般原則，要求締約方以漸進方式促進勞工之自由移動，該條款不得於共同體內直接適用。與此類似地，系爭聯繫協定第13條亦僅要求締約方持續消除投資之障礙，並未提出具體規則用以達成此一目標。同時，協定之共同委員會亦未就此做出任何具體決定以達成協定之目標，因而系爭聯繫協定第13條本身並不得於會員國法院中直接適用。

　　相對於此，附加議定書第41(1)條則設立了一項明確、特定且不附條件之義務，該附加議定書涵蓋一靜止條款（standstill clause），課予締約方於議定書生效後不得就投資議題新增限制措施。[61]此項靜止條款之規範，與共同體條約第53條之規定幾乎一致，而就此禁止新增限制措施之規定，法院則援引其著名之*Costa v. ENEL*[62]見解，認爲此項規範構成政府之不作爲義務，而此明確之禁止條款，就其效果與執行，毋需任何後續執行措施，就其本身即係完整法律規範因而得以在會員國與會員國國民間產生法律效果。[63]根據相同之見解，系爭附加議定書關於投資之規範，具有與

---

by the Community with non-member countries must be regarded as being directly applicable when, having regard to its wording and to the purpose and nature of the agreement itself, the provision contains a clear and precise obligation which is not subject, in its implementation or effects, to the adoption of any subsequent measure.

61　Savas, para. 39: *As its very wording shows, this provision lays down, clearly, precisely and unconditionally, an unequivocal 'standstill' clause, prohibiting the contracting parties from introducing new restrictions on the freedom of establishment as from the date of entry into force of the Additional Protocol.*

62　Case 6/64, *Costa v. ENEL* [1964] ECR 585.

63　Savas, para. 47: *Prohibiting Member States from introducing any new restrictions on the right of nationals of other Member States to establish themselves in their territories, contains an obligation entered into by the Member States which amounts in law to a duty not to act. The Court has held that such an express prohibition, which is neither subject to any conditions, nor, as regards its execution or effect, to the adoption of any other measure, is legally complete in tself and therefore capable of producing direct effects on the relations between Member States and individuals.*

共同體條約相同之規範，課予締約方不得新增投資限制之義務，自應得於
會員國法院中直接適用。在達成此項結論之後，法院並進一步審查系爭聯
繫協定之目的、規範客體以及系爭條款所處之條文脈絡，法院除援引其在
*Demirel*之分析外，強調系爭聯繫協定並欲促進土耳其之加入共同體。在
進行此兩階段分析後，法院達成以下結論：系爭條款包含明確且不附條件
之義務，因而得於會員國法院中直接適用，故得以賦予個人權利。

　　考察歐洲法院在*Demirel*以及*Savas*兩案之立場，吾人可以發現，歐洲
法院在*Savas*中，明確提及土耳其加入共同體之可能。其次，歐洲法院雖
然在兩案中分別否認聯繫協定關於促進人員自由移動以及消除投資限制等
義務之直接適用性。然而，法院在*Savas*則肯認了附加議定書關於靜止條
款之直接適用性。主要原因在於靜止條款係一消極規定，僅課予締約方不
得新增投資限制措施之義務，而協定本身則涵蓋積極義務，要求締約方積
極消除人員自由移動以及投資之限制。就歐洲法院而言，肯認消極義務之
直接適用性遠比積極義務來得簡單。

　　相對於前述聯繫協定之見解，關於共同體與葡萄牙之自由貿易協定之
直接效力則較為曲折，主要困難在於條約目的之解釋，亦即以促進自由貿
易為目標之自由貿易協定是否得以產生直接效力。在*Polydor v. Harlequin*
一案中，法院採取否定立場，該案涉及共同體與葡萄牙間之自由貿易協定
所規範之關稅或具有與關稅相同效力之規費以及數量限制或與數量限制
具有相同效力措施之消除。此項義務與EEC條約之相關規範相同。具體而
言，本案涉及英國之進口商自葡萄牙進口經授權製造之錄音產品，英國之
著作權人是否得以援引工業與商業財產保護之相關法令藉以禁止上開進口
行為。易言之，藉由工業與商業財產保護之執行，是否構成與數量限制具
有相同效果之措施。本案特殊之處在於就共同體案例法而言，歐洲法院認
為不得藉由工業與商業財產之保護限制貨物自由流通。上開保護措施構成
與數量限制具有相同效果之限制措施。因而，本案之爭點乃係：上開內部
市場之案例法見解，是否得以延伸至共同體與葡萄牙所簽訂之自由貿易協
定上。就此，法院採取否定見解。在本案中，法院並未就系爭自由貿易協
定之直接效力加以說明，而係直接就條文之實質規範內容進行討論。依

據法院之見解，EEC條約之目的在於建立與內國市場盡可能接近之單一市場，而共同體與葡萄牙之自由貿易協定主要在於確保共同體與葡萄牙間之競爭條件，並創造共同體與葡萄牙間之自由貿易區。就此而言，條約目的並不相同，同時，在自由貿易協定架構下，共同體所得運用之政策工具遠不如共同體內部市場來的完備。不能僅因共同體與葡萄牙間之自由貿易協定條文規範與EEC條約之條文內容幾乎一致，即將內部市場之案例法學轉化至自由貿易協定脈絡。[64]

就共同體與葡萄牙之自由貿易協定而言，該自由貿易協定之性質是否排除其具有直些效力之可能，此一議題在*Kupferberg*再度被觸及。法院在本案中採取與之前之*Polydor v. Harlequin*不同之分析方式，也達成不同之結論。本案主要涉及該自由貿易協定中禁止締約方藉由內部財政措施對於進口產品與國內相近產品之歧視。在訴訟過程中，德國、丹麥與英國政府均表示，共同體與葡萄牙之協定，因其自由貿易協定之本質，無法產生直接效力。上開會員國政府之論據主要有四：共同體機構對外之權限分配、自由貿易協定執行所需之互惠原則、該協定架構下之爭端解決機制以及其包含防衛措施條款。然而，此等論據並不為法院所採。[65]

法院開宗明義表示：EEC條約不僅賦予共同體對內採取共同措施之權限，同時並賦予共同體對外締結國際協定之權限。因此，共同體與會員國均負有忠實履行共同體對外經貿協定所產生之國際承諾之義務。而依據該對外經貿協定所涉及之議題不同，可能落於共同體權限，亦可能落於會員國權限，此項特徵尤以涉及眾多議題之自由貿易協定中為然。就確保共同體對外經貿協定所產生之國際承諾之忠實履行部分，會員國不僅對於第三國負有義務，同時，對於共同體亦負有義務。因此，法院在之前之案例法中業已表示：共同體對外締結之國際協定，構成共同體法之核心部分。從而，依據此案例法學，該國際協定在共同體法體系之效力，不能因該義務之履行涉及共同體權限，或會員國權限而有所差異。尤其，倘若認為系爭

64　*Polydor v. Harlequin*, paras. 7-22.

65　*Kupferberg*, paras. 15 & 16.

對外經貿協定涉及會員國權限時，該協定在共同體法之效力應由會員國法決定，此項結論將因會員國不同法體系而有所不同，將嚴重影響共同體法之一致性。因此，就此議題，歐洲法院有權確保該國際協定在共同體法體系內之一致適用。[66]

　　法院並進一步就條約之目的與規範結構以及具體條文是否明確且無條件兩個層次加以分析。就前者而言，法院首先指出：共同體對外經貿協定在共同體法之效力，應考量其國際起源。亦即，共同體與第三國有權在系爭協定中規範該協定在締約方內國法秩序之效力。唯有系爭協定未予以規範時，方得由共同體法院加以決定該協定在共同體法秩序之效力。其次，基於誠信原則，締約方均有義務忠實執行系爭協定所衍生之國際義務，然而，締約方亦有權依據其內國法制決定如何執行該國際義務。同時，並不因一締約方法院認為系爭協定得在該締約方內直接適用，另一方法院採取否定之態度即認為違反互惠原則。此外，固然系爭共同體與葡萄牙間之自由貿易協定設有共同委員會以規範協定之執行，然而，並不因此一事實即排除歐洲法院認為該協定得直接適用之可能。況且，歐洲法院就明確且無條件之義務認為具有直接效力亦不妨害該共同委員會權限之行使。最後，固然協定設有防衛條款，然而此一防衛條款僅限於特定情況，且在一般原則下，須經共同委員會考量締約方之意見後方得實施。因此，防衛條款之存在，並不影響協定之禁止課稅之差別待遇此一條款直接在共同體法秩序內直接適用。[67]

　　依據上開結論，法院進一步就系爭條文是否明確且無條件，法院認為此一議題須在條約之目標與目的以及其脈絡下加以檢驗。法院指出：系爭自由貿易協定之目的在於藉由關稅或具有相同效力之規費以及數量限制或與數量限制具有相同效力之限制措施之消除，以建立存在於共同體與葡萄牙間之自由貿易協定。而禁止內地稅之差別待遇，其目的在於避免上開關稅與數量限制之自由化目標為內國財政措施所抵消。因而，系爭協定就禁

---

[66] *Kupferberg*, paras. 11-14.

[67] *Kupferberg*, paras. 17-21.

止課稅之差別待遇課予締約方一明確且無條件之義務。從而，該自由貿易協定之系爭條款得於共同體內直接適用，具有直接效力，同時並賦予個人共同體法院應予以保障之權利。[68]

從前述案例中可以發現，歐洲法院在討論共同體對外經貿協定是否具有直接效力時，一開始係考量該協定是否具有不對稱之權利義務，或促進第三國之發展，或協助第三國與共同體間之整合為依據。與此相對者乃是以相互讓步而達成互惠目標之互利安排。基於此項考量，歐洲法院乃認為雅溫達公約以及歐盟與希臘間之聯繫協定因其特殊目的，具有直接效力。同時，此項見解隨即延伸至共同體與土耳其間之聯繫協定上。然而，歐洲法院關於直接效力之見解，在延伸至共同體與葡萄牙間之自由貿易協定時，則產生若干爭議。會員國政府反對自由貿易協定得於會員國法院中直接適用之論據，實與歐洲法院認為GATT不具有直接效力相近，主要圍繞在互惠以及防衛條款之適用等。然而，有趣的是，歐洲法院雖然否認GATT之直接效力，卻肯認了共同體與葡萄牙間之自由貿易協定的直接效力，此項見解之差異，主要原因可能來自於GATT之多邊性質，以及共同體與葡萄牙間自由貿易協定之雙邊性質。

肆、歐盟對外經貿協定在歐盟法之法律位階

歐盟對外經貿協定之法律位階，簡單而言可以「低於基礎條約，高於次級立法，高於會員內國立法」加以說明。[69]就低於基礎條約部分，主要來自於歐盟運作條約第218(11)條之規定，亦即，若一對外經貿協定與歐盟基礎條約牴觸時，則未經修改基礎條約前，不得簽訂。[70]就高於次級立

---

[68] *Kupferberg*, paras. 23-27.

[69] Koen Lenaerts & Piet Van Nuffel, European Union Law 862-863 (3. ed., 2011). 另須說明者，本文並不討論歐盟對外經貿協定與會員國內國憲法之法位階問題，蓋因此問題涉及歐盟法與內國憲法間法位階衝突之根本問題，故本文並不討論此一爭議問題。

[70] TFEU, art. 218(11): *A Member State, the European Parliament, the Council or the*

法而言，依據法院之長期見解，歐盟對外締結之協定，構成歐盟法之核心部分，同時，依據歐盟條約第3(5)條之規定：歐盟在國際社會之活動，應促進國際法之嚴格遵守以及國際法之發展。[71]因此，依據歐盟法院之向來見解：歐盟對外經貿協定應享有高於歐盟次級立法之法位階。最後，由於歐盟對外經貿協定係歐盟機構之措施，其係歐盟法之核心部分，依據歐盟法之優越性原則，自應優於內國法律。然而，上述見解須進一步檢驗之問題在於：歐盟對外經貿協定之法律位階優於歐盟次級立法或會員國內國立法是否繫諸於直接效力或直接適用性。若一對外經貿協定未賦予個人可資主張之權利，此時，歐盟法院或會員國法院是否仍得以該對外經貿協定為基礎，審查歐盟次級立法或會員國措施之合法性。

一、低於基礎條約

歐盟對外經貿協定在歐盟法秩序內之法律位階，第一個特色乃是該對外經貿協定之法位階低於基礎條約。基於歐洲法院之向來見解，基礎條約乃係歐盟之憲法規範，而歐盟對外經貿協定乃是歐盟機構之措施，因而不得牴觸具有憲法位階之基礎條約法規範。此項見解，在實定法上亦有其條約基礎，此即為前述之歐盟運作條約第218(11)條，此項規範在歐洲經濟共同體成立伊始，即為條約所規範。而依據此一規範基礎，

Commission may obtain the opinion of the Court of Justice as to whether an agreement envisaged is compatible with the Treaties. Where the opinion of the Court is adverse, the agreement envisaged may not enter into force unless it is amended or the Treaties are revised.

[71] TEU, as amended by Lisbon Treaty, art. 3(5): *In its relations with the wider world, the Union shall uphold and promote its values and interests and contribute to the protection of its citizens. It shall contribute to peace, security, the sustainable development of the Earth, solidarity and mutual respect among peoples, free and fair trade, eradication of poverty and the protection of human rights, in particular the rights of the child, as well as to the strict observance and the development of international law, including respect for the principles of the United Nations Charter.*

歐洲法院曾在部分諮詢意見中主張，歐盟對外擬欲簽訂之協定，與歐盟基礎條約相牴觸，因而不得簽訂。其著例有歐洲經濟區協定（European Economic Area Agreement，EEA協定）以及歐洲專利公約（European Patent Convention）。

在1/91諮詢意見中，[72]法院被要求處理共同體與歐洲自由貿易協會（European Free Trade Association, EFTA）間之EEA協定，所欲成立之EEA法院其管轄權之行使是否與歐洲法院對於共同體法之專屬管轄相牴觸。EEA協定係共同體與歐洲自由貿易協會間之自由貿易協定，其目的在於建立一具動能且具同一性之歐洲經濟區，此一歐洲經濟區建立在共同規則以及平等之競爭程度。為達此一目標，EEA協定援引共同體條約關於內部市場之四項自由流通以及競爭法規範。同時，並設立一EEA法院以審理締約方間之爭議，同時，並賦予EFTA成員國向歐洲法院聲請先行裁決之機會。

就EEA協定是否與共同體條約牴觸，歐洲法院表示：共同體依據共同體條約第228條所締結之國際協定，拘束共同體機構以及會員國，此國際協定之條文規範以及其所設立之條約機構所為之措施，構成共同體法之核心部分。同時，此類共同體締結之國際協定係共同體條約第177(1)(b)條所稱之共同體機構之措施，因此，歐洲法院對該協定之解釋具有管轄權，同時，對於會員國未執行該協定所產生之訴訟，歐洲法院亦具有管轄權。然而，共同體所締結之國際協定亦有可能設置法院以解釋協定之條文規範，俾以解決締約方之爭端。在此情形下，協定所設立之法院之決定並拘束包含歐洲法院在內之共同體機構。而上開協定法院所為之決定，在系爭共同體對外經貿協定之條文規範構成共同體法之核心部分之範圍內，歐洲法院在先行裁決程序或直接訴訟中亦受其拘束。[73]

---

[72] Opinion 1/91 of the Court of 14 December 1991, *Draft Agreement* between the Community, on the one hand, and the countries of the European Free Trade Association, on the other, relating to the creation of the European Economic Area, [1991] ECR I-06079.

[73] Opinion 1/91, paras. 37-39.

就此共同體對外締結國際協定，並受國際協定所設立之法院決定拘束之設計，歐洲法院認為：共同體在國際關係上之交往，以及其對外締結國際協定之權限當然產生共同體得藉由國際協定之方式，同意就系爭協定之解釋與執行，受該協定所設立之法院拘束。[74]然而，EEA協定設立EEA法院可能產生之爭議在於，EEA協定之條文內容與共同體條約之四大自由流通以及競爭法規用語完全一致，然而，共同體條約與EEA協定所欲達成之條約目標並不相同，前者欲藉由經濟整合以達成聯盟之目標，後者則僅欲促進會員國間之自由貿易。依據維也納條約法公約第31條之規定：條約應依其用語按其脈絡並參照條約之目的及宗旨所具有之通常意義，善意解釋之。因而，即令EEA協定與共同體條約之用語一致，仍可能產生不同之解釋。[75]再者，EEA法院之組成，部分由歐洲法院法官組成，部分由EFTA成員國組成，歐洲法院法官將面臨在不同的法院適用不同之條約目的解釋相同之條文，就此，將造成同一法官對同一條文依據不同條約目的解釋之困境，從而將減損歐洲法院法官之信譽。[76]此外，共同體條約固然未禁止非會員國向歐洲法院聲請先行裁決之可能，然而，EEA協定授予EFTA國家之法院向歐洲法院聲請先行裁決，但此先行裁決之決定並不拘束該聲請法院。從而亦將影響歐洲法院之權威。[77]最後，EEA法院將就EEA協定所稱之締約方，依據相關情況決定係共同體、會員國，或共同體與會員國，就此而言，EEA法院將決定歐盟與會員國之權限分配。而依據共同體條約之規定，此一權限專屬於歐洲法院，故EEA協定之規範，將減損歐洲法院之權威。[78]依據上述理由，歐洲法院乃認為EEA協定與共同體條約牴觸，不得締結。

---

[74] Opinion 1/91, para. 40.

[75] Opinion 1/91, paras. 14-23.

[76] Opinion 1/91, paras. 47-53.

[77] Opinion 1/91, paras. 54-65.

[78] Opinion 1/91, paras. 30-36.

　　而在1/09[79]諮詢意見中，歐盟法院所面臨之問題在於：藉由歐洲專利公約之簽訂，成立一個歐洲與共同體專利法院以建立單一之專利訴訟制度是否與基礎條約相牴觸。法院在1/09諮詢意見中，回顧其對於歐盟對外參與國際關係以及締結國際協定之案例法學，同時強調歐盟法院在確保歐盟法自主性之角色，以及歐盟法院與會員國法院透過眞誠合作以確保歐盟法一致解釋與有效執行之重要性。而在確保歐盟法之一致解釋與有效執行過程中，會員國法院有權利，同時也負有義務向歐盟法院聲請先行裁決。

　　基於這樣的背景，歐洲法院認爲：歐洲與共同體專利法院係獨立於歐盟法體系之法院，藉由專利法院之設計，會員國將其內國法院關於專利事務之管轄權移轉給專利法院，專利法院將審理涉及歐盟會員國人民之專利訴訟，而此專利法院將具有獨立之國際法人格。然而，該專利法院在專利訴訟之審理過程中，將解釋並適用歐盟條約規範以及相關之歐盟專利次級立法。就此而言，專利法院在專利事務，將取代了會員國法院之角色，會員國法院藉由先行裁決確保涉及專利事務之條約規範與歐盟次級立法將爲專利法院所取代。歐洲專利公約雖然賦予專利法院向歐洲法院聲請先行裁決之權限，但相較於會員國法在未正確解釋與適用歐盟法時，將衍生國家賠償責任（state liability），歐洲專利公約並未規範專利法院未正確解釋與適用歐盟法將產生何責任。也因此，對於個人之保障顯然低於既有會員國法院所提供之司法保障。[80]

　　簡言之，歐洲法院在1/09諮詢意見中強調會員國法院在歐盟司法體系之角色：會員國法院基於眞誠合作原則有權且有義務向歐洲法院聲請先行裁決以確保歐盟法之正確解釋與有效適用。若違反此一義務，並將產生國家賠償責任。歐洲專利公約將專利相關之權限自會員國法院移轉與歐洲與共同體專利法院，如此一來將剝奪會員國法院就系爭事項向歐洲法院聲請先行裁決之權利，同時在專利法院拒絕或錯誤解釋或適用歐盟法規範時，

---

[79]　Opinion 1/09 of the Court (Full Court) of 8 March 2011 on European and Community Patents Court [2011] ECR I-1142.

[80]　Opinion 1/09, paras. 77-89.

並無相關救濟措施，對於個人原本在歐盟法體系下享有之權利保障較為不利，因而歐洲法院乃認為歐洲專利公約關於歐洲與共同體專利法院之設計，與初始條約相牴觸，不得簽訂。

　　藉由上述案例之分析，吾人可以明確得知歐盟對外經貿協定在歐盟法秩序之法律位階係低於歐盟基礎條約法規範，而為了確保歐盟基礎條約法規範之優越性，歐盟基礎條約並創設依諮詢意見之機制，在歐盟簽署一對外經貿協定時，歐盟機構與會員國得向歐盟法院聲請諮詢意見，若歐盟法院認為系爭協定之簽署將違反歐盟基礎條約法時，此時，除非修改條約否則系爭協定不得簽署。此一機制強化了歐盟基礎條約之法優越性。

二、高於歐盟次級立法與會員國立法

　　就歐盟對外經貿協定相對於歐盟次級立法以及會員國立法之法律位階而言，原則上，系爭對外經貿協定應優於歐盟次級立法以及會員國立法（然而此項見解仍然會受到直接適用性、直接效力與可援引性等因素所限縮）。歐盟法院在一系列之案例中表示：歐盟對外經貿協定係歐盟機構所為之措施，因而構成歐盟法體系之核心部分。就此見解，可以區分兩個面向加以討論。其一，係因系爭協定係屬歐盟機構措施且構成歐盟法之核心部分，歐盟法院即得以此為基礎，審查歐盟措施或會員國措施是否違法系爭協定。其次，則為既然此一對外經貿協定屬於歐盟機構之措施，則歐洲法院對此措施之合法性以及其適用與解釋具有管轄權。同時，因為該協定係歐盟措施，依據歐盟法優先性原則，即應優先於會員國立法。

　　在*International Fruit Company*一案中，歐洲法院表示：EEC條約第177(1)條規定歐洲法院有權對共同體機構所為措施之有效性做出先行裁決。就此文義而言，歐洲法院對於系爭先行裁決之管轄權自不應就如何審查共同體措施之有效性有所限制。因此，歐洲法院所得審查共同體措施有效性之基礎應涵蓋國際法。[81]從而，歐洲法院應審查共同體措施是否牴觸國際法規範。就此段論述，歐洲法院就法位階而言，似肯認了歐盟對外

---

[81] *International Fruit Company*, paras. 4-6.

經貿協定相對於歐盟措施應具有較高之法律位階。而此項優越性，如前所述，僅在系爭對外經貿協定具有直接適用性時，方有其適用餘地。依據法院之一貫立場，GATT與WTO協定因係基於互惠原則所為之互利安排，強調談判原則且具有高度彈性，因而不得於歐盟法院或會員國法院中直接適用。而得於歐盟法院或會員國法院中直接適用之對外經貿協定，其適用之途徑可能見諸於具有直接效力之對外經貿協定，或該協定雖不具直接效力，但仍可於訴訟中作為審查歐盟措施合法性之基礎。而就歐盟對外經貿協定優先於會員國法部分，此項法律位階之優越性主要來自於歐盟法之優先性。歐盟法院在著名之 *Costa v. ENEL* 一案中表示：條約所衍生之共同體法，因其獨立之法源基礎與特殊之法律性質，不得因內國立法而排除不予適用。[82]

然而，歐盟對外經貿協定相對於歐盟立法或會員國立法之優先性並非毫無條件，詳言之，系爭對外經貿協定之優越性僅於該經貿協定得以於歐盟法秩序內直接適用方有其存在之空間。而直接適用之前提主要繫諸於系爭協定是否課予締約方明確與特定之義務。若系爭協定僅勾勒一般原則，則不具有直接適用性，從而無從享有較高之法律位階。而就此法律優越性可能從系爭協定賦予個人權利而具有直接效力，個人得於個案訴訟中主張顯現亦可能從該協定雖未賦予個人權利，但仍可為法院援引作為審查歐盟措施或會員國措施之合法性基礎此一事實加以呈現。

伍、歐盟對外經貿協定之派生法在歐盟法之效力

在歐盟對經貿協定在歐盟法秩序之效力課題中，最後一個面臨的議

---

[82] *Costa v. ENEL*, 593: *It follows from all these observations that the law stemming from the treaty, an independent source of law, could not, because of its special and original nature, be overridden by domestic legal provisions, however framed, without being deprived of its character as community law and without the legal basis of the community itself being called into question.*

題在於：系爭協定之派生法（例如協定執行機關所為之決定或其所設之爭端解決機制或仲裁庭所為之裁決），其在歐盟法秩序之效力，就此效力而言，同樣會面臨直接效力以及法律位階問題。此議題同樣可以區分為以互惠原則為基礎所為之互利安排，以及涵蓋不對稱義務而其目的係協助第三國之經濟發展或促進該第三國融入歐盟兩者。

就前者而言，此類之對外經貿協定係以GATT與WTO協定為主軸，依據歐盟法院長期以來之見解均否認其直接效力，而就GATT與WTO協定之衍生法在歐盟法秩序之效力而言，歐盟法院之判例法學主要集中在GATT以及WTO爭端解決機構在歐盟法秩序內是否具有直接效力，就此，法院長期以來亦均採取否定之立場。就後者而言，歐盟法院則將其自 *Kupferberg* 以來關於對外經貿協定是否具有直接效力之見解（亦即一個共同體對外經貿協定之條款是否得以直接於會員國法院中適用，應考量其條文用語，條約目的以及條約性質，並應考量系爭條款是否涵蓋清楚、明確且就其執行或效果無需仰賴後續措施之義務），[83]適用於對外經貿協定之衍生法中。就此類型，歐盟法院之案例法主要涉及協定執行機關所為之決定（尤以歐盟與土耳其之關稅同盟協定之聯繫協定理事會為著例），較少觸及依據雙邊經貿協定所成立之仲裁庭之仲裁判斷，其主要原因乃係在此類涵蓋不對稱義務，而其目的係為協助第三國之經濟發展或促進該第三國融入歐盟之對外經貿協定，協定執行機關所扮演之角色，遠較以解決爭端而成立之仲裁庭高。

最後，由於歐盟法院對於以互惠為基礎之多邊GATT與WTO協定，以及雙邊之自由貿易協定（例如共同體與葡萄牙之自由貿易協定）採取不同之立場，因而在雙邊架構下之自由貿易協定所為之仲裁判斷，歐盟法院是否會採取不同之立場，則係另一值得觀察之重點。

---

[83] *Demirel*, para. 14: *A provision in an agreement concluded by the Community with non-member countries must be regarded as being directly applicable when, regard being had to its wording and the purpose and nature of the agreement itself, the provision contains a clear and precise obligation which is not subject, in its implementation or effects, to the adoption of any subsequent measure.*

一、基於互惠原則之經貿協定衍生法之效力：以GATT／WTO爭端解決機構裁決為例

關於GATT／WTO爭端解決機制所爲之裁決在歐盟法體系之效力而言，歐盟法院長期之見解爲：系爭裁決不具有直接效力。而此一連串之訴訟與共同體在WTO架構下所面臨之最重要爭議恰恰一致，主要涉及荷爾蒙牛肉以及香蕉進口。

在*Atlanta v. European Community*[84]一案中，法院就共同體境內香蕉共同組織之規範是否牴觸貨品貿易總協定，以及WTO爭端解決機構所爲之裁決做出判決。歐洲法院指出：WTO爭端解決機構所爲之裁決與該裁決繫諸之GATT條文具有不可分割之直接聯繫（regard an inescapable and direct link between the WTO decision and the plea of breach of the provisions of GATT）。上開裁決僅於歐洲法院（與第一審法院Court of First Instance，現爲普通法院General Court）認爲系爭條文具有直接效力時，方能加以考量。[85]準此以觀，歐洲法院將WTO爭端解決機制之直接效力與該裁決所依據之WTO協定相關條文連結，若WTO協定之相關條文不具有直接效力，則以該條文爲基礎之WTO爭端解決裁決亦不具有直接效力。此項見解在其後之歐洲法院與第一審法院判決中，一再重述。

在*Biret International SA v. Council*[86]一案中則涉及共同體禁止荷爾蒙使用之相關規範，此項禁止措施亦在WTO爭端解決機制中被宣告違反WTO協定架構下之食品安全檢驗與動植物防疫檢疫措施協定（Agreement on the Application of Sanitary and Phytosanitary Measures，SPS協定）。法國一肉類進口商乃以此提起訴訟，要求共同體賠償其因上開禁止進口之規定所受之損失。第一審法院在本案中援引既往*Kupferberg*以及*Portugal v. Council*等判例，說明共同體與第三國簽署之協定在何條件下具有直接效

---

[84] Case C-104/97 P, *Atlanta AG and others v. European Community* [1999] ECR I-06983.

[85] *Atlanta AG and others v. European Community*, paras. 19-20.

[86] Case T-174/00, *Biret International SA v. Council* [2002] ECR II-00017; Case C-93/02 P, *Biret International SA v. Council* [2003] ECR I-10497.

力，以及依據既有案例法，WTO協定因其性質在共同體法秩序內不具有直接效力。而WTO協定不具有直接效力之本質不因共同體在WTO爭端解決程序中被認定違反SPS協定而有所改變。蓋因爭端解決機構所為之裁決與該裁決所依據之SPS協定條文具有不可切割之直接關係，因此，在系爭條文不具有直接效力之情況下，第一審法院無從就系爭裁決予以考量。[87]

上開見解在*Chiquita*[88]以及*Van Parys*[89]兩個案例中進一步得到釐清。在*Van Parys*中法院強調即使在WTO爭端解決機制確認共同體措施違反WTO協定，且於合理之履行期間屆滿，共同體仍得透過協商之方式與第三國達成兩造均可接受之解決方案。而在*Chiquita*一案中，法院則強調*Nakajima*例外並不適用於共同體欲執行WTO裁決之狀況。

*Van Parys*同樣涉及香蕉共同組織之執行，共同體香蕉規則業經WTO爭端解決機制判認違反WTO規範。歐洲法院重述其關於WTO協定在共同體法秩序內直接效力之立場，認為僅有在共同體欲履行其所擔負之特定WTO義務，或明文援引特定WTO協定條文時，系爭WTO規範方具有直接效力。在本案中，共同體雖然表示其欲遵循爭端解決機構之裁決，但此項遵循之意願並不屬於前述之兩項例外。蓋因如何履行爭端解決機構之裁決，仍繫諸於共同體。更何況在系爭裁決未完全履行之前，共同體仍得與第三國藉由談判之方式達成合意，甚至於在履行無法達成時，並得以賠償之方式為之。歐洲法院並指出共同體為履行該爭端解決機構裁決之諸多努力，例如先後修改共同體香蕉規則，與美國及厄瓜多進行談判等。法院因而認為，在爭端解決機制所賦予之合理履行期間經過後，並不當然意味共

---

[87] *Biret International SA v. Council*, para. 67 [There is an inescapable and direct link between the decision and the plea alleging infringement of the SPS Agreement, and the decision could therefore only be taken into consideration if the Court had found that Agreement to have direct effect in the context of a plea alleging the invalidity of the directives in question].

[88] Case T-19/01, *Chiquita Brands International, Inc. & Others v. Commission* [2005] ECR II-00315.

[89] Case C-377/02, *Léon Van Parys NV v. Belgisch Interventie- en Restitutiebureau (BIRB)* [2005] ECR I-01465.

同體已經窮盡任何以協商方式取得兩造合意之可能。在此情形下，若要求共同體法院以相關WTO規範審查共同體措施之合法性，將妨礙共同體機構依據WTO規範以談判之方式取得兩造均可接受之解決途徑。[90]

　　在*Chiquita*一案中，聲請人援引修正後之理事會EC 2362/98規則之前言，述及WTO相關裁決以及執委會之提案說明與相關官員之政策文件主張，共同體確有執行特定國際義務之意圖。而本案中特定之國際義務，即係WTO協定架構下之禁止歧視原則。然而，此項主張不為法院所採，法院指出：*Nakajima*一案所涉及之反傾銷規則，其目的係為執行烏拉圭回合反傾銷規範課予締約方應就反傾銷措施為相對應之立法。而此案之EC 2362/98規則其目的僅在於關稅之調整，兩者之性質迥異。事實上，系爭規則之目的在於執行WTO爭端解決機構之裁決，而上開裁決所課予共同體之國際義務，係一般義務而非如*Nakajima*一案中將反傾銷規範轉化為內國法之特定義務。[91]

　　綜合前述案例，吾人可以得知，歐盟法院就WTO爭端解決機構所為之裁決在歐盟法體系內是否具有直接效力，採取一貫之否定立場。歐盟法院之論述主要有二：其一為WTO爭端解決機制所為之裁決，與其所依據之WTO協定條文有不可切割之直接關係，若系爭WTO協定條文不具有直接效力，則依據該條文所為之爭端解決機構裁決亦不具有直接效力。至於訴訟當事人欲援引*Nakajima*例外作為WTO爭端解決機構裁決直接效力之基礎，法院對此亦採取否定之立場。法院指出：歐盟為執行WTO爭端解決機構之裁決採認一歐盟措施，與為將東京回合反傾銷規範轉化為共同

---

[90] *Van Parys*, para. 51: *The expiry of that time-limit does not imply that the Community had exhausted the possibilities under the understanding of finding a solution to the dispute between it and the other parties. In those circumstances, to require the Community Courts, merely on the basis that that time-limit has expired, to review the lawfulness of the Community measures concerned in the light of the WTO rules, could have the effect of undermining the Community's position in its attempt to reach a mutually acceptable solution to the dispute in conformity with those rules.*

[91] *Chiquita*, paras. 162-170.

體立法性質有別，前者屬一般義務，後者方為特定義務。因而，欲援引 *Nakajima* 例外以作為WTO爭端解決機構直接效力之依據，亦不為法院所採。

二、不對稱權利義務協定衍生法之效力：以共同體與土耳其聯繫協定理事會協定決定為例

在1963年共同體與土耳其簽訂之聯繫協定架構下，締約方設立一聯繫理事會（Association Council）用以監督協定之執行，並得以一致決之方式細緻化協定義務之執行。就此類協定執行機關之決定，在歐盟法體系之效力而言，同樣會產生與其協定本身相同之問題。亦即，在協定執行機關之決定是否拘束歐盟及其會員國，該決定屬否歐盟法之一部分，在歐盟法體系內是否具有直接效力等。此類決定之主要來源乃係共同體與土耳其之聯繫協定所設立之聯繫理事會。在 *Greece v. Commission*[92] 一案中，歐洲法院表示：共同體與第三國締結之協定構成共同體法之核心部分，而就其協定之執行設有一聯繫理事會，而該理事會所為之決定，就其涉及協定之執行且於協定架構之範圍內，亦構成共同體法之核心部分。[93] 此項見解在 *Sevince*[94] 一案中為法院所重申。

Sevince 涉及以下兩個問題：歐洲法院是就聯繫理事會所為決定之解釋是否具有管轄權；其次，系爭聯繫理事會所為之2/76與1/80決定在共同法秩序內是否具有直接效力問題。該二決定主要目的係為細緻化聯繫協定關於人員自由流動之條約義務，具體規範土耳其勞工在會員國境內所得享有之工作條件。就歐洲法院對協定執行機關所為之決定是否具有管轄權部分，法院重申其在 *Greece v. Commission* 所為之見解，認為共同體對外締結之協定，構成共同體法之核心部分，同時，協定執行機關所為之決定，亦構成共同體法之核心部分。因此，就該決定之執行，歐洲法院有權依

---

[92] Case 30/88, *Greece v. Commission* [1989] ECR 03711.

[93] *Greece v. Commission*, paras. 13-14.

[94] Case C-192/89, *S. Z. Sevince v. Staatssecretaris van Justitie* [1990] ECR I-03461.

據EEC條約第177條之規定給予解釋。法院並援引*Haegeman v. Belgium*以及*Demirel*之案例，認為歐洲法院有義務確保該決定之解釋不因各國之內國法制差異而有所不同，此項目標乃係EEC條約第177條之規範目的。[95] 就第二個問題部分，法院指出：協定執行機關所為之決定是否具有直接效力，其判斷標準與該協定本身相同，依據既有之案例法，共同體對外經貿協定之條款是否得以在共同體內直接適用，應視其條文用語，條約目的與性質本身加以考量，用以判斷該條款是否含有明確與特定之義務，且就其執行或效果而言無需仰賴後續執行措施。此項標準同時適用於協定執行機關所為之決定。[96] 法院進一步以此標準檢驗系爭二決定，認為系爭決定課予一明確、特定且不附條件之條約義務，土耳其國民在共同體會員國工作一定期間後，即得依其意願在共同體內尋求適當工作。同時，該二決定均涵蓋一靜止條款，禁止締約方就業已合法於締約方境內工作之勞工之就業權為新限制措施。基於以上論據，歐洲法院乃認為系爭二決定，得以直接適用於共同體法體系。在達成此項認定之後，歐洲法院並進而檢驗共同體與土耳其之聯繫協定之條約目的，法院認為此一聯繫協定之目標在於促進土耳其之持續與均衡發展，並調和土耳其之經濟政策使之與共同體趨近，進而促進關稅同盟之建立。[97] 法院在結論上乃確認聯繫協定理事會所為之

---

[95] *Sevince*, para. 11: That finding is reinforced by the fact that the function of Article 177 of the EEC Treaty is to ensure the uniform application throughout the Community of all provisions forming part of the Community legal system and to ensure that the interpretation there of does not vary according to the interpretation accorded to them by the various Member States.

[96] *Sevince*, para. 15: The Court held that a provision in an agreement concluded by the Community with non-member countries must be regarded as being directly applicable when, regard being had to its wording and the purpose and nature of the agreement itself, the provision contains a clear and precise obligation which is not subject, in its implementation or effects, to the adoption of any subsequent measure. The same criteria apply in determining whether the provisions of a decision of the Council of Association can have direct effect.

[97] *Sevince*, para. 20.

上開二決定，具有直接效力。

　　其後，歐洲法院在*Taflan-Met*[98]一案中進一步檢驗聯繫協定理事會之3/80號決定是否具有直接效力。該決定之目的在於整合土耳其勞工與其家屬在共同體會員國內所得享有之社會保險。該決定並援引規範共同體社會保險一般原則之理事會EEC 1408/71規則。就此，歐洲法院指出：3/80號決定僅涉及社會保險之一般規則，其所援引之理事會1408/71規則之執行，實際上仍有賴理事會EEC 574/72規則加以補充。事實上，在聯繫協定理事會採認3/80號決定之後，執委會並提出一份立法草案，其中涵蓋與理事會EEC 574/72規則相近之條文用以執行上開決定，然而，此份提案尚未經理事會通過。因而系爭決定之執行有賴於共同體之執行措施，在相關執行措施未臻完備前，該決定不得於共同體法秩序內直接適用。[99]

　　依據前述歐盟法院之判決，吾人可以得知，就協定執行機關所為之決定在歐盟法體系之效力而言，與協定本身相同，均構成歐盟法體系之核心部分。至於該執行機關所為之決定是否具有直接效力，判別標準亦與協定本身相同，亦即是否涵蓋明確、特定且不附條件之義務，經考量協定目的、規範結構與條文用語後，在執行或效果上是否不需後續執行措施。依上述二案例所涉及之三個決定而言，與前述共同體與土耳其間之聯繫協定涉及之案例相似。就一協定執行機關所為之決定是否具有直接效力一節，除一般原則與具體義務之區別具有關鍵性影響外，在消極要求會員國不得就人員之自由移動部分為新的限制措施，就此部分較容易被解釋為具有直接效力。然而，若是積極之調和性措施，則因具體細緻規範以進行調和，較難被認為具有直接效力。

---

[98] Case C-277/94, *Z. Taflan-Met, S. Altun-Baser, E. Andal-Bugdayci v. Bestuur van de Sociale Verzekeringsbank and O. Akol v. Bestuur van de Nieuwe Algemene Bedrijfsvereniging* [1996] ECR I-04085.

[99] *Taflan-Met*, paras. 26-37.

三、以互惠為基礎之雙邊經貿協定

依據前述分析，吾人可以發現在多邊之GATT與WTO架構下，歐盟法院認為該協定架構下之爭端解決機構之裁決並不具直接效力，其主要論據在於GATT與WTO協定不具直接效力，而依據不具直接效力之協定所為之裁決，在歐盟法體系內原則上亦不具直接效力。相對於此，歐盟法院認為涵蓋不對稱權利義務之雙邊經貿協定，例如聯繫協定與夥伴與合作協定等，其協定執行機關所為之決定是否具有直接效力，其判別標準與協定本身是否具有直接效力之判別標準相同。就上開二經貿協定而言，有兩個問題需進一步釐清，首先是GATT與WTO協定所設之協定執行機關（例如貨品、服務以及與貿易有關之智慧財產理事會，乃至於技術障礙委員會以及動植物防疫檢疫委員會）所為之決定是否具有直接效力。就此問題而言，實務上並未有直接司法案例，其主要原因可能有二：首先就協定本身，依據歐盟法院之見解並不具有直接效力，而協定執行機關所為之決定，就其效力而言屬軟法性質之建議或方針，不具嚴格法律拘束力。因此，協定執行機關所為之決定，更難被認為具有直接效力。第二個可能理由為，若爭端解決機構所為之拘束性裁決已不被認為具有直接效力，則不具法拘束力之裁定執行機關之決定，更難被肯認其直接效力，因此，在實務上並未有會員國或個人以協定執行機關之決定為基礎，主張相關歐盟措施違反GATT與WTO之衍生法。

就包含不對稱權利義務之對外經貿協定而言，既有之歐盟法院案例主要集中在協定執行機關之決定，較少觸及協定架構下之爭端解決機制所為之裁決。其主要理由可能有二：首先，此類不對稱權利義務之歐盟對外經貿協定，其目的在於係協助第三國之經濟發展或促進該第三國融入歐盟兩者，因此，協定執行機關（例如聯繫協定理事會）所扮演之角色遠大於爭端解決機制，蓋因此類經貿協定之主要運作模式乃係透過相關理事會之決定，藉以協調歐盟之發展協助以促進第三國之經濟發展，或調和相關法律以促進第三國融入歐盟。因而協定架構下之爭端解決機制所扮演之角色遠不如協定執行機關，故在歐盟法秩序內不論是個人或會員國較少以爭端解

決機制之裁決為基礎，挑戰歐盟次級立法之機會。其次，若政治部門協定
執行機關之決定被歐盟法院認為具有直接效力，則司法部門爭端解決機制
之裁決，應更易肯認其直接效力，此或許亦係相關爭議不致產生之原因。
不過，應再次說明者係，不論是協定執行機關所為之決定或爭端解決機制
所為之裁決是否具有直接效力，其判斷標準仍與協定本身相同，亦即，該
決定或裁決是否涵蓋明確、特定且不附條件之義務，經考量協定目的、規
範結構與條文用語後，在執行或效果上是否不需後續執行措施。

　　除了上開議題之外，在討論歐盟對外經貿協定之衍生法在歐盟法秩序
之效力，最後一個需加以討論的議題在於：以互惠為基礎之雙邊經貿協定
其衍生法在歐盟法秩序之效力。這個議題的重要性在於就多邊之互惠經貿
協定GATT與WTO協定而言，歐盟法院向來之判例法學認為均否定其直接
效力，僅有在符合*Nakajima*及*Fediol*例外之情形方具有直接效力。而在涵
蓋不對稱權利義務而其目的在於協助第三國之經濟發展或促進該第三國融
入歐盟之經貿協定時，歐盟法院以判別協定本身是否具有直接效力之判別
標準，適用於協定之衍生法中。然而，在共同體與葡萄牙之自由貿易協定
中，歐洲法院一項難題亦即不屬於包含不對稱權利義務之經貿協定，而係
以互惠為基礎之互利安排，究竟應適用GATT與WTO協定之類型，抑或雙
邊聯繫協定或夥伴與合作協定之類型。法院在結論上仍肯認該自由貿易協
定相關條文之直接效力，而其判別標準為一個共同體對外經貿協定之條款
是否得以直接於會員國法院中適用，應考量其條文用語，條約目的以及條
約性質，並應考量系爭條款是否涵蓋清楚、明確且就其執行或效果無需仰
賴後續措施之義務。

　　因而，吾人需要進一步討論：雙邊之自由貿易協定之協定執行機關
所為之決定，乃至於爭端解決機構所為之裁決是否得具有直接效力。就歐
盟法院之既有判例法而言，似未產生相關爭議，其可能原因似為：就協定
執行機關所為之決定，多屬軟法性質，因而，較難解釋為課以歐盟清楚、
明確且就其執行或效果無需仰賴後續措施之義務。同時間，即令雙邊自由
貿易協定設有仲裁之機制，但歐盟與其貿易夥伴多選擇藉由多邊架構之
WTO爭端解決機制解決其基於多邊或雙邊之協定所產生之權利義務。因

而亦未見有雙邊之自由貿易協定所設之爭端解決機制之裁決是否在歐盟法秩序是否具有直接效力之具體個案爭議產生。

　　倘若歐盟法院被要求就自由貿易協定之協定執行機關所為之決定或爭端解決機構之裁決是否具有直接效力時，就此問題可能將回到歐盟法院之既有判例法學加以檢視。其一是，協定執行機關之決定是否具有直接效力，依據歐盟法院在*Sevince*之見解：協定執行機關所為之決定是否具有直接效力，其判斷標準與該協定本身相同，依據既有之案例法，共同體對外經貿協定之條款是否得以在共同體內直接適用，應視其條文用語，條約目的與性質本身加以考量，用以判斷該條款是否含有明確與特定之義務，且就其執行或效果而言無需仰賴後續執行措施。此項標準同時適用於協定執行機關所為之決定。而由於歐盟法院並未排除非以協助第三國之經濟發展或促進該第三國融入歐盟之經貿協定具有直接效力之可能，因此，歐盟對外所簽訂之自由貿易協定之協定執行機關之決定是否具有直接效力，亦應採取前述*Sevince*案例相同之判準。

　　至於上開自由貿易協定下之爭端解決機制之裁決，是否具有直接效力一節，歐洲法院涉及WTO爭端解決機構裁決是否具有直接效力之相關判決應有其參考價值。詳言之，自由貿易協定所設之爭端解決機制所為之裁決與該裁決繫諸之自由貿易協定條文具有不可分割之直接聯繫，亦即，僅在系爭協定條文具有直接效力時，依據該條文所為之裁決方具有直接效力。而系爭協定條文是否具有直接效力，則再度回到「依據其條文用語，條約目的與性質本身加以考量，用以判斷該條款是否含有明確與特定之義務，且就其執行或效果而言無需仰賴後續執行措施」此一判別標準。

陸、結論

　　歐盟對外經貿協定在歐盟法之效力，抽象而言，係歐盟法在會員國法體系效力之反射。歐盟法院在著名之*Van Gend en Loos*一案中指出：共同體法構成一國際法之新法體系，其主體除涵蓋國家之外亦包含個人。因

而揭櫫了著名之歐盟法之直接效力原則。基於此創新之態度，歐盟法院對於歐盟對外經貿協定在歐盟法體系之效力，亦採取較為開放之立場（或者說，較為趨近一元論之立場）。歐盟法院向來之見解中均強調：歐盟對外經貿協定構成歐盟法之核心部分。基於此性質，歐盟法院對該協定之解釋、執行與適用具有管轄權。此項管轄權亦擴及先行裁決程序與撤銷訴訟程序。

在討論歐盟對外經貿協定在歐盟法秩序之效力，概念上主要涉及協定對於歐盟之拘束力、協定之直接適用性、直接效力與可援引性。就具體操作而言，將涉及GATT此一未經共同體簽署之多邊協定是否拘束共同體。歐盟法院依據會員國通知GATT祕書處之聲明以及會員國之原始條約義務不因加入共同體而有所影響，因而肯認共同體為GATT所拘束，此乃條約未經第三國同意，不為該國創造權利或義務之例外。然而，除了GATT之外，歐盟法院並未肯認其他國際公約具有相同之拘束力。此項立場或可因為EEC條約所欲建立之共同市場與關稅同盟乃係GATT第24條所規範之故。

除了拘束力之外，歐盟對外經貿協定在歐盟法之效力可以區分為直接效力以及法律位階等議題。而除了協定本身之外，上開議題之討論並可延伸至協定執行機關或爭端解決機制所為之派生法在歐盟法體系之效力。同時，協定並可區分為多邊協定與雙邊協定。就協定是否具有直接效力而言，法院長期之判準在於：系爭協定之目的是否在於藉由協商之方式取得互惠與互利之安排，抑或藉由不對稱之權利義務關係或促進第三國與共同體之整合。具體而言，一個歐盟對外經貿協定之條款是否得以直接於會員國法院中適用，應考量其條文用語，條約目的以及條約性質，並應考量系爭條款是否涵蓋清楚、明確且就其執行或效果無需仰賴後續措施之義務。依據上述標準，歐盟法院之長期見解係：GATT與WTO協定不具有直接效力，同時，也不構成歐盟法院得以藉之審查歐盟措施合法性之基礎。此項原則僅在歐盟為執行特定GATT／WTO之義務，或共同體明白援引GATT／WTO之條文時，歐洲法院方得以GATT／WTO審查共同體措施之合法性。相對於GATT／WTO，歐盟法院在多數場合肯認歐盟與第三國

間之聯繫協定乃至於自由貿易協定之直接效力。就聯繫協定而言，其主要論據係該協定含有不對稱之權利義務，其目的在於促進第三國之發展，或協助第三國與共同體間之整合。然此項見解並不妨礙歐盟法院將直接效力之見解延伸至自由貿易協定。此項見解相對於GATT／WTO直接效力之缺乏，或許是因為前者屬雙邊協定，後者屬多邊協定之性質使然。

　　其次，就歐盟對外經貿協定在歐盟法秩序之法位階而言，法院長期之立場為：低於歐盟基礎條約法規範，但高於歐盟次級立法以及會員國法。就前者而言，並無例外，同時，創始條約並設立一諮詢意見之機制，確保基礎條約法規範之優越性。就後者而言，優於會員國法此項特質乃是源自於歐盟對外經貿協定係屬歐盟措施之本質，因而依據歐盟法優越性之原則，其法律位階優於會員國法。然而，就此優於歐盟次級立法與會員國法之法律位階須符合一定限制，亦即該協定必須得以直接適用於歐盟法體系。除該協定賦予個人權利外，亦有可能在撤銷訴訟時作為審查歐盟次級立法之基礎。然而，就不具直接效力之歐盟對外經貿協定是否得以作為審查歐盟次級立法合法性之基礎而言，歐盟法院對於此項議題之見解似乎仍未臻統一或明確。

　　而就WTO爭端解決機構之裁決或協定執行機關之決定是否具有直接效力而言，法院就前者長期表示否定之立場，後者則視決定之性質與規範內容而定。就WTO爭端解決機構之裁決而言，歐盟法院認為：WTO爭端解決機制所為之裁決，與其所依據之WTO協定條文有不可切割之直接關係，若系爭WTO協定條文不具有直接效力，則依據該條文所為之爭端解決機構裁決亦不具有直接效力。而*Nakajima*例外是否適用於WTO爭端解決機構之裁決，法院採取否定之立場，法院指出：WTO爭端解決機構所課予之義務，係一般義務而非如*Nakajima*一案中將反傾銷規範轉化為內國法之特定義務，因而訴訟當事人亦無從援引*Nakajima*例外，主張系爭裁決具有直接效力。而就其他協定執行機關之決定而言，法院之長期見解為：該執行機關所為決定與協定本身相同，均構成歐盟法體系之核心部分。在判別該執行機關所為之決定是否具有直接效力一節，其判別標準亦與協定本身相同，亦即是否涵蓋明確、特定且不附條件之義務，經考量協定目

的、規範結構與條文用語後，在執行或效果上是否不需後續執行措施。

　　綜合以上說明，本文藉由一連串案例法之分析，試圖釐清歐盟對外經貿協定在歐盟法秩序之效力，在協定類型上主要可以區分為多邊與雙邊，而就具體議題而言則涉及該協定之拘束力、直接效力與法律位階。同時並涵蓋系爭協定所建置之爭端解決機構以及協定執行機關所為之裁決或決定在歐盟法體系之效力。希望藉由本研究，吾人對於歐盟法與與國際法秩序間得以有進一步之認識。

Part 2
歐盟與國際法秩序

Chapter 4 史特勞斯堡之路：歐盟加入歐洲人權公約之法律問題

壹、前言

　　二次大戰後，歐洲整合過程主要沿著兩條主要脈絡進行，其一乃係在歐洲理事會（Council of Europe）架構下之歐洲人權與基本自由公約（Convention for the Protection of Human Rights and Fundamental Freedoms，以下簡稱歐洲人權公約或公約）以及歐洲人權法院（European Court of Human Rights, ECHR）；其二則是以歐洲經濟共同體（European Economic Community, EEC）以及其後之歐洲共同體（European Communities，以下簡稱共同體）與歐洲聯盟（European Union，以下簡稱歐盟或聯盟）及其歐盟法院（Court of Justice of the European Union, CJEU，原稱歐洲法院，European Court of Justice, ECJ）[1]為主軸。歐盟加入歐洲人權公約之倡議早於共同體時期即有所聞，[2]其目的不一。一方面在共同體創立初期，歐洲法院之人權保障標準未若會員國法院（尤其德

---

[1]　由於歐盟正式取代歐洲共同體，歐洲法院更名為歐盟法院，本文在涉及一般性概念時，將使用歐盟與歐盟法院用語，但在若干歷史脈絡下，仍援用原歐洲共同體或歐洲法院之字眼。

[2]　Memorandum on the accession of the European Communities to the Convention for the Protection of Human Rights and Fundamental Freedoms, COM (79) 210, final, 2 May 1979; Communication on Community Accession to the European Convention for the Protection of Human Rights and Fundamental Freedoms and some of its Protocols, Brussels, SEC (90) 2087, final, 19 November 1990. 關於歐盟加入歐洲人權公約之歷史脈絡，請參見Simone White, *The EU's Accession to the Convention on Human Rights: A New Era of Closer Cooperation between the Council of Europe and EU*, 1 N.J.E.C.L. 433 (2010)。

國聯邦憲法法院）之要求，因此遂有藉由加入歐洲人權公約用以確保共同體措施符合人權保障要求之主張。此項主張在歐洲法院逐漸藉由案例法學（case-laws）強化其人權保障，以及歐洲基本權利憲章（Charter of Fundamental Rights of the European Union）之通過[3]並取得基礎條約之拘束力後逐漸失去其重要性。[4]而由於歐洲經濟整合之擴大，歐盟權限之大量擴張，歐盟治理之正當性危機加劇，因而遂有藉由歐盟加入歐洲人權公約以強化其歐盟治理正當性之主張。此項主張自1990年代末至21世紀初逐漸增溫，然而，此項主張隨著歐洲法院在其2/94諮詢意見中[5]表示：共同體基礎條約法規範並未提供適當之條約基礎，以供共同體加入歐洲人權公約，未經條約修正，共同體不得加入歐洲人權公約。此項諮詢意見排除了不經條約修正而加入歐洲人權公約之可能。

　　基於歐洲法院上開之諮詢意見，在憲法條約即有要求歐盟加入歐洲人權公約之芻議，此一條文雖因憲法條約經荷蘭與法國之公民投票否決而胎死腹中，相同規範要求仍保留於里斯本條約中。隨著里斯本條約之生效，歐盟基礎條約正式為歐盟加入歐洲人權公約提供法律基礎；同時，此條文不僅提供了歐盟加入歐洲人權公約之法律基礎，並課予歐盟加入歐洲人權公約之法律義務。然而，歐盟基礎條約之修正，並未解決所有歐盟加入歐洲人權公約之法律障礙。就歐洲人權公約而言，該公約並未提供歐盟加入之法律基礎。公約本身亦需修正，提供區域經濟整合組織（Regional Economic Integration Organization, REIO）加入該公約之法律基礎。此項法律障礙，在歐洲理事會通過歐洲人權公約第14號議定書之後[6]予以排除。

---

[3]　OJ 2000/C 364/01, 18 December 2000.

[4]　TEU, Art. 6(1): *The Union recognises the rights, freedoms and principles set out in the Charter of Fundamental Rights of the European Union of 7 December 2000, as adapted at Strasbourg, on 12 December 2007, which shall have the same legal value as the Treaties.*

[5]　Opinion 2/94, Opinion of the Court of 28 March 1996, Accession by the Community to the European Convention for the Protection of Human Rights and Fundamental Freedoms [1996] ECR I-01759 (hereinafter *Opinion 2/94*).

[6]　Protocol No. 14 to the Convention for the Protection of Human Rights and Fundamental

隨後，歐盟與歐洲人權公約之締約方正式展開加入公約之談判，歷經多次協商，歐盟加入公約之議定書草案終於在2013年6月10日出爐，[7]經聽取締約方與公共意見後，確認最終文本，此項文本並須由歐盟與歐洲人權公約之各締約方批准，歐盟加入歐洲人權公約之程序方告完成。然而，由於聯盟加入公約勢必對於歐盟憲政體系有根本性之影響，此項議定書草案經執委會聲請歐盟法院諮詢意見，歐盟法院在2/13諮詢意見[8]中認爲協定草案牴觸歐盟基礎條約法規範，本項判決內容，勢必將影響日後聯盟加入公約之重新協商內容。

歐盟加入歐洲人權公約將衍生諸多問題，首先，歐盟法院之判決是否應受歐洲人權法院審查，若其答案爲肯定，歐洲人權法院在*Bosphorus*[9]所爲之基於相當保障（equivalence of protection）給予歐洲法院之特殊待遇，是否有所動搖？其次，若一訴訟涉及歐盟措施，而該措施並由會員國予以執行時，此時，是否有共同被告之適用，歐盟與會員國之責任將如何分擔？第三，歐洲法院在著名之*Van Gend en Loos*[10]一案中表示：共同體法構成一國際法之新法秩序，就此法秩序之利益而言，國家業已限縮其主權權利，且在此法秩序中，主體並不僅限於會員國，並及於其國民。歐盟加入歐洲人權公約後，是否影響歐盟之自主性（autonomy）？

基於以上觀察，本文擬探討歐盟加入歐洲人權公約所衍生之相關法

Freedoms, amending the control system of the Convention, CETS No. 194.

[7] 47+1 (2013) 008rev2, Fifth Negotiation Meeting between the CDDH Ad Hoc Negotiation Group and the European Commission on the Accession of the European Union to the European Convention on Human Rights, Final Report to the CDDH.

[8] Opinion 2/13, Opinion of the Court (Full Court) of 18 December 2014 on the *Draft Agreement* on the Accession of the European Union to the European Convention for the Protection of Human Rights and Fundamental Freedoms, not yet reported (hereinafter *Opinion 2/13*).

[9] *Bosphorus v. Ireland*, App No 45036/98, ECHR 2005-VI, 30 June 2005 (hereinafter *Bosphorus v. Ireland*).

[10] Case 26/62, *Van Gend en Loos*, ECR, English special edition, p. 1.

律問題，在本前言之後，第貳節與第參節將分別介紹里斯本條約前與里斯本條約後之發展。就里斯本條約前之發展而言，本文首先將討論歐盟加入歐洲人權公約之目的，其次則討論歐盟加入公約之法律障礙，進而回顧在歐盟加入公約前業已產生之歐盟法與歐洲人權公約之（潛在）衝突，最後則介紹上開法律障礙如何藉由憲法條約與里斯本條約之修正加以解決。就里斯本條約後之發展而言，本文首先分析在歐洲人權公約方面，歐盟加入公約之法律障礙如何藉由公約第14號議定書加以排除；其次，則介紹歐盟加入歐洲人權公約之相關談判過程。同時，由於聯盟加入公約之談判，除執委會與公約締約方參與之外，歐盟法院與歐洲人權法院之院長亦藉由其例行性會晤討論此一議題，因而，第參節並探討歐盟法院與歐洲人權法院兩院院長於2011年1月17日所發表之共同聲明，並接續討論歐盟加入歐洲人權公約協定草案之內容，其中涵蓋對於公約因聯盟加入之相對應修正以及聯盟加入公約後所享有之權利義務。在討論完協定草案之後，本文於第肆節將依據2/13諮詢意見就歐盟加入歐洲人權公約之重要法律問題，分別依據總辯官（Advocate General）、歐盟法院之意見加以論述及分析，主要涉及下列議題：歐盟法之自主性、公約相當人權保障與公約合致性（compatibility）之推定、歐盟法體系之司法救濟以及歐盟加入歐洲人權公約後歐盟基本權利憲章所保障之權利與歐洲人權公約所保障之權利、兩者間之關係，以及歐盟加入歐洲人權公約對於共同安全與外交政策之影響。最後，本文在第伍節結論部分，除簡述本文之研究發現與主要論點之外，並展望歐盟法與歐洲人權公約法兩者可能之交互影響。

　　而在進入正式分析之前，本文就歐盟加入歐洲人權公約之歷史發展，製作大事紀如表4-1，以利讀者理解。

表4-1　歐盟加入歐洲人權法院大事紀

1979年	執委會發布Memorandum on the accession of the European Communities to the Convention for the Protection of Human Rights and Fundamental Freedoms。
1990年	執委會發布Communication on Community Accession to the European Convention for the Protection of Human Rights and Fundamental Freedoms and some of its Protocols。
1993年11月1日	馬斯垂克條約生效，歐盟成立。
1996年	2/94諮詢意見公布，歐盟法院認為在條約未修正之前提下，歐盟不得加入歐洲人權公約。
1999年	歐洲人權法院*Matthews v. United Kingdom*判決公布。
2004年5月1日	歐盟東擴，新增中東歐10個會員國。
2005年	歐洲人權法院*Bosphorus v. Ireland*判決公布。
2009年12月1日	里斯本條約生效，歐盟條約課予歐盟加入歐洲人權公約之義務。
2010年6月1日	歐洲人權公約第14號議定書生效，提供歐盟加入歐洲人權公約之法律基礎。
2010年6月4日	理事會授與歐盟與歐洲人權公約聯盟加入公約之事項談判之授權。
2011年1月17日	歐盟法院與歐洲人權法院院長發表聯合聲明。
2013年6月10日	歐盟加入歐洲人權公約協定草案出爐。
2014年12月18日	歐盟法院公布2/13諮詢意見，認為加入公約協定草案，與歐盟條約牴觸。

資料來源：作者製表。

貳、里斯本條約前之發展

一、歐盟加入歐洲人權公約目的

（一）強化歐盟之人權保障

　　共同體加入歐洲人權公約之討論，一開始係導源於德國聯邦憲法法院 *Solange I*[11]之判決，該案中，德國聯邦憲法法院強調：若共同體法體系未提供與德國基本法相同之人權保障，德國聯邦憲法法院將審查共同體措施之違憲性。基於此挑戰，共同體法體系乃逐漸強化其人權保障，依據學者 Jacqué之觀察，共同體對此判決之回應，共有三種途徑，分別係片面藉由自主立法以強化其人權保障；藉由歐洲法院將歐洲人權法院之案例法以及公約權利併入共同體法體系；第三則是正式加入歐洲人權公約。同時，此三途徑並不互相排斥。

　　就第一項途徑而言，共同體機構1977年採認基本權宣言（Joint Declaration on Fundamental Rights），並於2000年簽署歐盟基本權利憲章，同時，於憲法條約與里斯本條約賦予憲章與基礎條約相同之法律地位。就第二項途徑而言，歐盟法院逐漸採納歐洲人權法院之案例法學，給予歐洲人權公約在共同體法體系內特殊重要性（special significance）之法律地位。就共同體是否得／應加入歐洲人權公約而言，此項議題亦多次在共同體內部討論。事實上隨著歐洲整合之深化與廣化，以及歐盟法院逐漸將歐洲人權法院之判例見解與公約權利整合進共同體法體系，反而逐漸強化共同體應加入歐洲人權公約之必要性。其原因之一乃係隨著歐洲整合之擴大，會員國人民原本得以向歐洲人權法院起訴之權限，隨著會員國權限移轉至共同體，會員國人民反而無從向歐洲人權法院聲請救濟。其二，就會員國規範而言，有極高之比例係為執行共同體之義務，若會員國人民向歐洲人權法院聲請救濟，將導致歐洲人權法院間接審查共同體措施合法性

---

[11] Judgment of 29 May 1974, *Re Internationale Handelsgesellschaft mbH v Einfuhr* – und Vorratsstelle für Getreide und Futtermittel (Solange I), BVerfG 37, 271.

之現象。[12]而就憲法層次而言，共同體在基礎條約未經修正前，是否有權加入歐洲人權公約，非無疑義，此乃導致2/94諮詢意見之產生。

（二）強化歐盟治理之正當性基礎

歐盟加入歐洲人權公約之第二個動機乃是希望藉由憲法化（constitutionalisation）之方式強化歐盟治理之正當性基礎，而憲法化重要途徑之一乃係藉由人權法院之司法保障方式爲之。隨著歐洲整合之深化與廣化，歐盟措施對於會員國人民之影響既深且遠。然而，歐盟措施之正當性受到嚴重質疑，其中原因之一乃係歐洲議會在歐盟決策過程中扮演之角色仍相當有限。同時，歐盟政策形成不夠透明，且遠離會員國國民，因而，歐盟治理呈現嚴重之正當性危機。就此正當性危機之治癒，依據學者Eriksen及Fossum之研究，解決歐盟治理之正當性危機有三種途徑，第一係強調管制效率，亦即將歐洲整合之重心回歸經濟整合，因歐盟治理對經濟問題之解決相對具有效率，因而得以取得其正當性基礎；第二則是強化歐洲公民之集體自我認同，將歐盟轉化爲一價值之共同體，在此情境下，強調歐洲認同以及歐洲傳統，並建立歐洲人民（demos）之概念。第三個取向則是憲法化之取向，將歐盟轉化成爲一個以權利爲基礎之後主權國家之民主政治聯盟，個人並賦予政治與公民權利得以在立法過程中成爲共同立法者（co-authors of the law）。[13]就憲法化以強化歐盟治理之正當性途徑而言，加入歐洲人權公約乃係一重要之途徑。除聯合國身

---

[12] Jean Paul Jacqué, *The Accession of the European Union to the European Convention on Human Rights and Fundamental Freedoms,* 48 Comm. Mkt. L. Rev. 995, 998-1002 (2001). 中文文獻請參照，廖福特，歐盟與歐洲人權公約，月旦法學雜誌，62期，頁87-98（2000年）。吳志光，多層次人權保障機制的競合與合作——歐洲聯盟加入歐洲人權公約爲核心，憲政時代，38卷4期，頁449-487（2013年）。吳志光，歐洲聯盟加入歐洲人權公約的意義與影響——以歐洲人權法院面對之問題爲核心，台灣法學雜誌，195期，頁67-79（2012年）。吳志光，歐盟法院的訴訟類型，收於：洪德欽、陳淳文編，歐盟法之基礎原則與實務發展（上），臺北：臺大出版中心，頁151-212（2015年）。

[13] Erik Oddvar Eriksen & John Erik Fossum, *Europe in Search of Legitimacy: Strategies of Legitimation Assessed,* 25 Int'l Pol. Sci. Rev. 435, 436 (2004).

心障礙者公約外（United Nations Convention on the Rights of Persons with Disabilities），[14]歐盟並未簽署任何其他人權公約，若歐盟加入歐洲人權公約，歐盟措施將受到歐洲人權法院之外部控制，進而確保歐盟措施之合法性，從而強化歐盟治理之正當性並提升歐盟之信譽。[15]亦即，歐盟加入歐洲人權公約具有象徵性意涵，亦具有實際之法律效益。一方面歐盟加入歐洲人權公約，象徵了歐盟強化人權保障之決心，同時，意味歐盟措施將受到外部司法控制，此一作為將強化歐盟在國際人權領域之信譽。就具體法律效益而言，個人對於歐盟措施將得向歐洲人權法院提出訴訟，對於歐盟法體系之司法保障亦往前邁出一步。[16]

二、歐盟加入歐洲人權公約之法律障礙

在2/94諮詢意見中，歐洲法院對於歐洲共同體是否有權加入歐洲人權公約做出否定解釋，該案主要涉及兩項重要爭點：其一是共同體是否有權加入歐洲人權公約；其二則是若加入歐洲人權公約，是否損及歐洲法院之管轄權。歐洲法院認為就第二項問題而言，在未有足夠資訊之前提下，無法做出解釋。而就第一項問題而言，雖然理事會並未正式授權執委會就加入公約為相關協商，更無相關加入公約議定書之存在，然而，此項事實並

---

[14] Council Decision 2010/48/EC of 26 November 2009 concerning the conclusion, by the European Community, of the United Nations Convention on the Rights of Persons with Disabilities, OJ L 23/23, 27 January 2010. 關於歐盟加入其他國際人權公約之可能，請參照Bruno De Witte, *Beyond the Accession Agreement: Five Items for the European Union's Human Rights Agenda*, in The EU Accession to the ECHR 353-354 (Vasiliki Kosta, Nikos Skoutaris and Vassilis P. Tzevelekos eds., 2014)。

[15] Tobias Lock, *Walking on a Tightrope: The Draft ECHR Accession Agreement and the Autonomy of the EU Legal Order*, 48 Comm. Mkt. L. Rev. 1025, 1026 (2011).

[16] European Commission proposes negotiation directives for Union's accession to the European Convention on Human Rights (ECHR) – frequently asked questions, MEMO/10/84 Brussels, 17 March 2010.

不妨礙歐洲法院依據共同體條約第228(6)條[17]之規範做出解釋，蓋因相關加入公約之討論，業已浮現於共同體機構多時，除理事會多次討論此議題外，執委會並曾就此意見發布相關文件。因而，法院認為其有權限就共同體是否有權加入歐洲人權公約做出解釋。[18]

　　就結論而言，歐洲法院認為依照既有基礎條約法規範，共同體並無權加入歐洲人權公約。歐洲法院首先強調共同體權限乃係基於授權原則而來（principle of conferred powers），隨後，法院則重述其關於對外權限之相關案例法見解，認為：基礎條約賦予共同體之權限，除內部權限外，亦包含對外權限，同時外部權限之取得並不以條約明文為必要，對外權限亦可能藉由默示權限而來。再者，默示權限之取得可能是基於條約條文，亦有可能基於共同體機構為達成基礎條約之目標所為之共同體措施而來。法院強調：當基礎條約賦予共同體某項內部權限時，共同體在達成該條約目的之必要程度內即得對外締結國際條約以達成該目的。[19]

　　而就人權議題而言，基礎條約並未賦予共同體規範人權議題之一般權限，亦未賦予共同體得對外締結人權公約之權限，因而在沒有具體條文賦予共同體人權議題之權限時，應進一步審酌者乃係共同體條約第235條[20]

17　ECT, Art. 228(6), now TFEU, Art. 218(11): *A Member State, the European Parliament, the Council or the Commission may obtain the opinion of the Court of Justice as to whether an agreement envisaged is compatible with the Treaties. Where the opinion of the Court of Justice is adverse, the agreement envisaged may not enter into force unless it is amended or the Treaties are revised.*

18　*Opinion 2/94*, paras. 1-22.

19　*Opinion 2/94*, paras. 23-26.

20　ECT, Art. 235(1), now TFEU, Art. 352(1): *If action by the Union should prove necessary, within the framework of the policies defined by the Treaties, to attain one of the objectives set out in the Treaties, and the Treaties have not provided the necessary powers, the Council, acting unanimously on a proposal from the Commission and after obtaining the consent of the European Parliament, shall adopt the appropriate measures. Where the measures in question are adopted by the Council in accordance with a special legislative procedure,*

是否得以作爲共同體加入歐洲人權公約之法律基礎。共同體條約第235條之目的在於填補基礎條約並未以明文或默示的方式賦予共同體相關權限，然而，相關權限之取得乃係達成共同體目標所必須之漏洞。此一條文，作爲共同體法之核心部分，並不得藉此條文而擴張共同體之權限以逾越共同體條約所勾勒之整體架構。因而，共同體條約第235條之適用，並不得賦予共同體原本須依條約修正程序方得取得之權限。固然人權保障係共同體法之一般法律原則，同時亦屬會員國所共同之憲法傳統，但共同體加入歐洲人權公約將導致既有共同體法體系就人權保障之重大改變，一方面共同體將進入另一獨特之國際法體系，另一方面，所有歐洲人權公約之條文將整合進共同體法體系。人權保障體系如此重大之改變，對於共同體乃至於會員國所產生之重大制度影響，具有憲法上之重要性，無從藉由共同體條約第235條之方式取得法律依據，因而，須透過條約修正方式，共同體方得取得加入歐洲人權公約之法律基礎。[21]

三、公約義務與聯盟義務之衝突：以*Matthews*與*Bosphorus*為例

即令歐盟尚未加入歐洲人權公約，歐盟法與歐洲人權法之潛在衝突與交互影響並不因此而不存在。其主要原因乃係歐盟會員國均爲歐洲人權公約之締約方。因而會員國可能面臨公約義務與聯盟義務衝突之困境。詳言之，一方面會員國將權限移轉予歐盟，同時，基於聯盟權限行使所制定之次級立法拘束會員國，並得優先於內國立法而直接適用。若基於聯盟之義務，會員國在執行歐盟次級立法而違反歐洲人權公約時，其法律責任如何歸屬？就此，歐洲人權法院曾多次表示意見，其中最重要的案例乃是*Matthews v. UK*[22]以及*Bosphorus v. Ireland*兩案。前者涉及歐洲議會之選舉

---

it shall also act unanimously on a proposal from the Commission and after obtaining the consent of the European Parliament.

21 *Opinion 2/94*, paras. 27-36.

22 *Matthews v. United Kingdom*, App No 24833/94, [1999] ECHR 12, 18 February 1999 (hereinafter *Matthews v. UK*).

權，後者則涉及歐盟人權保障是否與歐洲人權公約之人權保障程度相當，若其答案為肯定，歐洲人權法院是否應給予歐盟人權保障體系特殊地位而不予審查。

在*Matthews v. UK*一案中，聲請人Matthews乃是英國屬地直布羅陀之居民，其向英國選舉機關登記為歐洲議員選舉之投票人遭拒，因而認為其依據歐洲人權公約第1號議定書第3條[23]之選舉權受到侵害。此案涉及以下幾個主要議題：首先，依據76/787理事會決定所通過之歐洲議會代表直接選舉法（Act Concerning the Election of the Representatives of the European Parliament by Direct Universal Suffrage of 20 September 1976）以及其後之馬斯垂克條約（Maastricht Treaty）是否屬於英國之行為，英國因此必須對該行為擔負國家責任。其次，歐洲議會是否構成公約第1號議定書第3條所稱之立法機關（legislature）。

歐洲人權法院首先指出：因共同體並非公約締約方之故，因而共同體措施不能在公約架構下予以挑戰。同時，只要公約保障之權利得以確保，公約並未禁止公約之締約方將其權限移轉予國際組織。因此，公約締約方即令在權限移轉之後，締約方基於公約之責任依舊持續存在。[24]

歐洲人權法院進而檢驗系爭歐洲議會代表直接選舉法以及馬斯垂克條約之性質，後者一望即知係英國締結之國際條約，而前者經仔細檢視，吾人亦可發現雖然該直接選舉法係以理事會決定之方式通過，但該法案本身乃係共同體理事會主席與會員國外交部長所簽訂之國際條約。亦因此國際條約之性質，歐洲法院無從審查該理事會決定。因此，歐洲人權法院乃依據其向來見解，公約締約方仍須就其締結之國際公約加以負責。[25]就歐洲議會之性質而言，歐洲人權法院指出：立法機關一詞並不僅限於主

---

[23]　ECHR, Protocol 1, Art. 3: *The High Contracting Parties undertake to hold free elections at reasonable intervals by secret ballot, under conditions which will ensure the free expression of the opinion of the people in the choice of the legislature.*

[24]　*Matthews v. UK*, para. 32.

[25]　*Matthews v. UK*, para. 33.

權國家之國會，地區或區域組織均可能設立其立法機關。同時，自馬斯垂克條約以來，歐洲議會已取得諮詢權限，同時，在部分議題亦具有共同決定（co-decision）權限。考量公約第1號議定書第3條之目的在於確保有效之民主政治（effective political democracy），而歐盟立法對於聲請人之影響並不亞於英國國會，因而，歐洲議會應屬於公約所稱之立法機關。[26]從而，英國應確保聲請人基於公約第1號議定書第3條所享有之選舉權不因英國加入歐盟而有所影響。

相對於*Matthews v. UK*係涉及會員國之國際條約（亦即在概念上仍屬會員國之行為），*Bosphorus v. Ireland*一案則更直接涉及共同體措施之公約合致性。該案涉及共同體為執行聯合國安理會對於前南斯拉夫聯邦制裁之820/1993決定，所制定之EEC 990/93理事會規則，該理事會規則要求會員國凍結與前南斯拉夫聯邦相關之資產。因而產生在此執行過程中，會員國之執行行為是否違反歐洲人權公約之爭議。本案導源於土耳其公司Bosphorus於1992年間向前南斯拉夫聯邦租賃二航空器，作為該公司經營飛航之工具。1993年間，Bosphorus將其所承租之航空器之一運抵愛爾蘭修繕，修繕工作完竣，該航空器欲返回土耳其之際，愛爾蘭政府因聯合國安理會之820/1993決議，以及EEC 990/93理事會規則之規定，扣押該航空器。聲請人公司經向愛爾蘭法院起訴後，愛爾蘭之最高法院向歐洲法院聲請先行裁決，經歐洲法院確認該理事會規則之合法性及愛爾蘭執行該規則之義務。愛爾蘭最高法院因而駁回Bosphorus之請求，Bosphorus因而向歐洲人權法院起訴，認為愛爾蘭之扣押行為侵害其依據公約第1號議定書第1條所保障之財產權。[27]

---

26 *Matthews v. UK*, paras. 48-54.

27 ECHR, Protocol 1, Art 1: *Every natural or legal person is entitled to the peaceful enjoyment of his possessions. No one shall be deprived of his possessions except in the interest and subject to the conditions provided for by law and by the general principles of international law. The preceding provisions shall not, however, in any way impair the right of a State to enforce such laws as it deems necessary to control the use of property in accordance with the*

　　本案之爭點在於：一方面公約並未禁止公約締約方移轉主權予國際組織，另一方面，權限之移轉並未脫免締約方基於公約下之義務。易言之，締約方之行為，不論是基於內國法或基於執行其國際義務，均有確保公約所保障之權利未受侵害之義務。因而歐洲人權法院面臨之難題係，若公約締約方之措施係執行其國際義務所必要，此時，該措施在公約架構下之合致性應如何審查？就此，歐洲人權法院認為，若系爭經公約締約方移轉權限之國際組織就基本權之實質內容與程序保障，達到與公約相當（equivalent）之標準時，此時，公約締約方執行該國際組織所衍生之義務之執行措施，即可因該相當之人權保障予以正當化。而相當之標準，並不要求完全一致（identical）之保障，蓋此標準將與該國際組織所追求之目標不符。同時，是否達到相當之判斷，並非終局判斷，須因該國際組織之人權保障變化而隨時審查。同時，若系爭國際組織之人權保障被認為與公約之人權保障相當，則在公約締約方之執行措施僅係執行其基於該國際組織所產生之義務時，公約締約方將被推定為未牴觸公約規範。然而，若特定情形，經證明系爭國際組織對於特定公約權利之保障明顯不足時，此項推定則可以因舉證而推翻。蓋因追求國際合作之利益，不應凌駕公約作為歐洲公共秩序之憲法規範之角色。[28]

　　歐洲人權法院乃以此標準檢驗歐盟人權保障，是否與歐洲人權公約所提供之保障相當，從而被訴國愛爾蘭為執行歐盟義務之措施將推定符合公約要求。歐洲人權法院分別就實質權利內涵以及程序保障加以分析，並就實質權利部分分別就歐洲法院之案例法學以及條約法加以檢驗。

　　歐洲人權法院首先指出，雖然經濟共同體條約並未明文揭櫫人權條款，但歐洲法院在其案例法學中業已多次強調基本權之保障構成共同體法之一般原則，同時基本權之尊重乃係共同體措施合法性之基礎。就基本權之法源而言，在共同體法秩序內歐洲人權公約具有特殊之重要性。就案例實踐而言，歐洲法院曾廣泛地援引歐洲人權公約之案例法，在本案之先行

---

general interest or to secure the payment of taxes or other contributions or penalties.

[28] *Bosphorus v. Ireland*, paras. 151-156.

裁決程序中，歐洲法院亦以歐洲人權法院之案例法為基礎，檢驗系爭規則之合法性。共同體法對於基本權之保障，除了歐洲法院之案例法之外，在條約法上亦有實質進展，其中厥為重要者乃係歐盟基本權利憲章之通過，憲章多處援引公約作為基本權內涵之基礎，且要求公約之權利保障係憲章權利之最低度標準。即令該憲章（在判決斯時）並不具有法律拘束力，然而，憲法條約（最後未經批准，但里斯本條約課予聯盟相同義務）明文將憲章定為聯盟之基礎法源，同時並課以聯盟加入歐洲人權公約之義務。[29]

除了實質權利之外，歐洲人權法院並進一步檢驗共同體法對於基本權之程序保障。歐洲人權法院指出：誠然個人在共同體法制度下，司法救濟仍顯得相當局限，然而，由於共同體機構以及會員國得對於共同體措施提出撤銷之訴，此項訴訟乃係確保共同體措施合法性之重要機制。其次，就個人權利之保障而言，會員國法院仍扮演重要之控制功能，同時，藉由先行裁決制度之設計，歐洲法院有權就共同體措施之解釋以及其合法性加以審查。[30]

依據上開分析，歐洲人權法院乃在結論上認為：就基本權保障而言，共同體法業已達到與歐洲人權公約相當之程度，因而愛爾蘭執行共同體義務之措施，應被推定與公約義務不相牴觸。[31]就本案而言，此項推定亦無證據足以推翻。[32]

四、史特勞斯堡之路：憲法條約與里斯本條約之條約修正

由於歐洲法院2/94諮詢意見之見解，聯盟在未修改基礎條約前，不得加入歐洲人權公約，因而，2004年制定之憲法條約第I-9(2)條中，即明文課以歐盟加入歐洲人權公約之義務，同時歐洲人權公約之加入不得影響聯

---

[29] *Bosphorus v. Ireland*, para. 159.

[30] *Bosphorus v. Ireland*, paras. 160-164.

[31] *Bosphorus v. Ireland*, para. 165.

[32] *Bosphorus v. Ireland*, para. 166.

盟與會員國之權限分配。[33]此一條文不僅賦予歐盟加入歐洲人權公約之法律基礎，同時亦課予歐盟加入歐洲人權公約之法律義務。雖憲法條約因荷蘭與法國公投否決，未經生效，然相同條文亦延續於里斯本條約。經里斯本條約修正之歐盟條約第6(2)條，亦有相同之規範。同時，里斯本條約在第8號議定書中另規範歐盟加入歐洲人權公約之相關法律議題。[34]

在該議定書中，強調歐盟加入歐洲人權公約之議定書必須就歐盟法之特殊性予以規範，其中包含歐盟在公約執行機構下之參與，同時就非歐盟成員國以及個人對於歐盟與／或其會員國之訴訟，應確保該訴訟之應訴方係導向正確之對象。[35]其次，歐盟加入歐洲人權公約不應影響歐盟與會員國間之權限分配，同時，會員國在公約架構下之權利或既有之保留（reservation）亦不應受到影響。[36]最後，聯盟加入歐洲人權公約不應影響歐盟運作條約第344條之規範。亦即，依據歐盟運作條約第344條之規範，會員國不得將涉及歐盟基礎條約之爭議，訴諸於歐盟基礎條約所列機制以外之爭端解決場域，此乃聯盟忠誠義務（loyal duty）之展現。就具體在爭端解決議題而言，則涉及歐盟法院之專屬管轄，此一議題同時亦係聯盟加入歐洲聯盟公約後歐盟法之自主性之重要課題。

---

[33] Constitutional Treaty, Art. I-9(2): *The Union shall accede to the European Convention for the Protection of Human Rights and Fundamental Freedoms. Such accession shall not affect the Union's competences as defined in the Constitution.*

[34] Protocol relating to Article 6(2) of the Treaty on European Union on the Accession of the Union to the European Convention on the protection of human rights and fundamental freedoms (hereinafter *Protocol 8 to Lisbon Treaty*).

[35] *Protocol 8 to Lisbon Treaty*, Art. 1.

[36] *Protocol 8 to Lisbon Treaty*, Art. 2.

參、後里斯本條約之發展

一、歐洲人權公約第14號議定書

歐盟加入歐洲人權公約之路，在里斯本條約提供法律基礎並課予聯盟加入公約之義務後，在歐盟方面之法律障礙業已排除。然而，若歐盟欲加入人權公約，亦需史特勞斯堡提供一扇窗，以開啟歐盟加入歐洲人權公約之可能。其主要法律障礙在於原歐洲人權公約僅開放予主權國家加入，並未提供區域經濟整合組織／歐盟加入該公約之可能。因而就公約方面，公約亦需加以修正，提供一法律基礎以供歐盟加入該公約。公約締約方乃於2004年5月13日簽署歐洲人權公約之第14號議定書（此項協商在歐洲憲法條約就歐盟加入歐洲人權公約提供法律基礎時，即已展開），在該議定書第17條規定，公約第59條應加入第2項，規定「歐盟得加入此公約」。隨後，議定書進行冗長之內國批准程序，於最後一個國家俄羅斯批准30日後，正式於2010年6月1日公約第14號議定書生效。從而就歐洲人權公約方面而言，歐盟加入該公約之法律障礙亦已排除。

二、聯盟加入公約之協商過程

歐盟加入歐洲人權公約之協商自2010年起展開，一方面執委會在3月17日擬具談判指令草案向歐盟理事會請求賦予談判權限，理事會隨即於6月4日授予理事會談判權限。[37]另一方面，歐洲理事會之部長委員會授予人權指導委員會（Steering Committee for Human Rights）一非常設權限，由該指導委員會與執委會就歐盟加入公約之相關議題，草擬一法律文件，以規範聯盟加入公約之權利義務。[38]

---

[37] European Commission acts to bolster the EU's system of protecting fundamental rights, IP/10/291, Brussels, 17 March 2010.

[38] Council of Europe, *Accession of the European Union to the European Convention on Human Rights* (2014), retrieved from http://www.coe.int/t/dghl/standardsetting/hrpolicy/accession/default_EN.asp (last visited: 30 June 2016).

　　歐盟執委會副主席兼司法、基本權與公民權總署執委與歐洲理事會祕書長於2010年7月7日展開第一次協商。隨後，在指導委員會架構下授權成立一非正式之工作小組（CDDH-UE），其中七人由非歐盟會員國組成，另七人則由歐盟成員國組成，此非正式工作小組之主要任務乃在於草擬聯盟加入公約議定書。其後，指導委員會於2011年10月14日向部長委員會提交歐盟加入歐洲人權公約之工作進度報告。[39]部長委員會則授權成立一非常設之談判小組（47+1，47個公約締約方與執委會代表），就歐盟加入歐洲人權公約所涉及之政治問題加以協商，並確定聯盟加入公約議定書之文本。議定書草案文本並於2013年6月10日出爐。[40]

三、歐盟法院與歐洲人權法院之共同聲明

　　歐盟加入歐洲人權公約除了涉及政治部門之外，同時亦將影響歐盟法院與歐洲人權法院之互動，因而，聯盟加入公約之談判除了由政治部門主導外，位於盧森堡與史特勞斯堡的兩個法院亦就聯盟加入公約事宜多所討論。2011年1月17日兩個法院之院長在例行性會晤後，就歐盟加入歐洲人權公約發表共同聲明。[41]在該聲明中，兩院長提及：在聯盟加入公約後，歐盟措施將面臨兩項訴訟途徑以挑戰聯盟措施之公約合致性，其一係直接控訴，其二則係間接控訴。直接控訴意指公約締約方之個人直接向歐洲人

[39] Steering Committee for Human Rights (CDDH), Report to the Committee of Ministers on the elaboration of legal instruments for the accession of the European Union to the European Convention on Human Rights, CDDH (2011) 009, 14 October 2011.

[40] Fifth Negotiation Meeting between the CDDH Ad Hoc Negotiation Group and the European Commission on the Accession of the European Union to the European Convention on Human Rights, Final report to the CDDH, 47+1 (2013) 008rev2, 10 June 2013, Strasbourg.

[41] Joint communication from Presidents Costa and Skouris, retrieved from http://curia.europa.eu/jcms/upload/docs/application/pdf/2011-02/cedh_cjue_english.pdf (last visited: 20 June 2016). 此共同聲明之中文翻譯請參見Jean-Paul Costa & Vassilios Skouris，王士帆（譯），歐洲人權法院與歐盟法院共同聲明——關於歐盟基本權利憲章與歐洲人權公約之歐洲人權公約之同步併行解釋，以及歐盟加入歐洲人權公約，司法週刊，1547期，頁3（2011年）。

權法院挑戰歐盟措施之公約合致性，就此途徑而言，因須符合窮盡內國救濟程序（exhaustion of local remedies）之要求，歐盟法院得以對於聯盟措施是否違反公約或違反歐盟基本權利憲章加以內部審查。從而，歐洲人權法院係對聯盟措施在歐盟法院進行內部審查後，再予以外部審查，就此而言，並無問題。然就第二種間接控訴而言，因間接控訴乃係指個人對於會員國執行歐盟法之內國執行措施提起訴訟，其循內國救濟程序完竣後，業已符合窮盡內國救濟程序之要求，在此情形下，因公約締約方之個人係向會員國內國法院聲請救濟，會員國法院雖然可能依據先行裁決之規定向歐盟法院聲請就系爭聯盟法予以解釋，或審查系爭聯盟法之合法性。然而，會員國法院亦可能未聲請先行裁決。同時，因為先行裁決之發動權限繫諸於會員國法院，個人並無權聲請先行裁決，先行裁決並非窮盡內國救濟程序之一環。在此情形下，歐盟法院可能將無從先行就聯盟措施之公約合致性或是否牴觸基本權利憲章加以內部審查，因而，在歐盟加入歐洲人權公約之議定書中，應有一適切程序確保歐盟法院在歐洲人權法院進行外部審查之前，先行進行內部審查。[42]

　　從兩個法院之共同聲明可知，如何確保歐盟法院在歐洲人權法院進行外部審查之前，歐盟法院對於系爭措施業已進行內部審查，乃係兩個法院院長所關心之重點，而此項議題亦在聯盟加入公約之議定書中加以處理。

四、聯盟加入公約議定書草案

　　47+1談判小組向指導委員會提交之報告中，內含聯盟加入公約協定草案；歐盟之聲明草案；部長理事會在監督涉及歐盟為被訴方之訴訟之判決或和解條款之相關程序；歐盟與非歐盟國家間之備忘錄草案；以及加入公約協定註釋等文件。亦即，聯盟加入公約乃係一整套文件，將由公約之締約方與歐盟依據內國程序予以批准。聯盟加入公約協定草案主要可分成兩個部分，其一為就公約因歐盟之加入所涉及之相對應修正，予以規範；其二則係就聯盟之權利義務乃至於特殊之共同被告程序加以規範。

42　*Ibid.*

（一）公約因歐盟加入之相對應修正

就歐盟加入公約衍生之公約必要修正而言，因歐洲人權公約第14號議定書僅提供歐盟加入歐洲人權公約之法律基礎，而未就公約所需之相對應修正有所規範，因而，此一規範上之需求乃藉由歐盟加入公約協定中加以滿足。此一立法方式之優點在於公約締約方在批准了此一加入公約協定時，即同時批准對於公約之修正，在時效上可以省去重複內國批准程序之耗費。在此概念下並可進一步細分為就條文概念如何適用於歐盟，以及歐盟與其會員國之措施如何歸責兩項。

就公約條文概念之修正而言，例如國家、內國法、國家安全、國家經濟福祉、領土完整等概念如何適用於歐盟。其次，就何作為與不作為應歸責於歐盟以及何作為與不作為應歸責於會員國，協定草案並於第1(3)條與第1(4)條加以規範。協定草案第1(3)條首先指出：聯盟加入公約以及其議定書僅於聯盟就其機構、組織、辦公室或官署，或代表上述組織之人所為之行為、措施或不作為之範圍內課以義務。公約或其議定書不應要求聯盟執行或採認其不具有權限之行為或措施。此項條文之目的在於確認聯盟加入公約或公約議定書不影響歐盟與其會員國間之權限分配。蓋因歐盟與會員國間之權限分配僅得藉由透過修改歐盟基礎條約之方式加以變更，聯盟不得藉由對外締結國際協定，更改內部聯盟與會員國之權限分配。[43]此外，協定草案並進一步釐清，歐盟會員國機關或代表上述機關所為之行為、措施或不作為，應歸責於會員國，即使上開行為、措施或不作為係為執行歐盟法或歐盟條約或歐盟運作條約之決定亦同。[44]

---

[43] *Draft Agreement*, Art. 1(3): *Accession to the Convention and the protocols thereto shall impose on the European Union obligations with regard only to acts, measures or omissions of its institutions, bodies, offices or agencies, or of persons acting on their behalf. Nothing in the Convention or the protocols thereto shall require the European Union to perform an act or adopt a measure for which it has no competence under European Union law* (hereinafter *Draft Agreement*).

[44] *Draft Agreement*, Art. 1(3). 協定並進一步指出，此項歸責規範不影響歐盟作為共同被告之權利。

（二）歐盟之權利義務

　　就聯盟之權利義務而言，主要涉及聯盟選舉歐洲人權法院法官之權限與部長委員會之參與，以及共同被告制度。就歐洲人權法院法官之選舉部分，協定草案第5條規定，在歐洲理事會之議員大會行使歐洲人權法院法官之權限時，歐洲議會有權派遣代表團出席，並享有投票權。歐洲議會之代表團人數將與歐洲理事會之代表團中最高人數相等。歐洲議會在歐洲理事會議員大會之參與模式，將由議員大會與歐洲議會共同界定。[45]

　　就部長委員會之參與部分，協定草案明文賦予歐盟於特定議題上參與部長委員會之權限。同時，因部長委員會負有監督締約方執行公約義務之權限，因而歐盟與其會員國在委員會內之投票權限亦應加以規範。在涉及歐盟或歐盟與會員國之案件中，依據歐盟基礎條約之規範，歐盟與其會員國之投票行為應予以整合。因而，部長理事會之內部規則應予以修正，一方面因應此一需求，另一方面，確保部長理事會監督判決與和解條款之執行此一權限未受影響。[46]此一條款之目的主要確保歐盟與其會員國真誠合作義務（principle of sincere cooperation）之執行，同時，並確保因此合作義務而來之聯盟與會員國之整合投票行為，不致影響部長委員會之有效運作。詳言之，基於歐盟基礎條約之規定，歐盟與其會員國在國際公約下須單一發聲，以確保聯盟對外代表之一致性。然而，由於歐盟與其會員國之投票權超過公約締約方之二分之一，若歐盟與其會員國均整合投票，將有可能以過半數之方式杯葛部長委員會之運作。從而，部長委員會之內部規則，須就歐盟與其會員國之整合投票模式加以修正。就未涉及歐盟之案件，歐盟之成員國得以自由投票，無需整合立場。[47]

　　最後，協定草案就涉及歐盟及其會員國之訴訟，設計了一項共同被告程序。由於歐盟機構乃係歐盟基礎條約所設立，用以執行歐盟基礎條約，同時，歐盟會員國之內國立法或措施有極大比例係用以執行歐盟法之

---

[45] *Draft Agreement*, Art. 1(6).

[46] *Draft Agreement*, Art. 4(a).

[47] *Draft Agreement*, Art. 4(b).

規範。因而在此情形下，若以歐盟爲被告，歐盟之勝訴與否將影響歐盟基礎條約之公約合致性，故間接影響歐盟會員國之權利。相反地，若歐盟會員國於執行歐盟法之立法或措施成爲訴訟標的，此時即令被告爲歐盟成員國，被告之勝訴與否亦將間接影響歐盟法之公約合致性。因而，在涉及歐盟或其會員國時，協定草案於第3條特別設計一共同被告程序，賦予歐盟或會員國得聲請或經歐洲人權法院裁定加入訴訟，成爲共同被告之程序。此時，加入訴訟之歐盟或會員國成爲訴訟之當事人，因而爲判決所拘束，並爲既判力所及。此項制度與第三方參與（third-party intervention）有別，蓋因第三方參與乃係提供一機制予國際組織或其他非政府組織參與訴訟之機會，然而，第三方仍非訴訟當事人，因而不爲判決所拘束，且爲既判力所不及。[48]

　　協定草案所勾勒之共同被告共有兩個態樣，分別係案件原爲歐盟會員國擔任被告，以及原爲歐盟擔任被告兩種。就前者而言，若案件中涉及公約權利或議定書所規範之權利與歐盟法（包含依據歐盟基礎條約所爲之決定）相牴觸時，歐盟得藉由訴訟參加而成爲共同被告。[49]就後者而言，若案件涉及歐盟條約或歐盟運作條約或與歐盟基礎條約具有相同效力之法律文件，會員國得亦藉由訴訟參加成爲共同被告。[50]此項共同被告之規範需求，尤以會員國就公約義務之履行以違反歐盟法；或歐盟公約義務之履行以忽略歐盟基礎條約爲前提時特別強烈。而在決定是否邀請歐盟或會員國成爲共同被告，或是否同意訴訟參加之聲請時，歐洲人權法院應聽取訴訟雙方之意見，就其決定之做成，歐洲人權法院應斟酌協定所設之要件是否有滿足之合理可能（plausible）。

---

[48] Explanatory Note, paras. 37-41.

[49] *Draft Agreement*, Art. 3(2).

[50] *Draft Agreement*, Art. 3(3). 除了原本訴訟係單一被告，事後由歐盟或會員國訴訟參加成爲共同被告之情形外，協定第3(4)條另規定：在一訴訟中聲請人亦可能同時列歐盟與其會員國爲被告，在此情形中，歐盟或其會員國之被告身分亦得調整爲共同被告。

　　在共同被告制度脈絡下，協定草案並為涉及歐盟之訴訟設計一特殊制度（事前參與制度，prior involvement），供歐盟法院就涉及會員國之訴訟而其未曾表示意見者，提供一機制給予歐盟法院先行審查歐盟法之公約合致性。如前所述，就歐盟之訴訟可能有直接控訴與間接控訴兩種，就直接控訴而言，向歐盟法院提起訴訟屬窮盡內國救濟程序之一環，因而，欲向歐洲人權法院提起訴訟之前提乃係曾向歐盟法院聲請救濟未果。就間接控訴而言，乃係就會員國之措施提起訴訟，又會員國之措施乃係執行歐盟法所必要，因而間接挑戰歐盟法之公約合致性。在此其訴訟類型下，會員國法院可能依據先行裁決之制度向歐盟法院聲請解釋；然而，會員國法院亦有可能未向歐盟法院聲請解釋。同時，因先行裁決制度，其發動權繫諸於會員國法院，而非個人。此項機制之運用，並非窮盡內國救濟程序之一環。在間接控訴之類型下，歐盟法院可能無從就系爭案件事前為內部審查，因而協定草案第3(6)條乃提供一制度，供歐盟法院得就其未予內部審查之案件，予以事先審查。該制度之設計如下：在涉及原被訴國為歐盟會員國，因該案件涉及歐盟法與公約合致性之疑義，在歐盟事後訴訟參加為共同被告時，歐洲人權法院應提供一足夠時間給予歐盟法院就系爭問題予以內部審查。嗣後，訴訟當事人並得對該歐盟法院之內部審視發表評論。同時，歐盟法院應確保其內部審查不會對於訴訟造成不當延誤。此一提供歐盟法院內部審查之機制，不應影響歐洲人權法院之權力。[51]本文就歐盟加入歐洲人權公約協定草案所勾勒之事前參與及共同被告制度，製作流程圖如圖4-1：

---

[51] *Draft Agreement*, Art. 3(6).

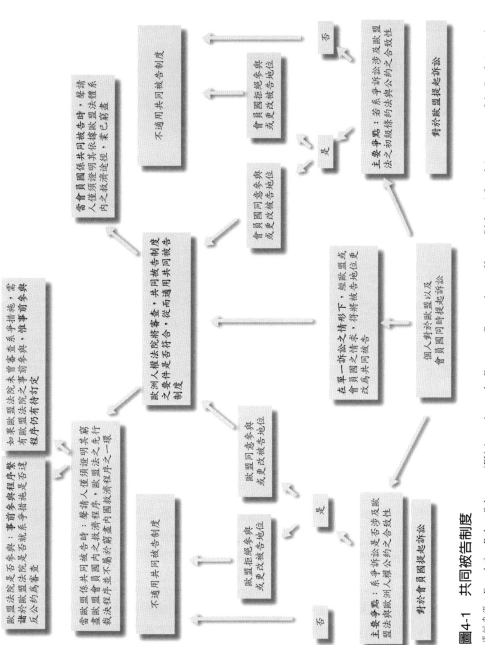

圖4-1 共同被告制度

資料來源：Foundation Robert Schuman, 'EU Accession to the European Convention on Human Rights: A Legal Assessment of the Draft Accession Agreement of 14th October 2011', European Issues 218 (7 November 2011) <http://www.robert-schuman.eu/en/doc/questions-d-europe/qe-218-en.pdf> accessed: 30 June 2016.

肆、加入公約之法律爭議：後續程序與2/13諮詢意見

歐盟加入歐洲人權公約協定草案出爐後，公約締約方、歐盟以及公眾均紛紛發表評論，而就歐盟加入歐洲人權公約之終局決定，繫諸於歐盟法院。如前所述，歐盟運作條約第218(11)條規定：就歐盟擬加入之國際協定是否與歐盟基礎條約牴觸，會員國、歐洲議會、理事會或執委會得向歐盟法院聲請諮詢意見。若歐盟法院認為系爭欲加入之協定與歐盟基礎條約牴觸，則非經修改歐盟基礎條約，不得加入系爭國際協定。在前述2/94諮詢意見中，歐盟法院認為斯時之歐盟基礎條約並未提供足夠權限供歐盟加入歐洲人權公約，因而遂有憲法條約與里斯本條約提供聯盟加入公約之明文。然而，在2/94意見中歐洲議會聲請諮詢之意見共有兩項議題，其一乃係歐盟是否權限加入歐洲人權公約；其二則係若加入公約是否與其他歐盟基礎條約之條文，尤其歐盟法院之專屬管轄權牴觸。在該諮詢意見中，歐盟法院僅就第一問題加以回答，第二問題部分因歐盟法院不具有充分之資訊，因而無從加以回答。

從而，即令隨著里斯本條約之修正，歐盟基礎條約賦予聯盟加入公約之法律基礎，然此一法律基礎並非意味系爭聯盟加入公約之協定草案與歐盟基礎條約之相關條文不相牴觸。因而，歐盟法院須就系爭協定草案再次檢視，俟歐盟法院之諮詢意見給予肯定答案後，歐盟加入歐洲人權公約之法律爭議方告完全解決。此一協定將須由歐盟以及歐洲理事會47個會員國共同批准後，方告生效。就歐盟部分，依據歐盟運作條約第218(6)(a)(ii)條之規定，歐盟加入歐洲人權公約須取得歐洲議會之同意，同時依據第218(8)條第3段之規定，理事會應以一致決之方式批准該加入公約協定。

然而，由於歐盟法院以2/13諮詢意見否定協定草案之合憲性，認為協定之內容違反歐盟基礎條約之規範，因而，歐盟與公約締約方勢必將重啟談判。以下本文擬將就2/13諮詢意見所涉及之法律爭議，分別討論。而在進入個別討論之前，本文就總辯官與歐盟法院之見解，作一鳥瞰式之觀察。

在2/13諮詢意見中，總辯官Kokott之意見與歐盟法院相左，總辯官Kokott認為協定草案並未有明顯牴觸歐盟基礎條約之處，僅需於細部規範做出澄清，因此，建議歐盟法院做出附條件合憲之宣告。然而，此項建議不為歐盟法院所採，歐盟法院認為系爭協定不足以維護歐盟法之自主性以及歐盟法之特徵，因而認為系爭協定草案牴觸歐盟基礎條約，未經修改歐盟基礎條約，不得簽署。

總辯官Kokott首先指出：歐盟加入歐洲人權公約之目的在於強化歐洲在人權保障之有效性與均質性（effectiveness and homogeneity），聯盟加入人權公約後，將接受歐洲人權公約之外在控制，而此項外部控制要求乃係歐盟課予其所有會員國之義務。故加入公約後，聯盟將承受與會員國相同之公約義務。聯盟加入公約不僅具有政治意涵，同時具有憲法上之重要性。在里斯本條約生效後，歐盟條約並課予聯盟加入歐洲人權公約之義務。從而，歐盟法院所面臨之問題在於：在何條件下歐盟應加入歐洲人權公約，同時在此加入公約過程中如何確保歐盟法之特徵以及歐盟權限與歐盟機構之權力。[52]

相對於總辯官Kokott認為協定草案原則上並未與歐盟基礎條約牴觸之見解，歐盟法院在結論上則與總辯官相左。歐盟法院認為協定草案牴觸歐盟基礎條約之規範，因而在未修正基礎條約之前提下，不得簽署。歐盟法院首先針對歐盟法之特徵加以闡述，法院指出：歐盟基礎條約建立了一個主體涵蓋會員國及會員國國民之新法秩序，就此新法秩序而言，其擁有自己的機構，會員國並移轉了主權權利予歐盟機構。就歐盟法係一新法秩序、擁有特殊之憲法架構與創設原則、繁複之制度設計與法律規範等特質，對於歐盟加入歐洲人權公約有重要之影響。亦即係出於確保此特質之目的，歐盟基礎條約乃設立一系列要件，確保歐盟在加入公約過程中應予

---

[52] *View of Advocate General Kokott delivered on 13 June 2014*, Draft international agreement on the Accession of the European Union to the European Convention for the Protection of Human Rights and Fundamental Freedoms, not yet reported, paras. 1-4. (hereinafter *View of Advocate General Kokott delivered on 13 June 2014*.)

以滿足。就此類之要件而言，包含歐盟條約第6(2)條、第8號議定書、第2號聲明。歐盟法院在審查協定草案是否與歐盟基礎條約牴觸時，應以前述規範作為基礎，並應特別考量歐盟之憲法結構與制度架構，其中更應考量歐盟法係一獨立法源，擁有直接效力與優先性。而為了確保歐盟法之一致性、有效性與自主性，歐盟法設計一套完善之司法制度（其中包含先行裁決制度）。歐盟法作為自主的法律體系，其自主性乃要求歐盟法不論在相對於會員國法律，或是相對於國際法，應依歐盟架構與目標加以解釋，此項要求在聯盟加入公約涉及之基本人權領域亦然。同時，歐盟法秩序之核心之一乃係基本人權，此為歐盟基本權利憲章所肯認，該憲章亦具有基礎條約之地位。[53]

　　究其本質，總辯官Kokott與歐盟法院所認為協定是否牴觸歐盟基礎條約部分之涉及爭論並無不同，總辯官對於歐盟法體系抱持較為開放之態度，從而傾向認定協定並未牴觸歐盟基礎條約；相對於此，歐盟法院則較為強調歐盟法之自主性，視加入歐洲人權公約為歐盟法自主性之威脅，並認為協定牴觸歐盟基礎條約。此外，歐盟加入歐洲人權公約，仍有諸多待解之難題，除總辯官與歐盟法院觸及之歐盟權限是否受到影響，歐盟法體系之自主性以及隨之而來之歐盟法院專屬管轄，事前參與程序之正當性、共同被告制度之運作外，依據*Bosphorus*一案所立下之相當保障案例法學以及會員國執行歐盟措施公約合致性之推定，乃至於歐盟加入歐洲人權公約後，在歐盟法體系公約權利與憲章權利兩者之關係，以及共同外交與安全政策之司法保障等，均應進一步檢視。以下擬先就總辯官Kokott之意見與歐盟法院之判決整理如表4-2，並於後文就此等問題，逐一詳述。

表4-2　總辯官Kokott與歐盟法院意見比較

爭點	總辯官Kokott之意見	歐洲法院判決
歐盟法體系之自主性與歐盟法院之專屬管轄	聯盟加入公約，並未影響歐盟法之優先性與直接效力。 **理由** 固然歐盟加入歐洲人權公約後歐盟在其權限之行使將受到公約之限制，但若歐盟加入公約後在權限行使上仍無任何拘束，將使得歐盟條約課予聯盟加入公約之義務不具任何意義。更何況，就實質面，聯盟在未加入公約之前，公約之內容業已藉由歐盟法院之案例法學實質影響歐盟權限。 **解決途徑** 當公約與歐盟基礎條約條文衝突時，應在基本權利與基礎條約之相關條文間取得一平衡點，而由於聯盟加入公約，將使得此一平衡點逐漸由內部市場之自由流通移向基本權保障。	草案無法保證聯盟之自主性。 **理由** 歐盟所簽訂之國際條約不得影響歐盟法院之必要特徵，同時，不得對於歐盟法秩序之自主性造成不利影響。公約第53條之規範，應依據憲章第53條之規範加以調和。在公約權利與憲章權利重疊之範圍內，公約第53條所提供予公約締約方之空間應有所限縮，從而確保憲章所要求之保障程度以及歐盟法之優越性、一致性以及有效性。歐盟法院認為協定草案並無任何條文提供此一保證。
歐洲人權公約第16號議定書	不影響歐盟法院專屬管轄。 **理由** 即令歐盟成員國得依據第16號議定書將涉及歐盟法之公約爭議向歐洲人權法院聲請先行裁決，然由於歐盟基礎條約優先於會員國內國立法（包含會員國簽訂之條約法），歐盟運作條約第267條足以排除會員國向歐洲人權法院聲請先行裁決之可能。	可能影響歐盟法院專屬管轄。 **理由** 雖然本案中並未涉及第16號議定書，但在公約權利與憲章權利重疊時，若歐盟會員國依據第16號議定書向歐洲人權法院聲請先行裁決，可能影響歐盟法之自主性，亦可能藉此迴避歐盟運作條約第267條規定。

表4-2 總辯官Kokott與歐盟法院意見比較（續）

爭點	總辯官Kokott之意見	歐洲法院判決
歐盟運作條約第344條與歐盟法院之專屬管轄權	不影響歐盟法院專屬管轄。 **理由** 聯合國海洋法公約第282條並非絕對必要，蓋因歐盟所締結之對外協定並不當然涵蓋此一優先條款。此外，執委會得以藉由違反基礎條約之理由，向歐盟法院提起訴訟，此一機制即得以確保歐盟運作條約第344條之有效性。 **解決途徑** 歐盟在加入歐洲人權公約時，歐盟與其會員國得發表一具有國際法拘束力之聲明，承諾不將涉及歐洲人權公約之爭端，訴諸於歐洲人權法院。	草案未完全確保歐盟法院之專屬管轄。 **理由** 歐盟運作條約第344條規定：歐盟會員國不得將會員國彼此間涉及歐盟法之爭議，訴諸於歐盟法院以外之爭端解決機制，此乃係聯盟忠誠義務之具體表現，亦係確保歐盟法自主性之重要機制。僅有將落於歐盟法範疇之會員國爭端排除於歐洲人權法院之管轄權時，方符合歐盟基礎條約之規範。
共同被告制度	未減損歐盟法之自主性。 **理由** 歐盟條約第6(2)條構成AETR案例法之特別法規定，該條規定，加入公約不得影響歐盟與會員國間之權限分配，因此，不會產生AETR效果。聯盟在歐洲人權公約架構下，不管是在議員大會或部長理事會之參與，均為第8號議定書所預見。同時，聯盟在公約監督機構之參與，可能涉及非歐盟或非歐盟會員國之案件，亦未增加聯盟之權限。歐盟與非會員國相互監督之目的，事實上乃係歐	減損歐盟法之自主性。 **理由** 共同被告之加入可能係出於歐洲人權法院之邀請，或歐盟或會員國之請求，就後者之情況，歐洲人權法院應審酌其請求是否適當，此時將涉及歐盟與會員國權限行使之審查，以及歐盟與會員國行為或不行為之規則，將影響歐盟法院之專屬管轄權，進而減損歐盟法之自主性。歐盟與會員國將就違反公約之處負連帶責任，其範圍可能涵蓋會員國在公約架構下予以保留之範圍，因而影響

表4-2　總辯官Kokott與歐盟法院意見比較（續）

爭點	總辯官Kokott之意見	歐洲法院判決
	盟條約課予歐盟加入歐洲人權公約之目的所在。 非歐盟會員國之公約締約方或個人得以正確地選擇歐盟或其會員國作為被告，主要依據共同被告制度加以解決。此部分得以藉由真誠合作原則加以解決。蓋因在國際場域中，會員國有義務協助歐盟防衛聯盟之權利，即令會員國未就參加訴訟發表聲明，但不影響第三國或個人正確擇定被告。 **解決途徑** 此一共同被告制度，在條件成就時，歐洲人權法院即應邀請或同意歐盟與其會員國成為共同被告，而不應享有裁量權限。	會員國之既有權利義務，與第8號議定書之要求有所牴觸。 在例外情形下，歐洲人權法院得區分歐盟與會員國應負責之比例，此時將涉及歐盟與會員國權限劃分之審酌，從而影響歐盟法之自主性。
事前參與程序	未影響歐盟法之自主性與必要特徵。 **理由** 事前參與程序並未影響歐盟法院之必要特徵，亦未涉及憲法變遷，僅需透過一般立法程序更改歐盟法院之規約。就事前參與制度僅限於歐盟係共同被告部分並無問題。蓋因若歐盟係屬該案之被告，基於窮盡內國救濟原則，歐盟法院業已就該案表示意見；而若歐盟既非被告也非共同被告，則該案判決結果與歐盟無涉，自無	減損歐盟法之自主性。 **理由** 就事前參與制度而言，歐盟法院強調：歐盟法院是否已就系爭議題表示意見，僅得由歐盟法院加以判斷，否則，將造成歐洲人權法院解釋歐盟法院之案例法學，從而減損歐盟法之自主性。為了達成此一目標，歐洲人權法院須確保其將有效且完整地知會歐盟，使得歐盟相關機構得以判斷是否業已就系爭議題表示意見。其次，協定草案與相關說明將事前參

表4-2　總辯官Kokott與歐盟法院意見比較（續）

爭點	總辯官Kokott之意見	歐洲法院判決
	需事前參與制度之發動。同樣的，事前參與制度限於歐盟法院未就系爭個案表示意見，亦無影響歐盟法院權限之疑慮。 解決途徑 係協定草案就事前參與制度之設計主要涵蓋公約合致性之要求，然而，在該協定之解釋文件上則僅限於歐盟措施之有效性，若事前參與制度僅限於歐盟措施之有效性，則忽略歐盟法院主要權限之一乃係歐盟法之解釋。因而，在協定解釋文件中，說明事前參與制度亦涵蓋歐盟法院對於次級立法之解釋即可。	與制度限縮於歐盟次級立法之有效性，而不及於次級立法之解釋，就此，忽略歐盟次級立法解釋在歐盟法秩序之重要性。
共同外交與安全政策之司法救濟	不影響歐盟法之特徵。 理由 歐洲人權法院之判決係屬宣示性質；歐盟可能需負擔相關賠償之執行對於歐盟來說亦無困難；確保歐盟法之自主性之目的在於避免判決歧異之出現，並進而影響歐盟法超國家性質，既然共同外交與安全政策仍維持政府間合作之色彩，而無歐盟法院確保其一致且自主解釋之適用。並無因歐盟法院對共同外交與安全政策僅具有有限之管轄權，而歐洲人權法院享有普遍之管轄權，而影響	影響歐盟法特徵。 理由 強調歐盟法院在此政策之有限管轄權以及歐洲人權法院在此政策之廣泛管轄權。依據其案例法學，歐盟機構之作為或不作為不得由一個非歐盟機構專屬管轄，故歐洲人權法院在共同外交與安全政策之廣泛管轄權，減損歐盟法之自主性，與歐盟基礎條約牴觸。

表4-2　總辯官Kokott與歐盟法院意見比較（續）

爭點	總辯官Kokott之意見	歐洲法院判決
	歐盟法自主性之疑慮。同時，不得因歐盟法院僅具有限之管轄權而執此認為在歐洲人權法院不得享有普遍之司法保障。 **解決途徑** 若歐洲人權法院之判決須重啟歐盟法院之程序，可藉由歐盟法院規約之修正達成，此項修正並無影響歐盟法院功能之疑慮。	

資料來源：作者製表。

一、歐盟權限是否受到影響

就歐盟加入歐洲人權公約後，歐盟權限是否受到影響，總辯官Kokott主要就加入公約是否減損聯盟之權限，是否增加聯盟之權限，以及是否需移轉新權限以因應公約之加入三個議題加以討論。

就第一個議題而言，總辯官Kokott首先指出：固然歐盟加入歐洲人權公約後歐盟在其權限之行使將受到公約之限制，然此項限制乃係個人基本權保障之本質，若歐盟加入公約後在權限行使上仍無任何拘束，將使得歐盟條約課予聯盟加入公約之義務不具任何意義。更何況，就實質面，聯盟在未加入公約之前，公約之實質內容業已藉由歐盟法院之案例法學實質影響歐盟權限。因而，加入公約並未減損歐盟之權限。[54]

其次，歐盟加入歐洲人權公約亦未增加歐盟之權限，就此，總辯官Kokott主要著重聯盟在公約監督機構下參與以及是否產生AETR效果。[55]

---

[54] *View of Advocate General Kokott delivered on 13 June 2014*, paras. 40-42.

[55] 所謂AETR效果，或ERTA效果（因英語或法語簡寫有所差異），係指歐洲鐵路運輸協定判決（Accord européen sur les transports routiers）以及歐盟對外權限之案例法學，在

就前者而言，聯盟參與公約之監督機構，並非當然意味聯盟之權限有所擴張，相反地，聯盟在歐洲人權公約架構下，不管是在議員大會或部長理事會之參與，均為第8號議定書所預見。同時，聯盟在公約監督機構之參與，可能涉及非歐盟或非歐盟會員國之案件，亦未增加聯盟之權限。監督機構之目的，在於所有公約之締約方得以相互監督俾以確保歐洲人權公約外部控制之效果，此項相互監督之目的，事實上乃係歐盟條約課予歐盟加入歐洲人權公約之目的所在。[56]就後者而言，所謂之AETR效果係指歐盟加入歐洲人權公約後，公約成為歐盟法之核心部分，在對外協定可能影響公約執行或公約適用範圍之情形下，聯盟可能因此取得人權領域之對外專屬權限。就此，總辯官Kokott指出，歐盟條約第6(2)條構成AETR案例法之特別法規定，該條規定加入公約不得影響歐盟與會員國間之權限分配，從而，此一AETR效果並不存在。[57]

第三，加入歐洲人權公約亦無需任何新權限之移轉，就此，主要涉及事前參與制度、歐洲人權法院判決之執行以及共同外交政策之人權保障。就事前參與程序，總辯官Kokott指出：事前參與程序雖非歐盟基礎條約所規範之撤銷程序或先行裁決程序，然而，此項程序乃係歐盟法院司法權行使之新態樣，並未為歐盟法院帶來新權限。蓋因歐盟法院之目的在於確保歐盟基礎條約以及聯盟次級立法之一致解釋與執行，同時並確保次級立法未牴觸歐盟基礎條約。事前參與程序之目的亦為確保歐盟次級立法並未牴觸歐盟基礎條約，歐盟基本權利憲章以及歐洲人權公約。事實上，事前參

該案中歐洲法院明白指出，共同體之對外權限並不以明文授權為限。詳言之，對外協定之締結權限，可能源自於條約之明文賦予（例如條約第113條或第114條締結關稅與貿易協定，或第238條締結聯繫協定之情形），亦有可能從條約之條文或共同體在此等條文架構下採取之措施所導出。尤其，當共同體為了執行條約之共同政策而制定共同規則之相關條文時，會員國即無從以個別或共同之方式與第三國簽訂可能影響上開共同規則之國際協定。AETR, paras. 16-17、關於本案，中文文獻請參照鄧衍森，歐洲共同體對外權能，貿易調查專刊，2卷，頁45-61（1997年）。

[56] *View of Advocate General Kokott delivered on 13 June 2014*, paras. 51-52.

[57] *View of Advocate General Kokott delivered on 13 June 2014*, para. 54.

與程序乃係確保歐盟法特徵之必要手段。此外，即令認為事前參與程序涉及新管轄權，依據歐盟法院之既有案例法學，在未影響歐盟法院之必要特徵（essential character）之前提下，歐盟與第三國簽訂之國際條約得賦予歐盟法院特定之管轄權。而由於此項事前參與程序並未影響歐盟法院之必要特徵，亦未涉及憲法變遷，僅需透過一般立法程序更改歐盟法院之規約即可。[58]

就歐洲人權法院判決之執行而言，總辯官Kokott指出，歐洲人權法院之判決係屬宣示性質，因而歐盟將依據其內國法決定是否廢除或修改相關歐盟次級立法，此項廢除或修改與歐盟採取系爭措施之法律基礎相同。同時，歐盟可能需負擔相關賠償，此項判決之執行對於歐盟來說亦無困難。再者，若人權法院之判決須重啟歐盟法院之程序，亦可藉由歐盟法院規約之修正達成，此項修正並無影響歐盟法院功能之疑慮。[59]

就歐盟權限是否受到影響此一議題而言，其關鍵乃歐盟藉由條約締結之方式，增加或減損歐盟之權限，因而迴避授權原則此一憲法原則之規範，依據總辯官Kokott之分析，歐盟加入歐洲人權公約後，並未增加，亦未減損，同時，就歐洲人權公約與歐洲人權法院判決之執行，亦不需條約修正。故整體而言，總辯官Kokott認為歐盟加入歐洲人權公約並未影響歐盟之權限。

二、歐盟法體系之自主性與歐盟法院之專屬管轄

（一）歐盟法之自主性與優越性與公約與憲章第53條

歐盟法院在其案例法學中一再強調，歐盟法體系係一獨立於內國法體系之自主法秩序，藉由此一自主法體系之概念，歐盟法院建立了歐盟法直接效力以及歐盟法優先性之基本原則。同時，基於此一自主法體系之概念，歐盟法院強調其對於歐盟法（不論是基本條約法規範或次級歐盟立法）之專屬管轄，排除了其他國際裁決機構就歐盟法之有效性及解釋加以

---

[58] *View of Advocate General Kokott delivered on 13 June 2014*, paras. 61-76.

[59] *View of Advocate General Kokott delivered on 13 June 2014*, paras. 77-81.

裁決之可能。依據學者Torres Pérez之觀察，歐盟法之自主性可以包含四個面向：首先，歐盟法之有效性並不建立在其他法體系之基礎上，不論是內國法體系或國際法體系，其是否有效主要依據歐盟基礎條約加以考量。其次，歐盟法體系之自主性意味了僅有歐盟有權機關（即歐盟法院）有權就歐盟法之憲法與法律措施將以解釋。第三，歐盟之基礎條約內容修正僅能透過條約之修改之方式為之。最後，歐盟與會員國之權限分配不得由歐盟法院以外之裁決機構為之。[60]學者Craig對於歐盟法之自主性同樣奠基於歐盟法體系係一自主且獨特之法體系，基於此一基礎，強調歐盟法之自主解釋。在此脈絡下，所應考慮者乃係歐盟法院對於歐盟法之解釋權限是否受到歐盟加入歐洲人權公約之影響。其對此持肯定見解：認為在涉及公約權利時，歐盟法院之解釋將受到歐洲人權法院之審查；然而，在涉及憲章權利而不為公約權利所涵蓋之範圍時，歐盟法院仍享有自主權限解釋公約權利之範圍。[61]

　　就歐盟法的優先性與直接效力而言，總辯官Kokott指出：歐盟加入歐洲人權公約後，公約將成為歐盟法之核心部分，由於公約條文具有明確且不附條件之特質，將具有直接效力，並將優於內國立法。然而，較有疑義者乃係公約在歐盟法之法律位階。就形式解釋而言，公約係聯盟締結之國際協定，係屬聯盟機構措施，應低於基礎條約；然而，此一形式解釋忽略公約在歐盟法秩序之特殊重要性。從公約導出之基本人權保障在歐盟法秩序中具有憲法地位，此一事實可以從基本人權構成歐盟法之一般原則得到佐證。同時，歐盟基本權利憲章所保障之權利在其與歐洲人權公約內容一

60　Aida Torres Pérez, *Too Many Voices? The Prior Involvement of the Court of Justice of the European Union, in* The EU Accession to the ECHR 32-33 (Vasiliki Kosta, Nikos Skoutaris, & Vassililis P. Tzevelekos eds., 2014); Christiaan Timmermans, *Some Personal Comments on the Accession of the EU to the ECHR, in* The EU Accession to the ECHR 334 (Vasiliki Kosta, Nikos Skoutaris, & Vassililis P. Tzevelekos eds., 2014).

61　Paul Craig, *EU Accession to the ECHR: Competence, Procedure and Substance,* 36 Fordham Int'l L.J. 1114, 1145 (2013).

致時，公約之要求乃係憲章權利之最低標準。鑑於以上背景，在公約與歐盟基礎條約條文衝突時，應在基本權利與基礎條約之相關條文間取得一平衡點，而由於聯盟加入公約，或將使得此一平衡點逐漸由內部市場之自由流通移向基本權保障。基於此等說明，總辯官Kokott認為聯盟加入公約並未影響歐盟法之優先性與直接效力。[62]

歐盟法院則認為：歐盟加入歐洲人權公約後，公約將成為歐盟法之核心部分，拘束歐盟機構且拘束歐盟會員國。加入公約後，歐盟將接受公約架構下之外部控制機制所審查。同時，依據歐盟法院之案例法學，歐盟加入之國際條約若涉及一法院或法庭之成立，原則上並不牴觸歐盟基礎條約。歐盟得以加入國際條約之權力，自當包含其接受國際條約所成立之機構之決定拘束之權力。然而，歐盟法院之案例法學亦明白指出：歐盟所簽訂之國際條約不得影響歐盟法院之必要特徵，且不得對於歐盟法秩序之自主性造成不利影響。在本案之脈絡下，歐洲人權公約架構下執行機構之決定不得影響歐盟機構就歐盟法內部解釋權限之行使。誠然，歐盟加入歐洲人權公約之目的在於使得歐盟受到外部控制機制所監督，此一外部控制機制本質在於：歐洲人權法院對於公約所為之解釋對聯盟（包含歐盟法院）具有拘束力；歐盟法院對於公約權利之解釋，對於歐洲人權法院則無拘束力，然此項外部控制之本質並不涵蓋歐盟法院對於歐盟法之解釋（其中涵蓋歐盟基本權利憲章）。因而，歐洲人權法院不得審查會員國在歐盟法涵蓋範圍內是否遵守歐盟基本權利之規範。歐盟法院強調，歐盟基本權利憲章第53條規範：憲章之規範不得解釋為限制或影響基於歐盟法、國際法、國際條約或會員國內國憲法所得享有之人權或基本自由。歐盟法院對此條文之解釋係：會員國內國之基本權保障標準不得影響憲章所提供之保障程度，或是歐盟法之優先性、一致性及有效性。同時，歐洲人權公約第53條規定：公約締約方得提供較公約所規範之要求更高之人權保障程度。而公約第53條之規範，應依據憲章第53條之規範加以調和。因而，在公約權利

---

[62] *View of Advocate General Kokott delivered on 13 June 2014*, paras. 197-207.

與憲章權利重疊之範圍內，公約第53條所提供予公約締約方之空間應有所限縮，才能確保憲章所要求之保障程度以及歐盟法之優越性、一致性以及有效性。歐盟法院認為協定草案並無任何條文提供此一保證。[63]

（二）歐洲人權公約第16號議定書

就歐洲人權公約第16號議定書賦予締約方向歐洲人權公約聲請先行裁決而言，總辯官Kokott首先陳明此一議定書並非本次協定草案所涵蓋之範圍，且現亦已有部分歐盟成員國批准上開議定書。若歐盟加入歐洲人權公約，公約將成為歐盟法之核心部分，因而，在會員國涉及公約之解釋，應向歐盟法院聲請先行裁決，就此而言，第16號議定書賦予締約方向歐洲人權法院聲請先行裁決之規定，可能影響歐盟法院之權限。然此項可能之衝突並非僅在歐盟加入歐洲人權公約後方產生，蓋因在歐盟未加入公約前，歐盟會員國即得依據第16號議定書向歐洲人權公約聲請先行裁決，在該聲請裁決之權利內容與歐洲基本權利憲章一致時，亦將間接影響歐盟法院對於該權利之解釋。就此問題之解決，總辯官Kokott認為歐盟運作條約第267條即足已解決此一衝突。蓋依據歐盟法之法律位階而言，基礎條約優於內國立法，此一內國立法包含內國所簽訂之國際條約。因而在涉及歐盟法之議題，會員國法院應向歐盟法院聲請先行裁決，而不應依據公約第16號議定書之規定向歐洲人權法院聲請先行裁決。[64]相對於此，歐盟法院則認為：公約之第16號議定書提供了一個公約締約方向歐洲人權法院聲請先行裁決之機制，雖然本案中並未涉及第16號議定書，但在公約權利與憲章權利重疊時，若歐盟會員國依據第16號議定書向歐洲人權法院聲請先行裁決，可能影響歐盟法之自主性，亦可能藉此迴避歐盟運作條約第267條規定，向歐盟法院聲請先行裁決之義務。[65]

由上述分析，吾人可以得知總辯官與歐盟法院對於第16號議定書賦予公約締約方向歐洲人權法院聲請先行裁決之態度之差異。總辯官Kokott

---

[63] *Opinion 2/13*, paras. 179-190.

[64] *View of Advocate General Kokott delivered on 13 June 2014*, paras. 136-141.

[65] *Opinion 2/13*, paras. 196-199.

認爲歐盟是否加入歐洲人權公約與第16號議定書是否生效，會員國得否因涉及公約之爭議向歐洲人權法院聲請先行裁決無涉。即令歐盟成員國欲依據第16號議定書將涉及歐盟法之公約爭議向歐洲人權法院聲請先行裁決，然由於歐盟基礎條約優先於會員國內國立法（包含會員國簽訂之條約法），歐盟運作條約第267條即足以排除會員國向歐洲人權法院聲請先行裁決之可能。相對於此，歐盟法院則有較大之疑慮，認爲第16號議定書可能減損歐盟法之自主性，會員國並可能迴避其依據歐盟運作條約第267條向歐盟法院聲請先行裁決之義務。學者Korenica與Doli對此認爲：歐盟法院之立場，強調公約第16號議定書與歐盟法先行裁決之程序競爭，認爲第16號議定書之程序，提供予會員國法院一機制，得藉由歐洲人權法院與歐盟法院之競爭，在人權解釋上取得與歐盟法院不同見解之機會。其等認爲，歐盟法院此項見解，漠視了會員國法院基於歐盟法之忠誠義務。況且本諮詢意見本限於加入公約協定，並不及於第16號議定書，歐盟法院就此議題表示意見，實預先限制了歐盟機構之談判空間。[66]學者Eeckhout則認爲：固然歐盟法院關於第16號議定書之見解與歐盟法院之專屬管轄權息息相關，但歐盟法院見解實令人費解，何以在歐洲法秩序中提供了另外一個人權解釋機制，會危急歐盟法院之先行裁判管轄權？[67]

（三）歐盟運作條約第344條與歐盟法院之專屬管轄權

依據歐盟運作條約第344條之規定，會員國承諾就涉及歐盟基礎條約之解釋或執行之爭議，不訴諸於基礎條約所規範機制外之爭端解決機制。同時，依據歐盟法院之向來案例法，在涉及歐盟法之範圍內，歐盟法院就會員國間之爭議具有專屬管轄權。相對於此，依據歐洲人權公約第55條之規定，涉及公約之國與國間之爭端，公約締約方承諾不將該爭端訴諸於公約所規範機制外之爭端解決機制。因而，歐盟運作條約第344條與公約第

---

[66] Fisnik Korenica & Dren Doli, *A View on CJEU Opinion 2/13's Unclear Stance on and Dislike of Protocol 16 ECHR*, 22 Eur. Pub. L. 269, 275 (2016).

[67] Piet Eeckhout, *Opinion 2/13 on EU Accession to the ECHR and Judicial Dialogue: Autonomy or Autarky*, 38 Fordham Int'l L.J. 955, 971-972 (2015).

55條間明顯存在衝突，蓋因歐盟加入歐洲人權公約後，公約將成為聯盟法之核心部分，即令在國際法層次，歐盟會員國間承諾不將公約涉及之爭議訴諸公約機制以外之爭端解決機制；但在歐盟法層次，會員國基於聯盟義務，不應將該爭端訴諸於歐盟法院以外之爭端解決機制。

協定起草者業已意識到此一問題，遂在協定草案第5條規定：歐盟法院之訴訟，並不屬於公約第55條所稱之爭端解決機制。在此一條文之安排下，聯盟加入公約後，歐盟會員國仍可繼續將其涉及歐洲人權公約之爭端訴諸於歐盟法院。然而，就公約是否禁止歐盟會員國將涉及歐洲人權公約訴諸於歐洲人權法院？就此，協定並未有所規範。總辯官Kokott認為聯合國海洋法公約第282條規範歐盟法院之專屬管轄應優先適用於聯合國海洋法公約所規範之爭端解決程序，此一規範或可成為相關立法之參考。然此一規範並非絕對必要，蓋因歐盟所締結之對外協定並不當然涵蓋此一優先條款。同時，執委會得以違反基礎條約為由向歐盟法院提起訴訟，此一機制即得以確保歐盟運作條約第344條之有效性。最後，若歐盟法院認為此一機制仍不足以維護歐盟法院之專屬管轄，歐盟在加入歐洲人權公約時，歐盟與其會員國得發表一具有國際法拘束力之聲明，承諾不將涉及歐洲人權公約之爭端，訴諸於歐洲人權法院。如此一來，即得以維護歐盟法院之專屬管轄權。[68]

就歐盟法院之專屬管轄權部分，歐盟法院強調歐盟運作條約第344條規定：歐盟會員國不得將會員國彼此間涉及歐盟法之爭議，訴諸於歐盟法院以外之爭端解決機制，此乃係聯盟忠誠義務之具體表現，亦係確保歐盟法自主性之重要機制。聯盟加入公約後，公約將成為歐盟法之核心部分，然而，協定草案第5條僅規定歐盟法院中之訴訟，不得視為歐洲人權公約第35條或第55條之爭端解決機制，並未排除歐盟成員國將涉及歐洲人權公約之爭端訴諸於歐洲人權法院，故與歐盟基礎條約有所牴觸。歐盟法院認為：僅有將落於歐盟法範疇之會員國爭端排除於歐洲人權法院之管轄權

---

[68] *View of Advocate General Kokott delivered on 13 June 2014*, paras. 107-120.

時，方符合歐盟基礎條約之規範。[69]

總辯官Kokott與歐盟法院就歐盟法院之專屬管轄採取不同之立場，其主要分歧點在於協定草案是否應比照聯合國海洋法公約第282條就歐盟法院之專屬管轄加以規範，亦即明文規定歐盟法院之管轄權優先於海洋法公約之爭端解決機制管轄權。蓋因歐盟加入歐洲人權公約後，公約將成為歐盟法之核心部分，就歐盟成員國間涉及歐洲人權公約之爭議，即屬歐盟法之爭議，應由歐盟法院加以裁決。就此爭議，是否應比照海洋法公約明文規定：在涉及歐盟成員國間之爭議時，歐盟法院之管轄應優先於歐洲人權法院。

總辯官Kokott認為，此一規範模式或可作為立法參考，但並非所有之歐盟對外協定均有此明文。因此總辯官在結論上認為，執委會在歐盟會員國違反真誠合作義務向歐洲人權法院提出訴訟時，得向歐盟法院提出違約訴訟（infringement proceedings）之威嚇，或在歐盟加入公約時，由會員國發表一集體單方聲明，承諾不將會員國間涉及公約之訴訟，提交於歐洲人權法院，即足以確保歐盟法院之專屬管轄權。相對於此，歐盟法院則採取較為保守之立場，認為協定草案須明文排除歐洲人權法院對於落於歐盟法範疇之會員國爭端之管轄權，方得以確保歐盟法之自主性，以及歐洲法院之專屬管轄權。在2/13諮詢意見中，歐盟法院對於基於歐盟運作條約第344條所來之歐盟法院專屬管轄之解釋，採取較為嚴格之立場。誠然，此一要求可以藉由切割條款（disconnection clause），[70]排除歐盟會員國在公約架構下國與國間爭端解決機制之適用，然此一見解，與歐盟對外關係之長期實踐有所差距。亦即，多數歐盟對外所簽訂之國際協定（例如WTO協定）並未涵蓋此一切割條款，是否意味此類之對外協定之合憲性，將有所質疑。[71]

---

[69] *Opinion 2/13*, paras. 201-214.

[70] Adam Łazowski & Ramses A. Wessel, *When Caveats Turn into Locks: Opinion 2/13 on Accession of the European Union to the ECHR*, 16 Ger. L. J. 179, 197 (2015).

[71] Stian Øby Johansen, *The Reinterpretation of TFEU Article 344 in Opinion 2/13 and the*

三、共同被告制度

就歐洲人權法院前訴訟被告之擇定部分，主要可以分成兩個議題加以討論：非歐盟會員國之公約締約方或個人得以正確地選擇歐盟或其會員國作為被告；歐盟得以充分地防衛其被控違反公約之處。

就前者而言，主要依據共同被告制度加以解決。詳言之，協定草案就歸責機制作一前提性之規範，聯盟僅就其機構、組織、辦公室或官署，或代表上述組織之人所為之行為、措施或不作為負責；相同地，會員國亦僅對於其機構、組織、辦公室或官署，或代表上述組織之人所為之行為、措施或不作為負責。然而，歐盟與會員國間常涉及複雜之權限交錯，歐盟措施之執行常有賴於會員國內國措施，內國立法常係基於歐盟法義務而來。因而，協定草案勾勒兩種共同被告之態樣，分別在案件中涉及公約權利或議定書所規範之權利與歐盟法（包含依據歐盟基礎條約所為之決定）是否相牴觸時，歐盟得藉由訴訟參加而成為共同被告。或是系爭案件涉及歐盟條約或歐盟運作條約或與歐盟基礎條約具有相同效力之法律文件，會員國得藉由訴訟參加成為共同被告。然而是否成為共同被告，歐盟與會員國享有裁量權限，有可能歐盟或其會員國在應參加訴訟時，拒絕參加訴訟。

協定起草者顯然意識到這個問題，因而，藉由歐盟在加入公約時，發表一單方聲明，聲明其將在符合協定草案所規範之條件成就時參加訴訟，此一設計，一方面避免了第三國或個人無法正確擇定被告之風險，另一方面避免課以歐盟參加訴訟之義務而影響歐盟法自主性之疑慮。雖然會員國並未就其應參加訴訟部分發表聲明，總辯官Kokott認為此部分得以藉由真誠合作原則加以解決。蓋因在國際場域中，會員國有義務協助歐盟防衛聯盟之權利，從而，即令會員國未就參加訴訟發表聲明，但不影響第三國或個人正確擇定被告。[72]

就歐盟與其會員國是否得以防衛其被指責違反公約部分，總辯官

Potential Consequences, 16 Ger. L. J. 169, 174-178 (2015).

[72] *View of Advocate General Kokott delivered on 13 June 2014*, paras. 208-220.

Kokott指出：現存制度下，歐洲人權法院並無系統性之公報或電子查詢系統，以利歐盟得以知悉是否有對於歐盟或其會員國之相關訴訟，歐盟加入公約之相關安排應確保歐洲人權法院將告知歐盟及其會員國相關訴訟。同時，在決定是否邀請歐盟或會員國成為共同被告，或是否同意訴訟參加之聲請時，歐洲人權法院享有裁量權，此時可能產生一項風險，亦即歐盟與其會員國無從藉由共同被告制度進行防衛，總辯官Kokott遂認為此一共同被告制度，在條件成就時，歐洲人權法院即應邀請或同意歐盟與其會員國成為共同被告，而不應享有裁量權限。[73]

　　針對共同被告制度，歐盟法院首先指出，此一制度乃係為了填補歐洲人權公約在參與、課責以及執行（participation, accountability and enforceability）上之漏洞，此一漏洞乃係因歐盟之特徵而起。同時，共同被告制度乃係為了實踐歐盟條約第8號議定書之目標，確保非會員國或個人在歐洲人權法院提起訴訟時，指向正確之被告。然而歐盟法院強調，此等目標之追求，須與歐盟法之特徵不相牴觸。歐盟法院接著表示：共同被告之加入可能係出於歐洲人權法院之邀請，或歐盟或會員國之請求。歐洲人權法院之邀請，並不具有拘束力，其主要原因有二：一方面，歐洲人權公約之締約方若聲請人在提出聲請時，未將該締約方列為被告，則該締約方不應被強迫成為被告。另一方面，歐盟與其會員國應有權掛酌成為共同被告之要件是否滿足。基於該要件之審酌，涉及歐盟與會員國之權限分配，以及特定行為與不行為之歸責，究應歸責於聯盟或其會員國。就歐洲人權法院邀請成為共同被告之情形，固然已考量上開因素，在歐盟或會員國請求成為共同被告時，則未為相同之設計。加入公約協定第3(5)條規定，在歐盟或其會員國聲請成為共同被告時，應擬具理由，而歐洲人權法院將就該要件之滿足是否適當加以審查。此時，將涉及歐盟與會員國權限行使之審查，因而，該審查將減損歐盟法之自主性。其次，歐盟與會員國將就違反公約之處負連帶責任，其範圍可能涵蓋會員國在公約架構下予以

---

[73] *View of Advocate General Kokott delivered on 13 June 2014*, paras. 213-235.

保留之範圍，因而影響會員國之既有權利義務，與第8號議定書之要求有所牴觸。最後，在例外情形下，歐洲人權法院得區分歐盟與會員國應負責之比例，此時，亦將涉及歐盟與會員國權限劃分之審酌，從而影響歐盟法之自主性。即使在責任之區分，係經由被告與共同被告之合意下為之，歐盟法院仍強調：歐盟與會員國責任之區分，需依據歐盟法為之，同時，若有審查之必要時，僅歐盟法院有權為之。倘若允許歐洲人權法院確認此項被告與共同被告之合意，無異容任歐洲人權法院取代歐盟法院之地位，裁決一屬於歐盟法院專屬管轄之爭議。基於以上理由，歐盟法院乃認為此一共同被告制度之若干設計，與歐盟基礎條約牴觸。[74]

　　由於歐盟基礎條約法乃係會員國所簽訂之國際條約，而歐盟法（不論是初級法或次級立法）均有賴於會員國之執行，因此，歐盟措施乃至於會員國措施是否違反歐洲人權公約，應受歐洲人權公約審查乃係具有連帶關係。故在加入公約協定草案中，設計一共同被告制度，賦予歐盟或會員國得聲請或經歐洲人權法院裁定加入訴訟，成為共同被告之權利。共同被告制度填補了前述*Matthews*與*Bosphorus*所突顯之規範漏洞。歐盟加入歐洲人權公約後，若出現類似*Matthews*之案例，若涉及歐盟之初級條約法時，受影響之個人除可對會員國提起訴訟外，同時，亦可對歐盟提起訴訟。若個人對歐盟向歐洲人權法院提起訴訟，此時，可藉由共同被告之方式增列會員國為共同被告。在出現類似*Bosphorus*之案例時，會員國在執行歐盟法過程中被認為違反公約義務時，個人得對會員國提起訴訟，此時，並得藉由共同被告之方式增列歐盟為共同被告。因此，共同被告制度之設計，在具體操作上將解決*Matthews*與*Bosphorus*所帶來之規範漏洞。然共同被告之設計，造成是否有獨厚歐盟之疑慮。學者Gragl對此表示否定之見解，認為藉由共同被告之設計，歐盟與其會員國同時成為訴訟之當事人，因而受到訴訟所拘束；同時，共同被告制度之設計乃係填補公約參與、課責與執行機制漏洞所需。[75]

---

[74] *Opinion 2/13*, paras. 215-235.

[75] Paul Gragl, *A Giant Leap for European Human Rights? The Final Agreement on the*

其次，歐盟乃至會員國是否得以加入訴訟，有賴於法院之裁定。因而，此一裁量權之行使是否影響歐盟乃至於會員國之權利，有其爭議。總辯官Kokott乃認為：在協定所規定之要件成就時，歐洲人權法院即應邀請或准許歐盟或成員國加入訴訟程序之請求。就此，歐洲人權法院不應享有裁量權限。然而，共同被告程序除有賴於歐洲人權法院之邀請或准許外，同時，亦有賴於歐盟與會員國之配合。就此，歐盟乃發表一聲明，強調其在於條件成就時即會加入訴訟；相對於此，加入公約協定則無會員國聲明之設計。就此，總辯官認為並不妨礙加入公約協定合致性之規範，蓋因歐盟得藉由內部真誠合作原則之規範，課以會員國加入訴訟之義務，同時，會員國亦可藉由單方聲明之方式，承諾條件成就時將加入訴訟。相對於總辯官之意見，歐盟法院對於共同被告制度則採取保留態度，主要在於對共同被告要件是否符合之審酌，乃至於可能衍生對於歐盟與會員國權限劃分之判斷以及特定行為與不行為之歸責，可能侵害歐盟法院解釋歐盟法之專屬管轄權。此項危險尤其在歐盟或會員國聲請參加訴訟時最為明顯。

就共同被告制度而言，較有爭議者乃係責任之分配問題。原則上，歐盟與會員國就其違反公約義務部分負連帶責任，至於內部責任之歸屬，則依歐盟法規範加以分配。然而，加入公約協定草案規定在例外情形下，歐洲人員法院則就責任之歸屬分配其各自責任。此項責任之分配，有賴對於內部權限歸屬之解釋，因而，總辯官Kokott與歐盟法院均認為此項洲人權法院例外得分配責任歸屬之設計，違反歐盟基礎條約。就此見解不難理解。蓋因歐盟與會員國間權限分配問題，乃是歐盟之重要憲法原則，除應由歐盟基礎條約加以規範外，在疑義產生之際，則應由歐盟法院專屬管轄。故歐洲人權法院例外分配責任歸屬，將涉及歐盟法之權限分配之憲法原則，從而侵害歐盟法院之專屬管轄權。

European Union's Accession to the European Convention on Human Rights, 51 Comm. Mkt. L. Rev. 13, 32 (2014).

四、事前參與程序

總辯官Kokott首先指出：加入歐洲人權公約之附加價值乃在於提供一外在控制機制，同時，藉由肯認歐洲人權法院之管轄權，並可促進歐盟法院與歐洲人權法院之對話。其強調：由於歐洲人權法院之判決係屬宣示性質，公約締約方對於判決之執行享有判斷餘地。原則上歐盟法院對於歐盟法之解釋以及歐盟措施有效性之審查權限不受影響；然而，因為在歐洲人權法院之審查過程中無可避免涉及到會員國法之解釋，基於補充原則且為確保歐盟法院之權限不受影響，乃有事前參與制度之設計。惟是否給予歐盟法院事前參與之機會主要繫諸於歐洲人權法院之裁量，多數情形下，歐盟法院是否業已就該案件表示意見並無疑義，但在少數邊際案件中，僅有歐盟法院得以判別其是否業已就該案件表示意見，因此在有疑義之情形下，應確保歐洲人權法院會開啟事先參與程序，俾令歐盟法院就系爭案件為審酌。[76] 而此項事前參與制度是否足以確保歐盟法院對於歐盟法之解釋以及歐盟措施有效性之審查權限不受影響，其主要爭點為：事前參與制度限於歐盟係共同被告且限於歐盟法院未就系爭個案表示意見者；且該制度僅限於對於歐盟措施與公約合致性加以審查。

就事前參與制度僅限於歐盟係共同被告部分，總辯官Kokott認為並無問題，蓋因若歐盟係屬該案之被告，基於窮盡內國救濟原則，歐盟法院業已就該案表示意見；而若歐盟既非被告也非共同被告，則該案判決結果與歐盟無涉，自無需事前參與制度之發動。同樣的，事前參與制度限於歐盟法院未就系爭個案表示意見，亦無影響歐盟法院權限之疑慮。茲有疑義者乃係協定草案就事前參與制度之設計主要涵蓋公約合致性，但在該協定之解釋文件上則僅限於歐盟措施之有效性，若事前參與制度僅限於歐盟措施之有效性，則忽略歐盟法院主要權限之一乃係歐盟法之解釋。因而，總辯官Kokott認為系爭協定草案若加入適當說明，釐清事前參與制度之歐盟法院解釋權限涵蓋基礎條約以及歐盟次級立法，則協定草案可認為與歐盟基

---

[76] *View of Advocate General Kokott delivered on 13 June 2014*, paras. 180-184.

礎條約不相牴觸。[77]

　　就事前參與制度而言，歐盟法院首先表示：此一制度之設計，除在於確保補充原則之適用外，亦在於確保歐盟司法體系之完善運作。就此而言，事前參與制度之設計乃係爲了符合歐盟條約第8號議定書第2條所規定之確保歐盟權限以及歐盟機構（尤其歐盟法院）權力之行使不受影響。因此，爲達到此一目的，就繫屬於歐洲人權法院之訴訟歐盟法院是否業已表示意見此一問題，僅歐盟法院有權做出認定。同時，歐盟法院之認定，應拘束歐洲人權法院。倘若允許歐洲人權法院自行對此做出認定，無異容許歐洲人權法院解釋歐盟法院之案例法。歐盟法院強調：爲了達成事前參與之制度目標，歐洲人權法院須確保其將有效且完整地知會歐盟，使得歐盟相關機構得以判斷是否業已就系爭議題表示意見。若其結論爲否定，則應確保事前參與程序之開啟。[78]

　　其次，加入公約協定第3(6)條就事前參與程序之設計，強調係賦予歐盟法院就歐盟次級法與公約權利以及歐盟所加入之議定書所保障之權利合致性之審查。而依據協定草案之相關說明，所謂合致性之審查，係指次級立法有效性之審查，或是基礎條約條文之解釋。因而，協定草案與相關說明將事前參與制度限縮於歐盟次級立法之有效性，而不及於次級立法之解釋，就此，忽略歐盟次級立法解釋在歐盟法秩序之重要性。正如同歐盟法院應給予機會以審查基礎條約是否與歐盟加入公約之義務相牴觸，就次級立法之解釋，亦應有相同之適用。歐盟法之解釋（尤其系爭條文可能涵蓋不同合理解釋之情形）有賴歐盟法院之決定，倘若歐盟法院未給予機會做出決定，而歐洲人權法院在審查系爭歐盟法是否與公約牴觸之過程中，在諸多可能解釋中提供特定解釋意見。此項做法，將導致歐洲人權法院侵害歐盟法院對於歐盟法解釋之專屬管轄權。由於事前參與制度，在涉及次級立法之情況下限縮於有效性一種態樣，未提供歐盟法院就次級立法之解釋依據公約權利之精神做出一終局解釋之機會，損及歐盟之權限以及歐盟法

---

[77] *View of Advocate General Kokott delivered on 13 June 2014*, paras. 120-135.

[78] *Opinion 2/13*, paras. 236-241.

院之權力，蓋因該制度未提供歐盟法院就次級立法之解釋，依據公約權利之精神做出一終局解釋之機會。前述二事前參與制度之缺失，未能保障歐盟法之自主性，從而牴觸歐盟基礎條約。[79]

事前參與制度主要係在對於歐盟措施之間接控訴類型下，給予歐盟法院就系爭措施是否違反歐洲人權公約或憲章預先審視之機會，此項設計有認為係為維護歐盟法之自主性而來，亦有學者認為，此項設計主要之正當性基礎乃係來自於補充原則（principle of subsidiarity），[80]亦即，對於人權之保障以及公約合致性之維護主要繫諸於會員國法院，因而，須窮盡內國救濟之後，方得向歐洲人權法院提出訴訟。在間接控訴之類型下，會員國法院可能向歐盟法院聲請先行裁決，亦有可能不向歐盟法院聲請先行裁決，同時，先行裁決之提出個人並無請求權限，先行裁決並不屬於窮盡內國救濟之一環。因此，在間接控訴之類型下，有可能歐盟法院未對系爭歐盟措施是否違反公約或憲章有所審視，而個人即對該歐盟措施之內國執行措施向歐洲人權法院提出訴訟，在此情形下，才有事前參與制度之設計。

然學者對於此項預先參與制度亦有不少批評，首先，事前參與制度給予歐盟法院特殊待遇，易言之，一案件在未經內國憲法法院或最高法院審查時即經由歐洲人權法院審理並非不常見。因此，並無充分理由說明何以間接控訴之類型，即須給予歐盟法院事前參與之機會。[81]學者Lock認為之所以造成歐盟法院在某些情形下可能未就系爭案件是否違反歐洲人權公約表示意見之根源乃係歐盟司法救濟程序之不完備，尤其歐盟法院對於直接訴訟之當事人適格過嚴，因而造成原本應以直接訴訟向歐盟法院起訴之訴訟，卻藉由內國法院先行裁決之方式間接挑戰歐盟法之適法性。因而此項司法救濟程序之不完備，不能成為給予歐盟法院特殊地位得以事前參與之理由。[82]

---

[79] *Opinion 2/13*, paras. 242-248.

[80] Torres Pérez, *supra* note 60, at 35-37; Timmermans, *supra* note 60, at 334.

[81] Torres Pérez, *supra* note 60, at 40-41; Craig, *supra* note 61, at 1127.

[82] Tobias Lock, *End of an Epic: The Draft Agreement on the EU's Accession to the ECHR*, 31

　　其次，亦有學者認為事前參與制度意味著歐盟法院對於接受歐洲人權法院管轄權之猶豫態度。[83]對於事前參與制度是否獨惠歐盟之爭議，學者Eckes強調，此項設計乃係基於歐盟法之特徵而來，蓋因歐盟法主要依賴會員國之執行，而在典型的會員國執行歐盟法之過程中，個人主張會員國法違反人權公約時，將使得歐盟法直接或間接受到審查。同時，由於會員國向歐盟法院聲請先行裁決並非窮盡內國救濟程序所需，基於補充原則之精神，藉由事前參與制度之設計，給予歐盟法院審視歐盟法是否違反公約，並無獨惠歐盟之疑慮。[84]

　　此外，事前參與制度在技術上亦有其過於複雜而難以實踐之處。亦即，在歐盟法秩序內，此一事前參與制度將如何實踐？如何在不修改基礎條約之前提下，使得歐盟法院取得對於事前參與之管轄權？有學者認為得以撤銷訴訟制度之方式為之，然而，撤銷訴訟需在歐盟措施公布後2個月內提出，況且此一撤銷訴訟之聲請人是否限於執委會？或擴及其他歐盟機構？[85]亦有學者主張得由會員國以歐盟法體系外之方式締結一國際條約，藉此國際條約使得歐盟法院取得管轄權，此一做法在歐盟穩定機制（European Stability Mechanism）之案例中曾加以運用。[86]

　　若從事前參與制度是否為確保歐盟法院對於歐盟法之有效性與解釋專屬管轄之不可或缺機制此一面向加以觀察，學者Pérez認為，事先參與機制主要之目的在於確保歐盟法體系之有效性並不附隨於其他法體系，同時確保僅有歐盟法院有權就歐盟法之憲法與法律措施加以解釋，並就其有效性做出裁決。然而，Pérez認為事先參與制度並非確保歐盟法自主性之

Y.B. Eur. L. 162, 182 (2012); *see also* Sionaidh Douglas-Scott, *The European Union and Human Rights after the Treaty of Lisbon*, 11 Hum. Rts. L. Rev. 645, 663 (2011).

[83] Timmermans, *supra* note 60, at 335.

[84] Christina Eckes, *EU Accession to the ECHR: Between Autonomy and Adaption*, 76 Modern L. Rev. 254, 269 (2013).

[85] Torres Pérez, *supra* note 60, at 38.

[86] De Witte, *supra* note 14, at 353-354.

必要條件。就歐盟法之有效性而言，歐洲人權法院並未宣告內國法是否無效，而係確認是否有違反公約之情事存在。即令被宣告違反公約，該內國法並不當然無效，內國法有權決定如何執行公約義務。因而，加入歐洲人權公約並未影響歐盟之專屬權限。其次，內國法在歐洲人權法院中被視為事實而非法律，歐洲人權法院係依據內國法院對於相關法律之解釋藉以審查系爭法律是否違反公約，歐洲人權法院並未對內國法進行解釋，亦無影響歐盟法解釋之自主性之疑慮。[87]

就此事前參與制度，總辯官Kokott與歐盟法院均肯認其維護歐盟法院專屬管轄權之價值，然總辯官與歐盟法院就協定草案是否違反歐盟基礎條約法規範見解不一，其中主要爭論點在於：協定草案就事前參與制度僅規範歐盟基礎條約或次級立法之有效性，而未觸及基礎條約與次級立法之解釋。就此一立法疏漏，歐盟法院認為應於協定文本中加以規範，而總辯官Kokott則認為在相關說明中加以釐清即可。就兩者立場而言，並無根本差異，就應採取措施部分，歐盟法院所採取之立場較總辯官來的嚴格。此外，歐盟法院並強調：是否就系爭案件業已表示意見，此一決定應由歐盟法院自行加以判斷，因而，歐盟法院強調歐洲人權法院應建立一套完善之體系，完整且有效地知會歐盟，俾使歐盟法院得以判斷繫屬於歐洲人權法院之案件，歐盟法院是否曾加以表示意見。此項見解，與前述歐盟法體系之自主性息息相關，歐盟法院認為：僅有其有權對於歐盟法之相關訴訟程序加以決斷。

五、相當保障與公約合致性之推定

如前所述，在*Bosphorus*一案中，歐洲人權法院對於歐盟會員國執行歐盟法所為之內國執行措施，在會員國並無裁量權限之情形下，認為因歐盟法秩序之人權保障已達到與歐洲人權公約相當之程度，遂推定會員國執行歐盟法之內國措施與公約合致。因而，歐盟加入歐洲人權公約之一項重大爭議在於：*Bosphorus*一案所立下之基於歐盟法秩序之人權保障與歐洲

---

87 Torres Pérez, *supra* note 60, at 33-34.

人權公約之人權保障程度相當，所導出公約合致性之推定，此一推定在歐盟加入歐洲人權公約後是否仍屬有效？就此問題，協定草案並未予以規範，終將由歐洲人權法院就此案例法學予以重新檢視，此時，歐洲人權法院面臨兩難：一方面，公約合致性之推定乃係基於歐盟法作為獨特法體系（sui generis），以及歐盟法體系長期對於人權保障而來，若歐盟加入歐洲人權公約後，反而喪失其人權保障與歐洲人權公約體系相當之地位，無非意味加入歐洲人權公約無益於歐盟人權保障之提升；另一方面，若歐盟加入歐洲人權公約後，歐洲人權法院仍依據相當保障之案例法學，推定歐盟措施乃至於會員國在無裁量權限之內國執行措施之公約合致性，此時，加入歐洲人權公約之目的將蕩然無存。[88]

就此議題國際人權法知名學者De Schutter認為可將*Bosphorus*之見解予以一般化。亦即，若特定公約締約方之內國保障達到與公約所要求之人權保障相當之程度，即得享有公約合致性之推定，藉此一般化*Bosphorus*見解之方式，亦可避免給予歐盟特殊待遇之質疑，同時也可落實補充原則之精神。[89]然而，此一般化*Bosphorus*見解之主張，亦有可能弱化歐洲人權法院保障公約締約方人權之實效。詳言之，若歐洲人權法院認定公約締約方之內國人權保障與公約之要求相當，因而推定內國措施之公約合致性，如此一來，歐洲人權法院將淪為虛設，無從落實其保障歐洲境內基本人權之任務。權威歐盟法學者Craig則表示：在歐盟加入歐洲人權公約後，歐盟在公約下之權利義務乃至於歐洲人權法院對於歐盟法之審查，應與其他公約締約方一致，不應對於歐盟有特殊待遇。[90]學者Lock採取相同之見解，認為*Bosphorus*案例主要奠基於歐洲人權法院對於歐盟法院之禮讓，歐洲人權法院對於歐盟法院表示適當程度之尊敬，藉以回報歐盟法

---

[88] Douglas-Scott, *supra* note 82, at 663.

[89] Olivier De Schutter, *Bosphorus Post-Accession: Redefining the Relationships between the European Court of Human Rights and the Parties, in* The EU Accession to the ECHR 177 (Vasiliki Kosta, Nikos Skoutaris and Vassilis P. Tzevelekos eds., 2014).

[90] Craig, *supra* note 61, at 1140.

院對於歐洲人權法院既有人權案例法學之接受。一旦歐盟加入歐洲人權公約，此二原因即無其正當性，因而，*Bosphorus*案例所衍生之合致性推定，應無繼續維持之必要。[91]

六、公約權利與憲章權利之關係

就歐盟法體系人權保障之歷程而言，向來有內化歐洲基本權利憲章，以及對外接受歐洲人權公約控制兩項取向。憲法條約以及其後之里斯本條約決定兩取向並進，[92]因而對於歐洲人權保障體系造成一道難題：公約權利與憲章權利之關係如何。詳言之，歐盟在加入歐洲人權公約後，歐洲人權公約依據歐盟法院之向來見解，成為歐盟法體系之核心部分。因而，在符合直接效力與優先性之要件下，得於會員國法院中享有優先於會員國法，並得對於個人發生直接效力。同時，歐盟條約第6(1)條規定，基本權利憲章享有與歐盟基礎條約相同之法拘束力。而依據憲章第51(1)條規定，憲章對於會員國之適用僅限於會員國執行聯盟法之情形下。[93]就此條文而言，產生一解釋之問題，亦即何謂「執行聯盟法」？再者，憲章第52(3)條規定：若憲章涉及與公約相對應之權利時，其意義以及範圍應與公約所界定之意義與範圍相同。然而，此並不妨礙聯盟提供更進一步之保

---

[91] Tobias Lock, *EU Accession to the ECHR: Implications for the Judicial Review in Strasbourg*, 35 Eur. L. Rev. 777, 797-798 (2010); *see also* Norreen O'Meara, *"A More Secure Europe of Rights?" the European Court of Human Rights, the Court of Justice of European Union and EU Accession to the ECHR*, 12 Ger. L. J. 1813, 1828 (2011).

[92] John Morijn, *Kissing Awake a Sleeping Beauty? The Charter of Fundamental Rights in EU and Member States' Policy Practice, in* The EU Accession to the ECHR 123-124 (Vasiliki Kosta, Nikos Skoutaris and Vassilis P. Tzevelekos eds., 2014).

[93] European Charter of Fundamental Rights. Art 51(1): *The provisions of this Charter are addressed to the institutions, bodies, offices and agencies of the Union with due regard for the principle of subsidiarity and to the Member States only when they are implementing Union law. They shall therefore respect the rights, observe the principles and promote the application thereof in accordance with their respective powers and respecting the limits of the powers of the Union as conferred on it in the Treaties.*

障。[94]依據此一條文，在憲章權利與公約權利相對應時，歐洲人權公約僅係憲章權利之最低標準，此時，產生之困難在於：公約係一具有生命之國際法文件，其權利概念將因歐洲人權法院之解釋逐漸演進，如何確保歐盟法體系就公約涵蓋權利適時反應歐洲人權法院之見解，乃係歐盟法所面臨的第一個難題。[95]其次，若公約權利已為憲章權利所涵蓋，在歐盟法之運作上是否仍有另行引用公約權利之必要？就此問題，在會員國法院之實踐上將更為複雜，蓋因涉及公約基於歐盟對外協定之身分而成為歐盟法、公約基於會員國本身之國際協定而拘束會員國，以及憲章基於第51(1)條之規定，會員國在執行聯盟法時，亦受到公約之拘束。

在2/13諮詢意見中，歐盟法院試圖連結公約憲章第53條與公約第53條所賦予歐盟成員國採取更高程度之人權保障之空間，調和人權保障與歐盟法之優越性、一致性與有效性。詳言之，公約第53條賦予歐盟成員國採與公約更高程度之人權保障；同時，憲章第53條也規定憲章之規範不得妨礙會員國基於內國法或國際義務採取更高層度之人權保障。然而，歐盟法院在2/13諮詢意見第188段中援引其在*Melloni*一案之案例法，認為憲章第53條應解釋為：會員國內國基本權之保障不得妨礙憲章權利之保障程度，或是歐盟法之優越性、一致性與有效性。[96]藉由此案例，歐盟法院將憲章所規範之人權程度解釋為包含歐盟法之優越性、一致性與有效性，更在2/13諮詢意見中認為公約第53條提供與會員國之較高保障程度亦應受到憲章第

---

[94] European Charter of Fundamental Rights. Art 52(3): *In so far as this Charter contains rights which correspond to rights guaranteed by the Convention for the Protection of Human Rights and Fundamental Freedoms, the meaning and scope of those rights shall be the same as those laid down by the said Convention. This provision shall not prevent Union law providing more extensive protection.*

[95] Craig, *supra* note 61, at 1149; *see also* Wolfgang Weiß, *Human Rights in the EU: Rethinkg the Role of the European Convention on Human Rgiths after Lisbon*, 7 Eur. Const. L. Rev. 64, 69-74 (2011).

[96] Case C-399/11, *Stefano Melloni v Ministerio Fiscal*, Reference for a preliminary ruling: Tribunal Constitucional – Spain, [2013] ECR 107.

53條之節制。此項解釋顯有其不妥之處，蓋因憲章之目的在於人權保障，而不在於歐盟法之優越性、一致性與有效性。故藉由歐盟法優越性、一致性與有效性之強調，排除會員國採取高於憲章之保障程度與憲章之精神顯有牴觸。基於此錯誤之案例法，更進而排除會員國援引公約第53條給予會員國人民更高程度之人權保障，亦與聯盟加入公約之目的不符。更何況歐盟法院之見解，將實質上排除公約第53條在歐盟以及其會員國間之適用，成為日後談判之重大挑戰。[97]究其論理，歐盟法院仍以歐盟法之優越性、一致性或有效性為其主要考量，因而，在會員國較高程度之人權保障與歐盟法之優越性、一致性或有效性之價值取捨間，歐盟法院似偏向後者。[98]

七、共同外交與安全政策之司法救濟

歐盟加入歐洲人權公約的另一個爭議問題乃在於聯盟之共同外交與安全政策，其在歐盟法體系內僅於歐盟運作條約第263(4)條，賦予歐盟法院審查歐盟基於共同安全與外交政策所為之限制性措施有效性之權限。就此產生兩項問題：一方面歐盟加入公約後，所有聯盟措施（包含共同外交與安全政策）將受到歐洲人權法院之審查，而聯盟之司法救濟是否符合公約公平審判權（right to fair trial）或有效司法救濟之要求（effective judicial remedy）；另一方面，在歐盟法架構下，歐盟法院不具對共同外交政策措施之管轄權，歐洲人權法院則享有對此議題之管轄權，從而產生是否影響

---

[97] Łazowski & Wessel, *supra* note 70, at 190-191.

[98] 學者Halberstam對此則採取不同意見，其認為在歐盟法脈絡下，會員國不得藉由其主張較高程度之人權保障，從而脫免其執行歐盟法之義務。此項見解不因憲章第53條規範之制定而有所改變。亦即，憲章第53條提供會員國得賦予其國民更高程度之人權保障，此條件在於歐盟法規範架構下，並未授權會員國援引第53條從而排除歐盟法義務之執行。相同的，公約第53條雖然提供公約締約方雖然規範公約不排除締約方就其內國國民提供較高程度之人權保障，然而，若公約締約方原本即未提供較高程度之人權保障，並不因此一條文之存在，即取得執行較高人權保障措施之法律基礎。Daniel Halberstam, *"It's Autonomy, Stupid!" A Modest Defense of Opinion 2/13 on EU Accession to the ECHR and the Way Forward*, 16 Ger. L. J. 105, 124-125 (2015).

歐盟法自主性之爭議。

在共同安全與外交政策領域，歐盟法院之權限僅限於歐盟條約第40條之規定，要求共同安全與外交政策不得影響聯盟基於歐盟條約第3條到第6條（即原共同體支柱）之權限；以及歐盟運作條約第263(4)條，課以歐盟法院審查歐盟基於共同安全與外交政策所為之限制性措施有效性之要求。歐盟法院在共同外交與安全政策之有限管轄權，若不符合人權公約有效司法保障之要求，歐盟將不得加入歐洲人權公約，同時，歐盟與歐洲人權公約之人權保障將產生一項漏洞，因而違反歐洲人權憲章第52(3)條人權保障均質性要求。

就此項議題，執委會主張就歐盟法院之管轄權做較寬鬆之解釋，因而，歐盟法院得以在共同外交與安全政策之其他議題上亦取得管轄權。然此項主張不被總辯官Kokott所採，蓋此主張違反原則與例外，而例外應從嚴解釋之要求，同時，藉由擴張歐盟法院之權限將違反授權原則之規範。總辯官Kokott認為：不論歐盟機構或會員國都無法逃避其措施應依據作為聯盟憲法文件之基礎條約加以審查之主張，並不當然意味歐盟法院將取得所有議題之管轄權。蓋因，就確保聯盟或會員國措施未牴觸基礎條約之義務上，會員國法院與歐盟法院負有相同義務。在歐盟法院未取得對於共同外交與安全政策之其他議題之管轄權時，會員國法院則仍保有其管轄權，此項解釋方符合授權原則之要求。同時，依據歐盟條約第19(1)條之規定，在所有歐盟法所涵蓋事務範圍內應提供有效保障。因此，在歐盟法院無管轄權之範圍內，有效司法保障之義務將落於會員國法院身上，會員國法院應依據歐盟基礎條約之規範，審查系爭共同外交與安全政策之措施。而由於在此領域中，歐盟法院並未取得專屬管轄權，且歐盟法院亦不具有先行裁決之權限，會員國法院在審查後，拒絕適用系爭共同外交與安全政策之次級立法，並未與歐盟法院之專屬管轄牴觸。[99]基於此歐盟法院與會

---

[99] 總辯官Kokott更進一步指出：固然在共同外交與安全政策領域，歐盟法院不具有專屬管轄，亦無先行裁決之權限，此項限制將使得歐盟法院無法確保歐盟法之一致解釋與執行。然而，此項限制乃係條約制定者決定將共同外交與安全政策持續置於政府間合

員國法院共同確保共同外交與安全政策與歐盟基礎條約合致之理解，總辯官Kokott因而認為不需條約修正，歐盟即得加入歐洲人權公約。[100]

詳言之，總辯官Kokott首先肯認歐盟法院與歐洲人權法院對於共同外交與安全政策管轄權之歧異。亦即，歐盟法院對於共同外交與安全政策僅限於特定議題方具有管轄權，然而，歐洲人權法院則對於共同外交與安全政策具有普遍之管轄權，此一事實是否影響歐盟法之特徵，總辯官Kokott對此持否定之見解。總辯官Kokott認為確保歐盟法之自主性之目的在於避免判決歧異之出現，進而影響歐盟法超國家性質，既然共同外交與安全政策仍維持政府間合作之色彩，而無歐盟法院確保其一致且自主解釋之適用。當無因歐盟法院對共同外交與安全政策僅具有有限之管轄權，歐洲人權法院享有廣泛之管轄權而影響歐盟法自主性之疑慮。同時，不得因歐盟法院僅具有限之管轄權而執此認為在歐洲人權法院不得享有廣泛之司法保障。[101]相對於總辯官之開放立場，歐盟法院則強調歐盟法院在此政策之有限管轄權以及歐洲人權法院在此政策之普遍管轄權。歐盟法院指出，依據其案例法學，歐盟機構之作為或不作為不得由一個非歐盟機構專屬管轄，因而，歐洲人權法院在共同外交與安全政策之普遍管轄權，減損歐盟法之自主性，與歐盟基礎條約牴觸。[102]

就歐盟之共同安全與外交政策之司法保障，是否符合公約之要求而言，總辯官強調會員國司法救濟之重要性。在此脈絡下，即令歐盟法院並未就共同外交與安全政策提供全面性之司法救濟，但受措施影響之個人仍得向會員國法院聲請司法救濟，就此而言，歐盟之共同外交與安全救濟，並未違反公約公平審判權或有效司法救濟之要求。而依照此一脈絡，因歐盟法院並不具共同外交與安全政策之管轄權，若個人向歐洲人權法院聲請

作脈絡下所自然衍生之結論，超國家脈絡之歐盟法院對此之管轄權自然有所限縮。
View of Advocate General Kokott delivered on 13 June 2014, para. 100.

[100] *View of Advocate General Kokott delivered on 13 June 2014*, paras. 82-103.

[101] *View of Advocate General Kokott delivered on 13 June 2014*, paras. 184-195.

[102] *Opinion 2/13*, paras. 249-257.

救濟，並無判決歧異之危險，因而，無危及歐盟法自主性之可能。然而，此項論述並不為歐盟法院所接受，歐盟法院強調在歐盟法院不具有管轄權之共同外交與安全政策，歐洲人權法院亦不應具有管轄權。歐盟法院此項見解實質上將導致共同外交與安全政策將排除於公約之保障。就人權保障，共同外交與安全政策原本得藉由會員國法院，而後向歐洲人權法院聲請救濟，在聯盟加入公約之後，反而無從向歐洲人權法院聲請救濟，使人權保障反而更加惡化。就此，總辯官Kokott採取較為功能性之立場，既然無判決歧異之風險，即無危及歐盟法自主性之可能；相對地，歐盟法院似採取較為形式之觀點，凡涉及聯盟之政策，若歐盟法院不具有管轄權，則歐洲人權法院即不應具有管轄權。

然而，歐盟法院之見解，實與歐盟加入歐洲人權公約之最初目的有違，因為公約之加入，個人反而無從就共同外交與安全政策之措施，向歐洲人權法院聲請救濟。若從人權保障之角度觀察，依據加入公約協定之規範，歐盟加入公約後，歐盟之共同外交與安全政策將受到歐洲人權法院之審查，此實有助於歐盟人權保障之提升。[103]學者Peers即認為，歐盟法院強調歐盟法之特徵以及自主性，但卻忘了歐盟存在之目的以及歐盟所欲追求之歐洲價值，此一歐洲價值之核心即人權保障。若依據歐盟法院之見解，共同安全與外交政策將無從獲得歐盟法院以及歐洲人權法院之司法救濟，實有違於歐盟所欲追求之歐洲價值。[104]從而，歐盟所應思考者，乃係如何完善共同外交與安全政策之司法審查，而非以歐盟法院對此政策無管轄權為由，認為加入公約協定違反歐盟法，方無違里斯本條約課予歐盟加入公約之義務本旨。

---

[103] Eckes, *supra* note 84, at 282-283.

[104] Steve Peers, *The EU's Accession to the ECHR: The Dream Becomes a Nightmare*, 16 Ger. L. J. 213, 221 (2015).

伍、抵達史特勞斯堡的最後一哩路

本文探討歐盟加入歐洲人權公約所產生之相關法律問題，分別析述里斯本條約生效前以及里斯本條約生效後之發展。同時，探究歐盟加入公約協定出爐後，歐盟法院2/13諮詢意見中總辯官與歐盟法院之見解。基於以上分析，本文進而討論歐盟加入歐洲人權公約有待解決之難題。

歐盟加入歐洲人權公約早於共同體時代即有所討論，其主要目的在於強化共同體之人權保障，以回應會員國憲法法院之人權挑戰。其次，則係藉由人權保障，強化共同體之治理正當性。然而，共同體加入公約之法律基礎，在2/94意見中遭到歐洲法院否定，歐洲法院認為共同體條約並無共同體加入歐洲人權公約之法律基礎，同時，共同體條約第235條之補充權限並不足以支撐共同體此一更改共同體憲法架構之加入公約行為。因而，憲法條約以及里斯本條約乃賦予歐盟加入歐洲人權公約之權限，同時並課予聯盟加入公約之義務。基於此一法律基礎，聯盟乃與公約締約方進行加入公約談判，一方面公約在第14號議定書中加入歐盟加入公約之法律基礎，另一方面在47+1談判之架構下達成加入公約協定草案之談判。草案中，對於歐盟之超國家組織特質有所規範，另一方面，就具體義務而言，做出事前參與程序、共同被告等特別制度設計，以規範聯盟在公約架構下以及歐洲人權法院前訴訟程序之進行。

此一協定簽訂後，仍有待於歐盟與公約締約方完成其內國法程序。然而，另一個重要之程序乃係歐盟法院須依諮詢意見程序審查加入公約協定與歐盟基本條約之合致性。歐盟法院遂於2/13諮詢意見中認為：加入公約協定與歐盟基本條約牴觸，未經條約修正程序，歐盟不得加入歐洲人權公約。在此意見中，總辯官Kokott持與歐盟法院不同之立場，總辯官對於歐盟法秩序與歐洲人權公約法秩序之態度較為開放，相對於此，歐盟法院則較為強調歐盟法秩序之自主性。基於此一根本差異，總辯官乃認為僅需細部調節則可肯認加入公約協定之合致性，歐盟法院則認為須重新進行談判。

固然歐盟在歐洲基本權利憲章通過後，歐盟之人權保障體系日益完整，然而，此項憲章權利為依據，以歐盟法院為審查主體的人權保障體系並非完美，其一，任何權力之行使，都有其濫用之可能，即令歐盟法院亦不例外，因而，提供一外部審查機制，審查歐盟法院之判決，並進而促進兩個法院在人權議題之對話以及競爭，乃是提升歐洲人權保障之重要取徑。其次，歐盟法體系內之人權保障，仍有其不足之處，尤其在共同安全與外交政策領域，歐盟法院之管轄權僅限於歐盟運作條約第263(4)條之限制性措施，在其他議題上，個人仍無從對歐盟之共同外交與安全政策向歐盟法院聲請救濟。因而，賦予歐洲人權法院得以就此共同安全與外交政策之措施予以審查，乃是完善化歐洲人權保障之契機。從以上角度觀察歐盟法院之見解，歐盟法院似有過度強調歐盟法秩序自主性之嫌，蓋因歐盟法加入歐洲人權公約之主要目的乃在於接受歐洲人權公約法秩序進入歐盟法秩序，而歐盟法秩序受到歐洲人權公約法秩序之節制。此時，歐盟法院應審酌之重點在於加入公約是否有強化歐盟法秩序之人權保障，而非強調歐盟法之自主性、一致性或有效性。

在2/13諮詢意見之後，歐盟與歐洲人權公約之重啟談判在所難免。歐盟加入歐洲人權公約的最後一哩路仍有待克服。依據學者Peers的歸納，歐盟法院對於加入公約協定所應修訂者，涵蓋程序以及實質面向，共有以下幾項：

確保在歐盟業已調和法律規範之範圍內，歐洲人權公約第53條未賦予會員國提供較高之人權保障；

確保歐盟加入公約並未影響司法、內政以及難民領域的共同信任；

確保公約第16號議定書之適用，並未影響歐盟之先行裁決制度，若有必要，並應排除在歐盟法議題該議定書之適用；

明確規定歐盟成員國不得將成員國間之爭議，訴諸於歐洲人權法院；

確保在共同被告制度下，歐洲人權法院對於當事人適格之判斷，並未涵蓋對於歐盟法之解釋；

確保歐盟與成員國間之連帶責任，並未影響會員國對於公約所爲之保留；

排除歐洲人權法院就歐盟與會員國間責任分配加以裁決；

確保僅有歐盟機構得以判斷歐盟法院是否已對系爭議題進行審查；

明確規定歐盟法院在事前參與程序中，歐盟法院之管轄除涵蓋歐盟措施之合法性外，並應涵蓋歐盟措施之解釋。

　　排除歐洲人權法院就共同安全與外交政策之管轄權。[105]就此十項爭議而言，在技術面上，歐盟與公約締約方之談判或許可以解決部分法律問題，同時，在憲法層次上里斯本條約課予歐盟加入公約之憲法義務。然此項義務並未拘束其他公約締約方，因而，歐盟法院設下此一清單要求歐盟在加入公約談判上須一一達成，是否能得到其他公約締約方之同意，仍在未定之天。綜觀總辯官與歐盟法院立場之差異，吾人可以發現：歐盟法院對於歐盟法之自主性採取較爲封閉（closed）乃至於自給自足（self-contained）之態度，同時，對於其專屬管轄態度較爲防衛。總辯官對於歐盟法國際法體系則採取較爲開放之態度，而對於歐盟法院之專屬管轄權則較爲彈性。此項議題涉及歐盟法與國際法體系間關係之根本問題，亦即，歐盟法是否獨立於國際法體系成爲一自給自足之法體系？

　　而自給自足之國際法體系，意謂基於其功能分工進而成爲自主且獨立於一般國際公法體系。此項自給自足之國際法體系概念，首先見諸於1980年國際法院在*Tehran Hostages*一案中認爲，國際外交保護法構成一自給自足之體系。[106]此項概念並於聯合國國際法委員會在其國家責任

---

[105] *Ibid.* at 217.

[106] According to ICJ: *The rules of diplomatic law, in short, constitute a self-contained regime which, on the one hand, lays down the receiving State's obligations regarding the facilities, privileges and immunities to be accorded to the diplomatic missions and, on the other, foresees their possible abuse by Members of the mission and specifies the means at the disposal of the receiving State to counter any such abuse. These means are by their nature,*

報告（Reports of the International Law Commission Study Group on State Responsibility）中進一步演繹。而依據此一國家責任報告之內容，國際法院法官Simma則對於歐盟法是否構成自給自足之法體系持反對見解。[107]而國際法委員會在國際法之碎裂化之報告（Report of the Study Group of the International Law Commission on Fragmentation of International Law）[108]中指出：自給自足之國際法體系可以分成兩種類型，就狹義而言，係指該體系具有特殊之次級法規範國家違反國際義務時所衍生之國家責任。就廣義而言，則指一國際法體系就初級法規範或次級法規範，因其獨特性得以自外於一般國際公法體系。[109]就歐盟法而言，因歐盟法會員國違反歐盟義務具有特殊之國家責任規範，同時，歐盟法被認為係一獨特之自主法體系，從而歐盟法體系常被認為係一自給自足之國際法體系。而依據Simma和Pulkowski之觀察，一般國際法學者從普遍性的角度出發，通常反對自給自足體系之存在；而特定領域之國際法學者，例如歐盟法學者則易從歐盟法之特殊性出發，主張歐盟法之特殊性，從而認為歐盟法係一自主自足之法體系。[110]

　　依據此一分析，或可認為總辯官Kokkot就歐盟法與歐洲人權公約法之關係，抱持一較為開放之立場，相對於此，歐盟法院則採取較為封閉之立場，似有認為歐盟法係一自給自足法體系之傾向。但亦有學者認為總辯官與歐盟法院立場之差距並未如外界想像中大，亦即，總辯官所採取之立場是在符合其所列出之條件下，加入公約協定草案並未違反歐盟基礎條

entirely efficacious. (*States Diplomatic and Consular Staff in Tehran*, ICJ Reports, 38 [1980].)

[107] Bruno Simma, *Self-Contained Regimes*, 16 Neth. Yrbk. Int'l. L. 111, 118-135 (1985).

[108] Fragmentation of International Law: Difficulties arising from the Diversification and Expansion of International Law, Report of the Study Group of the International Law Commission, A/CN.4/L.682, 13 April 2006 (hereinafter *ILC Report*).

[109] *ILC Report*, para. 128.

[110] Bruno Simma & Dirk Pulkowski, *Of Planet and the Universe: Self-Contained Regimes in the International Law*, 17 Eur. J. Int'l. L. 483, 490-491, 495 (2006).

約；相對於此，歐盟法院採取的立場是，違反歐盟基礎條約規範，除非其所指出之特定條件予以滿足。[111]從這個角度加以觀察，歐盟是否得以順利加入歐洲人權公約，則只需靜待條件之滿足。

　　然而，吾人須審慎觀察者乃係：是否因為歐盟法院之見解，實質上將導致歐盟人權保障之下降，其中尤以共同外交與安全政策以及司法、內政與難民政策領域最為嚴重，以此條件下加入歐洲人權公約，實無其價值可言。[112]此項發展，似乎反映歐盟法院之自我定位，歐盟法院所關心者，毋寧是成為一個捍衛歐盟法秩序之最高法院，而非成為一個職司人權保障之人權法院。由於歐盟法院在歐盟加入歐洲人權公約議題上，扮演著守門人的角色，若歐盟法院堅持其立場，則歐盟加入歐洲人權公約之議定書無可避免地將排除歐洲人權法院對於共同外交與安全救濟政策之管轄權，因而，共同外交與安全政策之司法救濟，將回到會員國法院，此時，則是 *Bosphorus* 所為相當保障原則受到挑戰之時，蓋會員國並未證明其執行共同安全與外交政策尚無任何裁量權限，同時，歐盟法院賦予歐盟人民與歐洲人權公約相當人權保障之推定將受到質疑或推翻，故此時受共同外交與安全政策所影響之個人，將得以會員國為被告，向歐洲人權法院提出訴訟。

---

[111] Halberstam, *supra* note 98, at 115.

[112] Peers, *supra* note 104, at 222; *See also* Tobias Lock, *The future of the European Union's Accession to the European Convention on Human Rights after Opinion 2/13: Is it still Possible and Is it still Desirable?*, 11 Eur. Const. L. Rev. 239 (2015).

Chapter 5　歐盟作爲規範性權力：以國際刑事法秩序之建立爲例

壹、前言

　　1998年，羅馬會議（Rome Conference）之召開，以及其後羅馬規約（Rome Statute）之通過，乃至於國際刑事法院（International Criminal Court, ICC）之建立，係國際刑事法秩序之重要里程碑。國際刑事正義之追求，或可溯及二次世界大戰後紐倫堡大審（Nuremburg Tribunal）以及遠東（東京）國際軍事法庭（The International Military Tribunal for the Far East），近則可以見諸於前南斯拉夫聯邦刑事法庭（International Criminal Tribunal for the former Yugoslavia〔ICTY〕，下稱前南法庭），或是盧安達刑事法庭（International Criminal Tribunal for Rwanda〔ICTR〕，下稱盧安達法庭）。羅馬規約之通過以及國際刑事法院之肇建，乃結合過去近50年來國際刑事規範之發展，予以條約法化。此外，該法院之常設性質，亦有別於前南法庭與盧安達法庭係非常設（ad hoc）性質。就此，羅馬規約之通過以及國際刑事法院之建立，對於國際刑事法秩序之發展與國際刑事正義之實踐，有其歷史意義。

　　羅馬規約第125條規定，該規約應開放予主權國家（States）簽署，[1]並得由主權國家加入該規約。[2]因而，羅馬規約之締約主體本即限於主權國家，而歐洲聯盟（European Union〔EU〕，下稱歐盟）作爲一個區域經濟整合組織（Regional Economic Integration Organisation, REIO），既無法

---

[1]　Rome Statute, art. 125(1).

[2]　Rome Statute, art. 125(3).

於羅馬會議召開時簽署該規約，亦無從事後加入。[3]衡情之常，即應認歐盟對於羅馬規約之制定、國際刑事法院之肇建，乃至於國際刑事法秩序之維護並無任何置喙或插足之處。然而，與此設想相反，歐盟實係上開羅馬規約之簽訂、國際刑事法院之建立，乃至於國際刑事法秩序維護之重要推手。此項原因主要可歸諸於歐盟條約（Treaty on European Union, TEU）第21條對於歐盟對外行動目標之導引與原則之規範，亦可見諸於歐盟試圖在國際場域創造一個迥異於美國之獨特身分認同（identity），從而建立一個有別於美國觀點下之國際秩序。由於刑事法規範具有高度規範性色彩及主權意涵，本文試圖藉由分析歐盟在國際刑事法秩序之建立所扮演的角色，分析歐盟如何由經濟整合、外溢至非經濟且具有高度主權意涵之刑事議題，並藉由國際刑事秩序之建立，強化其「歐盟作為規範性權力」（EU as a normative power）之本質，[4]以及其對於歐盟條約第21條之實踐。

基於此脈絡，本文擬從「歐盟作為規範性權力」的角度出發，探討歐盟如何藉由雙邊與多邊之場合，促進國際刑事法規範之建立，以強化其在國際場域之角色，並建立與美國主導之國際關係迥異之國際法秩序。本文在行文安排上，將於第貳節部分，分析歐盟在刑事議題上之權限發展，釐清歐盟對外行動之目標與原則，進而探討歐盟作為一個規範性權力之論述內涵。在此基礎上，本文進一步探討在國際刑事法院成立之前，歐盟在盧安達法庭及前南法庭之角色；其次，探討歐盟在羅馬規約之生效與國際刑

3　相較於此，歐盟在氣候變化綱要公約之參與上則有些許差異，在協商伊始，歐盟雖非談判方之一員，但於談判過程中歐盟成功說服其他談判方，納入區域經濟整合組織之規範。就此，歐盟乃得以區域經濟整合組織之身分，加入氣候變化綱要公約以及其後之京都議定書，參見吳建輝，歐盟作為全球環境行為者：以其在氣候變化綱要公約之參與為例，歐美研究，43卷1期，頁27-87（2013年）。

4　關於「歐盟作為規範性力量」，學者或有譯為「規範性強權」，參見李正通，歐盟規範性強權在其對中國大陸和緬甸人權政策上的實踐，收於：蘇宏達編，歐洲聯盟的歷史發展與理論辯論，頁503-504（2011年），本文參照審查人之建議，譯為「規範性力量」。

事法院之成立所扮演之角色，一一探討歐盟與國際刑事法院之合作、歐盟在豁免權與移交同意之立場，以及其在羅馬規約審查大會所發揮之功效。最後，則為本文之結論。

惟須先予說明者，對於羅馬規約實質內容之型塑所涉及之實質議題，仍由歐盟會員國各自表示意見，與羅馬會議中理事會輪值主席國代表歐盟會員國發言有所差別。[5]此外，雖然羅馬規約主要延續歐陸法系三階層刑法理論（即構成要件該當性、違法性與有責性）以及職權進行原則之程序，仍有部分採取英美法系之色彩，諸如抗辯事由（defence）概念之使用；[6]同時間，就歐盟之成員而言，其涵蓋歐陸法系，亦涵蓋採英美法系之英國，因而從具體羅馬規約之內容（以三階層理論為主，職權進行為原則，兼採部分英美法之概念），且歐盟之會員國涵蓋歐陸法系與英美法系此二因素觀之，則難以推論羅馬規約之實質內容究否受歐盟之影響而為。且本文之關懷重點在於歐盟對於國際刑事法秩序之角色，而非歐盟個別成員國之角色，因而歐盟個別成員國就羅馬規約實質內容之型塑，究探歐陸法系抑或英美法系，究探職權進行抑或當事人進行，將不在本文之討論範圍內。[7]

5　詳後述註81及其本文。

6　Elies van Sliedregt, *Individual Criminal Responsibility in International Law*, 215-216 (2012).

7　關於羅馬規約實質內容受到歐陸法系或英美法系之影響較深此議題，作者感謝研討會評論人楊雲驊教授之評論，此項議題乃係瞭解羅馬規約（乃至於前南法庭）實質內容與國際刑事法院之運作不可或缺之部分，惟因本文之關懷重於歐盟此一超國家組織之角色，因而暫不處理此議題。就羅馬規約最後之制度選擇而言，在職權進行原則，以及檢察官之角色部分，相較於前南法庭之當事人進行主義色彩，羅馬規約則寓有較高之職權進行主義。就此項爭議，可參見Megan Fairlie, *The Marriage of Common and Continental Law at the ICTY and its Progeny, Due Process Deficit,* 4 Int'l Crim. L. Rev. 243, 243-319 (2004)。關於在此英美法系與歐陸法系辯論脈絡下國際刑事法院之檢察官職權，可參見楊雲驊，國際刑事法院羅馬規約下檢察官的地位與職權，檢察新論，8期，頁33-48（2010年）。

貳、國際刑事正義與歐洲作為規範性權力

一、歐盟在國際刑事議題之權限發展

　　歐盟對於國際刑事正義之權限發展，主要可以就兩個面向加以討論，其一係歐盟在國際政治上之參與，其二係歐盟在刑事議題上之角色。前者主要見諸於馬斯垂克條約（Maastricht Treaty）所建構之歐盟三支柱體系中之第二支柱，後者則見諸於第三支柱。第二支柱主要規範共同外交與安全政策（Common Foreign and Security Policy, CFSP），第三支柱則規範司法與內政事務（Justice and Home Affairs, JHA）。司法與內政事務，因簽證、庇護與移民政策在阿姆斯特丹條約（Amsterdam Treaty）後共同體化，第三支柱改稱為刑事議題之警政與司法合作（Police and Judicial Cooperation in Criminal Matters, PJCC）。里斯本條約（Lisbon Treaty）則進一步將三支柱體系予以打破，就原本第三支柱之議題，以「自由、安全與正義之區域」（Area of Freedom, Security and Justice）為名加以規範。因而，欲瞭解歐盟在國際刑事議題之權限發展，則應先就馬斯垂克條約以來，第二支柱與第三支柱涉及國際刑事正義之權限加以分析，並就現今里斯本條約之後的發展加以探討，方得對於歐盟在國際刑事正義議題上所享有之權限有進一步之瞭解。

　　在里斯本條約生效之前，歐盟主要以三支柱為其支撐，第一支柱乃係由歐洲經濟共同體（European Economic Community, EEC）以來之歐洲共同體（European Community, EC）；第二與第三支柱則分別為上述之共同外交與安全政策及司法與內政事務。第一支柱以其超國家主義（supra-nationalism）為特色，第二與第三支柱則維持政府間主義（inter-governmentalism）之合作關係。就國際刑事正義而言，究係國際政治之一環，而歸屬於共同外交與安全政策，抑或其涉及歐盟之司法與內政事務，落於第三支柱，就此並非截然二分。同時，國際刑事政策之執行，有時亦有賴於第一支柱權限之配合。因而，就權限來源，跨支柱（cross-pillar）之法律基礎實為歐盟在國際刑事正義參與之特色。

（一）馬斯垂克條約關於國際刑事正義之規範

　　如前所述，跨支柱係歐盟參與國際刑事正義議題之特色，然而此項跨支柱之特色，同時意味著歐盟並沒有一個特別之法律基礎，以支持歐盟在國際刑事正義之參與。詳言之，就第一支柱而言，主要係以經濟整合為核心，逐漸外溢至其他領域，諸如環境、發展等議題；同時，共同體並藉由歐洲法院在歐洲鐵路運輸協定（Accord européen sur les transports routiers, AETR）以來之案例法，取得對外權限。[8]就第二支柱，主要規範歐盟在國際關係所涉及之外交與安全問題，就此雖處理歐盟之對外關係，但國際刑事正義並非歐盟對外關係之主軸。就司法與內政事務，固然觸及刑事議題之司法合作，但此處之刑事議題主要係針對會員國之內國刑事犯罪而言，並非針對國際刑事犯罪之訴追。然而，國際刑事正義係促進國際安全之重要媒介，國際刑事犯罪在涉及特定人之逮捕、移轉以及資訊之交換與證據之取得，則涉及內國刑事程序；同時，在對於特定恐怖分子之資金予以凍結，或禁止特定涉及國際刑事犯罪之人士入境歐盟，則將涉及第一支柱之權限。因而，造成前述國際刑事正義議題之跨支柱之特色。在此脈絡下，欲探討在馬斯垂克條約規範下，歐盟在國際刑事正義之參與權限，則應分別自第二或第三支柱加以研析，試圖勾勒歐盟在國際刑事正義參與之可能途徑。

　　馬斯垂克條約第J.1條第1項首先宣示：聯盟及其會員國應依據本篇之規定，界定並執行共同外交與安全政策。馬斯垂克條約第J.1條第2項隨即揭櫫聯盟共同外交與安全政策之目標，包含：在各面向強化聯盟與其會員國之安全；維護和平與強化國際安全；促進國際合作；發展並鞏固民主、法治以及人權與基本自由（fundamental freedom）之尊重。為了達成以上目標，在共同外交與安全政策上，應建立會員國系統性之合作，並在會員國具有重要共同利益之議題上執行共同行動。[9]就共同外交與安全政策之

8　關於AETR之歐洲法院見解，中文文獻請參見鄧衍森，歐洲共同體對外權能，貿易調查專刊，2期，頁45-61（1997年）。

9　Maastricht Treaty, art. J.1(3).

目的，維護和平與強化國際安全，發展並鞏固民主、法治以及人權與基本自由之尊重，均係聯盟共同外交與安全政策之目標。而國際刑事規範之目的，主要在於將違犯種族屠殺、違反人道與戰爭犯罪之行為人繩之以法，除有助於法治之確保、人權與基本自由之尊重，更有助於和平與國際安全之強化。就此而言，國際刑事正義之追求，實為聯盟共同外交與安全政策之目的之一。

就司法與內政事務部分，馬斯垂克條約在第K.1條指出，為求聯盟目標之達成，尤其人員之自由移動，在無礙於歐洲共同體條約規範前提下，會員國應視如下事項具有共同利益，包含庇護政策；[10]人員外部邊境之穿越與管制；[11]移民與第三國國民政策；[12]反藥物濫用；[13]大規模詐欺之對抗；[14]民刑事之司法合作；[15]關務合作；[16]警政合作以預防與打擊恐怖主義、毒品走私或其他嚴重國際犯罪。[17]就犯罪之預防與追訴，主要針對具有跨國性質之嚴重國際犯罪。人員外部邊境之穿越與管制，成為日後歐盟管制特定違犯國際刑事犯罪行為人入境歐盟之重要基礎；刑事之司法合作部分，則可為日後會員國司法暨警察機關與國際刑事法院間之合作立下基礎。

為達成上述目的，會員國應藉由理事會之場合相互知會與徵詢，以協調其行動。[18]就此，理事會並得依據會員國或執委會之提案，採認共同立場以促進合作。[19]此外，倘若藉由共同行動，較會員國之個別行動有助於

10　Maastricht Treaty, art. K.1(1).

11　Maastricht Treaty, art. K.1(2).

12　Maastricht Treaty, art. K.1(3).

13　Maastricht Treaty, art .K.1(4).

14　Maastricht Treaty, art. K.1(5).

15　Maastricht Treaty, art. K.1(6) & (7).

16　Maastricht Treaty, art. K.1(8).

17　Maastricht Treaty, art. K.1(9).

18　Maastricht Treaty, art. K.3(1).

19　Maastricht Treaty, art. K.3(2)(a).

聯盟目標之達成，理事會亦可採取共同行動。[20]而在不影響共同體權限之情形下，理事會亦得草擬對外條約，並建議會員國簽署。[21]在國際組織與國際會議中，會員國並應維護依據本篇所採認之共同立場。[22]

（二）阿姆斯特丹條約就簽證、移民與難民議題之共同體化

阿姆斯特丹條約對於第三支柱做了重要改革，亦即將庇護、簽證與移民政策乃至於民事之司法合作均移至第一支柱，予以共同體化。在組織上，適用執委會與理事會之決策程序，[23]並於特定條件內，歐洲法院對之具有管轄權。[24]本篇主要目的在於建立一個自由、安全與正義之區域，此項用語乃為日後自由、安全與正義區域篇名之由來。由於庇護、簽證與移民政策之共同體化，原歐盟條約第六篇則改名為刑事議題之警政與司法合作，將原本司法與內政事務，限縮於刑事議題之警政與司法合作。

在此脈絡下，歐盟條約第34條規定：聯盟在此領域下可採取之措施，包含共同立場、框架決定、決定或草擬對外條約以供會員國簽署。詳言之，為協調會員國之措施，達成聯盟目標，理事會得依據執委會或會員國之提案，以一致決之方式，採認共同立場，來決定聯盟在特定議題之取向。[25]其次，理事會並得採認框架決定以調和會員國之法律與規章。此所謂之框架決定就系爭目標之達成，對於會員國具有拘束力，但仍應給予會員國在執行方式與方法之選擇。同時，框架決定不應產生直接效力。[26]除採取框架決定調和會員國之法律與規章之外，理事會並得就聯盟之其他目標之達成，採認決定。此決定對於會員國具有拘束力，但仍不具有直接效力。理事會並得以條件多數決之方式，採取其他措施，以執行此類決

---

[20] Maastricht Treaty, art. K.3(2)(b).

[21] Maastricht Treaty, art. K.3(2)(c).

[22] Maastricht Treaty, art. K.5.

[23] TEU, as amended by Amsterdam Treaty, arts. 63 & 67.

[24] TEU, as amended by Amsterdam Treaty, art. 68.

[25] TEU, as amended by Amsterdam Treaty, art. 34(2)(a).

[26] TEU, as amended by Amsterdam Treaty, art. 34(2)(b).

定。²⁷最後，聯盟並得在共同體架構外，草擬對外協定，並建議會員國依據其內國憲法規範簽署或批准此類協定。²⁸

（三）里斯本條約下自由、安全與正義區域之建立

里斯本條約生效後，聯盟支柱之分野不復見於歐盟條約中。歐盟運作條約（Treaty on the Functioning of the European Union, TFEU）於第五篇部分，規範自由、安全與正義之區域。歐盟運作條約在本篇之一般規定中宣示：聯盟應建構一個尊重基本權與會員國法律體系與傳統之自由、安全與正義之區域；²⁹並應藉由預防與打擊犯罪、種族主義、仇外／排外主義以及警察與司法機關之協調合作、刑事判決之相互承認，在必要時更得調和刑事立法，以確保高度之安全。³⁰同時，聯盟並應促進接近正義之實現。³¹為求自由、安全與正義區域之建立，里斯本條約除了規範為達打擊恐怖主義之目標，得依據一般立法程序訂定凍結資金流動，³²復於既有歐洲司法署（Eurojust）與歐洲警政署（Europol）之合作上，於歐盟運作條約第86條規範歐洲檢察官之設置。³³

就刑事議題之司法合作，應以相互承認會員國間之刑事判決及相關決定為基礎，同時並得調和會員國之內國法規。³⁴就相互承認言，歐洲議會與理事會應依據普通立法程序，制定程序與規範，以確保聯盟內刑事判決與相關決定之承認；³⁵同時，應降低或解決會員國管轄權衝突之爭議；³⁶

---

27 TEU, as amended by Amsterdam Treaty, art. 34(2)(c).
28 TEU, as amended by Amsterdam Treaty, art. 34(2)(d).
29 TFEU, art. 67(1).
30 TFEU, art. 67(3).
31 TFEU, art. 67(4).
32 TFEU, art. 75.
33 TFEU, art. 86.
34 TFEU, art. 82(1), subpara 1.
35 TFEU, art. 82(1), subpara 2(a).
36 TFEU, art. 82(1), subpara 2(b).

支援司法人員之訓練；[37]最後，應促進會員國司法機關在刑事程序以及刑事裁判執行之相互合作。[38]

　　就會員國內國法規之調和，可分為程序與實質兩者。就程序面向，若為達刑事裁判之相互承認，以及警政與司法在具有跨境面向之刑事議題上之合作，歐洲議會與理事會得藉由普通立法程序以指令之形式，在充分考量內國之法律制度與傳統之差異後，設立最低度規範（minimum rules），以規範會員國證據之相互承認；[39]個人於刑事程序之權利；[40]刑事被害人之權利；[41]或其他經由理事會事先行以一致決定之刑事程序議題。[42]就此最低度規範之設立，若會員國認為系爭指令將影響其內國刑事司法制度之基本面向（fundamental aspects of its criminal justice system），即得將此議題提交歐洲高峰會（European Council）討論，並暫時擱置上開普通立法程序。[43]若歐洲高峰會仍無法達成協議，則經9個會員國以上之同意，得藉由深化合作（enhanced cooperation）之方式，執行上開最低度規範之立法。[44]

　　就實質面向之調和，歐洲議會與理事會得藉由普通立法程序，以指令之形式，就具有跨境面向之嚴重犯罪之定義以及其刑罰，設立最低度規範。[45]此類嚴重犯罪包含恐怖主義、人口販運、女性及兒童之性剝削、非法毒品販運、非法武器販運、洗錢、貪汙、付款工具之偽造、電腦犯罪及組織犯罪。[46]此外，依據犯罪之發展，理事會並得以一致決之方式，增加

---

[37]　TFEU, art. 82(1), subpara 2(c).

[38]　TFEU, art. 82(1), subpara 2(d).

[39]　TFEU, art. 82(2), subpara 1(a).

[40]　TFEU, art. 82(2), subpara 1(b).

[41]　TFEU, art. 82(2), subpara 1(c).

[42]　TFEU, art. 82(2), subpara 1(d).

[43]　TFEU, art. 82(3), subpara 1.

[44]　TFEU, art. 82(3), subpara 2.

[45]　TFEU, art. 83(1), subpara 1.

[46]　TFEU, art. 83(1), subpara 2.

此類具有跨境意涵之嚴重犯罪。[47]除此之外，歐盟業已採取調和措施之領域，若會員國刑事法規之調和係有效達成聯盟政策目標不可或缺之工具，亦得藉由普通或特別立法程序，以調和系爭領域所涉及刑事犯罪之定義與其刑罰。究係採取普通或特別立法程序，則繫諸於該領域之調和措施，究應採取普通或特別立法程序而定。[48]最後，上述移交歐洲高峰會討論，以及協議不成得採取深化合作之模式加以執行，在實質面向之調和亦有其適用。[49]

如前所述，就歐盟追求國際刑事正義之實踐，除有賴於司法與內政事務（其後則為刑事議題之警政與司法合作），乃至於自由、安全與正義區域之建立之外，另一個面向即是共同外交與安全政策。此項特徵，在里斯本條約生效後迄未改變。里斯本條約雖然將原第三支柱之刑事議題之警政與司法合作，全部移至歐盟運作條約第五篇：自由、安全與正義區域之建立，然而就共同外交與安全政策部分，仍規範於歐盟條約第五篇。歐盟條約第五篇除規範歐盟對外行動之一般條款外，另對於共同外交與安全政策特別規定，而在共同外交與安全政策內，歐盟條約復對共同安全與防衛政策（common security and defence policy）另予特別規範。歐盟條約在第37條重申，歐盟對外得與一國或數國或國際組織在涉及本共同外交與安全政策章節之議題締結條約。就共同安全與防衛政策，歐盟條約首先強調該政策構成共同外交與安全政策之核心。聯盟應藉由其公民或軍事之資產強化其執行能力。聯盟並得在其領域外，派駐代表團以執行維和、衝突預防與強化國際安全之任務。[50]在此目標之下，聯盟之任務包含：武裝解除之共同行動、人道與救援任務、軍事建議與支援、衝突預防與維和、危機管理之戰鬥任務（其中包含和平之締造與衝突後之穩定維護）。[51]由於國際刑

---

[47] TFEU, art. 83(1), subpara 3.

[48] TFEU, art. 82(2).

[49] TFEU, art. 82(3).

[50] TEU, art. 42(1).

[51] TEU, art. 43(1).

事犯罪涉及種族屠殺、違反人道以及戰爭犯罪，與國際安全、衝突預防與維和、危機管理、衝突後之穩定維護，乃至於其中所衍生之人道危機有高度之關聯，因而國際刑事犯罪之訴追乃至於國際刑事正義之實踐，亦與共同外交與安全政策密不可分。

如前所述，國際刑事犯罪之訴追與國際正義之實踐，具有高度之規範性與倫理價值意涵，歐盟在促進國際刑事規範之建立，並型塑國際刑事法秩序時，須受到聯盟對外行動之目標與原則之導引與規範。就此而言，一方面具體實踐了上開目標與原則，另一方面則強化了「歐盟作為規範性權力」此一形象。以下分別就歐盟對外行動之目標與原則，以及「歐盟作為規範性權力」此二議題加以分析。

二、歐盟對外行動之目標與原則

里斯本條約通過後，歐盟條約與歐盟運作條約分別對於歐盟之對外行動所應追求之目標以及應遵循之原則，做一完整之規範。學者Morten P. Broberg對於歐盟條約與歐盟運作條約中課以歐盟在對外行動中，應提倡「歐洲價值」（European values）之義務，將之稱為歐盟之「傳教原則」（missionary principle）。[52]依據Broberg之主張，傳教原則除規範於歐盟條約第3條第5項外，同時亦可見諸於歐盟條約第21條第1項。

歐盟條約第3條第5項規定：就其與外部世界之關係而言，聯盟應維護、提倡其價值與利益，並促進其人民之保障。聯盟應促進和平、安全、地球之永續發展、人類之團結與相互尊重、自由與公平之貿易、貧窮之消除及人權之保障（尤其兒童人權），並應促進國際法之嚴格遵守及其發展（尤其對於聯合國憲章所揭櫫原則之尊重）。[53]就此條文，歐盟條約強調

---

[52] Morten P. Broberg, *Don't Mess with the Missionary Man! On the Principle of Coherence, the Missionary Principle and the European Union's Development Policy*, in EU External Relations Law and Policy in the Post-Lisbon Era 181, 183 (Paul James Cardwell eds., 2011).

[53] TEU, art. 3(5): *In its relations with the wider world, the Union shall uphold and promote its values and interests and contribute to the protection of its citizens. It shall contribute to peace, security, the sustainable development of the Earth, solidarity and mutual respect*

人權保障以及國際法之遵守，此乃歐盟致力於國際法治實踐之重要表徵。而促進國際法治之重要一環即係國際社會所關注之嚴重犯罪之有效訴追，因而，國際刑事法院之建立以及完善運作乃是落實傳教原則之重要政策目標之一。

傳教原則之第二個表徵則見諸於歐盟條約第21條第1項。其中第1款首先規定：聯盟在國際場域之行動，應由促成聯盟之創建、發展與擴大以及聯盟意圖在國際上提倡之原則所導引，此原則乃係民主、法治、人權與基本自由之普遍性與不可分割性；人性尊嚴之尊重；平等與團結原則；聯合國憲章與國際法原則之尊重等。第21條第1項第2款則指示聯盟應與認同上開原則之第三國、國際、區域以及全球性組織發展並建立夥伴關係。尤其在聯合國架構下，聯盟應促進共同問題之多邊解決。歐盟條約第21條第1項第1款所揭示之民主、法治、人權與基本自由或人性尊嚴，平等與團結等原則，乃係聯盟創建、發展與擴大之基礎，此等原則，亦應適用在聯盟之對外關係上。此項提倡歐洲價值之規範要求，亦係「歐盟作為規範性權力」之主要論據之一。

歐盟條約第21條第2項則規定：

聯盟應擬定並追求共同政策與行動，且應在所有國際關係領域上高度合作，以茲：

防衛其價值、基本利益、安全、獨立與完整；

鞏固並支持民主、法治、人權、國際法之原則；

依據聯合國憲章之目標與原則，且依據赫爾辛基原則，以及巴黎憲章之宗旨，維護和平、避免衝突並強化國際安全；

促進所有國家整合於全球經濟中，包含藉由國際貿易限制之持續消

---

among peoples, free and fair trade, eradication of poverty and the protection of human rights, in particular the rights of the child, as well as to the strict observance and the development of international law, including respect for the principles of the United Nations Charter.

除；

協助國際措施之發展以保護並改善環境品質，以及全球自然資源之永
續管理，進而確保永續發展；

協助遭遇自然或人為災難之人民、國家以及區域；

促進以強化多邊合作以及全球良善治理為基石之國際體系發展。

就上開原則而言，較為吾人所熟知者乃係促進所有國家得以在全球經
濟整合受惠，以及強化多邊合作以及全球良善治理，此等原則乃係歐盟對
外經貿政策最直接相關者，亦係歐洲整合發軔及其發展之核心。但是，其
他原則之重要性亦不可忽視，尤其經貿力量常被歐盟用來作為追求非經貿
目的之工具，[54] 其中最為典型者，乃係鞏固並支持民主、法治、人權、國
際法之原則。而在上開歐盟對外共同政策與行動中，亦明確揭示上開規範
性價值。其中，厥其要者為防衛其價值、基本利益、安全、獨立與完整；
鞏固並支持民主、法治、人權、國際法之原則；依據聯合國憲章等維護和
平與強化國際安全；並協助遭遇自然或人為災難之人民、國家以及區域。
而為了達成歐盟條約所揭示之目標，藉由國際刑事規範之建立，以追求國
際刑事正義，進而在涉及國際刑事犯罪所衍生之人道危機中，予以人道協
助，並藉由國際刑事正義之實踐，得以維護法治，保障人權，進而維護和
平與強化國際安全。藉由國際刑事法規範之實踐，歐盟得以履行歐盟條約
所加諸於歐盟之規範性義務。除了條約之要求外，在政治及學說論述上，
亦有強調「歐盟作為規範性權力」，此論述亦強化了歐盟促進國際刑事法

---

[54] 關於歐盟常藉由經貿力量追求其他非經貿目的，學者Sophie Meunier與Kalypso
Nicolaïdis遂以「貿易力量」（power in trade）以及「藉由貿易取得力量」（power
through trade）來闡述歐盟固然因其內部市場以及貿易總額，在經貿體系具有結構性之
力量（structural power）；同時，歐盟並試圖藉由其在經貿領域之結構性力量，追求
其他非經貿議題之重要性，此即為其等所謂之「藉由貿易取得力量」，請參照Sophie
Meunier & Kalypso Nicolaïdis, *The European Union as a Conflicted Trade Power*, 13 J. Eur.
Pub. Pol'y 906, 910-915 (2006)。

規範，以實踐國際刑事正義之動力。

三、歐盟作為規範性權力之論述主軸

「歐盟作爲規範性權力」之論述，主要爲政治學者Ian Manners所主張，其主要對於公民強權（civilian power）[55]以及（military power）之批判，強調歐洲在國際關係所扮演之角色，應著重其理念傳遞與規範散播之角色。此論述，與公民強權較爲相近，主要強調非武力手段之使用。

公民強權概念之提出，一般認爲可回溯至1972年François Duchêne之文章。Duchêne所處之時代正值冷戰期間，美、蘇兩大強權藉由核子武器及其各自陣營維持恐怖平衡，Duchêne主張即使建立一個歐洲聯邦，基於對核子攻擊的恐懼及內部之多元性，歐洲不可能成爲一個軍事強權。因而Duchêne在該文章中強調，歐洲在其國際社會之影響力，公民強權已逐漸取代軍事強權。[56]在1972年的歐洲，公民強權意指經濟力量。隨著這個概念的發展，公民強權的歐洲逐漸發展出三個相互關聯的核心概念：以經濟力量爲中心來達成其目標、藉由外交合作來解決國際問題、使用具有法律拘束性的超國家組織來達成國際間之進展。[57]

這個論述強調非軍事強權之歐洲，也因此招來不少現實主義國際關係學者之批判。學者Hedley Bull即從強權政治（power politics）的角度出發，對於歐洲在武力上無法自給自足提出批判，認爲公民強權的歐洲在國際社會中並非一個行爲者，似乎也很難變成一個行爲者。Bull對於

---

[55] 「公民強權」有學者翻譯爲「文明強權」或「柔性強權」，而對於歐洲作爲「柔性強權」身分建構，請參見甘逸驊，歐盟「柔性強權」身分認同的建構與批判，問題與研究，46卷4期，頁1-25（2007年）；李正通，歐盟規範性強權在其對中國大陸和緬甸人權政策上的實踐，收於：蘇宏達編，歐洲聯盟的歷史發展與理論辯論，頁503-514（2011年）。

[56] François Duchêne, *Europe's Role in World Peace, in* Europe Tomorrow: Sixteen Europeans Look Ahead 32, 37-42 (Richard Mayne ed., 1972).

[57] Ian Manners, *Normative Power Europe: A Contradiction in Terms?* 40 J. Common Mkt. Stud. 235, 236 (2002).

Duchêne之批判，主要欲回應三個問題：歐洲是否需要在軍事上自給自足？若答案為肯定，則具體實踐之措施為何？最後，則係在此過程中歐洲共同體所扮演之角色。Bull對其之強調，主要著眼於冷戰時期歐盟過度依賴美國，在軍事決策中無任何地位。其認為歐洲共同體之公民強權，無非依賴在強國之軍事強權下，基於這樣的論述，Bull於是強調軍事強權乃是歐洲再度崛起不可或缺之要素。[58]

Manners在上開辯證基礎上，強調「歐盟作為規範性權力」的概念，認為不論是公民強權或軍事強權，均著重於主權國家之概念，直接可支配之實力，國家利益之追求。詳言之，Duchêne雖然試圖於國際政治中導入共同責任與契約政治（common responsibilities and contractual politics）之概念，但其與Bull一樣，所強調仍係主權國家所組成之國際社會，而非公民社會。從而，Duchêne與Bull均強調以既存主權國家為中心之國際關係之維持。其次，即令Duchêne強調文明之行動方式與影響力，而Bull側重藉由核子武器以發揮嚇阻效果，兩者均著重直接支配之實力，例如經濟力量。最後，Duchêne強調避免歐洲再度陷入戰爭，而Bull側重歐洲之再度崛起，兩者均以歐洲利益為最大考量。

Manners提出之規範性權力則係以理念、價值與規範之散布為主軸，並建立在非主權國家之基礎上，其目標在於理念、價值與規範之重塑。Manners主張，歐盟的規範性本質主要源自於其發展之歷史脈絡，混合之政治體制（hybrid polity）及政治與法律憲政秩序（political-legal constitution）。就歷史脈絡，歐盟之創設目的主要在於集合會員國之資源以保存並強化和平與自由，就此，乃係基於西歐各國對於戰爭與種族屠殺之省思。其次，就混合之政治體制，歐盟係一超越西伐利亞式主權國家（Westphalian sovereignty state）之特殊政體，混合了主權國家與超國家主義之政治形式，而歐盟之憲政秩序主要奠基於民主、法治、社會正義、人權之尊重與保障之上。依據Manners的主張，歐盟之規範性基礎可以從

58　Hedley Bull, *Civilian Power Europe: A Contradiction in Terms?*, 21 J. Common Mkt. Stud. 149, 151, 156-157 (1982).

既存歐盟法與歐盟政策的基礎上導出，其中五個核心規範：和平、自由、民主、法治，以及對於人權與基本自由的尊重。除了這五個核心規範，還可以歸納出四項小原則：社會連帶（social solidarity）、反歧視（anti-discrimination）、永續發展，以及良善治理。[59]而由於歐盟之規範性本質以及規範性基礎，Manners因而主張，歐盟在國際場域之作為，必將以規範性方式為之（act in a normative way）。

關於歐盟必將以規範性方式為之此一主張，學者Helene Sjursen進一步依據多邊主義（multilateralism）與世界主義（cosmopolitanism）加以闡述。Sjursen主張以規範性方式為之，其中主要方式乃係依據法律原則而為。依據此項見解，即不難理解歐盟何以一再強調多邊主義與國際法。在此前提下，歐盟致力於追求國際社會之強化、國際組織之完善運作以及規則導向（rule-based）國際秩序。然多邊主義之重要基石乃是主權平等原則，因而在部分議題上，國際法仍無法滲入主權國家所捍衛之主權權利中，歐盟所提倡之多邊主義將無法律原則加以支持，此項情形尤以人權法議題為最。同時，在人權法未經實證法化之前，依據人權法所為之主張，可能被質疑為恣意（arbitrariness）。多邊主義之另一缺點則係在於國際法上制裁機制之不足，多邊主義之維護多數繫諸於主權國家之仁惠態度（benevolence）。主權國家違反多邊主義架構下之國際義務時，多數情形僅能透過諮商方式為之。[60]

因而，學者則試圖尋求普遍性之價值，以試圖建立世界法（cosmopolitan law）。對於此項主張，有學者認為基於價值之相對性，欲建立普遍性之價值認同係不可能，在規範性權力之建構過程中，無可避免的將是基於歐盟之認同為出發點。歐盟欲追求的是，試圖說服「他者」（other）接受或認同歐盟之價值。然亦有學者主張基於公民社會之發展，建立並不僅主權國家為限，而係以個人為主，個人亦享有權利之世

---

[59] Manners, *supra* note 57, at 236, 240-243.

[60] Helene Sjursen, *The EU as a "normative" Power: How Can This Be?*, 13 J. Eur. Pub. Pol'y 235, 245-246 (2006).

界法秩序並非不可能。在此概念之下，學者Sjursen試圖區別價值與權利，主張固然價值有其相對性，但是對於平等、自由、社會連帶、自我實現以及人性尊嚴則具有普遍性價值。若主張歐盟是一種良善的力量（force for good），此良善可以因其價值取向而有歐洲價值之局限；但若所追求者係權利（right）、公平（fair）與正義（just），則無地域之限制。因此，「歐盟作為規範性權力」乃係試圖將既有國際權利政治轉化為國際法秩序，而非僅將歐盟融入於現有之多邊主義架構之國際場域中。在人權議題上，此項轉化過程持續進行中，對於個人權利之保障程度，則視此項轉化程序之進展。為了促進國際法秩序之轉化，歐盟乃致力於國際刑事法院之建立以及其完善運作。藉由羅馬規約之創設，歐盟不僅使其他主權國家受到羅馬規約之規制，同時歐盟之會員國亦同樣受到羅馬規約之規制。[61]

此項世界法之概念亦為學者Erik Oddvar Eriksen所支持，認為歐盟是否為規範性權力，不能單從歐盟是否使用強制力，或歐盟之行為是否出於高貴之目的加以判斷，該項命題之判別標準在於歐盟是否尊重人道法則。蓋因一項目的在倫理上是否良善，須視各社群之倫理與文化脈絡而定；同時，一個政治個體可能出於自利之目的，追求所謂高貴之目的。因而歐盟是否為規範性權力，須藉由歐盟是否受到更高層次之法律規範所拘束而定。此所謂之更高層次之法律係康德所稱之人民之世界法（cosmopolitan law of peoples），此項世界法具有價值之普遍性。唯有歐盟亦為該高層次之世界法所拘束，尤其是人權保障與正義原則，此時歐盟方得稱之為規範性權力。而所謂世界法之要件，需符合世界主義之民主觀，亦即此一世界法之立法者，需同時為該法所規範之對象，此時世界主義之公民除係其國籍國之公民外，同時亦為世界之公民。世界主義所面臨之主要目標在於，藉由人權馴化（domesticate）既有以國家與國家間關係為主軸之國際法秩序，並將國際法轉換為一全球公民為基礎之世界法。在此轉換過程中，盧安達法庭、前南法庭及國際刑事法院之建立，見證了國際法秩序轉換之重

---

[61] *Ibid.*, at 248.

要里程碑。[62]

　　在涉及南斯拉夫聯邦或盧安達之暴力衝突此具體案例時，Manners則強調永續和平（sustainable peace）之概念，以及該概念對於歐盟對外行動之影響。亦即，「歐盟作為規範性權力」論述強調衝突之根源，而非其表象。因而，其根本方法在於衝突產生之前，建立住民本身解決衝突起源之能力，藉由衝突避免以促進永續和平」。[63]為確保永續和平，國際刑事犯罪之訴追以及國際刑事正義之實踐，乃係不可或缺之一環。學者Sibylle Scheipers與Daniela Sicurelli即藉由「自我」與「他者」之分野，探討歐盟與美國在國際刑事法院立場之分歧。一方面，歐盟係多邊體系之一員，強調外交途徑以及其他方式以達成目標，在此，歐盟之主要目標係國際法之建立與尊重。相對於此，美國則強調片面之軍事行動，並認為其居於國際法之上，得以「撤銷」其對於羅馬規約之簽署。[64]

　　最後，學者Marika Lerch與Guido Schwellnus從一致性（coherence）之角度探討歐盟之規範性本質，其等主張：歐盟對外提倡民主或人權等價值，可能訴諸於效益、價值或權利取向，然而此等不同之論據基礎，須建立在一致性之基礎上，此所謂之一致性包含內部措施之一致性與外部行動

---

[62]　Erik O. Eriksen, *The EU—A Cosmopolitan Polity?*, 13 J. Eur. Pub. Pol'y 252, 269 (2006).

[63]　Ian Manners, *Normative Power Europe Reconsidered: Beyond the Crossroad*, 13 J. Eur. Pub. Pol'y 182, 185 (2006).

[64]　Sibylle Scheipers & Daniella Sicurelli, *Normative Power Europe: A Credible Utopia?*. 45 J. Common Mkt. Stud. 435, 440-444 (2007). Scheipers與Sicurelli並從歐盟如何從自我呈現其作為規範性力量之角度，探討歐盟在促進撒哈拉非洲國家中批准並執行羅馬規約之努力。一方面撒哈拉非洲國家多數均批准羅馬規約，然而部分嚴重違反國際人道法及人權侵害之國家，尚未簽署羅馬規約；其次，雖然為數眾多之撒哈拉非洲國家批准羅馬規約，多數國家不顧歐盟之反對，仍與美國簽訂不移交協定（non-surrender agreement），歐盟基於其自身作為規範性力量之自我呈現，對外以美國為對照，並在撒哈拉非洲國家鼓吹羅馬規約之批准，其等因而認為，歐盟對於其作為規範性力量之自我認同之建構，成敗參半，請參見Sibylle Scheipers & Daniela Sicurelli, *Empowering Africa: Normative Power in EU-Africa Relations*, 15 J. Eur. Pub. Pol'y 607, 611-614 (2008)。

之一致性。亦即，就歐盟所追求之目標或所欲提倡之價值，須從歐盟內部取得一致之共識，歐盟內部之措施亦需調和以達到此一目標，就此目標或價值，則盡可能於普遍性價值中推導而來，進而強化該目標或價值之正當性基礎。就外部行動而言，不同之對外行動目標應加以調和，且彼此應促進各自目標之達成。[65]此項一致性論述之重要性，可以英、法兩國在羅馬規約之談判初期持與德國、荷蘭、奧地利等國不同之立場，以及日後捷克遲遲未批准羅馬規約所造成之歐盟立場分歧與價值衝突得到佐證。[66]同時間，歐盟必須面對何以同為追求民主且保障人權之美國，此一「他者」在諸多議題上均與歐盟持不同之立場。倘若歐盟所追求之目標與價值具有普遍性之地位，何以大西洋彼岸的美國無法認同。此項爭議亦具體呈現在美國對於羅馬規約之態度，美國除事後「撤銷」羅馬規約之簽署，拒絕批准羅馬規約之外，並積極與其他國家簽訂不移交協定，就此，亦係歐盟成為規範性權力之具體障礙。

在分析完歐盟關於國際刑事正義基於原歐盟第二與第三支柱取得之權限，以及歐盟對外如何受到歐盟對外行動之目標與原則之導引與規範，並輔以學者如何藉由「歐盟作為規範性權力」論述，分析歐盟在推動羅馬規約之簽訂與國際刑事法院之建立之貢獻後，本文以下則進一步討論歐盟在促進國際刑事法秩序之建立以及國際刑事正義之實踐上，所為之具體措施，其中包含歐盟對於盧安達法庭與前南法庭之支持，歐盟與國際刑事法院之合作，會員國與國際刑事法院之合作，以及在涉及具體議題如豁免權與不移交協定議題上，歐盟之立場。

---

[65] Marika Lerch & Guido Schwellnus, *Normative by Nature? The Role of Coherence in Justifying the EU's External Human Rights Policy*, 13 J. Eur. Pub. Pol'y 304, 304-312 (2006).

[66] Martijn Groenleer & David Rijks, *The European Union and the International Criminal Court: The Politics of International Criminal Justice, in* The European Union and International Organizations 167, 167-187 (Knud Erik Jørgensen ed., 2009).

參、歐盟對於國際刑事法秩序建立之企圖、貢獻與局限

一、國際刑事法秩序之先聲：盧安達法庭與前南法庭之肇建與運作

早在常設性質之國際刑事法院建立之前，歐盟即積極參與並大力支持事後設立非常設之特別刑事法庭，包含盧安達法庭與前南法庭。1994年，歐盟基於馬斯垂克條約第J.2條之規定，制定94/697/CFSP理事會決定[67]以規範歐盟與盧安達間之關係，其中主要目的乃係人道援助以及難民之安排。歐盟並強調應將嚴重違反人道法（包含種族屠殺）之行為人繩之以法。就此而言，歐盟認為建立一個國際法庭係終止任令行為人逍遙法外，且避免日後人權侵害之重要媒介。[68]此理事會決定，其後多次修訂。在1998年理事會制定98/252/CFSP共同立場，[69]歐盟強調其持續支持位於阿魯沙之國際法庭（International Tribunal in Arusha），[70]並確保各國將該法庭所起訴涉及種族屠殺以及其他嚴重違反國際人道法之罪犯，移交予該法庭。

關於盧安達法庭之重要性，於2002年之2002/830/CFSP理事會共同立場[71]中進一步強化。理事會強調，歐盟將持續支持位於阿魯沙之盧安達法庭，尤其在移交盧安達法庭所起訴之犯罪人議題上，尋求法庭行政效能之持續提升。同時，呼籲盧安達履行其對於盧安達法庭所擔負之義務，提供

---

[67] Council Decision 94/697/CFSP of 24 October 1994 concerning the common position adopted by the Council on the basis of Article J.2 of the Treaty on European Union on the objectives and priorities of the European Union *vis-à-vis* Rwanda, OJ L 283/1 (29 October 1994).

[68] *Ibid.,* at 2.

[69] Common Position 98/252/CFSP of 30 March 1998 defined by the Council on the basis of Article J.2 of the Treaty on European Union on Rwanda, OJ L 108/1 (7 April 1998).

[70] 阿魯沙為坦尚尼亞之都市，即為盧安達法庭所在地。

[71] *Council Common Position 2002/830/CFSP* of 21 October 2002 on Rwanda and repealing Common Position 2001/799/CFSP (hereinafter *Council Common Position 2002/830/CFSP*) OJ L 285/3 (23 October 2002).

法庭所要求之相關資訊。而隨著羅馬規約之簽訂，歐盟並鼓勵盧安達積極加入羅馬規約。[72]

　　歐盟對於非常設性國際刑事法庭之介入，在前南法庭中更為明顯，主要原因在於科索沃戰爭之爆發，突顯歐盟在軍事與維和力量之欠缺，以及巴爾幹半島乃歐盟之近鄰，向來有歐洲火藥庫之稱，更是第一次世界大戰之導火線。於2013年7月1日加入歐盟之克羅埃西亞即係前南斯拉夫聯邦之一員，克羅埃西亞與前南法庭之合作，更是克國加入歐盟之重要條件之一。[73]

　　2002年，英國與荷蘭政府即因克羅埃西亞拒絕將Janko Bobetko移交予前南法庭，因而取消其等對於歐盟與克羅埃西亞間之穩定與聯繫協定之簽署。Bobetko係克羅埃西亞獨立戰爭之重要成員，被控涉及戰爭犯罪，而由於Bobetko在審判前死亡，因此替克羅埃西亞解決了一道難題。[74]其後，2004年歐洲高峰會決定與克羅埃西亞於隔年3月開啟入盟談判，其中主要之阻礙仍係克羅埃西亞與前南法庭之合作，歐盟堅持克羅埃西亞須協助前南法庭逮捕Ante Gotovina，Gotovina同樣亦係克羅埃西亞獨立戰爭中之軍方人士。歐盟與克羅埃西亞間之入盟談判，直至前南法庭檢察官Carla Del Ponte於2005年10月指出，認為克羅埃西亞確實與前南法庭合作後，方順利展開。在Del Ponte做此宣示後不久，Gotovina隨即於同年12月遭前南法庭逮捕。而由於Gotovina係於克羅埃西亞境外逮捕，為避免克羅埃西亞須將其引渡予前南法庭之困境，蓋因多數克羅埃西亞人民仍視

---

[72] *Council Common Position 2002/830/CFSP*, art. 4.1(c). 另請參照Jan Wouters & Sudeshna Basu, *The Creation of a Global Criminal Justice System: The European Union and the International Criminal Court*, *in* The Effectiveness of International Criminal Justice 117, 120-121 (Cedric Ryngaert ed., 2009)。

[73] Antonis Antoniadis & Olympia Bekou, *The European Union and the International Criminal Court: An Awkward Symbiosis in Interesting Times*, 7 Int'l Crim. L. Rev. 621, 649 (2007).

[74] Victor Peskin & Mieczysław P. Boduszyński, *International Justice and Domestic Politics: Post-Tudjman Croatia and the International Criminal Tribunal for the Former Yugoslavia*, 55 Eur.-Asia Stud. 1117, 1134 (2003).

Gotovina為英雄而非國際罪犯。[75]依據歐洲安全合作組織駐塞爾維亞與蒙特內哥羅官員之觀察，克羅埃西亞係塞爾維亞－蒙特內哥羅（業已另行獨立）、波士尼亞－赫塞哥維納等國家中，最積極與前南法庭合作之國家，因而其在與歐盟間之入盟談判上最為順利。[76]

就前南法庭而言，理事會依據阿姆斯特丹條約修正後之歐盟條約第15條，發布2003/280/CFSP理事會共同立場，[77]以禁止資助前南法庭所起訴者藏匿之人進入歐盟境內。依據阿姆斯特丹條約修正後之歐盟條約第15條：理事會應採認共同立場以界定聯盟對於特定地域或事件之取向。同時，會員國應確保其內國政策與共同立場符合。[78]2003/280/CFSP理事會共同立場首先強調發生於前南斯拉夫大規模且嚴重違反國際人道法之行為，對於國際和平與安全構成威脅，並指出應對上開違反國際人道法之行為人予以訴追，繩之以法，乃是回復並維持和平之要件。[79]藉由上開方法以穩定巴爾幹半島之政治局勢，係共同外交與安全政策之重要目標。[80]因此，理事會一再強調尊重前南法庭，並與其合作之重要性。而前南法庭所起訴之行為人，多數仍逍遙法外，並有相當證據足資證明該等行為人之藏匿係受到他人所資助，此項情形為理事會所不能接受，並違反國際秩

---

[75] Frank Schimmelfennig, *EU Political Accession Conditionality after the 2004 Enlargement: Consistency and Effectiveness*, 15 J. Eur. Pub. Pol'y 918, 928-929 (2008).

[76] Maurizio Massari, *Do All Roads Lead to Brussels? Analysis of the Different Trajectories of Croatia, Serbia-Montenegro and Bosnia-Herzegovina*, 18 Cambridge Rev. Int'l Aff. 259, 268 (2005).

[77] *Council Common Position 2002/830/CFSP of 16 April 2003 in support of the effective implementation of the mandate of ICTY* (hereinafter*Council Common Position 2002/830/CFSP*), OJ L 101/22 (23 April 2003).

[78] TEU, art. 15: *The Council shall adopt common positions. Common positions shall define the approach of the Union to a particular matter of a geographical or thematic nature. Member States shall ensure that their national policies conform to the common positions.*

[79] *Council Common Position 2002/830/CFSP*, recital 1.

[80] *Council Common Position 2002/830/CFSP*, recital 2.

序與正義之基本要求。[81]基於此論據，理事會因而決定資助前南法庭所起訴者藏匿之人，或阻礙前南法庭有效運作者，應禁止其進入歐盟境內。[82]僅在例外情形，例如會員國作為國際組織之地主國，舉辦聯合國體系下之國際會議，或基於多邊條約給予其等特權或豁免權時，方得允許其等入境。會員國若欲例外准許2003/280/CFSP理事會共同立場所列之特定人進入境內，應事先知會理事會。若理事會未表示反對之意，則視為同意。[83]此項理事會決定其後經一再延長，名單也一再更動，最後因前南法庭所起訴之最後一個行為人Goran Hadži經逮捕後，此項理事會共同立場乃經2011/705/CFSP理事會決定予以廢止。[84]

　　除了禁止經前南法庭罪犯之資助人進入歐盟境內之外，理事會並於2004年依據前述經阿姆斯特丹條約修正後之歐盟條約第15條通過2004/694/CFSP理事會共同立場，[85]決議凍結相關資助人士之資金。依據此理事會共同立場，理事會依據共同體條約第60條、第301條以及第308條之規定，制定(EC) No. 1763/2004號理事會規則[86]以執行上開共同決定。歐洲共同體條約第301條規定：若基於歐盟條約共同外交與安全政策採認共同立場或共同行動，而基於該共同立場或共同決定須中斷或降低與第三國

---

[81] *Council Common Position 2002/830/CFSP*, recitals 3-6.

[82] *Council Common Position 2002/830/CFSP*, art. 1.1.

[83] *Council Common Position 2002/830/CFSP*, arts. 1.3 & 1.5.

[84] Council Decision 2011/705/CFSP of 27 October 2011 repealing Decision 2010/145/CFSP renewing measures in support of the effective implementation of the mandate of the International Criminal Tribunal for the former Yugoslavia (ICTY), OJ L 281/27 (28 October 2011).

[85] Council Common Position 2004/694/CFSP of 11 October 2004 on further measures in support of the effective implementation of the mandate of the International Criminal Tribunal for the former Yugoslavia (ICTY), OJ L 315/52 (14 October 2004).

[86] Council Regulation (EC) No.1763/2004 of 11 October 2004 imposing certain restrictive measures in support of effective implementation of the mandate of the International Criminal Tribunal for the former Yugoslavia (ICTY) (hereinafter *Council Regulation [EC] No. 1763/2004*), OJ L 315/14 (14 October 2004).

之經濟關係時，理事會得基於執委會之提案，以加重多數決採取必要之緊急措施。[87]相對於此規定，共同體條約第60條則規定，理事會得採取必要措施以凍結資金或付款之流動。[88]同時，授權會員國在理事會未採取措施時，若該會員國認有必要得採取片面措施；並規範理事會如何審查該片面措施之妥適性。[89]共同體條約第308條則規定，基於共同市場之運作，倘若共同體認為為達成共同體目標所必要，而共同體條約未賦予共同體必要權限時，理事會得基於執委會之提案，經徵詢歐洲議會後，以一致決之方式採取適當措施。[90]

(EC) No. 1763/2004號理事會規則除重申發生於前南斯拉夫之嚴重違反國際人道法之國際刑事犯罪，對於國際和平與安全構成威脅外，並指出對於該犯罪之訴追有助於和平之回復與維護。[91]在此基礎上，理事會指出應採取進一步措施，凍結前南法庭相關被告之資金，以維護前南法庭之有效運作。[92]基於此論據，(EC) No. 1763/2004號理事會規則乃於第2條第1項規定，經前南法庭起訴且經列於附件之自然人，其所擁有之資金與經濟資

---

[87] TEC, as amended by Amsterdam Treaty, art. 301: *Where it is provided, in a common position or in a joint action adopted according to the provisions of the Treaty on European Union relating to the common foreign and security policy for an action by the Community to interrupt or to reduce, in part or completely, economic relations with one or more third countries, the Council shall take the necessary urgent measures. The Council shall act by a qualified majority on a proposal from the Commission.*

[88] TEC, as amended by Amsterdam Treaty, art. 60(1).

[89] TEC, as amended by Amsterdam Treaty, art. 60(2).

[90] TEC, as amended by Amsterdam Treaty, art. 308: "If action by the Community should prove necessary to attain, in the course of the operation of the common market, one of the objectives of the Community, and this Treaty has not provided the necessary powers, the Council shall, acting unanimously on a proposal from the Commission and after consulting the European Parliament, take the appropriate measures."

[91] Council Regulation(EC) No. 1763/2004, recital 1.

[92] Council Regulation(EC) No. 1763/2004, recital 3.

源應予以凍結。[93]同時，任何資金或經濟資源均不得爲其等之利益，由其等取得。[94]此外，更應避免任何人直接或間接規避此資金凍結之規範。[95]

二、羅馬規約之協商、會員國之批准與普遍適用

（一）羅馬規約之協商與歐盟會員國之批准

羅馬規約之協商伊始，即未曾預見歐盟得以區域整合組織之身分加入，就其談判結果而言，羅馬規約亦未開放予區域經濟整合組織加入。[96]因而，歐盟自始即非羅馬規約談判方之一員。然此項事實並不妨礙理事會得協調會員國之立場，以單一發聲之方式（speak in a single voice），促進聯盟在國際場域之單一代表（unity in international representation），即令事實上，聯盟在此議題上之協調相當有限。[97]而會員國在羅馬規約之談判，立場亦非始終一致。因爲英、法均爲聯合國安理會常任理事國，在涉及安理會在國際刑事法院中所扮演之角色，英、法之立場亦與其他13個會員國分歧（羅馬規約簽訂時，歐盟仍僅有15個會員國）。其次，英國與法國對外均有駐軍，顧慮其海外國民可能因國際刑事犯罪，而遭移交予國際

---

[93] Council Regulation(EC) No. 1763/2004, art. 2(1).

[94] Council Regulation(EC) No. 1763/2004, art. 2(2).

[95] Council Regulation(EC) No. 1763/2004, art. 2(3).

[96] 羅馬規約在請求合作之一般條款中，規範區域組織或國際組織之角色。首先，羅馬規約第87條第1項第b款中規定，合作之請求得透過國際刑事組織或適當之區域組織轉送，此爲羅馬規約明文提及區域組織之處（When appropriate, without prejudice to the provisions of subparagraph [a], requests may also be transmitted through the International Criminal Police Organization or any appropriate regional organization.）。同時歐盟作爲一個國際組織，亦可能基於同條第6項之規定，被請求提供相關資訊或文件（The Court may ask any intergovernmental organization to provide information or documents. The Court may also ask for other forms of cooperation and assistance which may be agreed upon with such an organization and which are in accordance with its competence or mandate.）。

[97] Nicole Deitelhoff, *Deliberating CFSP: European foreign policy and the International Criminal Court* (25 June 2013), retrived from http://www.reconproject.eu/main.php/ RECON_wp_0810.pdf? fileitem= 5456226; Groenleer & Rijks, *supra* note 66, at 169.

刑事法院。相較於英、法兩國，其餘13個會員國對於國際刑事法院之支持顯得較為積極，此13個會員國均係同心集團（Like-Minded Group）之成員，積極推動國際刑事法院之設立。[98]

英、法兩國與其他會員國立場之漸趨一致，首先見諸於布萊爾政府之成立，布萊爾政府強調倫理外交政策（ethical foreign policy），遂驅使造成其轉向支持同心集團之立場。其次，主要歸功於人犯移交予國際刑事法院之過渡安排，降低法國之疑慮。易言之，在羅馬規約生效後之7年內，對於締約方海外人員移交予國際刑事法院，須取得其母國之同意。在羅馬規約簽訂時，斯時歐盟15個會員國遂均成為同心集團之成員。

英國於1998年之羅馬會議中代表歐盟會員國、中東歐之聯繫國家、賽普勒斯、冰島與挪威發言，首先指出世界人權宣言以及防止及懲治危害種族罪公約之歷史意義。其次，英國指出聯合國在安理會架構下，業已就是否建立常設刑事法庭辯論許久，並業已就盧安達與前南斯拉夫聯邦之犯罪成立事後非常設之特別法庭。鑑此二特別法庭業已完成諸多困難且無價之任務，無疑地，一個常設刑事法庭之建立，將有助於世界之正義、安全與和平。歐盟之會員國對於羅馬規約之諸多法律原則予以肯定。國際刑事法院須普遍、有效且必須基於適當之法律原則。法院須符合正義之要求，必須具有持續性且須鼓舞人們之信心。法院雖應與聯合國維持一定之關係，但須獨立於聯合國之外。同時，法院並應擁有一定之財務支持。

法院應對於種族屠殺、違反人道、戰爭罪具有管轄權，而戰爭罪之定義應有待進一步定義，藉以尋求可共同接受之定義。然而，法院具有戰爭罪之管轄權，不應卸卻安理會維護國際和平與安全之義務。同時間，戰爭罪應涵蓋內國內部以及國際武裝衝突。與性有關之犯罪以及「娃娃兵」（child soldier）在武裝衝突中之使用，亦應涵蓋於戰爭罪之範疇內。此外，國際刑事法院須補充於內國程序，僅於會員國體系不願或不能調查或追訴系爭犯罪時，方應介入。英國並強調法官與檢察官之選任係國際刑事

---

[98] Groenleer & Rijks, *supra* note 66, at 169.

法院完善運作之基石，同時，法院欲有效運作有賴於會員國之充分合作。因而，依據內國法之規範而拒絕引渡之請求，應為羅馬規約所不許。同時，法院之判決應即時得以於會員國中執行，執行國不得更改法院之判決。[99]

　　其後，隨著輪值主席國之更迭，奧地利遂代表歐盟以及波士尼亞和赫塞哥維納、匈牙利、冰島和挪威發言指出：歐洲聯盟始終承諾建立一個常設性的刑事司法機構，該機構將使世界成為一個更加正義、安全與和平的世界。羅馬規約若欲成為一有效之法律工具，則必須取得普遍承認。本次會議中對於一系列與國家刑事管轄、國際安全和主權有關的敏感問題取得解決方案，此乃歷史性之勝利。準備委員會之工作業已完成，而有待進一步完成者，乃是取得足夠之批准以確保羅馬規約得以生效。歐盟將致力於確保本項任務得以有效完成。[100]

　　羅馬規約生效後，歐盟會員國很快地均完成批准程序。然而，此一局勢在歐盟新增10個東歐會員國後即有所改變。新會員國中，捷克在加入歐盟後遲未批准羅馬規約，且羅馬規約之批准，並非加入歐盟之條件，亦非共同體法（*acquis communautaire*）之一部分，無從強制捷克批准羅馬規約。此一情形將嚴重減損歐盟在推動國際刑事法秩序上之威信，蓋歐盟之內部成員國即有未批准羅馬規約者，歐盟對外如何說服第三國批准羅馬規約。而更為尷尬者，在捷克成為理事會輪值主席國前夕仍未批准羅馬規約，則更突顯歐盟在雙邊對話或多邊談判中，將面臨無從強調國際刑事法秩序重要性之窘境。所幸，捷克終於在2008年1月23日成為輪值主席國前

---

[99] Summary Record of the 2nd Plenary Meeting, United Nations Diplomatic Conference of Plenipotentiaries on the Establishment of an International Criminal Court, Rome, Italy, 15 June to 17 July 1998, A/CONF.183/SR.2 (25 January 1999), paras. 31-39.

[100] Summary Record of the 9th Plenary Meeting, United Nations Diplomatic Conference of Plenipotentiaries on the Establishment of an International Criminal Court, Rome, Italy, 15 June to 17 July 1998, A/CONF.183/SR.9 (25 January 1999), paras. 61-62.

批准羅馬規約，乃化解此一尷尬情形。[101]

（二）歐盟促進羅馬規約普遍適用之努力

如前所述，在對外經貿協定中加入非經貿議題，乃係「歐盟作為規範性權力」之論述主軸之一，同時也是歐盟為執行歐盟條約第21條所宣示之規範性義務之重要表徵，此項特徵同樣見諸於歐盟在促進羅馬規約普遍支持與有效適用之例子上。詳言之，在歐盟對外之經貿協定，常包含特定條款，要求締約方加入羅馬規約或與國際刑事法院（庭）合作，此即為通稱之ICC條款。ICC條款主要發軔於歐盟與非加太國家（African, Caribbean and Pacific Group of States）所簽訂之柯多努協定（Cotonou Agreement），[102]此項ICC條款在歐盟與巴爾幹半島國家簽訂之夥伴與合作協定中，具有特別重要之意涵。同時，此項ICC條款之模式亦逐漸延伸至歐盟與東南亞國家簽訂之夥伴與合作協定中。[103]

在2005年修正之柯多努協定中，第9段與第10段前言分別加入：締約方重申國際社會所關注之嚴重犯罪不應逍遙法外，其等之有效訴追應藉由內國以及全球之合作加以達成。締約方並認為國際刑事法院之建立以及完善運作是和平與國際正義之重要發展。[104]基於此精神，柯多努協定於第11條第6項規定：為促進與強化和平與國際正義，締約方重申其決心，就批准與執行羅馬規約所需之法律調適過程分享經驗；在充分考量羅馬規約之規範下，依據國際法對抗國際刑事犯罪；同時，締約方並應採取適當措

---

[101] Groenleer & Rijks, *supra* note 66, at 170-171; Wouters & Basu, *supra* note 72, at 135-136.

[102] Partnership Agreement between the members of the African, Caribbean and Pacific Group of States, of the one part, and the European Community and its Member States, of the other part, (signed in Cotonou on 23 June 2000) (hereinafter *Cotonou Agreement*), OJ L 317/3 (15 December 2000). 關於此項條約發展之演變以及對於非加太國家之影響，請參見洪德欽，歐盟對外貿易與發展協定人權條款之規定與實踐，收於：洪德欽編，歐洲聯盟人權保障，頁375-440（2006年）。

[103] General Secretariat of the Council, *The European Union and the International Criminal Court,* 12-13 (2010).

[104] *Cotonou Agreement*, as amended in 2005, OJ L 209/27 (11 August 2005), recitals 8-9.

施以朝向批准並執行羅馬規約以及相關規範努力。[105]如前所述，此項規定被通稱為歐盟對外經貿協定裡之ICC條款，其後並逐漸擴大適用於其他歐盟對外經貿協定中。

在歐盟與菲律賓間之夥伴與合作協定[106]第7條即規定國際刑事犯罪，歐盟與菲律賓重申：國際社會所關注之嚴重國際犯罪（包含違反國際人道法、種族屠殺與違反人道）不應逍遙法外，締約方應盡力經由內國或國際層次之機制，對之予以訴追。此所指之國際機制，包含國際刑事法院。[107]締約方並同意依據其內國規範在促進羅馬規約之普遍遵守上共同合作，其中包括能力建置方面之技術協助。[108]類似之規範，亦可見於歐盟與印尼、越南間簽訂之夥伴與合作協定中。

除了上開ICC條款之外，另有一變形，即ICTY條款，此項條款出現在歐盟與巴爾幹半島國家（例如蒙特內哥羅與波士尼亞－赫塞哥維納）間之穩定與聯繫協定中。[109]在歐盟與蒙特內哥羅簽訂之穩定與聯繫協定

---

[105] *Cotonou Agreement*, as amended in 2005, art. 11(6): *In promoting the strengthening of peace and international justice, the Parties reaffirm their determination to: share experience in the adoption of legal adjustments required to allow for the ratification and implementation of the Rome Statute of the International Criminal Court; and fight against international crime in accordance with international law, giving due regard to the Rome Statute. The Parties shall seek to take steps towards ratifying and implementing the Rome Statute and related instruments.*

[106] Proposal for a Council Decision on the signing of the Framework Agreement on Partnership and Cooperation between the European Union and its Member States, of the one part, and the Republic of the Philippines, of the other part (hereinafter *EU-Philippines PCA*), COM(2010) 460, Brussels (6 September 2010).

[107] *EU-Philippines PCA*, art. 7.1.

[108] *EU-Philippines PCA*, art. 7.2.

[109] Stabilisation and Association Agreement between the European Communities and their Member States, of the one part, and the Republic of Montenegro, of the other part (2010) OJ L 108/3, art. 2; Stabilisation and Association Agreement between the European Communities and their Member States, of the one part, and the Republic of Serbia, of the other part, art. 2

中，與前南法庭之合作，構成該穩定與聯繫協定之必要要件（essential element），遇有必要要件之違反，則締約方得採取必要措施，包含協定之暫時中止。歐盟與波士尼亞—赫塞哥維納間之穩定與聯繫協定之規範模式，與此類似。

三、國際刑事法院之建立與運作

（一）理事會關於國際刑事法院之共同立場

1. 2001/443/CFSP理事會共同立場

　　依據阿姆斯特丹條約修正後之歐盟條約第15條，理事會於2001年6月11日以2001/443/CFSP理事會共同立場，[110]宣示歐盟對於國際刑事法院之立場。就此理事會共同立場，主要可區分為兩個部分，第一個部分是理事會宣示羅馬規約揭櫫之價值，以及國際刑事法院所欲追求之法治原則，進而維護和平與國際安全，係與歐盟價值一致。其次，理事會指出幾個促進羅馬規約廣泛支持與普遍適用之可能途徑，包含：在與第三國談判與政治對話時，強調此一議題之重要性；藉由與其他國家或國際組織以及非政府組織，傳播羅馬規約之價值與精神；並透過會員國與第三國分享執行羅馬規約之經驗。就國際刑事法院之運作，聯盟亦應給予充分之協助，以促進法院之提早建立與良善運作，以及締約方大會之完善運作。茲詳述如下。

　　2001/443/CFSP理事會共同立場首先強調法治與和平及國際安全之關係，其指出：依據聯合國憲章以及歐盟條約第11條之規定，追求法治與人權之尊重之鞏固，以及和平之維護與國際安全之強化，乃係聯盟重要

(Council decision pending); Interim Agreement on Trade and Trade-related Matters between the European Community, of the one part, and Bosnia and Herzegovina, of the other part (2008) OJ L 169/13, art. 1.

[110] *Council Common Position 2001/443/CFSP* of 11 June 2001 on the International Criminal Court (hereinafter *Council Common Position 2001/443/CFSP*), OJ L 155/19, 12 June 2001, as repealed by Council Common Position 2003/444/CFSP of 16 June 2003 on the International Criminal Court, OJ L 150/67 (18 June 2003).

目標。[111]羅馬規約之原則及規範國際刑事法院運作之相關原則，與聯盟之目標及原則一致。[112]同時，2001/443/CFSP理事會共同立場並強調，國際刑事法院所管轄之犯罪為所有會員國所關注（of concern for all Member States），會員國將致力於預防此等犯罪及將該等犯罪之行為人繩之以法。[113]

2001/443/CFSP理事會共同立場第1條並開宗明義宣示：為達防制國際刑事法院所管轄之重大犯罪之違犯，國際刑事法院之建立乃係依據聯合國憲章之原則促進國際人道法以及人權之尊重，進而促進自由、安全、正義以及和平之維護與國際安全強化之重要工具。[114]因而，2001/443/CFSP理事會共同立場之目標乃在於支持國際刑事法院之及早設立以及有效運作，並藉由鼓吹最廣泛之參與而促進對於國際刑事法院之普遍支持。[115]

為達上述目標，歐盟及其會員國在與第三國、國家集團或相關區域組織談判或政治對話時，應強化羅馬規約之批准、接受、同意以及加入此議題；[116]同時，歐盟及其會員國必要時應與其他相關國家、國際機構、非政府組織或其他公民社會代表擴大傳播羅馬規約之價值、原則以及相關條款；[117]會員國並應提供其執行羅馬規約之經驗予其他有興趣之第三國分享，其中包括財政援助。[118]而就國際刑事法院之運作，歐盟及其會

---

[111] *Council Common Position 2001/443/CFSP*, recital 1.

[112] *Council Common Position 2001/443/CFSP*, recital 3.

[113] *Council Common Position 2001/443/CFSP*, recital 4.

[114] *Council Common Position 2001/443/CFSP*, art. 1.1.

[115] *Council Common Position 2001/443/CFSP*, as amended by Council Common Position 2002/474/CFSP, art. 1.2.

[116] *Council Common Position 2001/443/CFSP*, as amended by Council Common Position 2002/474/CFSP, art. 2.1.

[117] *Council Common Position 2001/443/CFSP*, as amended by Council Common Position 2002/474/CFSP, art. 2.2.

[118] *Council Common Position 2001/443/CFSP*, as amended by Council Common Position 2002/474/CFSP, art. 2.3.

員國應提供國際刑事法院協助，包含法院之及早建立與良好運作之實際協助，[119]並應確保締約方大會之完善運作。[120]

2. 2011/168/CFSP理事會決定

里斯本條約生效後，原歐盟條約第15條之規定移至為第29條，除理事會共同決定之用語改為理事會決定，並做部分文字內容之更動，其條約規範內容並無太大差異。[121]依此法律依據，理事會因考量羅馬規約業已生效且國際法院業已建立，歐盟與國際刑事法院間並簽訂有合作與協助協定，且羅馬規約之審查大會（Review Conference of the Roman Statute of the International Criminal Court）於2010年舉行，對侵略罪做出修正案，因而乃以2011/168/CFSP理事會決定，[122]取代2003/444/CFSP理事會共同決定。

2011/168/CFSP理事會決定首先宣示歐盟在國際場域之角色，並強調聯合國憲章之精神。在此基礎下，隨即指出國際刑事法院所管轄之犯罪，係國際社會整體所關注（of concern to the international community as a whole），同時亦為歐盟及其會員國所關注，因而應強化國際合作以確保該犯罪之行為人受到訴追。就歐盟在國際場域之角色而言，2011/168/CFSP理事會決定強調：依據歐盟條約第21條之規定，歐盟在國際場域之行動，應促進民主原則、法治、人權與基本自由之普遍與不可分割性；人性尊嚴之尊重；平等與團結；聯合國憲章與國際法之尊重。在此基礎上，歐盟並應與認同此原則之國際組織發展合作關係。[123]

---

[119] *Council Common Position 2001/443/CFSP, art. 3.1.*

[120] *Council Common Position 2001/443/CFSP, art. 3.2.*

[121] TEU, art. 15: *The Council shall adopt decisions which shall define the approach of the Union to a particular matter of a geographical or thematic nature. Member States shall ensure that their national policies conform to the Union positions.*

[122] *Council Decision 2011/168/CFSP of 21 March 2011 on the International Criminal Court and repealing Common Position 2003/444/CFSP, OJ L 76/56 (22 March 2011) (hereinafter Council Decision 2011/168/CFSP).*

[123] *Council Decision 2011/168/CFSP, recital 1.*

　　其後，2011/168/CFSP理事會決定則揭示聯盟目標之一乃在於依據聯合國憲章之目標與原則，確保和平、避免衝突以及強化國際安全。[124]羅馬規約之原則及規範國際刑事法院運作之原則，與聯盟之目標與原則一致。國際刑事法院所管轄之犯罪，係國際社會全體、歐盟及其會員國所關注，因而歐盟及其會員國籍由內國措施以及國際合作，以確保上開犯罪行為人之訴追。[125]準此，2011/168/CFSP理事會決定進一步勾勒該聯盟之措施所應達成之目標：除前述盡可能擴大參與以取得羅馬規約之普遍支持外，應保存羅馬規約之完整（integrity），進而確保國際刑事法院之獨立與有效運作，並支持與國際刑事法院之合作以及互補原則（principle of complementarity）之執行。[126]2011/168/CFSP理事會決定並強調，歐盟之內部與外部政策在涉及國際刑事法院所管轄之犯罪時，應確保其政策之一致以及連貫性（consistency and coherence）。[127]

（二）理事會關於國際刑事法院決定之後續行動方案

　　在2001/443/CFSP理事會共同立場、2003/444/CFSP理事會共同決定以及2011/168/CFSP理事會決定之後，理事會並分別於2002年、2004年以及2011年採認行動方案，以執行上開理事會（共同）決定。依據最新採認之2011年行動方案，理事會依據2011/168/CFSP理事會決定之內容勾勒五項目標：協調歐盟行動以執行2011/168/CFSP理事會決定之目標、羅馬規約之普遍性與完整性、國際刑事法院之獨立與有效運作、與國際刑事法院之合作、互補原則之執行等。[128]

---

[124] *Council Decision 2011/168/CFSP*, recital 2.

[125] *Council Decision 2011/168/CFSP*, recitals 5-6.

[126] *Council Decision 2011/168/CFSP*, art. 1.2.

[127] *Council Decision 2011/168/CFSP*, art. 8.

[128] Action Plan to follow-up on the Decision on the International Criminal Court (hereinafter *2011 Action Plan*), 12080/11, Brussels, Political and Security Committee, Council of the European Union (12 July 2011).

1. 歐盟行動之協調

協調歐盟行動之法律基礎主要來自於2011/168/CFSP理事會決定第6條規定，要求理事會與最高外交代表協調歐盟之行動，以達成該決定第2條至第5條所要求之保障羅馬規約之普遍性與完整性、國際刑事法院之獨立與有效運作、與國際刑事法院之合作以及互補原則之執行等目標。同時，該決定第8條並要求歐盟確保其內部、外部行動規範及政策與羅馬規約目標與原則之一致與連貫性。基於此要求，歐盟內部涉及國際刑事法院事務之協調，乃由理事會內之國際公法工作小組下所設立之國際刑事法院子委員會（COJUR ICC）為之。同時，歐盟層次與會員國層次均應設置聯絡點，以供作資訊交換之主要聯絡途徑。在歐盟對外行動總署（European External Action Service）以及歐洲執委會部分，則應確保國際法院之目標與原則，在其所涉及之管轄事務範圍內，予以主流化並加以考量。就會員國層次而言，會員國應依據2003/335/JHA理事會決定關於涉及種族屠殺、違反人道以及戰爭犯罪調查、追訴之決定相互合作，並應在其海牙與紐約之外館配置專人以處理國際法院事務。同時，歐洲議會就國際刑事法院之相關事務，理事會政治與安全委員會（Political and Security Committee）之主席以及歐盟對外行動總署應定期知會歐洲議會。[129]

2. 羅馬規約之普遍性與完整性

就羅馬規約之普遍性與完整性，其法律基礎除見諸於2011/168/CFSP理事會決定第1.2條揭櫫之目標之外，該決定第2條並強調歐盟及其會員國應促進羅馬規約之批准、加入與執行。同時該決定第4.4條亦強調移交人犯予國際刑事法院之執行。就具體之執行措施，包含歐盟應在各式政治對話、外交管道乃至於條約中以ICC條款，強調批准或加入羅馬規約之重要性；並應擇定特定國家作為加強外交遊說之目標。同時，歐盟及其會員國應適時提供第三國技術援助，其中包含執行羅馬規約經驗之分享、專家協助以及財政支援。歐盟及其會員國應以協調之方式，確保羅馬規約之完

---

[129] *2011 Action Plan*, 3-7.

整。[130]

3. 國際刑事法院之獨立與有效運作

國際刑事法院之獨立與有效運作，亦係2011/168/CFSP理事會決定第1.2條明示之目標之一；同時，該決定第3條並要求歐盟與國際刑事法院合作，以達成此目標。就法院之獨立而言，法官與檢察官之選取與任命應採透明之方式，其選取過程並應定期檢視。此外，會員國應按時繳納會費，以維持法院之正常運作。最後，會員國與第三國應儘快批准國際刑事法院之豁免與特權條約。[131]

4. 與國際刑事法院之合作

在涉及與國際刑事法院合作之議題上，規範在2011/168/CFSP理事會決定第4條中，同時該決定並提及歐盟與國際刑事法院合作與協助之協定。此外，該決定第7條並要求歐盟應與國際刑事法院合作，以促進締約方大會之完善運作。就此而言，2011行動方案要求會員國依據羅馬規約第86條、第87條之規定，提供國際刑事法院必要之協助，且應避免與經國際刑事法院發出逮捕令之人為非必要聯繫。此外，歐盟應在相關國際場合，予以國際刑事法院適當之支持。[132]

5. 互補原則之執行

就互補原則之執行，其法律基礎主要來自於2011/168/CFSP理事會決定第1.2條，同時第5條更特別規範此原則之執行。就此議題，歐盟之會員國應儘速完成內國之立法；就對外關係，歐盟及其會員國亦應提倡第三國中關於互補原則適用之立法程序，若有必要，歐盟及其會員國亦應提供適當技術援助。在歐盟日後之司法與法治援助措施內，亦應強化互補原則之適用。[133]

---

[130] *2001 Action Plan*, 7-11.

[131] *2011 Action Plan*, 11-13.

[132] *2011 Action Plan*, 13-15.

[133] *2011 Action Plan*, 15-16.

四、歐盟與國際刑事法院之合作與執行

（一）國際刑事犯罪聯絡點之設置

理事會在採認上開關於國際刑事法院之共同決定之後並以兩項理事會決定分別規範涉及種族屠殺、違反人道與戰爭犯罪行為人資訊之聯絡點，[134]以及上開犯行之調查與追訴。[135]就聯絡點之設置，會員國應就上開犯罪之調查，設置聯絡點以交換資訊。[136]聯絡點之主要任務乃在於提供上開犯罪之任何資訊，並促進有權機關之合作。[137]各會員國並應將聯絡點之資訊通知予理事會之總祕書處，並由總祕書處轉知予會員國。[138]

（二）國際刑事犯罪之調查與追訴

就理事會關於調查、追訴種族屠殺、違反人道以及戰爭犯罪之調查與追訴而言，2003/335/JHA理事會決定主要規範會員國執法機關以及移民機關，在處理居留許可之申請時，若該申請人可能涉及違反上開犯罪時，應及時相互提供資訊。藉此資訊之提供，強化會員國在上開犯罪調查與追訴之能力。[139]

（三）歐盟與國際刑事法院之合作與協助協定

2006年，理事會以2006/313/CFSP理事會決定，[140]通過締結歐盟與國

---

[134] *Council Decision 2002/494/JHA* of 13 June 2002 setting up a European network of contact points in respect of persons responsible for genocide, crimes against humanity and world crimes, OJ L 167/1 (26 June 2002).

[135] *Council Decision 2003/335/JHA* of 8 May 2003 on the investigation and prosecution of genocide, crimes against humanity and war crimes (hereinafter *Council Decision 2003/335/JHA*), OJ L 118/12 (14 May 2003).

[136] *Council Decision 2003/335/JHA*, art. 1.1.

[137] *Council Decision 2003/335/JHA*, art. 2.1.

[138] *Council Decision 2003/335/JHA*, art. 1.2.

[139] *Council Decision 2003/335/JHA*, art. 1.

[140] *Council Decision 2006/313/CFSP* of 10 April 2006 concerning the conclusion of the Agreement between the International Criminal Court and the European Union on cooperation and assistance, OJ L 115/49 (28 April 2006).

際刑事法院間之合作與協助協定，[141]該協定之締結，主要奠基於歐盟條約第24條之基礎上。依據該條之規定，在共同外交與安全政策架構下，若有與第三國或國際組織締結條約以執行此支柱之政策，理事會應透過一致決，授權理事會主席，依其適當時，得由執委會協助締結條約。[142]由於此協定之締結，歐盟與國際刑事法院間得以制度化兩者間之合作；該協定主要規範歐盟與國際刑事法院間合作之範圍、常態性之聯繫、資訊交換、歐盟官員之作證義務、保密義務以及豁免特權放棄等。

　　為達歐盟與國際刑事法院間合作之目的，歐盟與國際刑事法院應依據其各自之相關規範，在具有共同利益之議題上彼此合作，並應建立常態性之聯繫。[143]惟此合作主要限於歐盟層次，並不及於國際刑事法院與個別會員國之合作。因而，若非屬於歐盟之資訊，屬於來自會員國之資訊，則不在此合作協定適用範圍之內。[144]就此資訊之提供，羅馬規約第73條之義務，應準用於國際刑事法院與歐盟之間。[145]其次，在歐盟架構下所舉辦之會議，若涉及國際刑事法院所管轄之事項者，歐盟應邀請國際刑事法院之相關人員參與；[146]兩組織並應進一步合作以傳播國際刑事法院之價值、原則以及羅馬規約之相關規範；[147]亦應在盡可能之範圍內，相互交

---

[141] Agreement between the International Criminal Court and the European Union on cooperation and assistance (hereinafter *EU-ICC Cooperation Agreement*), OJ L 115/50 (28 April 2006).

[142] TEU, as amended by Nice Treaty, art. 24(1): *When it is necessary to conclude an agreement with one or more States or international organizations in implementation of this title, the Council may authorize the Presidency, assisted by the Commission as appropriate, to open negotiations to that effect. Such agreements shall be concluded by the Council on a recommendation from the Presidency.*

[143] *EU-ICC Cooperation Agreement*, art. 4.

[144] *EU-ICC Cooperation Agreement*, art. 3.1.

[145] *EU-ICC Cooperation Agreement*, art. 3.2.

[146] *EU-ICC Cooperation Agreement*, art. 5.

[147] *EU-ICC Cooperation Agreement*, art. 6.

換資訊。[148]

　　再者，就文書提出之義務與證言之取得，以及相關人員之保護措施而言，若所提供之資訊係屬機密，其保密事宜亦應符合附件關於保密事項之規範。[149]而資訊之提供若涉及歐盟現任或前任官員時，國際刑事法院在經歐盟請求時，應提供必要之安全或保護措施。[150]此外，關於證言之提出，係涉及歐盟之官員時，歐盟應盡可能藉由放棄該官員之保密義務方式，俾使國際刑事法院得以順利取得證言。此時，若有必要也應採取相關保護措施，歐盟並得委任代理人陪同該官員出庭。[151]

　　最後，若國際刑事法院欲對特定應擔負種族屠殺、違反人道、戰爭犯罪等罪責之行為人行使管轄權，而該特定行為人依據國際法在歐盟內應享有豁免權或外交特權時，歐盟之相關機構應在其權限範圍內，盡可能採取一切措施俾使國際刑事法院得以對該行為人行使管轄權。[152]詳言之，本條之規範主要在於藉由特定行為人在歐盟境內得享有豁免權或外交特權之剝奪，俾使國際刑事法院得以對該特定行為人行使管轄權，以免豁免權或外交特權得作為國際刑事法院行使管轄權之障礙。

五、國際刑事法院與歐盟會員國之合作

　　除了歐盟與國際刑事法院之合作，另外一種合作方式存在於歐盟會員國與國際刑事法院之間，主要協助內容係執行國際刑事法院之判決，迄今共有奧地利、英國、丹麥、芬蘭與國際刑事法院簽訂刑罰執行條約；另有部分歐盟之會員國係以內國立法之方式，規範國際刑事法判決之執行，例如德國與法國即屬此立法例。羅馬規約第103條第1項規定，國際法院應從同意接受被判刑人之國家名單中，指定一特定國家，並於該國執行徒

---

[148] *EU-ICC Cooperation Agreement*, art. 7.

[149] *EU-ICC Cooperation Agreement*, art. 9.

[150] *EU-ICC Cooperation Agreement*, art. 8.

[151] *EU-ICC Cooperation Agreement*, art. 10.

[152] *EU-ICC Cooperation Agreement*, art. 12.

刑。[153]前述4會員國即與國際刑事法院簽訂協定，以協助國際法院刑罰之執行。刑罰之執行主要依據執行國法律，惟國際法院有權對刑罰之執行予以監督，同時執行國不得變更國際刑事法院之判決。再者，刑罰之執行應受到一事不再理與特定性原則（rule of speciality）之拘束。

就刑罰之執行，國際法院之判決應拘束執行國，執行國不得予以變更。[154]此外，監禁之執行應受國際法院之監督，並應符合受刑人待遇之國際規範。[155]在拘禁過程中，若因出庭之需要，國際法院得裁定一定之要件與期間，使該被判刑人暫時自執行國移至法院所在地，此暫時移出時間並應計入刑罰執行期間。[156]為達監督刑罰執行之目的，國際刑事法院之院長必要時，得向執行國請求相關資訊、報告或專家意見；[157]在告知執行國後，得指派一名法官或法院之官員在無執行國人員在場之前提下，聽取被判刑人之意見；[158]在適當情形，得聽取執行國對於被判刑人所表達之意見之看法。[159]

國際刑事法院判決之執行條件，應依據執行國之法律，並應符合受刑人待遇之國際標準；同時，不得優於或劣於執行國對於類似犯罪之判刑人之待遇。[160]若被判刑人依據執行國法律得取得監所外之處遇時，執行

---

[153] Rome Statute, art. 103 (1)(a): *A sentence of imprisonment shall be served in a State designated by the Court from a list of States which have indicated to the Court their willingness to accept sentenced persons.*

[154] See, e.g., Agreement between the International Criminal Court and the Federal Government of Austria on the enforcement of sentences of the International Criminal Court (hereinafter *ICC-Austria Enforcement Agreement*), ICC-PRES/ 01-01-05 (26 November 2005), art. 4.1.

[155] See, e.g., *ICC-Austria Enforcement Agreement*, art. 4.2.

[156] See, e.g., *ICC-Austria Enforcement Agreement*, art. 4.3.

[157] See, e.g., *ICC-Austria Enforcement Agreement*, art. 5(a).

[158] See, e.g., *ICC-Austria Enforcement Agreement*, art. 5(b).

[159] See, e.g., *ICC-Austria Enforcement Agreement*, art. 5(c).

[160] See, e.g., *ICC-Austria Enforcement Agreement*, art. 6.1.

國應將此資訊通知國際刑事法院，俾利國際刑事法院行使監督職權。[161]
被判刑人不得於執行國因其業遭國際刑事法院判決有罪或無罪之行為，重
新於執行國法院起訴，[162]此為一事不再理原則之適用。此外，基於特定
性原則，被判刑人移轉至執行國，其主要目的在於執行國際刑事法院之判
決，因而，除非在經國際刑事法院院長之同意，其在執行國不得因其先前
所為之行為遭訴追、處罰或引渡至第三國。[163]上開特定性原則例外排除
之請求，應擬具下列資訊，向國際刑事法院為之，包含：案件事實之陳述
以及法律定性；法律條文；刑罰判決、逮捕令或其他令狀；以及被判刑人
經告知上開追訴、處罰或引渡請求之事實後，被判刑人之意見陳述。[164]
在涉及引渡之請求時，執行國應將完整引渡之請求以及被判刑人之意見陳
述轉送予國際刑事法院，俾使國際刑事法院得取得充分之資訊，以做成決
定。[165]

六、豁免權與移交同意

國際刑事罪犯之移交有賴於締約方之配合，然而締約方有時依其國際
義務，若將罪犯移交予國際刑事法院，將導致違反其所擔負之國際義務，
造成締約方國際義務之衝突。締約方所擔負之國際義務，主要可分成豁免
權與不移交協定兩種。就此羅馬規約第98條做了相關規範，其中第1項規
定：倘若被請求國在執行國際刑事法院關於移交或協助之請求，將導致該
被請求國對於第三國個人或財產關於國家或外交豁免權之國際法義務之違
反時，除非國際刑事法院業已取得第三國對於豁免權放棄之同意，否則國
際刑事法院不得提出移交或協助之請求。[166]同條第2項則規範，若被請求

---

[161] See, e.g., *ICC-Austria Enforcement Agreement*, art. 6.3.

[162] See, e.g., *ICC-Austria Enforcement Agreement*, art. 9.

[163] See, e.g., *ICC-Austria Enforcement Agreement*, art. 10.1.

[164] See, e.g., *ICC-Austria Enforcement Agreement*, art. 10.2.

[165] See, e.g., *ICC-Austria Enforcement Agreement*, art. 10.3.

[166] Rome Statute, art. 98 (1): *The Court may not proceed with a request for surrender or assistance which would require the requested State to act inconsistently with its obligations*

國在執行國際刑事法院之移交請求，將導致其對於第三國關於人員之移交須取得第三國事先同意之國際義務之違反時，除非國際刑事法院事先取得該第三國之同意得以移交該第三國之人員，國際刑事法院不得提出該移交之請求。[167]就此二條款之規定，前條主要適用於具有國家或外交豁免權之人，後者則常見於駐軍或維和人員。第98條第2項更為美國所高度關注之議題，蓋因美國海外駐軍甚多，在羅馬規約生效後，美國之外交重點在於，如何避免其海外駐軍因羅馬規約之生效，被移交予國際刑事法院。因而，美國乃積極與第三國洽簽不移交協定，[168]明文要求第三國不得將其境內之美國駐軍或其他人員，在未經美國之同意下移交予國際刑事法院。

2002年，斯時為候選會員國之羅馬尼亞與美國簽訂美羅人員移交協定，[169]該協定第2條規定，在未經美國明示同意之前提下，羅馬尼亞不得將處於其境內之美國人員以任何形式移交或移轉予國際刑事法院；同時，亦不得基於移交給國際刑事法院之目的，將該人員移交予第三方或第三國，或驅逐至第三國。[170]此外，倘若羅馬尼亞引渡、移交或移轉美國人員至第三國時，在美國政府未明白表示同意前，羅馬尼亞不得同意第三國

---

under international law with respect to the State or diplomatic immunity of a person or property of a third State, unless the Court can first obtain the cooperation of that third State for the waiver of the immunity.

[167] Rome Statute, art. 98(2): *The Court may not proceed with a request for surrender which would require the requested State to act inconsistently with its obligations under international agreements pursuant to which the consent of a sending State is required to surrender a person of that State to the Court, unless the Court can first obtain the cooperation of the sending State for the giving of consent for the surrender.*

[168] 關於不移交協定之討論，參見Chet J. Tan Jr., *The Proliferation of Bilateral non-Surrender Agreements Among Non-Ratifiers of the Rome Statute of the International Criminal Court*, 19 Am. U. Int'l L. Rev. 1115, 1115-1180 (2003)。

[169] Agreement between the Government of the United States of America and the Government of Romania regarding the surrender of persons to the International Criminal Court (hereinafter *US-Romania Agreement on Surrender of Persons to ICC*).

[170] *US-Romania Agreement on Surrender of Persons to ICC*, art. 2.

將該人員移交予國際刑事法院。[171]在羅馬尼亞與美國簽訂此一不移交協定之後，美國隨即與英國、法國洽簽不移交協定，此舉被認為是危害羅馬規約完整性與國際刑事法院有效運作之措施。因而，理事會乃於2002年9月30日之理事會中，以理事會結論，規範與美國簽訂不移交協定之指導原則。[172]此項指導原則，並導致羅馬尼亞最終並未批准該不移交協定。[173]

理事會指導原則之目的在於依據理事會共同立場之精神，維護羅馬規約之完整性，並確保羅馬規約之締約方遵守其基於羅馬規約之國際義務，並與國際刑事法院充分合作以調查、訴追國際刑事犯罪。具體而言，該指導原則首先指出，羅馬規約之締約方應考量其與美國所締結之駐軍部隊地位協定（Status of Forces Agreement）以及其他刑事法律合作協定（包含引渡）之規定。其次，該指導原則則對目前美國與締約方（如羅馬尼亞）所欲締結之不移交協定，依其現有內容觀之，將與羅馬規約之規範牴觸，亦有可能與其他國際協定之義務牴觸。就有罪不罰（impunity）之現象，理事會認為應致力確保違犯國際刑事犯罪之行為人無從處罰窘境之消弭，就此應強化締約方內國之訴追程序。

就不移交之人員而言，僅限於非締約方之國民。此外，亦應考量個人依據國際法所享有之國家或外交豁免權。就不移交協定而言，僅應適用於該人員係經由其母國所派遣至駐在國之情形。同時，羅馬規約第98條第2項之移交，不得解釋為包含過境之情形。就不移交協定之期限而言，指導原則認為得適度援引日落條款，設定該協定之有效期限，該協定並應依據內國憲法程序完成批准。依此觀之，依據理事會之意見，美國現與其他締約方（如羅馬尼亞）所締結之不移交協定，可能違反羅馬尼亞基於羅馬規

[171] *US-Romania Agreement on Surrender of Persons to ICC*, art. 3.

[172] EU Guiding Principles concerning Arrangements between a State Party to the Rome Statute of the International Criminal Court and the United States Regarding the Conditions to Surrender of Persons to the Court, annexed to Council Conclusions on the International Criminal Court (30 September 2002).

[173] Groenleer & Rijks, *supra* note 66, at 172.

約之義務，此項立場，導致羅馬尼亞最終並未批准該協定。同時，指導原則重述國家與外交豁免權之適用，然指導原則仍強調有罪不罰之情形應極力予以避免。為達此項目標，一方面應強化締約方內國程序之適用，另一方面則應探討如何限縮國家或外交豁免權之適用範圍。

七、歐盟對於羅馬規約審查大會之立場

2010年，在烏干達羅馬規約審查大會召開前夕，理事會對於此審查大會亦發表其立場。[174]理事會指出，審查大會係鞏固國際刑事法院，以作為國際社會在內國法院不願或不能追訴種族屠殺、違反人道與戰爭犯罪之行為人時，實現正義之重要工具。就此，理事會強調羅馬規約普遍適用及其完整性之重要。[175]此外，理事會並強調羅馬規約之普遍遵守、合作機制之改善、會員國法院管轄權與國際刑事法院管轄權之互補、正義與和平之連結、羅馬規約對於被害人以相關地區之影響，均應在審查大會中加以討論。[176]

歐盟進而在烏干達舉行之審查大會上，具體提出四項訴求：

1. 持續促進普遍性並維護羅馬規約之完整性；
2. 藉由將ICC條款或其他與國際正義有關之條款列入歐盟與第三國簽訂之協定中，將國際所關注之嚴重犯罪之有罪不罰此一現象之消弭列為歐盟與其夥伴之共同價值；
3. 持續其對於國際刑事法院、公民社會以及有意願接受支助以批准或執行羅馬規約之第三國之財政支援；

---

[174] Council Conclusions on the Review Conference of the Roman Statute of the International Criminal Court (hereinafter *Council Conclusions on the Review Conference of Roman Statute*), 3016th Competitiveness Council Meeting, Brussels (25 May 2010).

[175] *Council Conclusions on the Review Conference of Roman Statute*, paras. 2-3.

[176] *Council Conclusions on the Review Conference of Roman Statute*, para. 5.

4.在審查大會之後，檢討並更新相關措施以支持國際刑事法院。[177]

最後，歐洲議會在審查大會結束後，並以「面對挑戰與克服困難」為名，[178]通過一決議，表達歐盟對於國際刑事法院之支持，其中分成政治與外交行動，以及財政與庶務支援兩個面向。在該決議中，歐洲議會強調羅馬規約通過修正案，將侵略罪列為國際刑事法院管轄權範圍之重要性，[179]同時並呼籲修改歐盟運作條約第83條將國際刑事法院所管轄之犯罪，列為歐盟權限事務，歐盟進而得以調和會員國關於國際刑事犯罪相關之內國立法規範。此外，會員國應將凍結國際刑事法院所起訴被告之資產之權限移轉予歐盟。[180]同時，歐洲議會並強調部分國家（包含羅馬規約之締約方）邀請經國際刑事法院起訴之蘇丹總統巴席爾（Omar alBashir）入境，卻未予以逮捕，此行為嚴重違反羅馬規約之合作義務。[181]而就歐盟本身而言，對於歐盟之候選會員國土耳其尚未能加入羅馬規約，亦表示高度之關切。[182]就財政與庶務支援而言，歐洲議會強調歐盟應持續透過歐洲民主與人權倡議（European Instrument for Democracy and Human Rights），支持國際刑事法院、國際刑事法院被害人信託基金，並持續支持鼓吹國際刑事法院之相關公民團體。[183]

---

[177] International Criminal Court, Review Conference of the Rome Statute (Pledges), RC/9 (15 July 2010), 18.

[178] European Parliament, Report on EU support for the ICC: *Facing Challenges and Overcoming Difficulties* (hereinafter *Facing Challenges and Overcoming Difficulties*), 2011/2109(INI) (20 October 2011).

[179] *Facing Challenges and Overcoming Difficulties*, para. 6.

[180] *Facing Challenges and Overcoming Difficulties*, para. 12.

[181] *Facing Challenges and Overcoming Difficulties*, para. 23.

[182] *Facing Challenges and Overcoming Difficulties*, para. 40.

[183] *Facing Challenges and Overcoming Difficulties*, paras. 54, 56 & 58.

肆、結論

　　本文目的主要在於探討歐盟對於國際刑事法秩序之型塑，以及國際刑事正義之追求，其主要出發點在於：歐盟自其從歐洲經濟共同體發軔，乃係一以經濟整合為中心之區域經濟整合組織，其對於國際刑事犯罪之追訴與懲罰原本應無置喙之處，何以對於羅馬規約之簽訂與其後國際刑事法院之建立具有關鍵性角色？基於此問題意識，本文首先探討歐盟在國際刑事正義議題之實踐，其中包含原歐盟三支柱中之第二支柱共同外交與安全政策及第三支柱司法與內政事務（後改稱為刑事議題之警政與司法合作）。就第二支柱而言，維護和平與強化國際安全，發展並鞏固民主、法治及人權與基本自由之尊重，均係聯盟共同外交與安全政策之目標；而國際刑事規範之目的主要在於將違反種族屠殺、違反人道與戰爭犯罪之行為人繩之以法。除有助於法治之確保、人權與基本自由之尊重，並有助於和平與國際安全之強化，就此而言，國際刑事正義之追求，實為聯盟共同外交與安全政策之目的之一。就第三支柱而言，其目的在於促進自由、安全與正義區域之建立，歐盟內部作為自由、安全與正義區域，此一目標無可避免地將投射於歐盟對外行動中，乃至於對於其他國家之要求；同時，第三支柱除涉及歐盟成員國間刑事議題之警政與司法合作外，另涉及庇護與難民問題，庇護與難民問題之主要起因乃係國際刑事犯罪，藉由國際刑事犯罪之訴追以消弭衝突之根源，即為第三支柱外溢至國際刑事正義之原由。

　　同時，在原第二支柱與第三支柱之基礎下，受到歐盟條約第21條歐盟對外行動之目標與原則之導引與規範，歐盟為防衛其價值、基本利益、安全、獨立與完整；鞏固並支持民主、法治、人權、國際法之原則；依據聯合國憲章等維護和平與強化國際安全；並協助遭遇自然或人為災難之人民、國家以及區域。而為了達成歐盟條約所揭示之目標，藉由國際刑事規範之建立，以追求國際刑事正義，進而在涉及國際刑事犯罪所衍生之人道危機中，予以人道協助，並藉由國際刑事正義之實踐，得以維護法治、保障人權，進而確保和平與強化國際安全。此係歐盟積極參與國際刑事法秩

序建立之第二個原因。

第三，在學者論述上，藉由「歐盟作為規範性權力」之論述主軸，亦強化了歐盟在國際刑事正義實踐上之正當性以及必要性。詳言之，上開論述在涉及區域衝突議題時，強調衝突之根源，而非其表象。因而，其根本方法在於在衝突產生之前，建立住民本身解決衝突起源之能力，藉由衝突避免以促進永續和平。而為確保永續和平，國際刑事犯罪之訴追以及國際刑事正義之實踐，乃係不可或缺之一環。由於國際刑事法秩序具有高度之倫理與規範性，對於刑事正義之實踐，實與上開「歐盟作為規範性權力」之論述意旨相符。歐盟對於國際刑事正義之追求與維護，亦與歐洲價值相符，歐盟在實踐國際刑事正義過程中所為之諸多努力，乃係歐盟創始條約中所揭櫫之「傳教原則」之具體實踐。

在討論歐盟關於國際刑事正義之權限基礎、目標與原則以及論述主軸後，本文討論歐盟在羅馬規約簽訂與國際刑事法院建立過程中具體之參與行為。首先，本文討論常設國際刑事法院建立前，歐盟關於盧安達法庭以及前南法庭之參與。就盧安達法庭而言，本文主要分析2002年之2002/830/CFSP理事會共同立場，理事會關於其持續支持位於阿魯沙之盧安達法庭，尤其在移交盧安達法庭所起訴之犯罪人議題上，尋求法庭行政效能之持續提升。同時，除呼籲盧安達履行其對於盧安達法庭所擔負之義務外，並鼓勵盧安達積極加入羅馬規約。就前南法庭而言，本文討論歐盟如何藉入會協商以及其與巴爾幹半島國家間之穩定與聯繫協定，要求候選會員國及巴爾幹半島國家與前南法庭合作。此外，歐盟並透過共同立場之制定，一方面凍結經前南法庭起訴之行為人之資金與付款流動，另一方面禁止資助上開行為人之資助者進入歐盟境內，藉以強化前南法庭之有效運作。

其後，本文進一步探討歐盟就國際刑事法院成立後所做出之數個與國際刑事法院有關之理事會共同決定，以及依據此等理事會共同決定所通過之行動方案，其中約略可分為五個面向，亦即：歐盟行動之協調、羅馬規約之普遍性與完整性、國際刑事法院之獨立與有效運作、歐盟與國際刑事法院之合作，以及互補原則之執行。就歐盟與國際刑事法院之合作，可具

體分為：國際刑事犯罪聯絡點之設置、國際刑事犯罪之追訴與調查，以及歐盟與國際刑事法院間之合作與協助協定等三面向。

就歐盟成員國與國際刑事法院之合作部分，本文主要聚焦於會員國（尤其英、法兩國）之談判立場，會員國對於羅馬規約之批准（捷克），以及會員國與國際刑事法院間之刑罰執行條約。就具體實質面向，則討論行為人所享有之國家或外交豁免權，以及美國與第三國（包含羅馬尼亞）簽訂之不移交協定，歐盟之回應。就此，理事會通過一指導原則，此原則最終導致羅馬尼亞未批准其與美國簽訂之不移交協定。最後，本文分析歐盟對於在烏干達舉行之羅馬規約審查大會之立場，包含理事會之結論以及歐洲議會在審查大會結束後，以「面對挑戰與克服困難」為名之決議。

本文經由上開研究發現經由原歐盟第二支柱與第三支柱權限之取得，以及歐盟條約對外行動之目標與原則之導引與規範，輔以學者關於「歐盟作為規範性權力」之論述，歐盟追求國際刑事法秩序之建立，實有其軌跡可尋。而就歐盟對於國際刑事法秩序之建立以及國際刑事正義之實踐而言，就前南法庭來說，可謂相當成功。而盧安達法庭，歐盟給予之關注則不若前南法庭。至於就常設性之國際刑事法院，此一議題在歐盟政策中逐漸具有其重要性，可由眾多之共同立場、共同決定或行動方案得到佐證。而歐盟對於國際刑事法院之支持，相較於美國之排斥，則可以得到鮮明之對比。藉此，歐盟得以強化其獨特之自我認同，並藉由對於盧安達法庭、前南法庭、以及國際刑事法院之支持，以爭取外界之認同，試圖型塑、建構一個新的國際法秩序。

在此過程中，歐盟面臨之主要挑戰有內外兩個層面，對內主要來自於會員國立場之歧異，在羅馬規約協商過程中主要係英、法兩國與其他國家之歧見，其後則是捷克遲未批准羅馬規約，最後則視東擴後新會員國羅馬尼亞欲與美國簽訂不移交協定；對外部分則來自於美國之挑戰，主要見諸於美國與第三國（尤其非洲國家）簽訂不移交協定，就此部分實有礙於羅馬規約之普遍性與完整性。因而在此新國際刑事法秩序之型塑過程中，歐盟內部立場之一致乃係面對外在挑戰之基礎，僅有在歐盟立場一致時，方得強化其自我認同，以面對美國在國際場域之挑戰。

Chapter 6 歐盟作爲規則產生者：以其在能源憲章公約之參與爲例

壹、前言

　　歐洲聯盟（European Union, EU）[1]自其巴黎條約所簽訂之煤鋼共同體條約（Treaty Establishing the European Coal and Steel Community，下稱ECSC條約）與羅馬條約所簽訂之歐洲經濟共同體條約（Treaty on Establishing a European Economic Community，下稱EEC條約）與原子能共同體條約（Treaty Establishing the European Atomic Energy Community，下稱Euratom條約）以降，內部市場之整合，乃至於經濟與貨幣聯盟（Economic and Monetary Union, EMU）之肇建，乃係歐盟內部整合之重要里程碑與成就。同時間，歐盟在對外關係上之發展亦逐漸獲得重視。自共同體發展初期，共同商業政策（Common Commercial Policy, CCP）即爲共同體對外關係之重要一環。[2]阿姆斯特丹條約（Treaty of Amsterdam）

---

[1] 由於里斯本條約之生效，歐盟正式取代歐洲共同體，並承繼歐洲共同體之法人格。本文在行文上倘若概括指涉該組織時，均以歐盟稱之；若涉及特定文義及歷史脈絡而有加以釐清必要時，則以歐洲經濟共同體或歐洲共同體稱之。又本文條文條號之引用部分，在里斯本條約生效前，採阿姆斯特丹條約後整編之條號，若文中引用歷史文件或歐洲法院之判決，除引用整編之條號外，並於第一次出現時以[ ]方式註明原文所使用之條號。若行文上述及里斯本條約後之發展，則使用註明里斯本條約生效後之歐洲聯盟條約（Treaty on European Union，下稱TEU或歐盟條約）或歐洲聯盟運作條約（Treaty on the Functioning of the European Union，下稱TFEU或歐盟運作條約）條文編號。

[2] 就歐盟共同商業政策衍生之對外參與，其最爲重要的乃是自關稅暨貿易總協定（General Agreement on Tariffs and Trade, GATT）以來，乃至於其後歐盟在世界貿易組

後，歐盟共同外交與安全政策之最高代表（High Representative for Common Foreign and Security Policy, HR for CFSP）之創設，更爲歐盟在共同外交與安全政策上注入新動能。

學者從歐盟對於國際關係之影響乃至於國際法秩序之建構與重塑，試圖剖析歐盟之本質，就此乃有歐盟作爲「公民強權」（civilian power）或「規範強權」（normative power）等相關論述。[3]其次，就歐盟在國際場域之參與，學者常以歐盟作爲全球行爲者（EU as a global actor）之角度加以稱之，亦即此派學者試圖藉由觀察歐盟在國際組織、國際公約乃至於國際會議之參與，進而勾勒歐盟在全球事務上是否具有關鍵性之角色。[4]依據學者Cremona之觀察，歐盟作爲全球的行爲者，主要可以區分

織（World Trade Organization, WHO）架構下之參與。

[3] 公民強權係指歐盟及其前身歐洲（經濟）共同體對於國際體系之影響並不以強制力（尤其是軍事力量）爲基礎，在此脈絡下，歐盟之經貿力量乃被視爲公民強權之重要環節。公民強權有學者翻譯爲文明強權，亦有譯爲柔性強權，而對於歐洲作爲柔性強權身分建構，請參照甘逸驊，歐盟「柔性強權」身分認同的建構與批判，問題與研究，46卷4期，頁1-25（2007年）；李正通，歐盟規範性強權在其對中國大陸和緬甸人權政策上的實踐，收於：蘇宏達編，歐洲聯盟的歷史發展與理論辯論，頁503-14（2011年）。就此英文文獻眾多，關於公民強權，請參見Francois Duchêne, *Europe's Role in World Peace, in* Europe tomorrow: Sixteen Europeans look ahead 32, 32-47 (Richard Mayne ed., 1972)；關於公民強權之批判，請參見Hedley Bull, *Civilian Power Europe: A Contradiction in Terms?*, 21 J. Common Mkt. Stud. 149, 149-70 (1982)。就規範強權而言，其主要概念係歐盟對於國際秩序之影響主要源自理念之提出與規範之型塑。關於規範強權，請參見Ian Manners, *Normative Power Europe: A Contradiction in Terms?*, 40 J. Common Mkt. Stud. 235, 235 (2002); Ian Manners, *Normative power Europe Reconsidered: Beyond the Crossroads,* 13 J. Eur. Pub. Pol'y 182, 182 (2006)。關於公民強權之批判，請參見Adrian Hyde-Price, *"Normative" Power Europe: A Realist Critique*, 13 J. Eur. Pub. Pol'y 217, 217-34 (2006)。

[4] 就此英文文獻眾多，從國際關係角度析論者，請參見Charlotte Bretherton & John Vogler, The European Union as a Global Actor (2006); Ole Elgström & Michael Smith eds., The European Union's Roles in International Politics: Concepts and Analysis (2006); Christopher Hill & Michael Smith eds., International Relations and the European Union (2011)。從法律

為五個類型：實驗及模範（laboratory and model）、市場參與者（market player）、規則產生者（rule generator）、穩定者（stabilizer）、磁吸力量以及作為鄰居（magnet and neighbour）。[5]

　　就「歐盟作為全球行為者」的角度觀察，最為引人注目，也是歐盟最先確定其全球行為者角色之領域，即是歐盟在經貿市場上作為一個參與者，而與此息息相關的則是，基於其在經貿市場以及國際經貿法秩序作為一個參與者之角色，更積極成為一個規則產生者。[6]歐盟作為規則產生者，並非僅見於經貿領域，亦擴及其他非經貿領域。歐盟在歐洲能源憲章（European Energy Charter）[7]制定以及能源憲章公約（Energy Charter

---

之角度評析者，請參見Michael Emerson et al., Upgrading the EU's Role as Global Actor: Institutions, Law and the Restructuring of European Diplomacy (2011); Bart van Vooren, Steven Blockmans, & Jan Wouters eds., The EU's Role in Global Governance: The Legal Dimension (2013)。

[5]　實驗及模範意指歐盟整合過程可以作為其他區域整合的模範，同時間歐盟也可以進行深度的整合，例如貨幣整合，在其他深度整合的領域中，歐盟也提供了一個場域，供作不同寬窄深淺的區域整合實驗。穩定者，主要指歐盟在安全以及發展議題上所扮演的角色，除了區域安全外（例如巴爾幹半島之穩定及聯繫過程〔Stability and Association Process; SAP〕），特定國家的穩定及永續發展，歐盟藉由其與特定區域及國家之經濟夥伴條約亦扮演穩定該區域或國家之角色，在此類型中，歐洲價值如人權條款占有重要之角色。此外，區域集團化（regional grouping）也是重要的特色之一。至於磁吸力量，意指藉由吸引歐盟之會員國或候選國加入歐盟，歐盟有效地導正將成員國及候選國之法律制度、政策形成。鄰居則指歐盟為有效降低而無法成為歐盟會員國之鄰國之恐懼及疑慮——被歐盟排拒在外，歐盟將盡可能與該鄰國密切合作，即令該鄰國無法成為歐盟之會員國。如此，該鄰國可以成為歐盟之真正夥伴，且在歐盟之外交關係上得以真正參與（Cremona, 2004: 553-565）。

[6]　Marise Cremona, *The Union as a Global Actor: Roles, Models and Identity*, 41 Common Mkt. L. Rev. 553, 553-65 (2004).

[7]　Concluding Document of the Hague Conference on the European Energy Charter, 16-17 December 1991 in the Hague (hereinafter *Concluding Document of the Haugue Conference*), *reprinted* in *The Energy Charter Treaty and Related Documents* (hereinafter *ECS*) (Energy Charter Secietariat, 2004), 211-221.

Treaty）[8]簽署上，則可作爲歐盟自經貿領域向外延伸，涉及能源貿易、能源安全與環境保護議題之嘗試。此外，歐洲能源憲章與能源憲章公約，係由歐盟發起、提案、制定，乃至於生效之國際公約，就此特色而言，係觀察歐盟作爲規則產生者之極佳案例。再者，由於能源憲章公約就能源物質與能源產品之投資提供一投資人與地主國之仲裁機制（investor-state arbitration），此一仲裁機制，反過來並規範歐盟在與能源相關之管制措施之合法性。同時間，由於里斯本條約之生效，外人直接投資（foreign direct investment, FDI）成爲共同商業政策之一環，從而歸屬歐盟之專屬權限，乃衍生出在涉及能源物質與能源產品之投資仲裁時，將由歐盟或會員國應訴之爭議。

海牙會議（Hague Conference）中歐洲能源憲章之制定，乃至其後能源憲章公約之簽署，歐盟在此過程中均扮演關鍵性之角色，因而，就國際能源（貿易）規範之制定，歐盟實扮演規則產生者之角色。本文首先將介紹歐盟作爲全球行爲者此一概念，基於此角度，先探討在歐洲能源憲章之發軔與制定，乃至於能源憲章公約之簽署與生效過程中歐盟所扮演之角色；其次，分析里斯本條約生效後，外人直接投資成爲共同商業政策之一環，從而歸屬歐盟之專屬權限，此一新權限之取得對於歐盟在能源憲章公約架構下之參與有何影響。詳言之，由於能源物質與產品之投資促進與投資保障係能源憲章公約之重要議題，歐盟對於外人直接投資取得專屬權限後，將影響歐盟在投資促進與投資保障之權限，因而在涉及能源物質與產品投資保障之國際仲裁上，究應以歐盟或特定會員國爲應訴國乃成爲爭議，同時，是否危及歐洲法院之專屬管轄，亦值進一步審究。最後，將簡述本文論點與研究發現作爲結論。

---

8   Energy Charter Treaty, adopted on 16-17 December 1994, reprinted in *The Energy Charter Treaty and Related Documents,* 39-137 (hereinafter *ECT*).

貳、歐盟作為全球行為者

在國際政治與國際關係上成為一個行為者，從國際法之角度，其先決要件乃是具有國際法人格（international legal personality），此項要件，就歐洲經濟共同體（或其後之歐洲共同體）並不是個問題，蓋因共同體條約明文賦予歐洲共同體法律人格，藉由國際法人格之賦予，歐洲共同體取得與其會員國獨立之法人格，成為獨立之國際法主體。然而，在1992年歐盟成立後，國際法人格則成為一個爭辯的議題，蓋因馬斯垂克條約並未賦予歐盟法人格，此項缺陷直至里斯本條約去除歐盟之支柱架構，明文賦予歐盟國際法人格後，乃告解決。[9]

其次，即令在EEC條約以降，歐洲（經濟）共同體即具有國際法人格，歐洲共同體得以參與國際政治，遂行國際關係，並締結國際條約。然而，此項資格並不當然意味共同體就歐盟內部權限分配，即具有對外條約締結權限，蓋因共同體之權限乃係自會員國移轉，依據授權原則（principle of competence conferral），共同體僅能在條約授權之範圍內行使權限。因而，國際法人格之賦予，僅意味共同體有對外締結條約、參與國際政治與國際關係之能力，但並不當然意味歐洲共同體有此權限，尤其在共同體條約未明文授予共同體於特定議題之對外條約締結權限時，共同體就此是否享有對外權限，即有爭議。就此，歐洲法院在AETR（Accord Européen sur les Transports Routiers）[10]一案中作了重要宣示。[11]

法院認為在條約並未明文賦予經濟共同體談判並締結國際協定之權限時（如本案中AETR所涉及之共同運輸政策），經濟共同體是否得對外

9　TEU, as amended by Lisbon Treaty, art. 47.

10　Case 22/70, *Commission v. Council* [1971] ECR 263.

11　關於AETR，請參見吳建輝，歐盟對外經貿法之發展：法律與政策變遷，歐美研究，42卷4期，頁789-92（2012年）；鄧衍森，歐洲共同體對外權能，貿易調查專刊，2期，頁45-91（1997年）。

締結協定，應取決於共同體法規範與第三國關係之一般體系。[12]經濟共同體條約在第210條賦予經濟共同體法人格，其目的在對於共同體所追求之整體目標，使對外關係上享有對外締結契約連結之權限。[13]而決定經濟共同體是否有權限締結對外協定，應考量條約整體架構，不僅限於個別實質條文。[14]該等對外協定之締結權限，可能源自條約之明文賦予（例如條約第113條或第114條締結關稅與貿易協定，或第238條締結聯繫協定之情形），亦有可能從條約之條文或共同體在此等條文架構下採取之措施所導出。[15]尤其，當共同體為了執行條約之共同政策而制定共同規則之相關條文時，會員國即無從以個別或共同之方式與第三國簽訂可能影響上開共同規則之國際協定。[16]當（只要）共同體規則成立後，僅共同體得以與第三國承擔並執行將影響共同體法適用之國際義務。[17]就經濟共同體條約條文之執行而言，共同體內部措施之體系無從與外部關係割裂。[18]

法院並強調，共同運輸政策之採行乃係經濟共同體條約第3(e)條明定之目標，依據經濟共同體條約第5條之規定，會員國一方面應採取所有適當措施以確保其基於條約所擔負義務之滿足，另一方面，應避免任何可能妨礙條約目標達成之措施。綜合此二項條文整體觀察，即可導出：在經濟共同體採認共同體規則以達成條約目標時，會員國即無從在共同體機構架構之外，承擔可能影響共同體規則或改變該規則範圍之國際義務。[19]

AETR對於歐盟在國際場域上作為全球行為者，有兩點根本性之影響：其一係歐盟對外權限可能從條約之條文，或歐盟在條約條文架構下採取之共同措施所推導而出。聯盟對外權限並不以明示為必要。此外，此項

12　AETR, para. 12.
13　AETR, paras. 13-14.
14　AETR, para. 15.
15　AETR, para. 16.
16　AETR, para. 17.
17　AETR, para. 18.
18　AETR, para. 19.
19　AETR, paras. 20-22.

默示權限亦有可能是獨占權限，亦即倘若會員國在共同體架構外承擔國際義務，將影響到共同體法之執行時，會員國即無從在共同體架構之外，與第三國簽訂國際協定以承擔或執行國際義務。此法律基礎，法院認為可由條約之目的以及經濟共同體條約第5條（里斯本條約生效後，現為歐盟條約第4[3]條）[20]之真誠合作義務所導出。

以歐盟在國際場域之參與，其最先展現其全球行為者之角色乃係在於經貿領域，基於歐盟經貿力量之影響（相較於軍事力量之局限），學者Françoise Duchêne於1972年提出公民強權之概念，強調歐洲在國際社會之影響力主要來自經貿面向，而非軍事面向。[21]此項發展亦反映歐洲共同體發軔之本質；就經濟整合之目的，主要在確保歐洲之安全與和平，而經濟整合本身則係在依據關稅暨貿易總協定（General Agreement on Tariffs and Trade, GATT）第24條所規範之關稅同盟架構下進行。因而，作為GATT架構下之關稅同盟，歐洲共同體首先在GATT架構下展現其全球行為者之角色就不足為奇。

早在GATT時代，即令共同體並非GATT之締約方，執委會即代表會員國在GATT架構下發言，並參與烏拉圭回合談判，在世界貿易組織（World Trade Organization, WTO）成立後，歐洲共同體即成為世界貿易組織之正式會員。然而，WTO協定並未定義共同體究係以何身分參與世界貿易組織，相對於此，歐盟之身分認同隨著國際實踐之逐漸增加，歐盟逐漸以區域經濟整合組織（Regional Economic Integration Organization, REIO）方式建立其自我認同，展現其全球行為者之角色。此項身分認同，亦呈現在本文所欲討論之歐洲能源憲章及能源憲章公約中。

如前所述，學者Cremona將歐盟作為全球的行為者區分成五個類型：實驗及模範、市場參與者、規則產生者、穩定者、磁吸力量及作為鄰居。

---

[20] TEU, as amended by Lisbon Treaty, art. 4(3), first paragraph: *Pursuant to the principle of sincere cooperation, the Union and the Member States shall, in full mutual respect, assist each other in carrying out tasks which flow from the Treaties.*

[21] Duchêne, *supra* note 3, at 37-42 (1972).

就歐盟作爲規則產生者類型而言，有幾個面向可以加以討論：歐盟法秩序本身以及內部會員國之影響、歐盟對外與第三國及國際法秩序之影響。

就歐盟法秩序本身，歐洲法院在 *Van Gend en Loos*[22] 一案中表示，共同體構成一國際法之新法秩序，爲此共同體法秩序之利益會員國於特定領域內限制其主權權力，且就該法秩序內之主體，並不僅限於會員國，且及於會員國內之國民。[23] 因而，就共同體之成立，即創造了一新的法律體系。其次，歐洲法院藉由直接效力（direct effect）[24] 與共同體法優越性（supremacy, primacy）等基本原則之創建，以及共同體（以及其後之歐盟）之權限逐漸擴張，歐盟法對於會員國法秩序之影響遂與日俱增。除此之外，就歐盟與第三國間之關係，歐盟亦透過聯繫協定（association agreement）之締結，與第三國間透過法律調和方式，促進第三國之法律規範與歐盟法趨近。此模式，可見諸於藉由歐洲經濟區協定（European Economic Area Agreement）之締結所成立之歐洲經濟區，與巴爾幹半島國家簽訂之穩定與安全協定（Stabilization and Association Agreement）及與地中海國家簽訂之歐盟－地中海協定（Euro-Med Agreement）。最後，歐盟可能透過參與國際組織與國際公約之方式，將其法律規範上載（upload）至國際法體系，進而影響該國際組織或國際公約之會員國。此模式著例除世界貿易組織之外，另一著例係本文所欲探討之能源憲章公約。

---

[22] Case 26/62 *Van Gend en Loos v. Nederlandse Administratie der Belastingen* [1962] ECR 1.

[23] *Ibid.*, at 12: *The Community constitutes a new legal order of international law for the benefit of which the states have limited their sovereign rights, albeit within limited fields and the subjects of which comprise not only member states but also their nationals.*

[24] 所謂直接效力係指歐盟法得於會員國法秩序內直接發生效力，無需藉由會員國內部之轉換措施，而得於內國法院直接援引，作爲權利之主張基礎。此項效力，主要係歐洲法院在 *Van Gend en Loos* 一案中所創建，爲歐盟法之重要原則。關於直接效力之中文文獻，請參見周德旺，歐洲共同體法直接效力研究，美歐月刊，9卷10期，頁92-102（1994年）。

參、從歐洲能源憲章到能源憲章公約

一、歐洲能源憲章之倡議

　　歐洲能源憲章之芻議，乃荷蘭前總理Ruud Lubbers於1990年6月之都柏林歐盟高峰會（European Council）上所提出，該芻議主要因應斯時仍為蘇聯各成員國所面臨之民主化浪潮，以及其後對於前蘇聯成員國在政治轉型過程中所面臨之經濟轉型問題。[25]Lubbers強調對於前蘇聯國家在經濟轉型過程中之協助，與其藉由援助之方式為之，不如側重於能源合作，一方面藉由西歐國家之投資與技術協助，協助蘊有豐富能源之前蘇聯成員國發展能源產業，進行經濟改革與經濟轉型；另一方面，藉由能源合作，西歐國家可以確保能源之穩定供應，強化其能源安全。[26]歐盟高峰會乃達成結論，要求執委會（European Commission）就荷蘭政府所提出建立歐洲能源網路（European Energy Network, EnR）之建議，向理事會（Council of the European Union）提案。[27]同年11月在巴黎舉辦之歐洲安全與合作會議（Conference on Security and Cooperation in Europe, CSCE）中，能源議題亦成為經濟合作之重要領域。[28]隨後，在12月羅馬舉行之歐盟高峰會中，歐洲領袖亦達成結論，為達到長期合作以促進能源供給之安全、能源之開採與投資、能源貿易之進行與資源之合理使用與環境責任之共享等，歐盟高峰會預計在1991年內，舉辦一國際會議以建立泛歐洲之能

---

[25]　Energy Charter Secretariat, The Energy Charter Treaty and related documents 13-23 (2004).

[26]　Andrey A. Konoplyanik, *Lubbers Plan: Soviet Energy as Standpoint for Improving Economic Reforms in USSR*, 13 Energy J. 281, 281-94 (1992); Jean Touscoz, *The Role of the European Union in the Framework of the Energy Charter Treaty*, 2 Eur. Foreign Aff. Rev. 23, 23-24 (1997).

[27]　European Council, Presidency Conclusions, Special Meeting of the European Council Dublin, doc SN 46/3/90 (28 April 1990).

[28]　Charter of Paris for a New Europe, Organization for Security and Co-operation in Europe, section Economic Co-operation (21 November 1990).

源憲章。[29]

　　針對歐盟高峰會之結論，執委會乃於1991年2月提案，其中強調歐洲國家間在能源議題上的互補關係，尤其能源蘊藏國家之資源，先進科技國家之技術，乃至於整體之消費者市場。在此脈絡下，完成能源之內部市場扮演關鍵性之角色。[30]其後，執委會更進一步勾勒歐洲能源憲章之樣貌，包含目標、原則與規範模式。[31]

　　就歐洲能源憲章之目標，執委會指出，憲章之前言應述及1990年歐洲安全與合作會議所制定之巴黎憲章（Charter of Paris for a New Europe），同時並應強調能源之依存性以及合作之必要性，用以發展有效之機制以確保能源供給安全、環境保護以及資源最適與有效使用。就此層面而言，市場機制舉足輕重。[32]

　　歐洲能源憲章應強調締約方在合理之經濟條件下確保能源供應安全之意願，並應促進一整體歐洲能源市場之建構，同時應考量環境保護之要求。此一合作之精神，應促成下列三議題之合作，包含能源貿易之擴張、能源領域之合作與協調、能源之最適使用與環境保護。[33]

　　就歐洲能源憲章之執行，歐洲能源憲章應具體指明締約方所應採取之方式與措施有六項議題：含括能源之近用、能源利用之條件、投資規範、能源之自由貿易、產品標準與品質之合作，以及研究、發展與創新。[34]就具體特定議題，歐洲能源憲章應以議定書或特定國際協定方式，規範締約

---

[29] European Council, Presidency Conclusions (Part 2), Rome concerning the relations with Soviet Union and the countries of Central and Eastern Europe, para. 4 (14-15 December 1990).

[30] Communication from the Commission on European Energy Charter (hereinafter *Energy Charter Communication*) 36 final, Brussels (14 February 1991).

[31] *Energy Charter Communication*, paras. 3 & 7.

[32] *Energy Charter Communication*, para. 13.

[33] *Energy Charter Communication*, paras. 14-15.

[34] *Energy Charter Communication*, para. 16.

方之義務，以奠定堅定基石達成憲章所揭櫫之目標。[35]最後，執委會乃於提案最後，草擬一份歐洲能源憲章之文本，供能源會議採認。

二、海牙會議之召開

1991年12月，依地主國荷蘭之籌劃，歐洲能源憲章會議於海牙召開，與會國家除斯時歐盟成員國等15國外，另有瑞士、中、東歐國家、俄羅斯及前蘇聯成員國。除此之外，還有澳洲、日本、美國等非歐洲國家，歐盟亦以歐洲共同體身分參與。海牙會議達成創設歐洲能源憲章之政治宣言，[36]該宣言有四條，分別規範目標、執行、特定協定與最終條款。就該政治宣言之規範模式與實質內容，與執委會提案中所草擬歐洲能源憲章內容幾乎一致。

該宣言之前言，締約方述及巴黎憲章之內容，同時強調市場機制在能源產品所扮演之角色。就歐洲能源憲章之目標，締約方強調能源供應安全、能源之有效率生產、轉換、運輸、傳輸與使用，以及降低環境損害。就此目標，締約方應依據GATT之規範及禁止核子擴散之相關義務進行能源貿易，並應於能源領域進行合作，且應促進能源效率與環境保護。[37]就執行部分，除了前述執委會提案所臚列之六項議題外，歐洲能源憲章另增加能源效率與環境保障，以及教育與訓練兩項議題。[38]最後，歐洲能源憲章在第3條勾勒出依據憲章之目標與原則進一步擴大合作之可能模式，其中包含以誠信方式協商一基本協定以及相關議定書，憲章並具體指明相關之可能合作領域。[39]

觀察海牙會議所做成之政治宣言，其內容與執委會所草擬之歐洲能源憲章文本幾乎一致，就此可以解釋為歐盟在能源合作議題上制定規範之一

---

[35] *Energy Charter Communication*, paras. 23-24.

[36] *Energy Charter Secretariat*, *supra* note 25, at 211-221 (2004).

[37] *Concluding Document of the Hague Conference*, art. 1.

[38] *Concluding Document of the Hague Conference*, art. 2.

[39] *Concluding Document of the Hague Conference*, art. 3.

大成就。然必須說明，此項政治宣言並不具有法律拘束力，締約方之義務僅在於以誠信方式協商一基本協定及相關議定書。因不具有實質義務，海牙會議之參與國家就歐洲能源憲章之內容並無任何政治代價或履行成本。歐盟在海牙會議所做的努力，無非是為與會國家提供一個國際會議之場合，而歐洲能源憲章所建立之能源會議，亦僅係一國際協商平臺，其他國家並未付出任何代價。因而，海牙會議所達成之政治宣言內容幾乎複製執委會之文本，固然係歐盟在能源議題上作為規則產生者的一項成就，然此項成就亦無需過度解讀，蓋因該政治宣言並不具有實質義務，真正具有法拘束力之國際義務將於日後協商之基本協定與相關議定書中規範。

三、能源憲章公約之簽署與批准

依據歐洲能源憲章之創設宣言第3條，締約方為達成憲章之目標與原則，承諾儘速以誠信之方式協商一基本協定以及相關議定書，用以執行並擴大合作。依此規範，歐洲能源憲章之締約方乃於1994年里斯本召開之歐洲能源憲章會議，締結能源憲章公約，以及能源效率與環境面向議定書（Energy Charter Protocol and related Environmental Aspects）。[40]此時，一個具有法律拘束力之基本國際協定與特定議題之議定書，於焉誕生。

就締約方而言，其組成與歐洲能源憲章相似，俄羅斯、澳洲、日本、美國仍均參與。就歐盟而言，其與斯時15個會員國均有參與。能源憲章公約在第1(3)條對於區域經濟整合組織做出定義，係指一由國家所組成，並經移轉特定權限之組織。此類權限包含公約所規範之事務，且該組織並有權就能源物質與產品議定書所規範之事務做出具拘束力之決定。[41]

---

[40] Energy Charter Protocol and related Environmental Aspects (*adopted* 16-17 December 1994) reprinted in *the Energy Charter Treaty and related documents* 139-156 (Energy Charter Secretariat, 2004).

[41] *ECT*, art. 1(3): *Regional Economic Integration Organization" means an organization constituted by states to which they have transferred competence over certain matters a number of which are governed by this Treaty, including the authority to take decisions binding on them in respect of those matters.*

隨後，公約第38條與第41條分別規定，區域經濟整合組織得以簽署公約或加入公約。為了釐清區域經濟整合組織其內部會員國間之權利義務與締約方間之權利義務兩者之關係，公約遂於第25條規定，本公約之條款不應解釋為要求一區域經濟整合協定之締約方之公約締約方，將其因為區域經濟整合協定之規範所授予其他區域經濟整合協定締約方之優惠待遇，基於最惠國待遇之要求，延伸至其他公約締約方。[42]所謂區域經濟整合協定係指一協定在該協定生效時，或在合理時程內藉由消除既有歧視措施及／禁止施以新歧視措施，在該區域經濟整合協定締約方間實質上消除所有歧視，實質開放貿易與投資以及其他事務。[43]在能源憲章公約架構下對於區域經濟整合協定予以特別規範之法律基礎乃係來自於GATT 1994第XXIV條關於區域整合之規範，在能源憲章公約架構下依據GATT 1994第XXIV條規範經濟整合協定之目的：在於避免歐盟會員國間之優惠待遇，因最惠國待遇之適用，無條件延伸至公約之其他締約方，因而模糊了歐盟內部規範與公約規範。

就能源憲章公約之規範，應進一步說明者：首先，就公約名稱，明顯之改變乃係原「歐洲能源憲章」中之歐洲字眼予以移除，乃以「能源憲章公約」之方式名之，此項公約名稱之改變，除實際上反映締約方之組成份子外，另象徵了公約超越歐洲此一地理疆界之企圖心。其次，就歐盟

---

[42] *ECT, art. 25(1): The provisions of this Treaty shall not be so construed as to oblige a Contracting Party which is party to an Economic Integration Agreement (hereinafter referred to as "EIA") to extend, by means of most favoured nation treatment, to another Contracting Party which is not a party to that EIA, any preferential treatment applicable between the parties to that EIA as a result of their being parties thereto.*

[43] *ECT, art. 25(2): For the purposes of paragraph (1), "EIA" means an agreement substantially liberalizing, inter alia, trade and investment, by providing for the absence or elimination of substantially all discrimination between or among parties thereto through the elimination of existing discriminatory measures and/or the prohibition of new or more discriminatory measures, either at the entry into force of that agreement or on the basis of a reasonable time frame.*

與其會員國，能源憲章公約就歐盟內部法秩序，係屬一混合協定（mixed agreement），[44]須由歐盟與其會員國共同批准。此外，歐盟之參與係含括三個共同體，亦即煤鋼共同體、原子能共同體以及歐洲經濟共同體。此項特徵可以在歐盟內部批准能源憲章公約時之理事會與執委會決定中得到佐證。共同體批准之決定由理事會主席代表存放於能源憲章公約祕書處所在之葡萄牙，而煤鋼共同體與原子能共同體則由執委會主席代表存放。[45]同時，基於共同體對外代表一致性之要求，理事會主席與執委會主席應協調會員國以達同時存放批准文件之目的。

再者，就其法律基礎，理事會與執委會除援引EEC條約相關規定外，同時援引ECSC條約第95條[46]及Euratom條約第101條[47]之規定。ECSC條約

---

[44] 關於混合協定請參見Joni Heliskoski, Mixed Agreements as a Technique for Organizing the International Relations of the European Community and its Member States (2001); Rafael Leal-Arcas, *the European Community and Mixed Agreements*, 6 Eur. Foreign Aff. Rev. 483, 483-513 (2001); Ramses A. Wessel, *The European Union as a Party to International Agreements: Shared Competences, Mixed Responsibilities*, *in* Law and Practice of EU External Relations—Salient Features of a Changing Landscape 152, 152-187 (Alan Dashwood & Marc Maresceau eds., 2008)。

[45] Council and Commission Decision 98/181/EC, *ECSC*, Euratom, of 23 September 1997 on the conclusion, by the European Communities, of the Energy Charter and the Energy Charter Protocol on energy efficiency and related environmental aspects, OJ L 69/1 (9 March 1998), at art. 2(1).

[46] Treaty Establishing the European Coal and Steel Community, 18 April 1951, 261 U.N.T.S. 140, art. 95(1): *In all cases not expressly provided for in the present Treaty in which a decision or a recommendation of the High Authority appears necessary to fulfill, in the operation of the common market for coal and steel and in accordance with the provisions of Article 5 above, one of the purposes of the Community as defined in Articles 2, 3 and 4, such decision or recommendation may be taken subject to the unanimous concurrence of the Council and after consultation with the Consultative Committee.*

[47] Treaty Establishing the European Atomic Energy Community, 25 March 1957, 298 U.N.T.S. 167, art. 101(1): *The Community may, within limits of its powers and jurisdiction, enter*

第95條係規範在涉及條約所未規範之事務，然為達成條約目的所必須時，得經理事會一致決之方式採取行動。Euratom條約第101條則係涉及共同體之對外條約締結權限。至於EEC條約部分，理事會與執委會分別援引內部市場權限以及對外權限。內部市場權限涉及自由流通、內部市場之調和、環境政策、以一致決賦予共同體權限之補充權限；[48]對外權限則涉及共同商業政策，同時，理事會與執委會並援引規範條約締結程序之經濟共同體條約第300[228]條。由於法律基礎涵蓋內部自由流通，內部市場之調和、環境政策、補充權限以及共同商業政策，除共同商業政策係歐盟之專屬權限外，其餘多數仍屬共享權限，因而能源憲章公約以及能源效率議定書乃以混合協定之方式加以締結。

最後，由於能源憲章會議具有自主性之決策權限，歐盟在能源憲章會議下之立場如何協調亦值探究。就此，依據歐洲法院之向來見解，共同體與會員國應相互合作以完成條約所賦予之義務，並達成條約之目標。就其決策程序，依據98/181/EC、ECSC、Euratom理事會與執委會決定，就歐洲經濟共同體之立場，倘若能源憲章會議之決定涉及共同體內部之立法或修正，應適用共同體條約關於相關立法之有關程序。此時，應由理事會以條件多數決之方式決定之；倘若在能源憲章會議下之決策涉及共同體內應由一致決決議之事項，則經濟共同體立場之決定應以一致決

---

into obligation by concluding agreements or contracts with a third State, an international organisation or a national of a third States.

48 共同體條約第308[235]條與ECSC條約第95條規定之內容相近，亦即在共同市場之運作過程中，若共同體行動係為共同體目標達成所必須，而共同體條約並未賦予其必要權力，理事會得依據執委會之提案並諮詢歐洲議會後，以一貫決之方式採取適當措施（If action by the Community should prove necessary to attain, in the course of the operation of the common market, one of the objectives of the Community and this Treaty has not provided the necessary powers, the Council shall, acting unanimously on a proposal from the Commission and after consulting the European Parliament, take the appropriate measures.）。歐盟運作條約在第352條仍承繼此規範之精神：在達成聯盟架構下之目標所必要，而聯盟條約並未賦予必要權力時，得依理事會一貫決程序採取適當措施。

之方式爲之。[49]在前述不涉及共同體內部法律規範之修正，乃至內部規範應適用一致決決策之情形，在能源憲章會議下之立場則由理事會決定。[50]然而，共同體內部之立法權限並不僅限於理事會，歐洲議會（European Parliament）亦享有部分立法權，因而在能源憲章會議下之立場決定，理事會與執委會應定期告知歐洲議會，歐洲議會並得表示意見。若涉及能源憲章公約第34(7)所涉及之條約修正事項，[51]此時共同體立場之決定應依據共同體條約第300(3)[228(3)]條之規定，分別諮詢或取得歐洲議會之同意。[52]亦即除共同商業政策外，共同體對外締結國際協定時，應諮詢歐洲議會，若系爭國際協定係屬聯繫協定或具有預算意涵時，應取得歐洲議會之同意。在此脈絡下，若共同體在能源憲章公約之立場決定，將涉及歐洲議會之預算權時，即應事先取得歐洲議會之同意。至於，以煤鋼共同體名義所爲之立場，則應由執委會提出，經理事會依據系爭議題，以條件多數決或一致決之方式決定。至於，以原子能共同體名義之立場，則應由執委會提出，經理事會以條件多數決方式決定。[53]

四、跨越歐洲之企圖與頓挫

　　歐洲能源憲章之芻議至能源憲章公約之制定生效，其中歷經中、東歐國家以及蘇聯解體之政經背景，荷蘭前總理Lubbers所提出之歐洲能源網路之主張，係因應蘇聯解體之政治衝擊乃至於歐盟之能源安全需求。在

---

[49]　Council and Commission Decision 98/181/EC, *ECSC*, Euratom, art. 3(1).

[50]　Council and Commission Decision 98/181/EC, *ECSC*, Euratom, art. 3(2).

[51]　*ECT,* art. 34(7): *In 1999 and thereafter at intervals (of not more than five years) to be determined by the Charter Conference, the Charter Conference shall thoroughly review the functions provided for in this Treaty in the light of the extent to which the provisions of the Treaty and Protocols have been implemented. At the conclusion of each review the Charter Conference may amend or abolish the functions specified in paragraph (3) and may discharge the Secretariat.*

[52]　*ECT,* art. 3(4).

[53]　*ECT,* art. 3(5).

此過程中，1990年巴黎憲章所宣示之建立一個新的歐洲亦係此政經脈絡下之重要發展。就歐盟之擴張而言，歐洲能源憲章（以及其後之歐洲協定），[54]係中、東歐國家加入歐盟之過渡措施。因而，Lubbers所主張建立之歐洲能源網路，實具有歐洲能源共同體之意涵，而這能源共同體中，除包含日後加入歐盟之中、東歐國家，亦企圖涵蓋不會加入歐盟之俄羅斯與前蘇聯成員國。

就能源憲章公約之締約方而言，除歐盟及其成員國外，包含俄羅斯及前蘇聯成員國乃至於經濟合作暨發展組織（Organization for Economic Cooperation and Development, OECD）國家中之非歐洲國家，如美國、日本、澳洲、加拿大。就能源憲章公約之適用範圍而言，實跨越了歐洲之地理疆界；其後，蒙古加入該公約，中國成為該公約之觀察員，亦增加了公約之影響力。就能源貿易規範而言，GATT／WTO架構是否適用於能源貿易，或其規範上是否足夠，長期以來具有爭議。[55]能源憲章公約明確將GATT／WTO規範適用於能源貿易，並預設所有能源憲章公約之締約方均將成為WTO會員，此一設計確立了能源貿易之市場規範，在WTO對於能源貿易之適用性以及規範不足有所釐清或改善之前，能源憲章公約對於能源貿易亦提供了重要之法律架構。就以上發展，歐盟在能源議題上制定規範，乃至於擴展至歐盟法秩序以外之領域，有其一定之成效。

值得注意者，Lubbers提出歐洲能源憲章之構想，乃著眼於後冷戰時期之政經情勢，尤其俄羅斯與中東歐國家對於歐盟之影響，並企圖將俄羅

---

54 關於歐洲協定（Europe Agreements）請參見Mareseau (2004: 149-451)。歐洲協定乃係聯繫協定（Association Agreements）之一種，其目的主要係為中東歐國家加入歐盟預作準備。關於歐盟對外之各類型協定，請參見吳建輝，歐盟對外經貿協定的多重面向與治理模型，收於：李貴英、李顯峰編，歐債陰影下歐洲聯盟新財經政策，頁145-193（2013年）。

55 關於能源議題與WTO法規範，請參照Paolo D. Farah & Elena Cima, *Energy Trade and the WTO: Implications for Renewable Energy and the OPEC Cartel*, 16 J. Int'l Econ. L. 707, 707 (2013); Siminetta Zarrilli, *Domestic Taxation of Energy Products and Multilateral Trade Rules: Is This a Case of Unlawful Discrimination?*, 37 J. World Trade 359, 359 (2003)。

斯納入能源憲章公約之規範，以確保歐盟能源安全。然而，俄羅斯雖然簽署能源憲章公約，卻於2009年8月20日正式通知祕書處，俄羅斯將不會批准能源憲章公約與能源效率與環境面向議定書，從而在60日內俄羅斯對於系爭公約與議定書之暫時適用亦將終止。[56]對於俄羅斯最終決定不予批准能源憲章公約與能源效率與環境面向議定書，此項決定對於歐盟最初歐洲能源共同體之提議以及歐洲能源憲章與能源憲章公約之努力，不啻為一大打擊，蓋因俄羅斯是歐盟最大之能源供應來源，俄羅斯之退出對於歐盟所欲達成之能源安全目標有重大影響。

依據學者Konoplyanik之觀察，俄羅斯對於能源憲章公約之疑慮主要可以歸納為三個面向。首先，就政治面向，主要來自於俄羅斯對於外國運用各式管道企圖說服其批准能源憲章公約之反彈，其中最為明顯之例子係2006年於聖彼得堡舉辦之G8高峰會。早於2010年俄羅斯國會即明白表示該國將同時批准能源憲章公約與過境議定書（Transit Protocol，仍在談判中），然而歐盟一再催促及國際社會對於俄羅斯不願遵守國際規範之批評，導致俄羅斯終未批准能源憲章公約。其次，俄羅斯擔心在批准能源憲章公約後，談判議題會逐漸擴張，歐盟可能以能源憲章公約作為談判工具，促使俄羅斯在其他議題上（例如丹麥海峽及黑海海峽）讓步。Konoplyanik認為該政治上之疑慮，主要源自政治人物對能源憲章公約不正確或有待商榷之陳述或評論，例如俄羅斯部分國會議員強調能源憲章公約要求強制第三人近用能源設備（mandatory third party access to energy infrastructure），然而能源憲章公約並未有此強制第三人近用之要求；而就談判工具之考量則為一假議題，蓋因在國際談判中，即令一談判方具有高度影響力，談判之完成仍有待於其他談判方之同意。[57]

然而，Konoplyanik主張，對於能源憲章公約之疑慮，就法律與經濟上確實有其值得考量之處，尤其能源憲章公約第7條關於過境之規範，例如：過境費率與內國運輸費率之相關聯性；在經能源憲章公約就過境所設

---

[56] Energy Charter Secretariat, *supra* note 25.

[57] Konoplyanik, *supra* note 26, at 277-281.

之爭端解決機制調處後，最終費率之重新計算等。詳言之，能源憲章公約第7(3)條規定，締約方承諾其內國就能源物質或產品之規範，或能源運輸設備之使用，就過境之能源物質或產品而言，其待遇不得低於源自該締約方或以該締約方為目的地之能源物質或產品。[58]就此所謂不得低於源自該締約方或以該締約方為目的地之能源物質或產品之待遇，將如何界定，是否即等同於國民待遇（National Treatment）與最惠國待遇（Most-Favoured-Nation Treatment），有待過境議定書加以釐清。同時，能源憲章公約第7(7)條就過境所產生之爭議，提供一特別爭端解決程序，在此爭端解決程序做成決定前，締約方可能就過境之能源物質或產品課以暫時之過境費率。在該爭端解決程序做成後，此一暫時費率是否以及應如何予以調整，以及最終費率將如何課與等議題，在解釋上均存有諸多疑義。因此，最佳解決途徑乃係以談判方式藉由過境議定書加以明確規範。而俄羅斯所採取之能源憲章公約與過境議定書同時批准之取向，有其可取之處。[59]

　　過境議定書對歐盟來說，最重要之議題乃在於確保作為區域經濟整合組織，歐盟內部市場係以整體歐盟內部市場加以決定是否符合過境之定義。依據能源憲章公約第7(10)條的規範，過境係穿越一締約方之領域內，或從其領域內之港口裝載或卸載設施，將源自於一國領域內之能源物質或產品運送至第三國之行為。若該來源國或第三目的國之一屬於公約締約方時，此時即屬於公約所稱之過境。[60]由於歐盟與其會員國均屬能源憲

---

[58]　*ECT*, art. 7(3): *Each Contracting Party undertakes that its provisions relating to transport of Energy Materials and Products and the use of Energy Transport Facilities shall treat Energy Materials and Products in Transit in no less favourable a manner than its provisions treat such materials and products originating in or destined for its own Area, unless an existing international agreement provides otherwise.*

[59]　Konoplyanik, *supra* note 26, at 277-81(2009).

[60]　*ECT*, art. 7 (10)(a): *'Transit' means (i) the carriage through the Area of a Contracting Party, or to or from port facilities in its Area for loading or unloading, of Energy Materials and Products originating in the Area of another state and destined for the Area of a third state,*

章公約之締約方，因此所謂穿越一締約方之領域，係穿越歐盟整體內部市場領域，抑或穿越歐盟特定會員國領域內即足當之，不無疑義。若將過境解釋為前者之意義，則須一國境之穿越涉及歐盟與其他非歐盟國家，才涉及過境。若採後者之解釋，則一國境之穿越涉及二公約之締約方，即令該二公約之締約方，均屬歐盟之會員國，仍涉及過境。俄羅斯原主張穿越歐盟個別會員國境內即應視為能源憲章公約之過境，然而，此種規範模式將影響內部市場之一致性，從而危及內部市場之完善運作，歐盟乃強烈反對，認為應將整體內部市場視為一領域，蓋因內部市場並無任何關稅可言。

關於過境之爭議，能源憲章會議之談判方於過境議定書草案中對於區域經濟整合組織做出定義：就過境議定書之目的，能源憲章公約第7(10)(a)條所謂一締約方之領域（即過境之定義），其適用於區域經濟組織會員之締約方時，係指系爭區域經濟整合組織所適用之領域。[61]就此定義，談判方採取歐盟之主張，將整體歐盟內部市場劃為一領域，以界定有無過境之適用。

---

so long as either the other state or the third state is a Contracting Party; or (ii) the carriage through the Area of a Contracting Party of Energy Materials and Products originating in the Area of another Contracting Party and destined for the Area of that other Contracting Party, unless the two Contracting Parties concerned decide otherwise and record their decision by a joint entry in Annex N. The two Contracting Parties may delete their listing in Annex N by delivering a joint written notification of their intentions to the Secretariat, which shall transmit that notification to all other Contracting Parties. The deletion shall take e ect four weeks after such former notification.

[61] TTG87, Final Act of the Energy Charter Conference with respect to the Energy Charter Protocol on Transit, Preliminary Draft 22 January 2010, art. 20(1). *For the purposes of this Protocol, the "Area" of a Contracting Party referred to in Article 7(10)(a) of the Treaty shall, as regards Contracting Parties which are members of a Regional Economic Integration Organisation, mean the area to which the treaty establishing such a Regional Economic Integration Organisation applies* (hereinafter *Draft Transit Protocol*).

　　就俄羅斯之主張，依據2005年歐盟與俄羅斯之雙邊會議結論，俄羅斯於2008年對於過境議定書第20(2)條做出部分調整，要求區域經濟整合組織應確保源自於第三締約方之能源物質與產品在其境內之自由流通，享有不差於其會員國之能源物質與產品之待遇。此外，該區域經濟整合組織至少應提供倘若在無議定書第20(1)條之規範下，與議定書規範相同之保障程度。[62]最後，除了第20(2)條之規範外，俄羅斯之提案同時加入第20(3)條，當源自於區域經濟整合組織外之能源物質與產品運往區域經濟組織及／或其會員國，而符合能源憲章公約第7(10)條所定義之過境時，系爭能源物質與產品所穿越之領域之該締約方應確保其領域內之能源運輸機制之擁有者或經營者遵循過境議定書之相關條款，直到系爭能源物質或產品在該區域經濟整合組織內為第一次財產權之移轉。[63]

　　就過境議定書第20(1)條，歐盟強調此條款係議定書所不可或缺之一環；而第20(2)條，為求議定書之整體合意，歐盟亦願同意此條款。同時，瑞士強調此條款之規範，必須在WTO架構下加以檢驗。然而第20(3)

---

[62] *Draft Transit Protocol, supra* note 61, art. 20(2): *A Regional Economic Integration Organisation undertakes to ensure that its provisions treat Energy Materials and Products originating in another Contracting Party and in free circulation in its Area no less favourably than Energy Materials and Products originating in its constituent member-states. Furthermore, the rules of a Regional Economic Integration Organisation shall provide an overall standard at least equivalent to that which would result from the provisions of this Protocol were it not for Article 20(1) of this Protocol.*

[63] *Draft Transit Protocol, supra* note 61, art. 20(3): *When the movement of Energy Materials and Products originating from outside the territory of the REIO and destined for this REIO and / or its members is covered by the definition of Transit as contained in Article 7(10) of the ECT in relation to crossing the borders of a Contracting Party—member of the REIO, the Contracting Party through whose Area the Energy Materials and Products pass shall ensure that the owners or operators of Energy Transport Facilities under its jurisdiction implement in its territory the provisions of the Energy Charter Protocol on Transit in relation to these Energy Materials and Products, up to the first change of property right for this EMP occurring in the territory of the REIO.*

條歐盟強調此條款為其所不能接受。經詢及在歐盟或會員國權限內能源運輸之規範時，歐盟強調在歐盟內部運送不應視為過境。僅有穿越整體歐盟之內部市場時，方得視為過境。在此情形下，可能適用歐盟法或會員國內部規範，無論如何適用，均將符合過境議定書之規範。同時，歐盟強調歐盟法係一整合之法體系，且與其他能源憲章之締約方相同，歐盟法體系內並有一整套之能源流通規範，此規範並不因系爭能源物質或產品之來源或所有權而有所差異。在此情形下，俄羅斯所提議第20(3)條草案，歐盟無從接受。[64]

五、小結

能源憲章公約自荷蘭前總理Lubbers提出歐洲能源網路概念以來，歷經海牙會議，制定歐洲能源憲章，乃至於簽訂一具有法律效果之能源憲章公約及其相關議定書。其適用之範圍逐漸從歐洲大陸延伸至非歐洲國家，從一不具有法律效果之憲章，發展為具有法律效果之公約。在此過程中，歐盟扮演關鍵性之角色，其目的在確保中、東歐國家之經濟轉型，同時並確保歐盟之能源安全。就能源憲章公約適用範圍之延伸方面，能源安全議題無可避免地將涉及歐盟與俄羅斯間之地緣政治關係。一方面，歐盟依賴俄羅斯之能源供應；另一方面，歐盟係俄羅斯能源輸出之主要市場，兩者間具有相互依存關係。然而，俄羅斯對於能源憲章公約之參與，並非毫無疑慮，此項疑慮終於導致俄羅斯最後拒絕簽署能源憲章公約。就歐盟確保能源安全之目標上，無異一大打擊。

就法律規範之創設，一方面能源憲章公約針對既有GATT／WTO法規範對於能源物質與產品之規範不足有所填補，同時間，投資者與地主國間爭端之仲裁機制，亦對能源產業之投資人提供高度之保障。然而，由於GATT／WTO規範對於能源產業以及過境規範之簡陋導致俄羅斯對於能源過境議題上之分歧，終致前述俄羅斯之拒絕批准能源憲章公約以及相關議定書。

---

[64] *Draft Transit Protocol, supra* note 61, at 8-10.

　　最後，由於能源憲章公約所規範之議題，歐盟並未完全具有專屬權限，因而混合協定技巧乃應用於能源憲章公約之簽署與批准上。然而，歐盟與會員國均為能源憲章公約之締約方，此一事實對於歐盟與其會員國在能源憲章公約下之法律關係，乃至於能源憲章公約在歐盟法秩序中之法律地位，均帶來諸多難題，此項困難可於後文所涉及之諸多仲裁判斷與歐洲法院之判決得見。一方面能源憲章公約之制定係歐盟作為規則產生者之具體展現；另一方面，此項產生之多邊規範，同時拘束歐盟及其會員國，並為歐盟法秩序帶來衝擊。此現象係歐盟對外主導並創造了能源憲章公約此一法秩序，而就其歐盟內部之法秩序而言亦不斷演變（其著例為里斯本條約生效後，外人直接投資歸屬於歐盟之專屬權限），隨著兩個法秩序演變與交互影響，歐盟雖然主導能源憲章公約之創設，能源憲章公約亦反過來影響歐盟法秩序，尤其係歐洲法院之專屬管轄。

肆、里斯本條約後之能源憲章公約投資仲裁

　　能源產業之投資係能源憲章公約架構下重要之一環，除包含政府間國際爭端解決機制外，同時包含投資人與地主國間之投資仲裁。此項投資人與地主國間之投資仲裁，在歐盟與其會員國批准能源憲章公約時即對此有所疑慮，因而發表一份聲明，以釐清歐盟與其會員國在能源憲章公約下之仲裁解決模式。同時，由於里斯本條約將外人直接投資劃入共同商業政策之一環，外人直接投資在里斯本條約生效後，即屬歐盟之專屬權限，會員國在未經執委會授權下，不得再與第三國就外人直接投資議題談判或協商，即令該協商係基於修正或廢止會員國與第三國間之雙邊投資協定亦然。本節將就里斯本條約後，歐盟與其會員國在能源憲章公約架構下之投資仲裁將如何進行加以探討，除先釐清能源憲章公約下關於投資仲裁之爭端解決模式外，並介紹歐盟在批准能源憲章公約時，就仲裁機制所發表之聲明。其後探討里斯本條約對於外人直接投資之規範，最後則探討歐盟法與雙邊投資協定可能產生之衝突，其中包含歐盟內部雙邊投資協定、歐盟

外部雙邊投資協定，乃至於就能源憲章公約部分，其既屬內部投資協定亦屬外部投資協定所帶來之挑戰。

一、能源憲章公約下之投資仲裁與歐盟聲明

能源憲章公約下之爭端解決主要分為兩種類型，分別規定於公約第26條與第27條，公約第26條係規範投資人與地主國間之仲裁機制；第27條則係規範締約方之政府間爭端解決機制。

公約第26(1)條首先宣示，一締約方與另一締約方之投資人就後者於前者境內之投資因公約第三部分所生之爭端，應以友好之方式加以解決。公約於第26(2)條接續說明：若系爭爭議於3個月內無法達成合意之解決方式，投資人得訴諸於以下三種爭端解決機制：地主國之法院或行政法；兩造間若有事先合意之爭端解決程序，亦得採之；或是依據本條所設計之相關程序。[65]就能源憲章公約設計之爭端解決程序部分，第26(3)條首先揭櫫：除非在同項第(b)款與第(c)款所示之例外情形下，締約方同意賦予國際仲裁或調解無條件之管轄權。同項第(b)款則規定，在投資人依據第26(2)條之規定，訴諸該項所列之第1項或第2項爭端解決機制時，附件ID所列之國家（亦即不同意投資人將同一投資爭端在事後重新依據公約第26條將該爭端訴諸於國際仲裁之締約方）則不再賦予國際仲裁或調解管轄權之同意。同時，為求透明之目的，該附件ID之國家應以書面聲明其就上開同意所採之政策、實踐或相關條件。[66]第26(2)(c)所稱之公約架構下之

---

[65] *ECT*, art. 26(2): *If such disputes cannot be settled according to the provisions of paragraph (1) within a period of three months from the date on which either party to the dispute requested amicable settlement, the Investor party to the dispute may choose to submit it for resolution: (a) to the courts or administrative tribunals of the Contracting Party to the dispute; (b) in accordance with any applicable, previously agreed dispute settlement procedure; or (c) in accordance with the following paragraphs of this Article.*

[66] *ECT*, art. 26(3): *(a) Subject only to subparagraphs (b) and (c), each Contracting Party hereby gives its unconditional consent to the submission of a dispute to international arbitration or conciliation in accordance with the provisions of this Article. (b)(i) The*

程序，則可包含國際投資爭端解決中心公約（Convention on the Settlement of Investment Disputes between States and Nationals of other States）及其附加機制（Additional Facilities）、依據聯合國國際貿易法委員會（United Nations Commission on International Trade Law）所制定之仲裁規則而成立之仲裁庭，以及斯德哥爾摩商會仲裁機構所成立之仲裁程序。[67]

　　依據第26(3)(b)(ii)條之規範，理事會在同意締結能源憲章公約時提交了一份聲明，藉以釐清歐盟與會員國間與第三國在日後涉及能源憲章公約

Contracting Parties listed in Annex ID do not give such unconditional consent where the Investor has previously submitted the dispute under subparagraph (2)(a) or (b). (ii) For the sake of transparency, each Contracting Party that is listed in Annex ID shall provide a written statement of its policies, practices and conditions in this regard to the Secretariat no later than the date of the deposit of its instrument of ratification, acceptance or approval in accordance with Article 39 or the deposit of its instrument of accession in accordance with Article 41. (c) A Contracting Party listed in Annex IA does not give such unconditional consent with respect to a dispute arising under the last sentence of Article 10(1).

[67] *ECT, art. 26(4): In the event that an Investor chooses to submit the dispute for resolution under subparagraph (2)(c), the Investor shall further provide its consent in writing for the dispute to be submitted to: (a)(i) The International Centre for Settlement of Investment Disputes, established pursuant to the Convention on the Settlement of Investment Disputes between States and Nationals of other States opened for signature at Washington, 18 March 1965 (hereinafter referred to as the "ICSID Convention"), if the Contracting Party of the Investor and the Contracting Party party to the dispute are both parties to the ICSID Convention; or (ii) The International Centre for Settlement of Investment Disputes, established pursuant to the Convention referred to in subparagraph (a)(i), under the rules governing the Additional Facility for the Administration of Proceedings by the Secretariat of the Centre (hereinafter referred to as the "Additional Facility Rules"), if the Contracting Party of the Investor or the Contracting Party party to the dispute, but not both, is a party to the ICSID Convention; (b) a sole arbitrator or ad hoc arbitration tribunal established under the Arbitration Rules of the United Nations Commission on International Trade Law (hereinafter referred to as "UNCITRAL"); or (c) an arbitral proceeding under the Arbitration Institute of the Stockholm Chamber of Commerce.*

所產生之爭端將如何解決。

　　歐洲共同體，作為歐洲能源公約之締約方，發表如下關於投資人與締約方之爭端以及訴諸國際仲裁與調解之政策、實踐與相關條件之聲明：

　　歐洲共同體係能源憲章公約所稱之區域經濟整合組織。共同體以自主立法與司法機構之方式行使會員國所賦予之權限。

　　歐洲共同體及其會員國均已締結能源憲章公約，因而在國際法上均有義務依據其各自權限履行該公約所包含之義務。

　　依情形所需，共同體與其會員國將內部決定誰將是其他締約方之投資人所提出之仲裁程序之應訴方。在此情形下，經投資人請求時，共同體與其會員國將於30日內做出決定。

　　歐洲法院，作為共同體之司法機關，有權審理共同體之創始條約以及依據創始條約所制定之法律行為，此項法律行為包含共同體所簽訂之國際協定，此項國際協定在特定條件下，亦得在歐洲法院之程序中予以援引。

　　其他締約方之投資人向歐洲法院依據共同體之創始條約所提起之訴訟，落於能源憲章公約第26(2)(a)條所規範之範圍。由於共同體內提供此等訴訟，歐洲共同體並未無條件接受國際仲裁程序之管轄權。

　　就國際仲裁程序而言，應予澄清者係國際投資爭端解決中心公約之相關條文並未容許歐洲共同體成為締約方。國際投資爭端解決中心公約之附加機制亦不容許歐盟使用該機制。

　　對歐洲共同體所為之仲裁決定將由共同體機構依據能源憲章公約第26(8)條之規定加以履行。[68]

　　此聲明可以分成能源憲章公約在歐盟法內之效力，以及歐盟在公約架構下如何應訴兩個方面加以討論。首先，就前者而言，歐盟強調其屬公約所稱之區域經濟整合組織，並享有自主之立法與司法權限，此乃歐盟法

---

[68] Statement submitted by the European Communities to the Secretariat of the Energy Charter pursuant to Article 26(3)(b)(ii) of the Energy Charter Treaty, OJ L 69/115 (9 March 1998).

之重要憲法特徵。同時，歐盟與其會員國均屬公約之締約方，乃陳述公約在歐盟法體系內係屬混合條約之性質。而就公約在歐盟法體系內，係屬歐盟對外締結之國際協定，依據歐洲法院之見解，係屬歐盟法之核心部分（integral part），在條約內容特定、明確、不附條件，且賦予個人權利時，可具有直接效力；[69]同時，因爲歐洲法院提供依據歐盟創始條約所衍生之訴訟途徑，其他締約方之投資人可向歐洲法院聲請救濟。基於以上原因，歐盟並未就公約之仲裁機制賦予無條件之管轄權同意。至於就後者歐盟在公約架構下如何應訴而言，歐盟強調投資人與地主國間之投資仲裁應訴方之選擇，歐盟將於收受仲裁請求30日內加以決定。因此，歐盟主張應訴方之決定權乃係歐盟之內部決定，投資人無從決定。就第三締約方在公約架構下之爭議，同時又涉及歐盟創始條約是否專屬由歐洲法院管轄，以及歐盟是否得以內部選擇應訴方，此二議題並非毫無爭議。關於此二項爭議，筆者將於後文進一步討論。

二、外人直接投資與里斯本條約

　　歐盟批准能源憲章公約係於1997年，斯時歐盟尚未取得對於外人直接投資之專屬權限，此項權限直至2009年12月1日生效之里斯本條約中，方被劃入共同商業政策，成爲歐盟之專屬權限。[70]此項權限之變更，對於歐盟會員國間與歐盟會員國與第三國間之雙邊投資協定（bilateral

---

[69]　所謂之直接效力係指歐盟法得於會員國法秩序內直接發生效力，無須藉由會員國內部之轉換措施，而得於內國法院直接援引，作爲權利之主張基礎。此項效力，主要係歐洲法院在 *Van Gend en Loos* 一案中所創建，爲歐盟法之重要原則。關於直接效力之中文文獻請參見周德旺，註24，頁92-102。

[70]　Marc Bungenberg, *Going Global? The EU Common Commercial Policy after Lisbon, in* Eur. Y.B. Int'l Econ. L. 123, 123-151 (2010); Chien-Huei Wu, *Foreign Direct Investment as Common Commercial Policy: EU External Economic Competence after Lisbon, in* EU External Relations Law and Policy in the Post-Lisbon Era 375, 375-400 (Paul James Cardwell eds., 2011)；就此中文文獻請參照，李貴英，論歐洲聯盟國際投資政策之法律規範，歐美研究，42卷2期，頁339-389（2013年）。

investment treaties, BITs）產生重要之影響。依據學者之分類，涉及歐盟會員國之雙邊投資協定可分爲歐盟內部之雙邊投資協定（intra-EU BITs）與歐盟外部之雙邊投資協定（extra-EU BITs），前者係指歐盟會員國彼此間之雙邊投資協定，後者則指歐盟會員國與第三國間之雙邊投資協定。[71]隨著歐盟2004年東擴，不論是歐盟內部之雙邊投資協定或歐盟外部之雙邊投資協定，數量急遽增加，因而對歐盟法之一致適用與歐洲法院之專屬管轄均產生影響。而1997年批准之能源憲章公約，就其涉及之投資議題，可以同時被視爲歐盟內部之投資協定，以及歐盟外部之投資協定。然而，能源憲章公約與雙邊投資協定不同者乃係其爲一多邊架構下成立之公約，同時歐盟係此公約之締約方。[72]

就歐盟內部之雙邊投資協定，其數量之增加主要係來自於2004年之東擴，然而，事實上此一狀態在歐盟尚未東擴之前即已存在，例如德國、西班牙及希臘於1981年與1986年簽訂之雙邊投資協定。[73]就能源憲章公約而言，即令公約簽訂伊始，公約所規範之投資議題，即可視爲斯時歐盟15國間之歐盟內部投資協定。就歐盟會員國之雙邊投資協定，主要涉及的議

---

[71] Wenhua Shan & Sheng Zhang, *The Treaty of Lisbon: Half Way toward a Common Investment Policy*, 24 Eur. J. Int'l L. 1049, 1052-1057 (2010).

[72] Granham Coop, *The Energy Charter Treaty and the European Union: Is Conflict Inevitable?*, 27 J. Energy & Nat. Resources L. 404, 407-408 (2009); Jan Kleinheisterkamp, *Investment Protection and EU Law: The Intra- and Extra-EU Dimension of the Energy Charter Treaty*, 15 J. Int'l Econ. L. 85, 103-109 (2012).

[73] Understanding Concerning Certain U.S. Bilateral Investment Treaties, signed by the U.S., the European Commission, and the acceding and candidate countries for their accession to the European Union, 22 September 2003. Those eight acceding and candidates states are Czech Republic, Estonia, Latvia, Lithuania, Poland, Slovak Republic, Bulgaria, and Romania. 另請參照Thomas Eilmansberger, *Bilateral Investment Treaties and EU Law*, 46 Common Mkt. L. Rev. 383, 399-426 (2009); Anca Radu, *Foreign Inverstors in the EU: Which "Best Treament"? Interactions between Bilateral Investment Treaties and EU Law*, 14 Eur. L. J., 237, 244-254 (2008); Hanno Wehland, *Intra-EU Inverstment Agreement and Arbitration: Is European Community Law an Obstacle?*, 58 Int'l & Comp. L. Q. 297, 309-319 (2009)。

題係系爭歐盟內部之雙邊投資協定中之特定規範，是否與歐盟法規範牴觸；其次，一會員國之投資人與另一會員國間之投資人與地主國爭議，是否專屬歐洲法院管轄；若其答案為否定，如何確保仲裁法庭之決定，並未減損歐盟法之整體與一致適用。

（一）歐盟法與雙邊投資協定之潛在衝突

就歐盟法與雙邊投資協定可能產生之衝突，主要可以涵蓋以下幾個面向：首先，就資金流通，雙邊投資條約通常賦予締約方廣泛且無限制之資金流通自由；然而，歐盟內部市場規範對於此項自由則可因經濟與貨幣聯盟運作產生之嚴重困難或為了反恐目的而凍結資金或所得。因而雙邊投資條約所賦予之資金流通自由可能與經濟與貨幣聯盟規範或為了反恐目的而採取的凍結資金措施相牴觸；同時，就稅務、金融審慎監理乃至防止法律規避等公共政策，歐盟條約亦賦予歐盟及會員國就此目的限制資金流通的自由。就以上限制，能源憲章公約僅就公共政策目的有所規範，對於經濟及貨幣聯盟運作所需，或為打擊恐怖主義則未規範。同時，就政府採購議題部分，歐盟規範亦要求部分採購須向歐盟內部會員國為之，亦可能與雙邊投資條約之義務相衝突。

此外，就會員國內部得因公共政策之目的，例如公共安全、公共健康等考量對於會員國內部之自由流通設下限制，以促進公共利益。不論是會員國的管制措施或歐盟的調和措施，通常會考量公共利益之要求。然而，雙邊投資條約對於最惠國待遇與國民待遇之保障，通常係全面且不受限制，即令對於最惠國待遇與國民待遇加以限制，往往未提供足夠之空間，容許地主國以公共政策之目的進行管制。因而，雙邊投資協定之規範與歐盟法兩者間具有潛在衝突。而能源公約僅容許基於基本安全（essential security）、禁止核子擴散以及公共秩序的目的加以限制，且此限制並不適用於徵收以及完整之安全及保障等規範。[74]同時，能源憲章公約明白排

---

[74] *ECT*, art. 24(3): *The provisions of this Treaty other than those referred to in paragraph (1) shall not be construed to prevent any Contracting Party from taking any measure which it considers necessary: (a) for the protection of its essential security interests including those*

除以保障人類、動物生命或健康的目的爲管制措施。再者，中東歐國家
爲吸引投資，通常授予投資者一定之投資優惠，例如長期電力採購協議
（power purchase agreement），此項優惠可能與歐盟法之競爭規範（尤其
補貼規範）相牴觸。因而，中東歐國家可能面臨違反歐盟法規範，而經執
委會向歐洲法院提起訴訟，判認違反歐盟法。然而，會員國如欲履行其基
於歐盟法之規範，則將違反雙邊投資協定之條約義務。最後，雙邊投資協
定亦可能與歐盟對外所簽訂之自由貿易協定有所衝突，蓋因多數之自由貿
易協定均涵蓋投資章節，且自由貿易協定所涉及之投資議題，通常受到公
共政策等目的所限制，相對於雙邊投資協定所享有之全面且無限制之資金
流通自由，兩者不無衝突之可能。[75]

（二）歐盟內部雙邊投資協定

上開潛在衝突，係歐盟內部與歐盟外部之雙邊投資協定所共通之問
題，就歐盟內部之雙邊協定，則有其特殊之問題。歐盟內部之雙邊投資協
定，原係歐盟舊會員國與新會員國間之雙邊投資協定，亦即，此類投資協
定實屬入盟前（pre-EU BITs）之雙邊投資協定。此項特徵因而產生新會
員國加入歐盟之後，該雙邊協定是否因明示或默示之方式，因入盟協定
（accession agreements）之方式而遭廢止，[76]或是有無維也納條約法公約

---

*(i) relating to the supply of Energy Materials and Products to a military establishment; or
(ii) taken in time of war, armed conflict or other emergency in international relations; (b)
relating to the implementation of national policies respecting the nonproliferation of nuclear
weapons or other nuclear explosive devices or needed to fulfil its obligations under the
Treaty on the non-Proliferation of Nuclear Weapons, the Nuclear Suppliers Guidelines, and
other international nuclear non-proliferation obligations or understandings; or (c) for the
maintenance of public order. Such measure shall not constitute a disguised restriction on
Transit.*

[75] Kleinheisterkamp, *supra* note 72, at 89-95.

[76] *Ibid.*, at 96-97.

第59條[77]所稱適用於締約方間之後條約廢止前條約之情形。[78]由於歐盟內部協定所授予之投資者權利，與歐盟內部關於投資的相關權利有高度重疊，但同時存在潛在衝突，執委會乃認為歐盟內部之雙邊投資協定在歐盟法秩序內非屬常態，應盡力去除此一變態。就其實質內容之規範及歐洲法院與雙邊投資協定所成立之仲裁庭管轄權衝突而言，從歐盟法角度來看，在政策上似亦有終止歐盟內部雙邊投資協定之必要。[79]然而，亦有學者從國際公法之角度，主張歐盟法之內部規範無從影響投資人在雙邊投資協定下所享有之權利，[80]此項見解亦多次於仲裁庭中所肯認。[81]

在Eastern Sugar[82]一案中，地主國捷克主張荷蘭與捷克間之雙邊投資

---

[77] Vienna Convention on the Law of Treaties (hereinafter *VCLT*), art. 59(1): *1. A treaty shall be considered as terminated if all the parties to it conclude a later treaty relating to the same subject matter and: (a) it appears from the later treaty or is otherwise established that the parties intended that the matter should be governed by that treaty; or (b) the provisions of the later treaty are so far incompatible with those of the earlier one that the two treaties are not capable of being applied at the same time.*

[78] Ahmad Ali Ghouri, *Resolving Incompatibilities of Bilateral Investment Treaties of the EU Member States with the EC Treaty: Individual and Collective Options*, 16 Eur. L. J. 806, 811-16 (2010); Christian Tietje, The Applicability of the Energy Charter Treaty in ICSID Arbitration of EU National vs. EU Member States, 10-12 (2008); Wehland, *supra* note 73, at 303-308 (2009).

[79] Kleinheisterkamp, *supra* note 72, at 89-95 (2012).

[80] Richard Happ, *The Legal Status of the Investor vis-à-vis the European Communities: Some Salient Thoughts,* 10 Int'l Arb. L. Rev. 74, 81 (2007); Tietje, *supra* note 78, at 9-13 (2008).

[81] 關於此系列之仲裁決定，例如：SCC No. 088/2004, Eastern Sugar B. V. (Netherlands) v. The Czech Republic (done on 27 March 2007); Binder v. The Czech Republic (done on 02 July 2010), Austrian Airlines v. The Slovak Republic, UNCITRAL (Austria/Slovak BIT) (done 9 October 2009); *Eureko B. V. v. The Slovak Republic,* UNCITRAL arbitration, PCA Case No. 2008-13; *Jan Oostergetel and Theodora Laurentius v. The Slovak Republic,* UNCITRAL (done 23 April 2012)。

[82] Arbitration Institute of Stockholm Chamber of Commerce, No. 088/2004, *Eastern Sugar B. V. (Netherlands) v. The Czech Republic* (done 27 March 2007).

協定，在捷克加入歐盟後即應視爲終止，荷蘭之投資人與地主國捷克間之投資爭端應由歐洲法院專屬管轄，捷克政府並提出兩份執委會之文件作爲其法律論據之佐證。此兩項文件之內容指出，在2006年1月13日內部市場與服務總署所函覆捷克財政副部長之信件中，[83]執委會就歐盟法秩序內歐盟法對於歐盟內部之雙邊投資條約之優位性、現存雙邊投資條約之效力，以及爭端解決機制提出法律見解。依據執委會意見，因捷克於2004年5月1日正式加入歐盟，歐盟法自該日起在捷克境內享有優位性，同時依據歐洲法院見解，當所有條約締約方均成爲歐盟之會員國時，共同體條約第307條[84]之規定即不再適用，系爭條約不得享有優於歐盟法之地位。就歐盟內部之雙邊投資協定所規範之事項，若涉及歐盟法之範圍內，雙邊投資協定即不得適用於會員國彼此間，該雙邊投資協定所得適用者，僅限於歐盟權限所不及之範圍，例如外交代表、徵收、投資保障。[85]若歐盟條約或次級

---

[83] Letter of Mr. Schaub of EC Internal Market and Services to Mr. Zelinka, the Czech Deputy Minister of Finance on 13 January 2006, citing from *Eastern Sugar B. V. (Netherlands) v. The Czech Republic*, para. 119.

[84] Treaty Establishing the European Community (hereinafter *TEC*), art. 307: *The rights and obligations arising from agreements concluded before 1 January 1958 or, for acceding States, before the date of their accession, between one or more Member States on the one hand, and one or more third countries on the other, shall not be affected by the provisions of this Treaty. To the extent that such agreements are not compatible with this Treaty, the Member State or States concerned shall take all appropriate steps to eliminate the incompatibilities established. Member States shall, where necessary, assist each other to this end and shall, where appropriate, adopt a common attitude.* 共同體條約第307條一方面共同體條約承認會員國在加入歐盟之前所締結之條約效力不受影響，同時間，條約在第二段便課以會員國倘若系爭條約與共同體法牴觸，應去除其條約衝突之義務。關於此項條約義務，參見Pietro Manzini, *The Priority of Pre-existing Treaties of EC Member States within the Framework of International Law*, 12 Eur. J. Int'l L. 781, 781-792 (2001)。

[85] 此項歐盟之意見係提交於2006年，斯時，憲法條約乃至於其後的里斯本條約均尚未生效，因而外人直接投資尚未成爲歐盟之專屬權限，此項見解將因里斯本條約之生效而有所修正。

立法乃至於其後之調和措施與雙邊投資協定之條文有所牴觸時，則歐盟法將優先於雙邊投資條約。同時，雙邊投資條約之適用，將導致系爭雙邊投資條約所保障之投資人享有優於其他會員國投資人之地位，因而牴觸禁止歧視原則以及平等待遇原則，故執委會認為系爭歐盟內部之雙邊投資協定應予以終止。[86]

2006年11月，內部市場與服務總署向經濟與財政委員會提出一項文件，[87]在該文件中執委會表示，現仍約有150個雙邊投資協定存在於歐盟會員國間，就內部市場之角度而言，並無此類雙邊投資協定存在之必要，且其法律性質並不十分明確。同時，就雙邊投資協定所衍生之投資者與地主國間之國際仲裁（通常座落於歐盟境外），未適當考量雙邊投資協定之多數條款已為歐盟法所取代之事實，因而導致任擇法庭（forum shopping）之風險。亦即投資人與地主國得依據雙方合意，將雙邊投資協定所衍生之投資爭議，交付兩造所同意之第三方仲裁，因而逃避內國法院之控制。此項任擇法庭之後果，可能導致相關議題未送交歐洲法院審理，從而導致不同會員國間之投資者差別待遇之情形。為解決此項法律不確定性及潛在風險，執委會乃建議會員國應盡可能終止存在於會員國彼此間之雙邊投資協定。[88]

依據上開執委會之意見，捷克財政部乃向捷克政府提議終止該國與其他歐盟會員國所簽訂之歐盟內部之雙邊投資協定。依據捷克財政部之意見，由於雙邊投資協定與歐盟法適用所產生之法律疑義，捷克應盡可能終止其與其他會員國所簽訂之雙邊協定，此項終止，並不會影響捷克投資人

---

[86] Letter of Mr. Schaub of EC Internal Market and Services to Mr. Zelinka, the Czech Deputy Minister of Finance on 13 January 2006.

[87] Note of DG Internal Market and Services of the European sent to the Economic and Financial Committee in November 2006, citing from *Eastern Sugar B. V. (Netherlands) v. The Czech Republic,* para. 126.

[88] *Ibid.*

在外國所享有之待遇，同時，亦可大量降低捷克之國際仲裁爭端。[89]

依據上開執委會見解，捷克進而主張其與荷蘭間之雙邊投資協定雖未明示終止，但因捷克加入歐盟，依維也納條約法公約第59條之規定，應視為終止。且依據歐盟與捷克之聯繫協定規定，原歐盟會員國與捷克間所簽訂之條約衍生之權利，在相同之權利保障在歐盟法秩序下達成之後，即應不再予以適用。因而，荷蘭與捷克間之投資保障事宜，應由歐盟內部之投資規則予以規範，而不應適用雙邊投資保障協定。若採相反解釋，將違反歐盟法禁止歧視原則與平等待遇原則，亦即荷蘭之投資人因雙邊投資協定之存在，將享有與其他會員國之投資人不同之待遇。[90]然而，捷克之主張不為仲裁庭所採。

仲裁庭首先指出，執委會之第一項意見充其量僅屬外交性質，語多模糊，且該意見如執委會所稱並不拘束司法機關，從而該意見無從拘束仲裁庭。就事實發展而言，執委會未曾向雙邊投資協定之會員國提出訴訟，且會員國亦未請求執委會為之，難認雙邊投資協定與歐盟法間有何具體衝突可言。[91]同時，執委會第二項文件係要求會員國盡可能終止存在於彼此間之雙邊投資協定，亦難認會員國間之雙邊投資協定因捷克之加入歐盟，而自動為歐盟法所廢棄。[92]最後，捷克雖主張仲裁庭應向歐洲法院聲請先行裁決，然而依據歐洲法院之見解，此項制度並不適用於仲裁庭；[93]即令如捷克所主張，仲裁庭享有聲請先行裁決之裁量權，在本案所涉及之管轄權議題並不困難之狀況下，仲裁庭認為並無聲請先行裁決之必要性。[94]

仲裁庭隨即依據雙邊投資協定之規定，從明示或默示之角度探討雙邊

---

[89] *Eastern Sugar B. V. (Netherlands) v. The Czech Republic*, para. 127.

[90] *Eastern Sugar B. V. (Netherlands) v. The Czech Republic*, paras. 95-110.

[91] *Eastern Sugar B. V. (Netherlands) v. The Czech Republic*, paras. 120-125.

[92] *Eastern Sugar B. V. (Netherlands) v. The Czech Republic*, paras. 128-129.

[93] 關於歐洲法院認為先行裁決並不適用於仲裁庭之見解，請參見Case-102/81, *Nordsee v. Reederei Mond* [1982] ECR 01095; Case-125/04, *Denuit v. Transorient* [2005] ECR I-00923。

[94] *Eastern Sugar B. V. (Netherlands) v. The Czech Republic*, paras. 130-139.

投資協定是否爲歐盟法所取代，從而排除仲裁庭之管轄權。就明示規範而言，仲裁庭指出，歐洲協定與入盟協定均未明文表示歐盟會員國間之雙邊投資協定將予以終止。歐洲協定僅提及促進捷克之投資環境，包含延伸會員國與捷克間之投資保護協定；同時，在相同之權利保障依據歐洲協定之規範予以達成前，會員國與捷克間之協定所賦予之權利不生影響，而入盟協定對此議題則隻字未提。最後，雙邊投資協定雖然規範一締約方依據經濟同盟或關稅同盟所賦予其他國家之優惠，並不當然延伸至另一締約方，但對於締約方均成爲同一區域經濟整合組織後，是否當然終止亦未明文。依據上開歐洲協定、入盟協定及雙邊投資協定之規範，仲裁庭乃認爲荷蘭與捷克間之雙邊投資協定，並未因捷克加入歐盟而明示終止。

　　就默示終止而言，仲裁庭依據維也納條約法公約第59條之規定加以分析。就條約之規範客體，仲裁庭認爲歐盟資金自由流通與雙邊投資協定之規範客體並非完全一致，歐盟資金流通自由主要賦予歐盟對內與對外資金之自由流通；相對於此，雙邊投資協定主要規範公平與平等待遇、禁止徵收，以及完全之保障與安全等。就投資之促進與保障，仲裁條款乃係雙邊投資協定最重要之條款之一，歐盟法並未提供類似之保障。其次，就締約方之意圖，捷克並未證明其與荷蘭均有藉由歐盟法取代雙邊投資協定之共同意圖。再者，仲裁庭認爲歐盟法與雙邊投資協定之規範，並非不可並存。資金自由流通與投資保障兩者規範目的不同，但可互補。若其他歐盟會員國投資人取得之權利劣於荷蘭之投資人，歐盟法所應採取之措施應係強化其他會員國投資人之保障，而非弱化荷蘭之投資人保障。從而，仲裁庭認爲荷蘭與捷克間之雙邊投資協定，並未因捷克加入歐盟而默示終止。[95]

　　依據仲裁庭之見解，歐盟法之優位性並不當然導出雙邊投資協定之終止或是不予適用，在不影響歐盟法優位性之情形下，雙邊投資協定之締約方應依據協定所規範之方式，合意終止系爭協定，且該終止不應具有回溯

---

[95]　*Eastern Sugar B. V. (Netherlands) v. The Czech Republic,* paras. 142-176.

效力。同時，在歐盟法秩序內，歐盟法固然應優先於雙邊投資協定，歐洲法院之專屬管轄亦應優先於雙邊投資協定之爭端解決機制，然而在雙邊投資協定正式終止之前，就歐洲法院與雙邊投資協定之爭端解決機制之管轄權衝突，可能導致複雜之法律議題。針對雙邊投資協定締約方間之爭端，就其落於歐盟權限內，依據共同體條約第292條之規定，應專屬於歐洲法院管轄。若涉及投資者與地主國間之爭議，在雙邊投資協定正式終止之前，投資人亦得訴諸於國際仲裁以解決投資爭端。歐盟法之優越性乃至於歐洲法院之專屬管轄並不當然排除其他法域內之爭端解決機制就特定議題做出不同之判斷，即令該議題係涉及會員國彼此間之國際協定。從而，若就歐盟法秩序之觀點出發，為維持歐盟法之優位性，歐盟境內之雙邊投資協定應予以終止，而此終止程序亦須依據雙邊投資協定之規範為之。[96]

（三）歐盟外部雙邊投資協定

　　就歐盟外部之雙邊投資協定，此類型之雙邊投資協定在中、東歐國家加入歐盟之前，受到執委會之高度重視。執委會並於2003年與美國就中、東歐國家間之雙邊投資協定簽署一備忘錄。[97]基於前述一連串歐盟內部雙邊投資協定以及歐盟外部雙邊投資協定所產生之仲裁判斷，執委會乃向歐洲法院對於1990年代擴大之新會員國提起訴訟（執委會先對奧地利與瑞典提起訴訟，其後並對芬蘭提起訴訟。就奧地利與瑞典之訴訟，爭點一致，總辯官〔Advocate General〕並一併提出其意見），[98]主張該等會員國未依

---

[96] *Eastern Sugar B. V. (Netherlands) v. The Czech Republic,* para. 119.

[97] Understanding Concerning Certain U.S. Bilateral Investment Treaties, signed by the U.S., the European Commission, and the acceding and candidate countries for their accession to the European Union, Sep. 22, 2003. Those eight acceding and candidates states are Czech Republic, Estonia, Latvia, Lithuania, Poland, Slovak Republic, Bulgaria, and Romania.

[98] Case C-205/06 *Commission v. Austria* [2009] ECR I-01301; Case C-249/06 *Commission v. Sweden* [2009] ECR I-01335; Case C-118/07 *Commission v. Finland* [2009] ECR I-10889. 參見Eileen Denza, *Bilateral Investment Treaties and EU Rules on Free Transfer: Comment on Commission v. Austria, Commission v. Sweden and Commission v. Finland*, 35 Eur. L. Rev. 263, 263-274 (2010); Panos Koutrakos, *Case C-205/06 Commission v. Austria,*

據共同體條約第307條之規定，與相關第三國進行談判，以終止雙邊投資協定，違反聯盟忠誠義務。

瑞典與奧地利對外簽訂之雙邊投資協定中，含有一通稱為「移轉條款」（transfer clause）之標準條款，要求締約方確保投資人就投資所涉之資金在無不當遲延情形下，得以自由移轉。此項義務就其自由移轉之目的，與歐盟法資金自由流通之目的相符，此項歐盟法規範不區分會員國內部或會員國與第三國間之資金自由流通均同時適用。因而就此面向，瑞典及奧地利與第三國簽訂之雙邊投資協定，並無與歐盟法相牴觸之處。

如前所述，歐盟法內部規範不論是條約規範或次級立法，均提供為達公共利益之目的，對於資金自由流通予以限制之例外條件，此類條件主要涉及共同體條約第57(2)條、第59條、第60(1)條之規範。共同體條約第57(2)條賦予歐盟在一定條件下，得以限制歐盟與第三國間之資金移動。[99]為達經濟與貨幣聯盟之正常運作，歐盟亦得依據共同體條約第59條之規定

Judgement of the Court (Grand Chamber) of 3 March 2009, not yet reported; Case C-249/06 Commission v. Sweden, Judgement of the Court (Grand Chamber) of 3 March 2009, not yet reported., 46 Common Mkt. L. Rev. 2059 (2009); Nikolaos Lavranos, *Commission v. Austria, Case 205/06, judgment, March 3, 2009; Commission v. Sweden, Case C-294/06, Judgment, March 3, 2009: European Court of Justice Decisions on the Legal Status of Pre-accession Bilateral Investment Treaties between European Union Member States and Third Countries*, 103 Am. J. Int'l L. 716, 716-722 (2009)。

[99] TEC, art. 57(2): *Whilst endeavouring to achieve the objective of free movement of capital between Member States and third countries to the greatest extent possible and without prejudice to the other Chapters of this Treaty, the Council may, acting by a qualified majority on a proposal from the Commission, adopt measures on the movement of capital to or from third countries involving direct investment—including investment in real estate—establishment, the provision of financial services or the admission of securities to capital markets. Unanimity shall be required for measures under this paragraph which constitute a step back in Community law as regards the liberalisation of the movement of capital to or from third countries.*

採取防衛措施。[100]同時，共同體為執行共同體條約第301條共同外交與防衛政策之共同立場或聯合行動，若共同體認有必要時，理事會亦得採取必要行動，以凍結資金或支付。[101]然而，在執委會提起訴訟之時，歐盟尚未採取實質措施，以限制歐盟與第三國間之資金流通。

　　本案中主要涉及兩個爭議：歐盟法規範與瑞典及奧地利所簽訂之雙邊投資協定是否存在衝突？若確有衝突存在，既有國際法規範是否足以避免上開衝突，從而阻卻瑞典及奧地利對於歐盟條約義務之違反？針對是否存在條約義務之衝突，總辯官與歐洲法院（大法庭）採取不同之取向。總辯官Maduro從三個面向探討歐盟法與雙邊投資協定之移轉條款是否存在條約義務衝突，分別係共同體條約第57(2)條、第59條、第60(1)條所預見之次級立法、上開條約規範本身，以及真誠合作義務。就歐盟擬採取之次級立法，因歐盟尚未採取實質措施，因而不具有條約義務衝突可言。就條約規範本身，依據總辯官Maduro的意見，該條約規範僅係一授權規範（empowering），亦即授予歐盟機構得以採取措施之法律基礎，會員國並不當然負有義務，僅有在歐盟取得專屬權限時，授權規範當然導出會員國之義務，而本案所涉及之資金自由流通乃係共享權限，所以會員國並不因條約授予歐盟特定權限即負有義務。總辯官Maduro進一步以指令之執行期限期滿前會員國之義務，與授權規範之次級立法尚未採取前會員國之義務相比較。其認為，前者係必定實現，亦即指令之義務必定產生，但授權規範所可能產生之次級規範所課以之義務並不當然會發生。然而，即令有

---

[100] TEC, art. 59: *Where, in exceptional circumstances, movements of capital to or from third countries cause, or threaten to cause, serious difficulties for the operation of economic and monetary union, the Council, acting by a qualified majority on a proposal from the Commission and after consulting the ECB, may take safeguard measures with regard to third countries for a period not exceeding six months if such measures are strictly necessary.*

[101] TEC, art. 60(1): *If, in the cases envisaged in Article 301, action by the Community is deemed necessary, the Council may, in accordance with the procedure provided for in Article 301, take the necessary urgent measures on the movement of capital and on payments as regards the third countries concerned.*

此差異，其認為在真正義務未產生之前，會員國均有義務避免妨礙條約目的之達成，此乃係真誠義務之內涵。同時，共同體條約第307條係共同體條約第10條真誠合作義務之具體化，將共同體條約第57(2)條、第59條、第60(1)條之規範，搭配真誠合作義務則可導出瑞典與奧地利所締結之雙邊投資協定所包含之移轉條款，若未予以終止將嚴重妨礙歐盟條約目的之達成，因而雙邊投資協定與歐盟法規範間存在條約衝突。[102]

相較於總辯官繁複之分析，歐洲法院之判決顯得簡單而直接。法院首先指出：系爭雙邊投資協定並未提供任何機制，以賦予歐盟得以於緊急情況下凍結資金之自由移轉，此為執委會與瑞典及奧地利所共認。而歐盟機構為達將共同體條約第57(2)條、第59條、第60(1)條之目的，採取之措施須立即適用於相關第三國，該措施方能確保其有效性。若會員國與第三國間存有雙邊投資協定，則將危及歐盟措施之有效性，因而，歐洲法院認為雙邊投資協定之移轉條款與共同體條約共同體條約第57(2)條、第59條、第60(1)條之規範存在條約衝突，瑞典與奧地利依據共同體條約第307條之規範，有義務予以排除。[103]

最後，就國際公法之機制是否得以阻卻瑞典與奧地利未排除其所締結之雙邊投資協定與歐盟規範之牴觸之處，因而違反條約義務之違法，總辯官與歐洲法院均認為，既有國際公法之規範，例如重新協商或廢止雙邊協定均曠日廢時，有損歐盟措施之有效性，且情事變更原則（Rebus Sic Stantibus）亦充滿過多不確定性，因而不能以此即阻卻瑞典與奧地利違反條約義務之違法。[104]

（四）能源憲章公約：內部與外部投資協定

就歐盟在能源憲章公約之參與，2004年的東擴為歐盟與新、舊會員國間之投資議題帶來複雜之法律問題。首先，第一個問題是能源憲章公約

---

[102] Opinion of Advocate General Poiares Maduro delivered on 10 July 2008 on *Commission v. Austria & Commission v. Sweden* [2009] ECR I-01301, paras. 21-46.

[103] *Commission v. Austria*, paras. 32-37.

[104] Opinion of Advocate Maduro, paras. 55-70; *Commission v. Austria*, paras. 38-42.

之定性問題。一方面，歐盟東擴使得原本屬於外部投資協定之新舊會員國間之投資關係成為內部投資協定，在此意義下，由於多數能源憲章公約之締約方，除歐盟批准該公約時之會員國15國外，另有多數中、東歐國家，其後於2004年之東擴，中、東歐國家成為歐盟之會員國。因而，能源憲章公約就其適用範圍，內部投資協定之屬性因歐盟東擴而大為增加。另一方面，能源憲章公約之締約方仍包含美國、日本、加拿大等非歐盟國家，其就歐盟會員國與非會員國間之關係，仍具有外部投資協定之屬性。因而，能源憲章公約就其屬性，對歐盟來說一方面既屬內部投資協定，另一方面亦屬外部投資協定。

　　歐盟在能源憲章公約架構下的參與所產生的第二個問題，在於能源憲章公約在歐盟法體系之地位，以及反方向而言，歐盟法在能源憲章公約之相關投資爭議，依據國際投資爭端解決中心公約所成立之仲裁庭之仲裁程序，其法律地位為何？第三個問題則是隨著中、東歐國家於2004年加入歐洲，若能源憲章公約與該中、東歐國家之入盟條約及因加入歐盟而受到拘束之歐盟法若有衝突時，兩者應如何調和之爭議。最後，前述內部投資協定所涉及一會員國之投資人與另一會員國間之投資人與地主國爭端是否由歐洲法院專屬管轄議題，亦係歐盟在能源憲章公約下參與所面臨之難題。

　　此四項爭議，在比利時投資人Electrabel與地主國匈牙利間因匈牙利與投資人所投資之Dunamenti公司間之電力採購協議所衍生之投資保障協議中（*Electrabel v. Hungary*）[105]逐一浮現。本案之案例事實，在1995年間之匈牙利電力自由化過程中，匈牙利欲將其原屬國有企業之Dunamenti私有化，在此過程中，匈牙利政府為增加私有化之吸引力，乃與Dunamenti訂定電力採購協議，而比利時投資人Electrabel自1995年至2001年間大量投資Dunamenti公司，以股份持有人之方式成為Dunamenti公司之投資人，因而成為能源憲章公約架構下之投資人。其後，因匈牙利加入歐盟，此項電力採購協議被認為構成對於Dunamenti公司之補貼，因而違反歐盟之競

---

[105] *Electrabel S. A. v. The Republic of Hungary,* ICSID Case No. ARB/07/19 (done on 30 November 2012).

爭規範，歐盟執委會乃於2008年發布一執委會決定，要求匈牙利終止此項電力採購協議，並追討已發給之補貼。基於此項執委會決定，匈牙利終止電力採購協議，其後並與Dunamenti重新協商，訂定新的電力採購協議。投資人Electrabel認為匈牙利之終止行為及其後之重新定價措施違反能源憲章公約之相關規範，乃依據能源憲章公約第26條及國際投資爭端解決中心公約第42條之規定，向國際投資爭端解決中心聲請仲裁，仲裁程序進行中，執委會並以非爭議當事人（non-disputing party）之身分提交聲明並參與仲裁程序。仲裁庭從準據法及管轄權兩個層面回答上開四項爭議，依據仲裁庭之論述，準據法實涵蓋主要之管轄權爭議。

1. 準據法

就準據法而言，仲裁庭所需處理之問題乃係歐盟法在國際投資爭端解決中心之仲裁程序中，究竟僅具有內國法之性質，因而在案件審理過程中，歐盟法僅得被視為事實或證據之一環，而無能源憲章公約第26(6)條所稱之國際法之規則或原則（rules and principles of international law）之性質，因而不得成為仲裁庭之準據法。抑或，歐盟法即令就歐盟法秩序而言，屬於內國法，然就歐盟法之特殊性質，亦即歐盟法係源自於國際法之內國法體系（un ordre juridique interne d'origine internationale），在此仲裁程序中，其亦應具有國際法之性質，因而得以成為仲裁庭之準據法。此項歐盟法究竟屬否內國法或國際法，屬於法律或事實之爭議，將進一步影響仲裁庭在法律解釋與法律適用上，是否受到歐盟法之拘束，或是歐盟法僅屬一事實，僅仲裁庭在認定事實上產生影響，此認定事實之過程，將依證據法則乃至於舉證責任之分配加以判斷。

就此爭議，聲請人Electrabel一開始主張：就國際投資爭端解決中心之仲裁程序，歐盟法之地位係內國法，因而在仲裁程序中僅能被視為事實或證據之一環，而不能被認為具有法律地位，因而歐盟法並不符合能源憲章公約第26(6)條所稱之國際法之規則或原則，[106]從而並不構成本案之準

---

[106] *ECT, art. 26(6): A tribunal established under paragraph (4) shall decide the issues in dispute in accordance with this Treaty and applicable rules and principles of international law.*

據法。此外，依據維也納條約法公約第31(3)(c)條所稱之適用於當事人間關係之相關國際法之規則（any relevant rules of international law applicable in the relations between parties）[107]應解釋為適用於所有能源憲章公約之締約方之國際法規則；因而，歐盟法僅適用於比利時與匈牙利間，並不符合維也納條約法公約第31(3)(c)條之要件，從而，歐盟法無從藉由維也納條約法公約之規範，適用於本案中。其後，在聽證程序後，聲請人進一步補充其關於準據法之相關主張：首先，聲請人重申，就本案之仲裁程序，歐盟法係一事實，並非法律。縱令歐盟法被認為具有法律性質，僅有初級條約法規範得被認為國際法之規則或原則。依據歐盟條約法之規範，歐盟對外締結之條約構成歐盟法之一部分，拘束歐盟機構，同時拘束會員國。若歐盟法與能源憲章公約有所衝突，能源憲章公約具有優越性，歐盟法與能源憲章公約得以和諧解釋，並無衝突。[108]

相對於此，應訴國匈牙利則主張，固然歐盟法被融入於匈牙利內國法中，因而在本仲裁程序中，歐盟法具有內國法之性質，而應被視為事實；然歐盟法仍具有國際法之性質。若依據聲請人所主張，須所有能源憲章公約均簽署之國際條約方得視為國際法之規則或原則，則此條規範將形同具文，蓋因難認有何公約係所有能源憲章公約之締約方均有所參與。同時，歐盟法與能源憲章公約應予以和諧解釋，此一和諧解釋之要求，亦得以從維也納條約法公約中得出。就本案而言，和諧解釋之要求並不難達成，蓋因競爭規範係一國際公共政策（international public policy），此項促進能源自由化以及能源市場之近用目標，不僅為歐盟條約之目標，亦係能源憲章公約之目標。因而，聲請人應充分瞭解此一要求，難認聲請人對於匈牙利遵循競爭規範此一國際公共政策之措施，有何正當期待（legitimate expectation）可言。同時，能源憲章公約乃係歐盟之智慧結晶，殊難想像歐盟會創設一個國際公約，而該國際公約與歐盟法牴觸。最後，不論依據

---

[107] *VCLT*, art. 31(3)(c): *There shall be taken into account, together with the context (c) any relevant rules of international law applicable in the relations between the parties.*

[108] *Electrabel S. A. v. The Republic of Hungary*, paras. 4.22-4.53.

能源憲章公約或歐盟法之規範，聲請人關於能源憲章公約應優先適用之主張均無理由。蓋因能源憲章公約第16條[109]規定，若先後之國際條約對於公約所涉及之規範有所衝突，應適用較優惠於投資人之條約。一方面，若歐盟法與能源憲章公約若係規範相同客體，則在比利時與匈牙利間，能源憲章公約之規範將為匈牙利之入盟條約所取代；若兩者之規範客體不一，即無優先適用能源憲章公約之必要。此外，共同體條約第307條（現為歐盟運作條約第351條）[110]於本案並無適用之餘地，因比利時與匈牙利均係歐盟之會員國，依據歐洲法院之向來見解，會員國間之法律關係均由歐盟法所規範，並無適用入盟前所簽訂之國際條約（preaccession agreement）此一條款之餘地。[111]

至於執委會析論歐盟競爭政策之演進，在1993年歐洲共同體與匈牙利所簽訂之歐洲協定中即要求匈牙利不得扭曲市場競爭，並不得對於特定企業給予優惠；同時，在2004年之入盟協定中，明列得以繼續維持之補貼。未予以列舉之補貼則屬非法補貼，應予以停止，且不得新設。由於電力採購協議不屬於此類列舉得以維持之補貼，執委會乃自2001年起對於匈牙利之電力政策予以調查，並於2008年發布執委會決定，要求匈牙利停止

---

[109] *ECT*, art. 16: *Where two or more Contracting Parties have entered into a prior international agreement, or enter into a subsequent international agreement, whose terms in either case concern the subject matter of Part III or V of this Treaty, (1) Nothing in Part III or V of this Treaty shall be construed to derogate from any provision of such terms of the other agreement or from any right to dispute resolution with respect thereto under that agreement; and (2) nothing in such terms of the other agreement shall be construed to derogate from any provision of Part III or V of this Treaty or from any right to dispute resolution with respect thereto under this Treaty, where any such provision is more favourable to the Investor or Investment.*

[110] TEC, art. 307(1). now TFEU, art. 351(1): *The rights and obligations arising from agreements concluded before 1 January 1958 or, for acceding States, before the date of their accession, between one or more Member States on the one hand, and one or more third countries on the other, shall not be affected by the provisions of the Treaties.*

[111] *Electrabel S. A. v. The Republic of Hungary,* paras. 4.54-4.88.

補貼政策，並追討自2004年以來之補貼。此項執委會決定拘束匈牙利，同時匈牙利若不主動履行，共同體條約並設有相關制裁機制。

其次，執委會主張歐盟在能源憲章公約之制定過程中扮演關鍵性角色，歐盟與能源憲章公約併存在制度性連結，此項制度性連結可見於能源憲章公約第1(3)條中，[112]承認區域經濟整合組織得對於其會員國發布具有拘束力之決定規範中得知。

最後，執委會主張在本案仲裁程序中，歐盟法係國際法，此項國際法之性質，在歐洲人權法院*Bosphorus v. Ireland*[113]一案中得到確認。在該案中，歐洲人權法院認為歐盟法乃係適用於當事人間關係之國際法規則，因而構成公約第1號議定書所稱之正當一般利益目標（legitimate general-interest objective）。[114]歐洲人權法院更進一步說明，並非遵循歐盟法規範之要求即得排除會員國遵循歐洲人權公約之義務，此項解釋將違反歐洲人權公約之宗旨與目標（object and purpose）。具體而言，若歐盟法與歐洲人權公約對於實質保障程度以及程序控制機制具有相同（equivalence）之保護程度，則符合歐盟法規範時，將被視為符合歐洲人權法規範。執委會並主張歐洲人權法院此項解釋取向，於本案中應有其適用。詳言之，若對於投資人之保障程度，在歐盟法層面其實質規範與程序規範與能源憲章公約達相當程度，則符合歐盟法之規範時，即應視為符合能源憲章公約之規範。[115]

就聲請人、應訴國以及執委會之主張，仲裁庭首先表示，其係一依據國際法成立之仲裁庭，且無仲裁庭所在地之相關規範適用，同時，仲裁程

---

[112] *ECT*, art. 1(3): '*Regional Economic Integration Organization*' means an organization constituted by states to which they have transferred competence over certain matters a number of which are governed by this Treaty, including the authority to take decisions binding on them in respect of those matters.

[113] European Court of Human Rights Grand Chamber Judgment, *Bosphorus Airways v. Ireland*, No. 362 (30 June 2005).

[114] *Bosphorus Airways v. Ireland*, para. 150.

[115] *Electrabel S. A. v. The Republic of Hungary*, paras. 4.89-4.110.

序係在能源憲章公約以及就國際投資爭端解決中心公約所建構之國際架構下進行，並非在歐盟法架構下而爲。此外，仲裁庭表示，本案乃係兩者價值間之權衡，一方面需考量能源憲章公約對於投資人程序與實質之保障，另一方面需考量匈牙利在法治原則下整合進歐洲聯盟之要求。抽象而言，仲裁庭所需處理者僅係能源憲章公約與國際投資爭端解決中心公約，然而具體之困難存在於如何界定國際法之規則與原則。此項困難顯現在釐清歐盟法與能源憲章公約之關係上。[116]

　　就歐盟法之性質，仲裁庭首先指出，視觀察角度（歐盟機構、會員國乃至於國際社會而言）之不同，歐盟法具有不同之性質。仲裁庭援引歐洲法院總辯官Maduro之意見，認爲歐盟法乃係源自於國際法之內國法體系。因此，仲裁庭須將歐盟法之多重性質列入考量。一方面，歐盟法係國際法，此項性質從歐盟之初級法係會員國所簽訂之條約而來，此一事實即可判定。然而，歐盟法屬國際法此一特質，並不僅限於歐盟法之初級條約，並及於歐盟法之衍生法（或次級立法〔droit dérivé〕），蓋倘若將歐盟初級法中關於競爭規則之規範視爲國際法，而將執行歐盟初級法中關於競爭規範之次級立法視爲國內法，此項區分過於機械。此項見解，亦可由歐洲法院自 *Van Gend en Loos* 以來之見解，認爲歐盟法係國際法之新秩序（a new legal order of international law）得到佐證。歐盟法之直接效力，得以融入會員國內國法秩序，並未改變歐盟法之國際法特徵。然而，此項構成會員國法秩序之核心部分之特徵，則同時增加歐盟法在國際仲裁程序中具有內國法之性質。因而，歐盟法因構成匈牙利內國法之一部分，應被視爲事實或是證據之一環。[117]

　　就歐盟法與能源憲章公約之關係，仲裁庭認爲兩者並無衝突，聲請人、應訴國及執委會都主張和諧解釋之必要性。仲裁庭認爲，固然和諧解釋係一可欲之結果，但國際法並未明文課以此項和諧解釋之義務。然而，就本案所涉及之歐盟法與能源憲章公約之特殊關係，應認兩者間並無衝

---

[116] *Electrabel S. A. v. The Republic of Hungary*, paras. 4.111-4.114.

[117] *Electrabel S. A. v. The Republic of Hungary*, paras. 4.115-4.118.

突。就能源憲章公約之歷史沿革，仲裁庭同意應訴國所稱，該公約係歐盟之智慧結晶，亦同意執委會所稱，歐盟在公約談判與制定過程中扮演關鍵性角色。其次，歐盟係能源憲章公約之締約方，共同體條約第133條明文課以共同體須確保共同體所簽訂之國際條約符合歐盟條約之義務。就此而言，殊難想像歐盟對外簽訂一與歐盟法相牴觸之國際條約。仲裁庭並援引能源法權威學者Thomas Wälde之主張，認為能源憲章公約乃係歐盟對外政治、經濟與及能源政策之產物。其目的在於整合蘇聯國家，提供一「候車室」讓多數中、東歐國家加入歐盟預作準備。其具體目標在於促進歐盟國家在中、東歐國家之投資，並確保歐盟自中、東歐國家提供之能源安全。就能源憲章公約，其與歐洲整合、加入歐盟以及歐盟對外關係之關聯性，遠高於一般之雙邊投資協定。[118]

就歐盟法與能源憲章公約之目標，兩者均在於促進能源市場之自由化、避免市場扭曲、消除競爭障礙，並建立一個有效率的能源市場。此項目的在歐盟與匈牙利在1991年所簽訂之歐洲協定中亦明白顯現。同時間，能源憲章公約亦肯認歐盟作為一區域經濟整合組織，得對於其會員國發布具有拘束力之決定，因而就能源憲章公約所提供之保障，難認投資者對於歐盟機構所發布之決定所產生之後續影響有何正當期待可言。易言之，投資人之投資可能因執行執委會具有拘束力之決定而受影響，乃與能源憲章公約之架構相符。就此而言，本案並無和諧解釋之必要，蓋因歐盟法與能源憲章公約並不存在任何衝突。[119]

至於執委會所關注之歐洲法院之專屬管轄部分，仲裁庭指出，依據共同體條約第292條歐洲法院之專屬管轄僅限於會員國與會員國間之爭

---

[118] Todd Weiler & Thomas Wälde, *Investment Arbitration under the Energy Charter Treaty in the Light of New NAFTA Precedents: Towards a Global Code of Conduct for Economic Regulation*, retrieved from http://www.transnational-dispute-management.com/article.asp?key=31 (2004)

[119] *Electrabel S. A. v. The Republic of Hungary*, paras. 4.130-4.146.

議，[120]不及於私人間乃至於私人與會員國間之爭議。同時間，第234條所規定之關於會員國法院或法庭得以聲請先行裁決之規定，亦不及於仲裁庭，更不及於會員國以外之仲裁庭或國際仲裁庭。因而，不論歐洲法院關於會員國間涉及歐盟法之專屬管轄，乃至於歐盟會員國法院或法庭得（應）聲請先行裁決之規定，於本案中均無適用之餘地。[121]仲裁庭並援引歐洲法院在1/09意見中，涉及專利法院之論述，認為專利法院個人與會員國間之仲裁程序並未違反歐盟運作條約第344條（共同體條約第292條）之規範，蓋因該條之規範僅禁止會員國間之爭議訴諸於其他爭端解決機制，而不及於個人間與會員國間。仲裁庭因而認為本案之爭議並未涉及歐洲法院之專屬管轄，其所涉及之爭議，係匈牙利所為之措施是否違反能源憲章公約，並非涉及執委會2008年之決定是否符合歐盟法，或符合能源憲章公約，因而，亦無仲裁庭解釋或適用歐盟法之問題。再者，其他國家或國際仲裁解釋歐盟法之情形，亦非絕無僅有，同時間，歐盟本身在其加入能源憲章公約時，亦接受歐盟投資人與非歐盟會員國之公約締約方間，以及非歐盟投資人與歐盟會員國間得以訴諸於國際仲裁，此項事實足認歐盟本身並未排除國際仲裁庭解釋歐盟法或裁決歐盟投資人與非歐盟會員國之公約締約方，以及非歐盟投資人與歐盟會員國間之可能。固然歐盟並未同意國際投資爭端解決中心公約之仲裁管轄權，此乃該公約並未容許非主權國家加入該公約所致。最後，國際投資爭端解決中心之仲裁判斷，依據國際投資爭端解決中心公約視同內國法院判決。從而，相較於歐盟境內之內國仲裁判斷，歐盟與其會員國得藉由撤銷仲裁判斷訴訟，或相較於非歐盟

---

[120] TEC, art. 292, now TFEU, art. 344: *Member States undertake not to submit a dispute concerning the interpretation or application of the Treaties to any method of settlement other than those provided for therein.*

[121] TEC, art. 234(1), now TFEU, art. 267(1): *The Court of Justice of the European Union shall have jurisdiction to give preliminary rulings concerning: (a) the interpretation of the Treaties; (b) the validity and interpretation of acts of the institutions, bodies, offices or agencies of the Union.*

境內之仲裁判斷經由紐約公約予以承認或執行程序，得藉由會員國法院或
歐洲法院加以控制，此項國際投資爭端解決中心之仲裁判斷所具有之特殊
效力，乃係執委會有所疑慮之處，蓋因歐洲法院及會員國法院無從藉由歐
盟法體系內所形成之司法體系予以控制。然而，仲裁庭指出，此項疑慮乃
係多餘，蓋會員國若因國際投資爭端解決中心之仲裁判斷之執行違反歐盟
法，執委會仍得依據共同體條約第226條[122]之規定對會員國提起訴訟，從
而得以避免國際投資爭端解決中心之仲裁判斷危及歐盟法之一致性。基於
以上論述，仲裁庭認為歐盟法關於歐洲法院專屬管轄之規定，並不排除仲
裁庭對於本案行使管轄權。[123]

　　最後，仲裁庭進一步假設，若歐盟法與能源憲章公約有所衝突時將
如何解決？此項爭議涉及能源憲章公約作為入盟前條約在歐盟法體系之
地位，同時涉及維也納條約法公約第30(4)(b)條之規定。[124]仲裁庭首先指
出，能源憲章公約與歐盟法對於條約衝突均有規範，能源憲章公約第16
條規定，若公約之兩個或兩個以上之締約方在公約生效前締結國際條約，
或在公約生效後締結國際條約，而規範之客體涉及公約第三部分或第五部
分之投資促進與投資保障與爭端解決之事項時，能源憲章公約之規定不得
解釋為影響該國際協定之條款；同時，該國際協定亦不得解釋為影響公約
第三部分或第五部分所規範之投資促進與投資保障以及爭端解決規範之適
用。然而，依據仲裁庭之見解，因為能源憲章公約與歐盟法所涉及之議題

---

[122] TEC, art. 226, now TFEU, art. 258: *If the Commission considers that a Member State has failed to fulfil an obligation under the Treaties, it shall deliver a reasoned opinion on the matter after giving the State concerned the opportunity to submit its observations. If the State concerned does not comply with the opinion within the period laid down by the Commission, the latter may bring the matter before the Court of Justice of the European Union.*

[123] *Electrabel S. A. v. The Republic of Hungary,* paras. 4.147-4.166.

[124] *VCLT*, art. 30(4)(b): *When the parties to the later treaty do not include all the parties to the earlier one: (b) as between a State party to both treaties and a State party to only one of the treaties, the treaty to which both States are parties governs their mutual rights and obligations.*

並不相同，因而能源憲章公約第16條關於條約衝突之規範於此並不適用。就歐盟法而言，共同體條約第307條規定，因會員國在加入歐盟前其所締結之國際條約所生之權利義務，不因該會員國加入歐盟而有所影響。就此規定，聲請人與應訴國匈牙利均主張無本條之適用，蓋因本案所涉及者並非會員國加入歐盟前與第三國間之國際協定，而係兩會員國（之投資人）間爭議。就此，仲裁庭援引歐洲法院在*Commission v. Slovakia*一案關於共同體條約第307條之解釋，該條側重入盟前條約所產生之權利義務，此項規範與國際法上後條約若與前條約之義務相衝突，此衝突不得影響僅前條約締約方之第三國意旨相同。在該案中，總辯官並認為，共同體條約第307條實包含維也納條約法公約第30(4)(b)條之規範。

　　仲裁庭表示，歐洲法院在*Commission v. Slovakia*僅說明共同體條約第307條之正面意涵，卻未對負面意涵予以解釋；亦即，若一入盟前條約涉及兩歐盟會員國間之國際條約時，則應依後法優於前法之方式予以處理，此時即應適用歐盟法。換言之，原入盟前條約所產生之權利義務，將由歐盟法所規範。仲裁庭並進一步援引歐洲法院關於關稅暨貿易總協定之判決*Commission v. Italy*以及學者Jan Klabbers之主張。於*Commission v. Italy*一案中，歐洲法院認為會員國與會員國間之關係，應由歐盟法所規範，至於會員國與非會員國間之關係，則應繼續由關稅暨貿易總協定所規範。學者Klabbers亦指出，共同體條約第307條僅保護非會員國基於入盟前條約所產生之權利義務，至於會員國間基於入盟前所產生之權利義務，則非共同體條約第307條所保障，此時應適用歐盟法規範。最後，仲裁庭指出，本案中雖係會員國內之個人（即Electrabel）之權利義務，而非會員國之權利義務，然而會員國內之個人權利義務無法與會員國之權利意義切割，因而仲裁庭認為，即令其認為歐盟法與能源憲章公約並無牴觸之處，若假設兩者確有牴觸時，依據共同體條約第307條，或是維也納條約法公約第30(4)(b)條之規定，應認為聲請人與應訴國間關於能源憲章公約所產生之權利義務，因為匈牙利加入歐盟，而為歐盟法所取代。

2. 仲裁庭之管轄權

　　就仲裁庭對於系爭事項是否具有管轄權，執委會主張系爭議題乃係歐盟之專屬權限，會員國無權對於系爭議題採取任何措施，而就本案之爭端當事人，投資人係比利時公司，應訴國係匈牙利，乃依歐盟內部之投資爭議，國際投資爭端解決中心對此並無管轄權。此外，此案之投資人係歐盟投資人，應訴方亦應為歐盟，並無國際投資爭端解決中心公約以及能源憲章公約所稱一締約方之投資人與另一締約方間之投資爭端可言。詳言之，執委會關於仲裁庭是否具有管轄權主要有兩項主張，其一係因為投資人與地主國均係歐盟之成員國，因而係歐盟之投資人與地主國歐盟間之投資爭端，並無國際投資爭端解決中心公約以及能源憲章公約所規範之一締約方之投資人與另一締約方之投資爭端。其次，本案涉及比利時公司與匈牙利，應由歐洲法院專屬管轄。就執委會之主張，仲裁庭重申其基於準據法議題所為之判斷，本案投資人Electrabel所挑戰者乃係匈牙利關於終止電力採購協議，以及重新定價之措施，此等措施乃係匈牙利所為。同時間，投資人並非挑戰2008年所發布之執委會決定與歐盟法或能源憲章公約之合致性。從而，投資人Electrabel並未對於歐盟之措施提出挑戰，故本案聲請人並無應訴國選擇錯誤之問題。此外，因本案未涉及歐盟措施，亦無歐盟之投資人，對於地主國歐盟提出仲裁聲請，而違反國際投資爭端解決中心公約以及能源憲章公約管轄權之要件「一締約方之投資人與另一締約方間之投資爭端」之可言。因而，仲裁庭在結論上肯認其對於此投資爭端具有管轄權應無疑義。[125]

三、小結

　　就歐盟法與能源憲章公約兩者關係，一方面，歐盟在能源憲章公約制定過程中扮演關鍵性之角色，因而，能源憲章公約所建立之法律體系，包含能源市場之競爭與開放、投資人之保護、投資者與地主國間之爭端解決機制等，均受到歐盟之高度影響。同時間，歐盟法亦隨著條約修正以及次

---

[125] *Electrabel S. A. v. The Republic of Hungary,* paras. 5.31-5.59.

級法之立法不斷演進，就此而言，影響最為深遠者乃係里斯本條約關於外人直接投資權限之賦予，再者，歐盟成員國之擴張亦影響歐盟法適用之範圍，使得歐盟舊成員國與新成員國間之投資保障協定成為歐盟內部之雙邊投資協定，同時，舊成員國與新成員國間之投資爭議成為歐盟內部投資爭議。而歐盟之東擴，也使得能源憲章公約之適用，在極大部分成為歐盟內部爭議。就此而言，產生歐盟所創造之能源憲章公約所建立之法秩序，反過來規範歐盟以及影響歐盟法秩序之現象。

就此逆轉之現象，造成歐盟之憂慮，尤其歐盟內部雙邊投資協定之增加，以及其所引發之內部投資爭議將影響歐盟法之一致性，乃至於歐洲法院之專屬管轄權。在此一系列投資爭議中，*Eastern Sugar*首先為歐盟敲響警鐘，而仲裁庭之判斷，亦對於歐盟法較為不利。在*Eastern Sugar*一案中，仲裁庭認為歐盟會員國之個人與會員國間之爭議，並無共同體條約第292條之適用，同時，捷克加入歐盟並不意味捷克與荷蘭間之雙邊投資協定默示終止，仲裁庭並強調，執委會對新舊會員國間雙邊投資協定與歐盟法間可能產生之衝突，亦未採取任何行動。

此項仲裁庭之論據，終而促使執委會向奧地利、瑞典、芬蘭提起訴訟，認為此等會員國未就其與第三國間之雙邊投資協定，違反歐盟法規範部分，採取具體措施以消除此等衝突，違反共同體條約第292(2)條等規範。歐洲法院在審酌此三國家與第三國所簽訂之雙邊投資協定所包含之移轉條款，與共同體法資金自由流通之規範所保留之例外確有衝突之事實，而既有國際法規範亦無法排除奧地利、瑞典、芬蘭等三會員國免於國際法義務衝突之情形，因而，歐洲法院乃判決此三會員國違反共同體條約第292(2)條之義務。

而更複雜之法律關係則來自於能源憲章公約，其一方面屬於歐盟內部投資協定，另一方面因該公約另有非歐盟會員國之締約方，因而同時屬於歐盟外部投資協定。就比利時投資人Electrabel與匈牙利間之投資爭議而言，國際投資爭端解決中心在*Electrabel v. Hungary*一案中表示，該案所涉及之事務，係匈牙利終止其與比利時投資人間之電力採購協議，以及其後之重新定價措施，為匈牙利之內國措施，且該案投資人並未質疑執委會決

定對於能源憲章公約乃至於歐盟法之合法性，因而不涉及歐盟之措施，並未影響歐洲法院之專屬管轄，故仲裁庭對此爭端具有管轄權。

相對於*Eastern Sugar*一案，*Electrabel v. Hungary*之仲裁庭對於歐盟法採取較為友善之立場。首先，就歐盟法之性質，仲裁庭認為歐盟法具有多重性質，一方面歐盟法係一國際法，此國際法之性質不因初級法或次級法而有所區別；同時，因歐盟法構成會員國法秩序之核心部分，就國際投資爭端解決中心之仲裁程序而言，歐盟法就其融入會員國法秩序之特質，使歐盟法在仲裁程序中亦具有內國法之性質。

其次，仲裁庭肯認能源憲章公約係歐盟之智慧結晶，且歐盟在能源憲章制定過程中扮演關鍵性角色，依據歐盟法條約義務，歐盟應確保其所對外簽訂之國際條約與歐盟創始條約之合致性，因而，無法想像歐盟創造一與歐盟創始條約不相符合之國際條約，其後並自願為該國際條約所拘束。基於能源憲章公約之歷史發展，乃至於能源憲章公約與歐盟法促進競爭，以及能源市場自由化之目的相同，仲裁庭在結論上認為歐盟法與能源憲章公約並無衝突之處。

此外，仲裁庭進一步闡釋，若歐盟法與能源憲章公約確有衝突時，歐盟法與能源憲章公約應如何調和。仲裁庭依據共同體條約第292條及維也納條約法公約第30(4)(b)條之規定，認為不論從歐盟法之角度，或國際法之角度，能源憲章公約就涉及2個歐盟會員國間之法律關係，均因會員國間之法律關係因加入歐盟而應由歐盟法規範，或是後條約優於前條約之原則，而無從適用於2個歐盟會員國間，此項結論並不因本案涉及一會員國之個人以及另一會員國之事實而有所影響。就此結論而言，*Electrabel v. Hungary*之仲裁庭採取與*Eastern Sugar*之仲裁庭不同之立場，*Electrabel v. Hungary*之仲裁庭對於歐盟法顯得較為友善。

伍、結論

　　隨著蘇聯解體以及中、東歐國家逐漸民主化，如何確保市場經濟改革成為中、東歐國家乃至於前蘇聯國家之政治改革，係90年代歐盟對外政策之主軸。同時，隨著歐盟經濟對於能源之需求益深，如何掌握蘇聯解體以及中、東歐國家逐漸民主化之政經背景，一方面確保此等新興民主國家之政治與經濟改革，另一方面確保歐盟之能源安全，荷蘭前總理Lubbers遂提出歐洲能源網路乃至於歐洲能源共同體之主張。基於此項主張，歐盟在能源憲章會議架構下，促進歐盟能源憲章之制定以及其後具有拘束力之能源憲章公約與能源效率與環境面向議定書之簽署。此項過程中，歐盟作為能源憲章會議歷程之主要推手，從規範制定之角度，歐盟可以被稱為規則產生者。然而，此項規則制定過程亦造成了歐盟法秩序之難題，尤其系爭議題涉及歐盟內部與外部之投資議題時。隨著歐盟之兩次東擴，多數舊會員國與新會員國間訂有雙邊投資協定，同時，多數新會員國對外亦與第三國訂有雙邊投資協定。如何確保雙邊投資協定之規範，未牴觸歐盟法規範，乃成為重要之議題。同時，隨著里斯本條約將外人直接投資劃入共同商業政策之一環，因而成為歐盟之專屬權限，歐盟內部之雙邊投資協定與歐盟外部之雙邊投資協定，如何與此新取得之專屬權限調和，亦係一治絲益棼之課題。

　　在這一系列爭議中，產生了諸多仲裁庭之判斷及歐洲法院之判決。一方面，在*Eastern Sugar*一案中，依據斯德哥爾摩商會仲裁機構所成立之仲裁程序所組成之仲裁庭，認為荷蘭與捷克間之雙邊投資協定並未因捷克加入歐盟而有默示終止之情形，同時本案涉及荷蘭之投資人，故無共同體條約第292條之適用，仲裁庭並指出執委會未對此等歐盟內部雙邊投資協定採取任何措施。因應此項仲裁判斷，執委會乃對於奧地利、瑞典與芬蘭等三會員國提起訴訟，主張其等未修正或終止其加入歐盟前與第三國簽訂之雙邊投資協定與歐盟法衝突之處，違反共同體條約第292(2)條等規範。此項主張並獲得歐洲法院之支持，而歐盟內部／外部投資協定之法律問

題，在能源憲章公約中更顯複雜，蓋因能源憲章公約一方面是歐盟內部投資協定，另一方面因該公約涉及非歐盟會員國，亦兼具有歐盟外部投資協定之性質。在*Electrabel v. Hungary*一案中，依據國際投資爭端解決中心公約所成立之仲裁庭，採取對於歐盟法較為友善之態度。仲裁庭認為，歐盟法具有多重性質，就國際投資爭端解決中心之仲裁程序，一方面屬於國際法，另一方面亦屬於內國法。其次，基於能源憲章公約歷史背景以及規範目的，均與歐盟法不相牴觸。仲裁庭並進一步指出：若歐盟法與能源公約確有衝突，依據共同體條約第292(1)條以及維也納條約法公約第30(4)(b)條之規定，固然能源憲章公約就歐盟會員國與第三國間之權利義務不受影響，然而，能源憲章公約在歐盟會員國間之適用，則應由歐盟法所規範。此項適用不因本案涉及之一會員國與另一會員國之個人間投資爭端，而非兩會員國間之爭端有所差異。

總之，歐盟在能源憲章公約之談判、簽署過程中扮演關鍵性角色，能源憲章公約係歐盟之智慧結晶，此項事實獲得國際投資爭端解決中心仲裁庭之肯認，因而就能源憲章公約此一能源議題之國際規範，歐盟實扮演規則產生者的角色。然而，就能源憲章公約此一國際規範之制定與實踐，歐盟除一開始扮演規則產生者之角色，同時間也受到此一規範之拘束。一方面能源憲章公約在歐盟法體系內拘束歐盟機構及會員國，同時若條約義務明確且不附條件時，則具有直接效力可為個人所援引。另一方面，歐盟法在國際仲裁程序中之地位也須加以釐清，究僅屬內國法應視為事實，或是同時兼具國際法性質，得視為國際法之規則與原則，而得成為仲裁程序之準據法。又歐盟法於國際仲裁程序中，如何予以解釋及適用，是否危及歐洲法院之專屬管轄，此乃係歐盟作為規則產生者，在創設另一國際法秩序後，將反過來影響歐盟法秩序之課題。

Chapter 7 歐盟作為全球環境行為者：以其在氣候變化綱要公約之參與為例

壹、前言

在歐洲整合的過程中，環境議題原非歐洲經濟共同體條約（Treaty Establishing the European Economic Community，下稱EEC條約）關注之領域；原子能共同體條約（Treaty Establishing the European Atomic Energy Community，下稱Euratom條約）所關心之環境面向，亦以核能安全為中心。[1]而歐洲經濟整合之進展，原先亦僅關注於內部市場之形成。由於環境議題本質上即具有跨境特徵，因而產生區域性措施之管制需求。隨著歐洲整合之開展，環境議題很快地成為歐洲整合重要之一環。同時間，歐洲整合的外部面向亦成為歐洲聯盟（下稱歐盟）以及其前身歐洲共同體／歐洲經濟共同體[2]機構與會員國間權限爭議之主要客體。歐盟作為一個國際組織，其在國際組織以及國際多邊條約下之參與，具有獨特之國際法意

---

[1] 參照Euratom條約第III章。

[2] 由於里斯本條約之生效，歐盟正式取代歐洲共同體，並承繼歐洲共同體之法人格。本文在行文上倘若概括指涉該組織時，均以歐盟稱之；若涉及特定文義及歷史脈絡而有加以釐清必要時，則以歐洲經濟共同體或歐洲共同體稱之。又本文條文條號之引用，在里斯本條約生效前，採阿姆斯特丹條約後整編之條號，若文中引用歷史文件或歐洲法院之判決，除引用整編之條號外，並於第一次出現時以[ ]方式註明原文所使用之條號。若行文上述及里斯本條約後之發展，則使用註明里斯本條約生效後之歐洲聯盟條約（Treaty on European Union，下稱TEU或歐盟條約）或歐洲聯盟運作條約（Treaty on the Functioning of the European Union，下稱TFEU或歐盟運作條約）條文編號。

涵。相較於以國家為主之參與模式，歐盟在多邊環境條約之參與，乃至於國際環境治理之型塑，呈現迥異之樣貌，其中尤以聯合國及其周邊組織為最，蓋因聯合國乃係以一主權國家為核心之國際組織，歐盟作為一個國際組織，其在聯合國及其周邊組織之參與，則顯得格外突兀而引人注目。[3]

因而，歐盟在國際組織與國際環境公約之參與上，如何有效協調確保歐盟立場與會員國立場之一致（consistency）以及各部門政策之一貫（coherence），[4]藉此以達成其國際代表之單一性（unity in international representation），進而強化其全球環境行為者之角色，相當值得探討。基此，本文乃以歐盟在聯合國氣候變化綱要公約（United Nations Framework Convention on Climate Change，下稱UNFCCC或氣候變化綱要公約）之參與為例，探討歐盟在多邊環境條約之參與以及其內國談判立場之形成有無達成其作為全球環境行為者之企圖。若無法達成此一目標，則進一步析論其遭逢之困境及阻力何在，以及有無其他改善之途徑。

---

[3] 即令在聯合國架構下，歐盟在聯合國周邊之國際組織與國際條約之參與，亦有所不同。歐盟固然成功以區域經濟整合組織（Regional Economic Integration Organisation）之身分（identity）參與聯合國架構下國際條約；歐盟在聯合國周邊之國際組織參與，仍相當有限。歐盟成功取得會員身分者之國際組織僅有聯合國農糧組織（Food and Agriculture Organisation），至於世界衛生組織（the World Health Organisation）乃至於國際勞工組織（the International Labour Organisation），歐盟仍僅具有觀察員身分。

[4] consistency與coherence之用語，不同版本條約條文採取不同之用語。就英文版之歐盟條約第21(3)條第二句，以及歐盟運作條約第7條等條文所使用之用字係consistency，而法文、德文、義大利文版分別使用cohérence、Kohären與coerenza之用字。就條約條文用字而言，條約起草者似乎將英文字中consistency等同於法文中之cohérence、德文中之Kohären以及義大利文中之coerenza。準此以觀，條約草擬者似無區別coherence與consistency兩字之意圖。然而，垂直面向（歐盟與會員國立場）以及水平面向（歐盟各部門政策間）歧異之整合有其概念上之區分價值，為求指涉上之明確，本文在行文上涉及歐盟與會員國之立場乃使用一致之用語，各部門政策間則使用一貫之用語。關於學者間使用consistency與coherence之歧異，請參見Clara Portela & Kolja Raube, *Six Authors in Search of a Notion: (In) Coherence in EU Foreign Policy and its Causes*, 3 Hamburg Rev. Soc. Sci. 1, 2-4 (2008)，以及該文之相關文獻。

　　本文之行文安排如下：在此前言之後，第貳節將闡述何謂「歐盟作為全球行為者」之概念，並討論就法律上可能觸及之意涵為何。第參節則討論歐盟在氣候變化綱要公約以及京都議定書（Kyoto Protocol to the United Nations Framework Convention on Climate Change，下稱Kyoto Protocol或京都議定書）中之參與，分別涉及其在條約及議定書之地位，以及其為了促成京都議定書生效所為的努力。亦即，在美國拒絕批准京都議定書之情形下，歐盟如何拯救（rescue）京都議定書，以取得其在全球環境治理領導者之角色，並接續討論此一領導者角色在峇里行動計畫（Bali Action Plan）後，哥本哈根會議以降乃至杜哈締約方會議之相關歷程中是否動搖。第肆節則討論既有歐盟法規範，有無調和歐盟與會員國之對外行動，乃至於促進立場一致與政策一貫之可能，亦即，在對外行動的真誠合作義務上，有無促進歐盟全球行為者角色之可能。第伍節為本文之結論，將摘要本文之主要論點並簡述本文之發現。

貳、歐洲作為全球行為者之企圖與局限

　　歐盟在氣候變化議題上的對外參與，主要的困境在於歐盟與會員國一致立場的達成以及其對外之單一代表，其根本之問題乃是歐盟權限與會員國權限的劃分。就對外談判而言，在落於歐盟專屬權限時（貿易議題為著例），將由執委會代表歐盟與會員國依據理事會授予之談判權限（negotiating mandate）及理事會之談判指示（negotiating directive）負責談判，並由理事會[5]加以監督。屬於歐盟與會員國之共享權限時，談判則

5　133委員會乃指共同商業政策之實際決定場所，由會員國代表與副代表所組成，其得名乃是因共同體條約（Treaty Establishing the European Community，下稱TEC或共同體條約）第133條規範理事會得成立特別委員會以協助執委會之故。133委員會乃成為理事會與執委會間之橋樑。133委員會之決策乃係由理事會決定之方式加以確認，有時特定決策僅由133委員會討論，並由常設代表委員會（The Committee of Permanent Representatives; COREPER）同意。本條條文現為歐盟運作條約第207條。關於133

將交錯進行。屬於歐盟權限時，即由執委會負責，反之則由理事會輪值主席國代表歐盟與會員國負責談判。因此，在談判之進行中，常有理事會與執委會交錯主導談判之狀況。[6]依據學者Vogler與Bretherton之研究，在氣候變化綱要公約之談判過程中，亦發生會員國間彼此意見不一致，或會員國與共同體之立場不一致之情形。[7]在1979年波昂召開之工作小組會議中，亦曾發生兩位代表分別代表共同體與其會員國發言之狀況，因而，就氣候變化綱要公約下之參與以及京都議定書之談判而言，單一發聲（speak with a single voice）之目標並未完全加以落實。[8]依據學者Kilian與Elgströn之觀察，在2009年之哥本哈根氣候會議中，亦未貫徹歐盟單一發聲之原則。[9]此舉使得歐盟成為一個不一致之行為者，因而弱化其領導者地位。

一、環境議題在歐盟的發展

1957年之羅馬條約並未提及環境議題，然自1960年代晚期在共同體架構下規範環境議題之討論即逐漸產生。[10]1971年，執委會公布第一份共同體環境政策文件，並討論在共同體條約第308[235]條[11]架構下有無規範

委員會之歷史沿革，可參見理事會對於歐洲議會議員書面問題之正式回覆，Written Question E-4036/00 by Bart Staes (Verts/ALE) to the Council, 133 Committee (2), OJ 261 E/21 (18 September 2001)。

[6] John Vogler & Charlotte Bretherton, *The European Union as a Protagonist to the United States on Climate Change*, 7 Int'l Stud. Persp. 1, 12-13 (2006).

[7] *Ibid., at* 13.

[8] Report of the Ad Hoc Group on the Berlin Mandate on the Work of the First Part of its Eighth Session, Bonn, 22-31 October 1997, FCCC/AGBM/1997/8, 19 November 1997, at 3.

[9] Bertil Kilian & Ole Elgströn, *Still a Green Leader? The European Union's Role in International Climate Negotiation*, 45 Cooperation and Conflict 255, 255 (2010).

[10] Ludwig Krämer, EC environmental law 4 (6. ed. 2007).

[11] 共同體條約第308條規定：「在共同市場之運作過程中，若共同體行動係為共同體目標達成所必須，而共同體條約並未賦予其必要權力，理事會得依據執委會之提案並諮詢歐洲議會後，以一貫決之方式採取適當措施。」（If action by the Community should

環境議題之可能。[12]在此基礎下，執委會隨即提出第一份環境行動綱要。1972年，英國、丹麥與愛爾蘭加入共同體後之高峰會，會員國元首認爲共同體有就環境政策採取措施之必要，並要求執委會提出行動綱要。因而，1973年，共同體與會員國乃通過上開行動綱要，然由於法國政府之堅持，該行動綱要乃於共同體架構外採認，遂以共同體與會員國代表在理事會架構下共同聲明之方式爲之。[13]在上開聲明中，會員國同意通知執委會會員國所採取可能影響內部市場之環境措施，此項協議係以君子協定（gentleman's agreement）之方式爲之，並不具法拘束力。[14]依據Krämer之觀察，共同體具有法拘束力之措施最先出現在水汙染以及廢棄物議題，其法律依據主要是共同體條約第94條以及第308條，亦即來自於內部市場與不屬內部市場而經理事會授權特定議題者。[15]

　　1978年，爲了內部市場之完成，單一歐洲法（Single European Act）就共同體關於內部市場之措施加入多數決決策機制，此外也加入了第130r條、第130s條及第130t條等3個條文（重新編碼後爲第174條至第176條），以規範環境議題。而由於環境議題之決策仍適用一致決決策，因

---

prove necessary to attain, in the course of the operation of the common market, one of the objectives of the Community and this Treaty has not provided the necessary powers, the Council shall, acting unanimously on a proposal from the Commission and after consulting the European Parliament, take the appropriate measures.）歐盟運作條約在第352條仍承繼此規範之精神：在達成聯盟架構下之目標所必要，而聯盟條約並未賦予必要權力時，得依理事會一貫決程序採取適當措施。

[12] 執委會在該份文件中首先針對現有條約架構下，可以採用之措施加以釐清，執委會強調EEC條約第100條至第102條之規範，無法完整且有效地規範環境問題，因而，在第235條架構下，藉由理事會一致決之方式，賦予執委會直接規制環境議題之權限。European Commission, First Communication of the Commission about the Community's Policy on the Environment (hereinafter *First Communication about the Community's Policy on the Environment*), SEC (71) 2616 final (22 July 1971), at 9-11.

[13] Krämer, *supra* note 10, at 4.

[14] *Ibid.,* at 5.

[15] *Ibid.,* at 5.

此，執委會、歐洲議會與理事會對於法律基礎之選擇，有不同之主張。前兩者偏好內部市場之法律依據，以適用多數決；後者則主張應援用環境政策之法律依據，以適用一致決決策。[16]就其後之條約修正，馬斯垂克條約將多數決決策方式引入環境政策，惟部分仍適用一致決。阿姆斯特丹條約則將共同決策（co-decision）程序引進環境領域。[17]

就環境議題之關注，執委會認為EEC條約對於環境之關注可以從條約前言裡對於人民生活條件之改善（continual improvement of living [and working] conditions）找到依據。[18]在單一歐洲法引入條約中之環境政策，其目標在於保存、保障及改善環境品質；保障人類健康；謹慎而理智地利用自然資源；在國際層次上提倡措施以解決區域或全球環境問題。[19]馬斯垂克條約下之歐盟條約雖然在前言中提及環境保護，就其第2條所規範之聯盟之目標，僅提及促進經濟與社會之進展與高度之就業及達成均衡而永續之發展，[20]就環境保護如何融入上開目標則未做說明。而就氣候變化議題，一直到里斯本條約後才在歐盟運作條約第191(1)條，於原共同體條約第174(1)條所定歐盟環境政策之目標中，在解決區域或全球環境問題後，加入「特別是對抗氣候變化」字眼。[21]就歐盟條約之修正，直到里斯本條約之後，氣候變化議題才正式納入條約內容。

應加以說明者係共同體條約第308條之規定，除了在共同體內部成為共同體規範環境議題之法律基礎，就共同體對外多邊環境條約或協定之簽訂，亦援引共同體條約第308條作為依據。在前揭共同體環境措施之發展中，具有法拘束力之前幾項措施，即包含理事會關於共同體對外條約之

---

[16]　*Ibid.,* at 5.

[17]　*Ibid.,* at 5.

[18]　First Communication about the Community's Policy on the Environment, 2.

[19]　TEC, art. 174(1).

[20]　TEU, art. 2(1), first subparagraph.

[21]　TFEU, art. 1914(1), fourth subparagraph: *promoting measures at international level to deal with regional or worldwide environmental problems, and in particular combating climate change.*

締結。在1975年3月3日關於締結預防陸源性之海洋汙染公約（Convention for the Prevention of Marine Pollution from Land-based Sources）之75/437/EEC理事會決定[22]則屬其中一例。[23]

　　由於該公約係共同體參與多邊環境協定之先例之一，在無前例可循之狀況下，公約須對共同體權利之行使以及義務之負擔做妥適規範，以作爲其他公約之參考。公約第19條規範共同體在其權限範圍內，其所享有表決權數，並於第2項規定共同體與其會員國不得同時行使表決權。[24]就共同體在公約下之地位而言，公約並未加以說明。易言之，雖然公約在第22條與第24(1)條規定歐洲經濟共同體得以簽署及加入該公約，然何以共同體得以參與該公約則未予說明。亦即，作爲區域經濟整合組織之身分，在此仍未確立。

　　就共同體內部締結程序，該理事會決定在其前言第一段即援引共同體條約第308條之規定，作爲其法律依據。該決定隨即援引上開1973年之聲明以及行動綱要，[25]並指出：就共同市場之運作，共同體有必要締結該公

---

[22]　Council Decision of 3 March 1975 Concluding the Convention for the Prevention of Marine Pollution from Land-based Sources (75/437/EEC), OJ L 94/5 (25 July 1975) (hereinafter *Council Decision 75/437/EEC*).

[23]　依據歐洲法院之見解，在共同體締結國際條約之後，該國際條約即成爲共同體法之一部分，對會員國具有拘束力，其法律位階低於共同體條約，但優於會員國立法。且該國際條約之所以拘束會員國並非來自於國際法之義務，而係基於共同體法之義務，在一般情形，共同體所簽訂之國際條約並具有直接效力，其中重要之例外乃係訂立世界貿易組織條約（Agreement establishing the World Trade Organisation）。關於共同體所簽訂之國際條約在共同體與會員國之效力，請參見Piet Eeckhout, External relations of the European Union: Legal and constitutional foundation 274 (2004)。

[24]　Convention for the Prevention of Marine Pollution from Land-based Sources, art. 19: *Within the areas of its competence, the European Economic Community is entitled to a number of votes equal to the number of its Member States which are Contracting Parties to the present convention. The European Economic Community shall not exercise its right to vote in cases where its Member States exercise theirs and conversely.*

[25]　*Council Decision 75/437/EEC*, fourth recital.

約以達成共同體在環境保護上之目標，然而就共同體條約條文，並無相關條文以提供共同體必要之權力。[26]因此，就結論而言，理事會乃援引共同體條約第308條作為其締結條約之法律依據。然而，此處須特別注意係依據理事會之見解，為達到共同體共同市場之目標，此一目標同時得以衍生出共同體默示之對外權限。再者，由於共同體條約並未述及環境議題，該權限乃是由條約第308條理事會一致決通過之方式，採取共同體措施。理事會對於執委會權力行使之控制，顯得格外謹慎。在該理事會決定中，除表達正式締結該公約[27]並授權理事會主席得指定特定人簽署公約，表明共同體欲為公約拘束之意，[28]該決定第3條並規定執委會應代表共同體參與依據公約第15條所組成之委員會，[29]就共同體立場之表達，執委會應依據理事會所給予之指示為之。[30]此項規範顯示，一方面在共同市場運作過程中，為了共同體目標之達成，共同體有就環境議題採取措施之必要；另一方面，理事會仍謹慎地節制權限之授予，避免權限過度流向共同體乃至於執委會。

在上開預防陸源性海洋汙染公約之後，1978年執委會亦曾提案建請理事會以理事會決定之方式，授予執委會談判權限，[31]以協商加入1972年

---

[26] *Council Decision 75/437/EEC*, sixth recital: *Whereas it appears necessary for the Community to conclude this convention in order to attain, in the course of the operation of the common market, one of the objectives of the Community in the fields of the protection of the environment and the quality of life, and whereas no provision is made in the Treaty for the necessary powers.*

[27] *Council Decision 75/437/EEC*, art. 1.

[28] *Council Decision 75/437/EEC*, art. 2.

[29] *Council Decision 75/437/EEC*, art. 3(1).

[30] *Council Decision 75/437/EEC*, art. 3(2): *The Commission shall ...... put forward the position of the Community in accordance with such Directives as the Council may give it.*

[31] European Commission, Recommendation for a Council Decision concerning the Negotiation by the European Economic Community of its Accession to the Convention for the Prevention of Marine Pollution by Dumping from Ships and Aircraft, COM/78/0744 final.

在奧斯陸簽訂之避免船隻及飛行器傾倒之海洋汙染公約（Convention for the Prevention of Marine Pollution by Dumping from Ships and Aircraft），然而，此項提案隨即由執委會撤回。此項決定之原因可能來自於會員國內部共識之缺乏，另一方面可能在於1972年之公約，並未預見共同體以區域經濟整合組織之身分加入該公約之可能。易言之，在事後加入公約之情形，共同體須修改公約以容許主權國家以外之國際組織或其他國際法主體加入公約，此項工作遠較在公約協商伊始共同體即加以參與來得困難。

　　共同體以區域經濟整合組織之身分，參與國際環境公約之嘗試，在聯合國歐洲經濟委員會（United Nations Economic Commission for Europe, UNECE）架構下之長距離跨境空氣汙染公約（Convention on Long-range Transboundary Air Pollution）中取得初步勝利。在該公約之談判過程中，歐洲經濟共同體得以（必須）參與的理由之一乃在於共同體對內已經取得在大氣汙染（atmosphere pollution）議題之權限。[32]該公約在第14條第1項明文納入區域經濟整合組織得成為公約之締約方。[33]同條第2項並規範該區域經濟整合組織與其會員國在公約下應如何行使權利、負擔義務。[34]

---

[32] Charlotte Bretherton & John Vogler, The European Union as a Global Actor, 92, 96 (2. ed. 2006).

[33] 長距離跨境空氣汙染公約第14條第1項規定：歐洲經濟委員會之會員國與歐洲經濟委員會有諮詢關係（consultative status）之國家，或就該公約所涵蓋之事務內享有談判、締約與執行之權限而由歐洲經濟委員會之會員國所組成之區域經濟整合組織（The present Convention shall be open for signature ...... by the member States of the Economic Commission for Europe as well as States having consultative status with the Economic Commission for Europe ...... and by regional economic integration organizations, constituted by sovereign States members of the Economic Commission for Europe, which have competence in respect of the negotiation, conclusion and application of international agreements in matters covered by the present Convention.）。

[34] 長距離跨境空氣汙染公約第14條第2項規定：在落於區域經濟整合組織之權限內，該等區域經濟整合組織得以其自己名義行使本公約所賦予其會員國之權利，並負擔公約課予其會員國之義務。在此情形下，其會員國不得各別行使權利（In matters within their competence, such regional economic integration organizations shall, on their own behalf,

此公約談判結束後，理事會旋即以81/462/EEC理事會決定通過締結該公約。[35]此項公約乃成為共同體對外以區域經濟整合組織參與國際多邊環境公約的首例。此項嘗試得以成功，除共同體已取得大氣汙染議題之權限外，另一個重要的背景在於，該公約係在聯合國歐洲經濟委員會之架構下展開，在共同體內部取得由共同體參與該公約之共識後，並於1979年簽訂該公約時，共同體內計有9個會員國，在西歐國家內具有相當之影響力，歐盟主要須面對者乃是東歐國家集團之挑戰，歐盟所要面對的外部談判對手相對單純。

二、權限劃分

在共同體對外環境參與過程中，涉及幾項共同體法之權限劃分之根本問題，亦即共同體之明示權限與默示權限以及內部權限與外部權限之平行主義以及混合條約之簽訂。此項爭議在共同體條約加入環境權限後，仍有其重要性。首先，因環境議題係屬共享權限，此性質在歐盟運作條約裡亦未加以更動。[36]其次，共同體條約第174(4)條規定，在各自權限內，共同體與會員國應與第三國及有權國際組織合作。共同體與第三方之合作並得在共同體條約第300條之架構下協商及締結。同時，第174(4)條並規定，前項之規定須無礙於會員國在國際組織內協商以及締結國際條約之權限。此項規定，亦為歐盟運作條約第191(4)條所沿襲，聯盟與會員國在對外國際環境條約之締結上，歐盟何時取得專屬權限亦是爭議焦點。最後，在共同體環境政策上尚無明文時，共同體使用之共同體條約第308條作為規範

---

exercise the rights and fulfil the responsibilities which the present Convention attributes to their member States. In such cases, the member States of these organizations shall not be entitled to exercise such rights individually.）。

[35] Council Decision of 11 June 1981 on the Conclusion of the Convention on Long-range Transboundary Air Pollution (81/462/EEC), OJ L 171/11(hereinafter *Council Decision 81/462/EEC*).

[36] TFEU, art. 4(2)(e).

環境議題之法律依據，此項原則仍爲歐盟運作條約所承襲。[37]同時，共同體條約第95條，亦曾被援引作爲規範具有環境影響之內部市場措施之法律基礎。因而，就規制內部市場之影響環境措施而言，究竟使用該措施之目標係規範內部市場之建立與運作作爲法律基礎，或援用環境政策作爲法律基礎，在歐盟內部法律基礎之選擇，仍可能產生疑義，因而影響聯盟對外國際條約之締結。最後，在涉及環境與貿易之交錯領域時，究竟適用共同商業政策或環境政策，最終仍有賴於聯盟對外行動法律基礎之選擇。此項法律基礎的選擇，將影響歐盟與會員國之權限分配，歐盟是否得以在對外政策上享有專屬權限，倘若答案爲否，在共享權限時，歐盟與會員國在國際談判上應如何合作，乃至於國際義務應如何批准、履行，此乃歐盟長期以來所面臨的混合條約爭議。

　　就法律基礎之選擇，在巴賽爾控制有害廢棄物跨境轉運及其處置公約（Basel Convention on the Control of Transboundary Movements of Hazardous Wastes and their Disposal，下稱巴賽爾公約）之共同體內部執行規則中，執委會、歐洲議會與理事會曾對此有不同之見解。就巴賽爾公約之締結，理事會以1993年2月1日93/98/EEC理事會決定締結該公約，[38]該理事會決定之第一段前言即提及法律基礎係依據共同體條約第175條，[39]同時並於第八段前言敘及理事會於同日制定第259/93/EEC號規則[40]以執行巴賽爾公約之規範。[41]就上開第259/93/EEC號規則之法律基礎，執委會在

---

[37] TFEU, art. 352 (1).

[38] Council Decision of 1 February 1993 on the Conclusion, on behalf of the Community, of the Convention on the Control of Transboundary Movements of Hazardous Wastes and their Disposal (Basel Convention) (93/98/EEC), OJ L 39/1 (16 February 1993) (hereinafter *Council Decision 93/98/EEC*).

[39] *Council Decision 93/98/EEC*, first recital.

[40] Council Regulation (EEC) No. 259/93 of 1 February 1993 on the supervision and control of shipments of waste within, into and out of the European Community, OJ L 30/1 (6 February 1993).

[41] *Council Decision 93/98/EEC*, eighth recital.

其原始提案中認為該有害物質之控制，其法律依據應適用第95條與第133條，在此同時執委會曾初步諮詢過歐洲議會。其後，執委會重新遞交修正提案，然而法律基礎仍係上開二條文。[42]然而上開提案經理事會討論之後，理事會認為應以共同體條約第175條作為法律依據，並就法律基礎之改變問題，尋求歐洲議會之意見，歐洲議會在其意見中爭執理事會法律基礎之選擇，主張應以第95條與第133條作為第259/93/EEC號規則之法律基礎，惟理事會所不採。因而歐洲議會乃向歐洲法院提起訴訟。[43]法院首先表示：共同體措施法律依據之選擇應依據客觀而可受司法審查之因素加以決定，上開客觀因素亦包含系爭措施之目的與內容。[44]法院進而依此標準審查系爭規則法律基礎之選擇是否得當，法院強調：即令系爭規則影響內部市場，但其目的不在於定義特定廢棄物之特質，而使得該廢棄物得以在內部市場裡自由流通；相反地，該規則之目的乃在於建立一套調和的程序藉以限制廢棄物之流通，進而保護環境。[45]法院更進一步認為：並不因涉及內部市場之建立或運作即認為得以援引共同體條約第95條作為法律依據。[46]再者，固然系爭規則之前身──第84/631號指令──係以條約第100條與第235條作為法律依據，但並不當然意味本規則即須援用該法律依

---

[42] 執委會在其提出之規則草案第一段前言即提及法律依據係第95[100a]條與第133[113]條。European Commission, Amended proposal for a Council Ragulation (EEC) on the supervision and control of shipments of waste within, into and out of the European Community, COM (92) 121 final-SYN 305 (23 March 1992), at 1.

[43] Case C-187/93, *European Parliament v. Council of the European Union (hereinafter European Parliament v. Council)* [1994] ECR I-02857. 本案亦涉及程序問題，亦即歐洲議會所提起之訴訟是否應予准許，法院認為此問題應視歐洲議會所享有之特權（prerogatives）是否受到侵害為準，由於歐洲議會主張藉由不同法律基礎之選擇，乃至於其後適用之程序，歐洲議會之特權受到影響，就此，該訴訟應予受理。*European Parliament v. Council*, paras. 14-16.

[44] *European Parliament v. Council*, para. 17.

[45] *European Parliament v. Council*, para. 26.

[46] *European Parliament v. Council*, para. 25.

據。[47]

與此案例相對應的則是歐洲法院1/94諮詢意見，[48]在涉及共同體簽署食品衛生檢驗與動植物檢疫措施協定（Agreement on the Application of Sanitary and Phytosanitary Measures）之法律基礎上，即令該協定涉有一定之環境意涵，甚至亦涉及農業政策，法院仍認為：食品衛生檢驗與動植物檢疫措施協定之目的在於建立一個多邊機構的規則與紀律，指導衛生以及檢疫措施之研擬、採用以及執行，藉以將其對於貿易之負面影響降至最低。因此，該協定得僅援引共同體條約第133條之法律依據而加以簽訂。[49]

歐盟在國際環境條約參與的另一個重要問題，乃是共同體條約第174(4)條第二句與歐洲法院在歐洲鐵路運輸協定（Accord Européen sur les Transports outiers, AETR）[50]以來之判例見解之相容性。法院在該案中表示，共同體之對外權限並不僅限於條約明示賦予，從條約之條文或在條約條文架構下共同體機構所採取之措施亦可導出。[51]尤其在共同體制定共同規則以執行條約所定之共同體政策時，會員國即無從藉由個別或共同之行動，與第三國承擔影響上開共同規則之國際義務。[52]當上開共同規則存在時，僅共同體有權承擔以及執行對共同體法體系產生影響之國際義務。[53]

---

[47]　*European Parliament v. Council*, paras. 27-28. 此項論據另須加以考量之脈絡，係該指令係於單一歐洲法制定前，亦即共同體條約尚未賦予共同體環境權限。

[48]　*Opinion 1/94* on Competence of the Community to Conclude International Agreements concerning Services and the Protection of Intellectual Property (hereinafter *Opinion 1/94*) [1994] ECR I-05267.

[49]　*Opinion 1/94*, para. 31.

[50]　Case 22/70, *Commission of the European Communities v. Council of the European Communities* [1971] ECR 263.

[51]　AETR, para. 16.

[52]　AETR, para. 17.

[53]　AETR, para. 18.

就共同體條約之執行，內部措施與外部關係無從分割。[54]此項見解乃是共同體內部措施與外部關係平行主義之重要判例，亦確認共同體之默示對外權限。此項見解雖係針對共同運輸政策而為，就國際環境公約之參與，亦同樣適用。以共同體參與上開長距離跨境空氣汙染公約為例，在理事會通過締結該公約之81/462/EEC理事會決定中，該決定第一段即陳明其法律依據係第308條；[55]此外，理事會並表示：就該公約之執行而言，共同體之參與乃係導源於既有之共同規則以及未來之相關理事會立法所要求者，並將藉由相關領域之共同體行動為之。[56]易言之，共同體在國際環境公約之參與，乃是藉由共同體目標之達成而來，並在既有共同規則之基礎上，導出共同體之對外參與權限。

而就歐洲法院在AETR一案所表示，在共同體制定共同規則以執行條約所定之共同體政策時，會員國即無從藉由個別或共同之行動與第三國承擔影響上開共同規則之國際義務。此項見解是否為共同體條約第174(4)條所推翻，此項爭議在單一歐洲法中關於條約第174(4)條所為的聲明得到釐清，亦即該條文之增訂並不更改歐洲法院在AETR所揭櫫之基本原則。[57]然而，須更進一步加以探討的是，共同體就國際環境公約之締結，何時具有專屬權限？

就此問題，歐洲法院在2/91諮詢意見中做了詳盡的說明，法院首先重述上開對外締結國際條約之法律基礎，除了條約之明示授權外，亦包含從條約條文或共同體措施所衍生而來。[58]其次，法院強調共同體之專屬權限

54　AETR, para. 19.

55　*Council Decision 81/462/EEC*, first recital.

56　*Council Decision 81/462/EEC*, tenth recital: *Whereas the Community will participate in the implementation of the said Convention by exercising its competence as resulting from the existing common rules as well as those acquired as a result of future acts adopted by the Council, and by using the results of Community actions (research, exchange of information) in the fields concerned.*

57　Declaration on 130r of the *EEC Treaty*, L 169/25 (29 June 1987).

58　*Opinion 2/91*, Convention No. 170 of the International Labour Organisation concerning

除了在內部措施上得以排除會員國之競合措施之外，此項特徵亦適用對外權限。[59]共同體所享之權限是專屬權限或非專屬權限，除依據共同體條約之規定外，另繫諸於系爭領域在共同體措施之範圍，是否已達剝奪會員國在該領域作為之權限之程度。就此，法院並援引其在AETR表示之見解，倘若共同體機構就達成共同體條約之目的，已在特定領域建立共同規則，會員國即無從在共同體機構架構外獨自或共同承擔國際義務。[60]然而，除此之外，法院更指出，AETR並不僅限於共同體在共同政策已建立共同規則之情形，共同體條約第10條所立下之真誠合作義務，要求會員國須促進共同體任務之達成，且應避免採取任何妨礙共同體目標之措施。[61]倘若會員國得簽訂足以影響或改變共同體規則之國際條約，共同體任務以及其目標將受到減損。[62]法院最後澄清，在共享權限之情形下，仍得訂定國際條約，此時，就條約之協商及執行均須由共同體與會員國之共同行動（joint action）為之。[63]

歐洲法院在2/91諮詢意見中關於共享權限歐盟與會員國透過共同行動以協商並執行國際條約，由於在絕大多數情形，環境政策均落於共同權限，法院所稱共同行動即涉及混合條約之根本問題。亦即，混合條約在協商時，應由誰代表？在簽署與批准過程中，由誰加以簽署並在內國法程序中批准？而在歐盟法體系內執行時，應由誰負責？[64]

就第一個問題而言，依歐盟之程序，執委會須先請求理事會授與談

Safety in the Use of Chemicals at Work (hereinafter *Opinion 2/91*) [1993] ECR I-01061, para. 7.

[59] *Opinion 2/91*, para. 8.

[60] *Opinion 2/91*, para. 9.

[61] *Opinion 2/91*, para. 10.

[62] *Opinion 2/91*, para. 11.

[63] *Opinion 2/91*, para. 12.

[64] Chad Damro, *EU-UN Environmental Relations: Shared Competence and Effective Multilateralism, in* The European Union at the United Nations: Intersecting multilateralisms 175, 178 (Katie Verlin Laatikainen & Karen E. Smith eds., 2006).

判權限，有時理事會並會同時擬具談判指令，此外，理事會通常亦會要求執委會與會員國代表合作（in cooperation with）或諮詢（in consultation with）會員國代表。就國際談判場合之對外代表，涉及共同體之專屬權限時，由執委會代表歐盟及會員國發言；倘若涉及共享權限則由輪值主席之會員國代表聯盟及會員國發言。如同學者Vogler與Bretherton所觀察，聯盟與會員國之發言代表，有時一日數變，或一時數變。[65]然而，即令有上開形式的區分，執委會在聯盟立場與會員國立場之整合上，通常都扮演一定之居中協調角色。[66]就簽署與批准而言，在混合條約之情形下，聯盟與會員國代表均會在條約上簽署，並須各自踐履其內國批准程序。誰有權簽署亦成為執委會、理事會或會員國依據共同體條約第300(6)條[67]請求歐洲法院諮詢意見之客體。就條約之執行，學者Eeckhout以歐洲法院在1/78諮詢意見[68]為依據表示：共同體僅有權在其專屬權限內履行條約所課予之義務，其餘部分則由會員國履行。同時，就履行共同體法義務之監督，執委會只能監督會員國是否有履行落於共同體專屬權限之國際義務。[69]由於

---

[65] Vogler & Bretherton, *supra* note 6, at 13.

[66] Damro, *supra* note 64, at 178.

[67] 條文規定：「歐洲議會、理事會，執委會或任一會員國得就預將簽訂之條約是否與本條約之條文牴觸，向歐洲法院之請求諮詢意見。當歐洲法院表示負面見解時，該預將簽訂之條約僅在踐行歐洲聯盟條約第48條之規定時，方得生效。」（The European Parliament, the Council, the Commission or a Member State may obtain the opinion of the Court of Justice as to whether an agreement envisaged is compatible with the provisions of this Treaty. Where the opinion of the Court of Justice is adverse, the agreement may enter into force only in accordance with Article 48 of the Treaty on European Union.）亦即倘若歐洲法院認為系爭預將簽訂之國際條約與歐洲共同體條約牴觸時，只有依據歐洲聯盟條約第48條所規定之程序修改歐洲共同體條約時，共同體方得簽訂該國際條約，從而該國際條約得以在共同體內發生效力。又里斯本條約生效後，該條為現運作條約第218條第11項。

[68] *Opinion 1/78* of the Court of 4 October 1979 on International Agreement on Natural Rubber [1979] ECR 02871.

[69] 請參照Eeckhout, *supra* note 23, at 220。然而，Eeckhout或有過度解釋1/78諮詢意見之

歐盟運作條約在第4(2)(e)條仍維持環境議題共享權限之性質，關於共享權限在面臨對外關係上國際義務之承擔與權利之享有所涉及之問題，仍將持續。

三、歐盟作為全球環境行為者

在國際法意義下，作為一個行為者主要意涵乃在於國際法人格之取得，進而得以在國際法上行使權利、負擔義務。因而，在里斯本條約生效之前，歐盟之對外參與主要以歐洲經濟共同體或歐洲共同體之名義為之。[70]歐盟作為全球行為者之企圖，主要乃奠基於歐盟內部整合的深化與廣化，因而對外在國際社會及國際法秩序的影響也與日俱增。顯而易見地，歐盟的影響力可達到其會員國法秩序以及申請加入之候選國。除此，藉由歐盟之鄰國政策（European Neighbourhood Policy, ENP），以及發展政策及經濟夥伴協定（Economic Partnership Agreement, EPA），歐盟得以影響特定之比鄰國家及發展中國家，諸如非洲、加勒比海及太平洋國家（African, Caribbean and Pacific, the ACP countries）。歐盟對於鄰國及特定發展中國家之影響，主要基於地緣政治之考量以及歷史上殖民母國與殖民地之連結。歐盟作為一個全球行為者的論述，企圖將歐盟之影響力超越歐洲、其鄰國以及特定發展中國家。在國際舞臺上，歐盟應扮演一個一貫

嫌，蓋因該意見所涉及的乃是在聯合國貿易與發展會議架構下所簽訂之國際天然橡膠協定（International Agreement on Natural Rubber）是否落於共同商業政策，以及屬於共同商業政策，但含有不為共同商業政策之其他議題，會員國得否參與之爭論，易言之，仍屬於「由誰代表的問題」，而非由誰執行的問題。不過，就結論而言，Eeckhout之共同體與會員國各自履行權限內之國際義務，顯然是正確的。

[70] 然而，即令在里斯本條約生效之前，仍有不少學者主張，藉由實際之實踐，歐盟已取得（事實上之）法人格。關於此議題，早期反對歐盟具有法人格之文獻，請參見 Ulrich Everling, *Reflections on the Structure of the European Union*, 29 Common Mkt. L. Rev. 1053 (1992)；就主張歐盟具有法人格之文獻，可參見Ramses A. Wessel, *The Inside Looking Out: Consistency and Delimitation in EU External Relations*, 37 Common Mkt. L. Rev. 1135 (2000)及Ramses A. Wessel, *Revisiting the International Legal Status of the EU*, 5 Eur. Foreign Aff. Rev. 507 (2000)。

且一致的行爲者，主要訴求之一是歐盟應單一發聲。

就「歐盟作爲全球行爲者」的角度觀察，最引人注目，也是歐盟最先確定其全球行爲者角色的領域，即是歐盟在經貿市場上作爲一個參與者，而與此息息相關的是，基於其在經貿市場作爲一個參與者之角色，在國際經貿法秩序中作爲一個參與者，同時，更積極地成爲一個規則產生者。[71]「歐盟作爲全球行爲者」在經貿領域的成功，主要有幾個因素。首先，就歐洲整合之歷史首先發軔於經濟領域。對內，單一市場的完成是早期歐洲整合的重要目標；對外，共同體的共同商業政策，屬於共同體之專屬權限。根據國際組織之參與上，早在關稅暨貿易總協定（General Agreement on Tariffs and Trade，下稱GATT協定）時期，歐洲經濟共同體即獨占發聲空間。因此，經貿領域即成爲「歐盟作爲全球行爲者」最佳例證之一。[72]

隨著對外影響力的逐漸增加，爲了建立一個獨特的身分，歐盟需要型

---

[71] 依據學者Cremona之觀察，歐盟作爲全球的行爲者，主要可以區分爲五個類型：實驗及模範（laboratory and model）；市場參與者（market player）；規則產生者（rule generator）；穩定者（stabilizer）；磁吸力量以及作爲鄰居（magnet and neighbour）。實驗及模範，意指歐盟整合過程可以作爲其他區域整合的模範，同時，歐盟也可以進行深度的整合，例如貨幣整合，在其他深度整合的領域中，歐盟也提供了一個場域，供作不同寬窄深淺的區域整合實驗。穩定者，主要指歐盟在安全以及發展議題上所扮演的角色，除了區域安全外（例如巴爾幹半島之穩定及聯繫過程〔Stability and Association Process, SAP〕），特定國家的穩定及永續發展，歐盟藉由其與特定區域及國家之經濟夥伴協定，亦扮演穩定該區域或國家之角色，在此類型中，歐洲價值如人權條款占有重要之角色。此外，區域集團化（regional grouping）也是重要的特色之一。至於，磁吸力量，意指藉由吸引歐盟之會員國或候選國加入歐盟，歐盟將有效地導正會員國及候選國之法律制度、政策形成。鄰居，則指歐盟爲有效降低無法成爲歐盟會員國之鄰國之恐懼及疑慮——被歐盟排拒在外，歐盟將盡可能與該鄰國密切合作，即令該鄰國無法成爲歐盟之會員國。如此，該鄰國可以成爲歐盟之真正夥伴，且在歐盟之外交關係上亦得以真正參與，請參照Marise Cremona, *The Union as a Global Actor: Roles, Models and Identity*, 41 Common Mkt. L. Rev. 553, 553-565 (2004)。

[72] 就法律意義而言，GATT協定僅係一多邊條約，且僅暫時適用，然而到後期，乃至於世界貿易組織成立前，其運作模式已如一國際組織。

塑一個與既有行為者不同的行為者特質（actorness）。而由於歐盟不具有
軍事力量，相反地，以經貿力量見長，因此有學者乃以公民強權（civilian
power）定義歐盟在國際上之行為者特質。學者Orbie認為在全面性的歐盟
外交關係發展成型之前，歐盟之經貿政策（尤其歐洲經濟共同體時期），
成為歐盟對外關係之主軸。[73]同時，由於環境議題具有倫理意涵與規範
價值，在美國退出國際環境政治之後，歐盟在既有國際環境條約之出現
（presence）基礎上，藉此契機（opportunity）取得其在國際環境政治全
球領導者之地位。[74]

　　就法律層面，歐盟條約與歐盟運作條約亦對於聯盟之對外關係多所
著墨。歐盟條約第21(3)條第二句指示歐盟確保聯盟對外行動之一致性。
就聯盟之整體對外政策而言，理事會以及歐盟最高外交代表應相互合作以
達成該一致性。條約並對共同外交與安全政策，彼此之間以及該政策與其
他聯盟政策，分別指示理事會、歐盟最高外交代表與執委會確保聯盟行動
之一致與對外代表之單一性。[75]就共同外交與安全政策，歐盟條約前言中
提及，藉由該政策乃至於共同防衛政策之建立以強化聯盟之身分及其獨
立性，俾以促進歐洲與全世界之和平、安全與進步。[76]在共同外交與安全
政策，理事會與歐盟最高對外代表應確保聯盟行動之單一、一致以及有

---

[73] Jan Orbie, Europe's Global Role: External Policies of the European Union, 53-54 (2008).

[74] 關於行為者如何藉由機會、出現以及能力展現其行為者特質，參見Bretherton & Vogler, *supra* note 32, at 12-36 (2006)。

[75] TEU, art. 21(3), second sentence: *The Union shall ensure consistency between the different areas of its external action and between these and its other policies. The Council and the Commission, assisted by the High Representative of the Union for Foreign Affairs and Security Policy, shall ensure that consistency and shall cooperate to that effect.*

[76] TEU, eleventh recital: *RESOLVED to implement a common foreign and security policy including the progressive framing of a common defence policy, which might lead to a common defence in accordance with the provisions of Article 17, thereby reinforcing the European identity and its independence in order to promote peace, security and progress in Europe and in the world.*

效性。[77]在其他議題，條約則指示執委會亦應確保聯盟之對外代表。[78]此外，條約並要求聯盟與會員國之駐第三國或國際會議外交與領事人員以及國際組織之代表應予合作，以確保建立聯盟立場之決定以及行動確實被遵守與履行。[79]歐盟與會員國間更廣泛之合作義務則來自於歐盟條約第4(3)條之真誠合作原則。依據真誠合作原則，聯盟與會員國應相互尊重，協助彼此完成條約所賦予之任務；會員國應採取一般或特定之適當措施以執行條約或聯盟機構措施所導致之義務；會員國並應促進聯盟任務之達成，且應避免妨礙達成聯盟目標之措施。[80]因而，就歐盟之機構，理事會、最高外交代表與執委會均有義務相互合作以確保歐盟對外行動之一致。而歐盟與會員國之外交人員亦應相互合作，此外，基於真誠合作原則，歐盟與會員國應協助彼此以履行條約所賦予之任務。

然而，歐盟在國際環境條約之參與，並非自始即一致且有效，除會員國在不同場合可能提出與歐盟立場不一致之提案外，歐盟在環境議題之內部權限，有時亦無法支撐在對外談判所需之能力。以歐盟最終得以簽署之聯合國氣候變化綱要公約而言，歐盟在最終通過該公約94/69/EC理事會決

---

[77] TEU, art. 26(2), second sentence: *The Council and the High Representative of the Union for Foreign Affairs and Security Policy shall ensure the unity, consistency and effectiveness of action by the Union.*

[78] TEU, art. 17(1): *with the exception of the common foreign and security policy, and other cases provided for in the Treaties, it shall ensure the Union's external representation.*

[79] TEU, art. 35(1): *shall cooperate in ensuring that decisions defining Union positions and actions ...... are complied with and implemented.*

[80] TEU, art. 4(3): *Pursuant to the principle of sincere cooperation, the Union and the Member States shall, in full mutual respect, assist each other in carrying out tasks which flow from the Treaties. The Member States shall take any appropriate measure, general or particular, to ensure fulfilment of the obligations arising out of the Treaties or resulting from the acts of the institutions of the Union. The Member States shall facilitate the achievement of the Union's tasks and refrain from any measure which could jeopardise the attainment of the Union's objectives.*

定中[81]附件B之聲明所臚列之共同體措施，多數與氣候變化政策無直接關聯。[82]就其法律依據，直接引用共同體條約第175條作爲法律依據者，僅有第1973/92號建立環境政策之財政措施之理事會規則，[83]以及第93/389/EEC號關於共同體二氧化碳之排放機制之理事會決定。[84]而與氣候變化直接相關者，僅有93/389/EEC理事會決定。就此而言，在氣候變化公約談判開始，共同體層次關於氣候變化之共同體措施相當有限，亦相當地局限了共同體的對外談判權限。

此外，氣候變化綱要公約之談判係依據聯合國大會1990年12月21日之第45/212號《爲人類現在及未來世代保護全球氣候》（*Protection of Global Climate for Present and Future Generations of Mankind*）決議，[85]在聯合國架構下舉行，此項談判架構亦限制了共同體成爲正式談判方之可能。因而，在談判伊始，歐盟作爲一個全球環境行爲者之企圖，面臨相當之局限。由於美國在氣候變化議題的轉變，以及共同體內部環境政策之發展，使得歐盟得以成功取代美國成爲氣候變化議題之領導者。本文以下則分別敘述歐盟在氣候變化綱要公約以及京都議定書下之談判，以及其內國之批准過程，並接續討論在峇里行動計畫後，歐盟之氣候變化政策以及其談判立場。

---

[81] Council Decision 94/69/EC of 15 December 1993 concerning the conclusion of the United Nations Framework Convention on Climate Change, OJ L 33/11 (7 February 1994).

[82] *Ibid.*

[83] Council Regulation (EEC) No. 1973/92 of 21 May 1992 establishing a financial instrument for the environment (LIFE), OJ L 206/1 (22 July 1992), first recital.

[84] Council Decision 93/389/EEC of 24 June 1993 for a monitoring mechanism of Community CO2 and other greenhouse gas emissions, OJ L 167/31 (9 July 1993), first recital.

[85] United Nations General Assembly Resolution, A/RES/45/212, adopted in 71st plenary meeting (21 December 1990).

參、歐盟在氣候變化議題之參與

一、氣候變化綱要公約

（一）談判過程與公約規範

　　在聯合國架構下訂定一個規範氣候變化的公約，起源於聯合國大會1990年12月21日之第45/212號《為人類現在及未來世代保護全球氣候》決議，該決議決定在聯合國大會之架構下，設立一個政府間談判委員會（Intergovernmental Negotiating Committee）以起草一個有效解決氣候變化之框架公約。[86]該決議弁文中雖提及：若干國家以及一個區域經濟整合組織業已對於氣候變化問題以及其所產生之影響提出應對措施，或業已達成若干進展。[87]然而，該決議仍決定該政府間談判委員會應開放給所有聯合國會員國、聯合國周邊機構之會員。該談判委員會並得依聯合國大會之既定慣例開放予觀察員參與。[88]因而，在氣候變化綱要公約開始談判之始，歐洲經濟共同體並非該政府間談判委員會之正式成員，亦即，共同體並非談判方。在出席名單上共同體被歸類為政府間組織（intergovernmental organization）而被置於聯合國會員國、聯合國機構與周邊組織之後。[89]而同樣因為上開聯合國大會決議的緣故，政府間談判委

---

[86] *Ibid.*, at para. 2: *[The General Assembly] Decides to establish a single intergovernmental negotiating process under the auspices of the General Assembly, [......] for the preparation by an Intergovernmental Negotiating Committee of an effective framework convention on climate change.*

[87] *Ibid.*, ninth preamblar: *Several countries and a regional economic integration organization have already taken measures or made specific commitments to address the problem of climate change and its effects.*

[88] *Ibid.*, at para. 2: *Decides that the Intergovernmental Negotiating Committee should be open to all States Members of the United Nations or members of the specialized agencies, with the participation of observers in accordance with the established practice of the General Assembly.*

[89] See, e.g., Report of the Intergovernmental Negotiating Committee for a Framework

員會第一次召開時，其確認之程序規則（rules of procedure）仍排除共同體之參與。斯時之輪值主席國荷蘭代表共同體與其會員國表示共同體完整參與該委員會之談判過程之意圖，並期待與其他談判代表進行建設性之合作。[90]然而，這樣的期待在氣候變化綱要公約之談判過程中並未實現。由於共同體不屬談判之一方，其立場有賴於會員國代其表達，而會員國與共同體在談判立場上，亦不無立場分歧之可能。就此問題之解決，實務運作上，固然通常由理事會輪值主席代表歐洲經濟共同體與其會員國表達立場（on behalf of the European Economic Community and its Member States）[91]之做法，然而理事會乃至於輪值主席國之立場並不當然反映共同體（尤其是執委會）之立場。因此，此問題之解決，仍有賴真誠合作原則在對外關係領域之實踐。

此外，為建立共同體之身分，共同體向來以區域經濟整合組織之身分參與國際組織（會議），在政府間談判委員會之談判過程中，涉及投票權議題時，歐洲經濟共同體之發言曾以「政府間組織」之身分紀錄，對此，共同體特別表明在用語上對於「區域經濟整合組織」之偏好，並保留於其他適當場合討論此議題之權利，共同體並敘明此項「政府間組織」之用語不應成為先例。[92]然而，氣候變化綱要公約在1992年里約熱內盧聯合國氣

Convention on Climate Change on the Work of its Third Secession, held at Nairobi from 9 to 20 September 1991, A/AC.237/112 (25 October 1991), para. 6.

[90] Report of the Intergovernmental Negotiating Committee for a Framework Convention on Climate Change on the Work of its First Session, held at Washington, D.C. from 4 to 14 February 1991, A/AC.237/6, 8 March 1991, para. 29: *The representative of the Netherlands, speaking on behalf of the European Community and its member States......., confirmed the intention of the European Community to participate fully in the negotiating process of the Committee under the Committee's rules of procedure and expressed its expectation that that participation would take place in constructive co-operation with the other delegations.*

[91] *Ibid.,* at paras. 25, 28, 43 & 66.

[92] *Ibid.,* at para. 55 and the accompanying note: *The representative of the European Economic Community stated her preference for the use of the terminology 'regional economic*

候與發展會議召開前，歐洲共同體成功地將區域經濟整合組織之地位納入氣候變化綱要公約中，並規範該公約得以開放予區域經濟整合組織簽署，因此，歐洲共同體乃得以成為該公約之締約方。[93]

公約第1條第6項對區域經濟整合組織做出定義，係指在一特定區域由主權國家所組成，就本公約或其議定書所規範之事務享有權限，且依據其內部程序得以簽署、批准、接受、同意或加入相關公約或議定書者。[94]同時，就涉及承諾部分，公約在第4.2(a)條澄清，就採取國內政策與相對應措施以減緩氣候變化之所謂「國內」包含區域經濟整合組織所採取之政策與措施。[95]公約第20條隨即規定，公約開放予聯合國或聯合國周邊機構之會員國以及國際法院規章之締約方或區域經濟整合組織簽署。[96]

---

integration organization' and, while reserving her right to pursue this matter in the appropriate forum, stated that the use of different terminology in this report should not constitute a precedent.

[93] 學者Vogler與Stephan認為，在聯合國環境與發展會議通過之21世紀綱要（Agenda 21），在其第一章前言部分納入一個註腳，敘明：「當使用『政府』一詞時，應視為包含歐洲經濟共同體所享有之權限」（*When the term "Governments" is used, it will be deemed to include the European Economic Community within its areas of competence*），此項安排，是歐洲共同體在國際環境治理參與之主要成就之一。此外，執委會主席Jacques Delors享有與其他國家元首相同之待遇，係共同體在尋求聯合國架構下的外交承認之重要進展，請參照Jan Vogler & Hannes R. Stephan, *The European Union in Global Environmental Governacnce: Leadership in the Making?*, 7 Int'l Envtl. Aggrements 389, 396 (2007)。

[94] UNFCCC, art. 1.6: *'Regional economic integration organization' means an organization constituted by sovereign States of a given region which has competence in respect of matters governed by this Convention or its protocols and has been duly authorized, in accordance with its internal procedures, to sign, ratify, accept, approve or accede to the instruments concerned.*

[95] UNFCCC, footnote to art. 4.2(a).

[96] UNFCCC, Art. 20: *This Convention shall be open for signature by States Members of the United Nations or of any of its specialized agencies or that are Parties to the Statute of the International Court of Justice and by regional economic integration organizations.*

　　公約容許共同體以區域經濟整合組織之身分參與，所衍生之問題則是共同體與會員國之權限如何劃分。就此而言，其一方面影響共同體與會員國所負擔之義務將如何履行，另一方面亦影響兩者如何行使權利，其中最重要者乃投票權之行使。公約第18.2條規定：區域經濟整合組織在其享有之權限內行使投票權時，應享有與其屬於本公約締約方之會員國總數和。該組織得與其會員國同時行使權利。[97]就義務履行之規範，涉及複雜之共同體與會員國權限劃分。為此，公約乃於第22.2條規定：倘若一區域經濟整合組織加入本公約，而其會員國無一加入本公約時，該組織為本公約之所有義務所拘束；倘若該組織有一個以上之會員國加入本公約時，該組織與其會員國須決定各自負擔之義務為何，[98]同時，公約並再次重申該組織與其會員國不得同時（concurrently）行使權利之意旨。[99]公約於第22.3條規定：區域經濟整合組織批准、接受、同意或加入公約文件時，並應宣讀其就本公約所涉及之事務所享有之權限。[100]

　　就此，共同體分別在氣候變化綱要公約簽署時，以及在同意該公約時分別宣讀兩項聲明。在簽署時，共同體宣稱：將共同體與其會員國均列入附件一國家，並不影響公約第21(3)條所規範之權限分配以及責任劃分，此項分配將於日後加以宣讀。[101]因而，共同體於1993年12月15日以94/69/

---

[97] UNFCCC, art. 20.2: *Regional economic integration organizations, in matters within their competence, shall exercise their right to vote with a number of votes equal to the number of their member States that are Parties to the Convention. Such an organization shall not exercise its right to vote if any of its member States exercises its right, and vice versa.*

[98] UNFCCC, art. 22.2: *The organization and its member States shall decide on their respective responsibilities for the performance their respective responsibilities for the performance of their obligations under the Convention of their obligations under the Convention.*

[99] UNFCCC, art. 22.2.

[100] UNFCCC, art. 22.3: *[R]egional economic integration organizations shall declare the extent of their competence with respect to the matters governed by the Convention.*

[101] 聲明全文如下：*The European Economic Community and its Member States declare, for the purposes of clarity, that the inclusion of the European Community as well as its Member*

EC理事會決定[102]通過締結聯合國氣候變化綱要公約時，乃於附件B以及附件C之聲明分別規範其權限之分配以及責任之負擔。

（二）共同體同意締結公約之過程

如前所述，在94/69/EC理事會決定中，共同體另宣讀兩項聲明，附件B之聲明規範權限之分配，而附件C之聲明則規範責任之分擔。附件B聲明首先指出：依據EEC條約，共同體伴隨其會員國，有權就環境保護採取行動。[103]附件B聲明並指出就公約所涵蓋之事務，共同體在其環境政策以及其他政策之架構下，業已採行多項法律措施，聲明並臚列最具關聯性之諸多措施。[104]

附件C聲明則澄清共同體與會員國在公約架構下所負擔義務之履行，就歐洲經濟共同體及其會員國宣布，依據公約第4(2)條所為限制人為二氧化碳排放之義務，共同體與其會員國將就其各自權限內在共同體內整體履行。該聲明並重申共同體整體在2000年將溫室氣體減量至1990年規模之目標，並強調共同體與會員國將發展一個一貫的策略來達成溫室氣體減量之目標。[105]易言之，共同體與會員國雖然宣讀其各自權限，並將在各自權

States in the lists in the Annexes to the Convention is without prejudice to the division of competence and responsibilities between the Community and its Member States, which is to be declared in accordance with article 21(3) of the Convention. (United Nations Framework Convention on Climate Change, n.d.a)。

[102] Council Decision 94/69/EC.

[103] *Ibid., at 27: In accordance with the relevant provisions of the Treaty establishing the European Economic Community, the Community, alongside its Member States, is competent to take action aiming at the protection of the environment.*

[104] *Ibid.,*

[105] *Ibid., at 28: The European Economic Community and its Member States declare that the commitment to limit anthropogenic CO_2 emissions set out in article 4(2) of the Convention will be fulfilled in the Community as a whole through action by the Community and its Member States, within the respective competence of each. In this perspective, the Community and its Member States reaffirm the objectives set out in the Council conclusions of 29 October 1990, and in particular the objective of stabilization of CO_2 emission by 2000*

限內履行公約所課予之義務，然而就其義務是否完全履行，係以共同體整體加以衡量。

　　就共同體之聲明，共同體在氣候變化公約所擔負之義務，係基於公約第4(2)條之規定限制人為二氧化碳排放之承諾；依據學者Jans之見解，共同體內部並無措施針對此項承諾立法或規制，就二氧化碳排放課稅之想法，僅停留在執委會提案階段，共同體對於二氧化碳減量之措施尚不存在，因而共同體藉由默示之對外權限原則，取得其締結公約之法律依據。因此就法律依據之選取上，共同體須援引共同體條約第175條之規定，作為其法律依據。[106]然而，Slingenberg認為，該聲明確有列舉與氣候變化有關之共同體措施，包含能源、廢棄物與農業等。[107]倘若仔細觀察附件B之聲明得以發現，共同體採取之措施，部分落於環境政策上，其餘則落於共同體之其他政策。與溫室氣體排放最為直接相關者乃是理事會第93/389/EEC號決定，以建立監督共同體二氧化碳與其他溫室氣體排放機制。就此，共同體內部權限之強弱，也可以同時反映在其對外之參與上。由於共同體內對溫室氣體排放並無高度規範，無從藉由內部權限與對外權限平行主義之原則導出其對外參與之必要性。因而，共同體也難以說服其會員國與其他談判方接受共同體成為政府間談判委員會之一員。

二、京都議定書

（一）談判過程與議定書規範

　　共同體以區域經濟整合組織之身分簽署氣候變化綱要公約後，此項模式隨即沿用到京都議定書之簽訂上，因而，京都議定書乃沿襲公約之做

---

at 1990 level in the Community as a whole. The European Economic Community and its Member States are elaborating a coherent strategy in order to attain this objective.

[106] Jan H. Jans, European Environmental Law 81 (2. ed. 2000).

[107] Yvon Slingenberg, *Community Action in the Fight against Climate Change, in* Europe and the Environment: Legal Essays in Honour of Ludwig Krämer 209, 216 (Marco Onida ed., 2004).

法，分別規範議定書開放予區域經濟整合組織簽署，[108]並規範區域經濟
整合組織與其會員國之投票權。[109]同時，京都議定書亦依照氣候變化綱
要公約之規範模式規定：倘若區域經濟整合組織之所有會員國均非議定書
之締約方，該區域經濟整合組織須擔負所有議定書所課予之義務。倘若該
區域經濟整合組織之一個或一個以上之會員國係議定書之締約方，則該
組織與其會員國須決定就議定書所課予之義務各自應負擔之責任。[110]同
時，議定書第24(3)條並要求區域經濟整合組織在批准、接受、同意或加
入本議定書時應宣讀其就本議定書規範之事務及其享有之權限。遇有重大
修正時，亦應通知。[111]

　　相對於氣候變化綱要公約，京都議定書對於締約方在全球氣候政策上
所應擔負之義務，做了較為明確之規範，此項特色也出現在共同體與會員
國之溫室氣體減量義務上。基於共同體整體（包含共同體與會員國）共同
履行穩定人為二氧化碳排放以減緩氣候變化之目標，京都議定書乃規範區
域經濟整合組織與其會員國共同履行該議定書義務之方式。就此，京都議
定書第4條乃規範議定書之締約方且列屬公約之附件I者，得以協議之方式
決定共同履行其在議定書下所負擔之人為二氧化碳量化排放限制與減量承
諾。[112]在此情形下，其協議應載明各自之排放水平。[113]倘若該協議之締
約方合併加總之排放總量符合其承諾及依據第3條計算之數量，即應視為
均履行議定書之義務。[114]倘若協議之締約方合併加總之排放總量未達其
所擔負之義務，則協議之締約方應各自對其承諾負責。[115]

　　議定書並規範該協議應於批准、接受或同意議定書時，同時通知祕書

---

[108] Kyoto Protocol, art. 24(1).

[109] Kyoto Protocol, art. 22(2).

[110] Kyoto Protocol, art. 24(2).

[111] Kyoto Protocol, art. 24(3).

[112] Kyoto Protocol, art. 4(1).

[113] *Ibid.*

[114] *Ibid.*

[115] Kyoto Protocol, art. 4(5).

處，並由祕書處通知議定書之締約方與公約之締約方。[116]在此基礎上，議定書並進而規範區域經濟整合組織與其會員國共同履行議定書義務之方式。倘若締約方在區域經濟整合組織之架構下與區域經濟整合組織共同履行議定書課予之人爲二氧化碳量化排放限制與減量承諾，區域經濟整合組織會員國之改變，不應影響其等基於議定書所爲之承諾。就其會員國之改變，僅適用於在該改變後依據議定書第3條所爲之承諾。對於共同體與其會員國共同履行議定書之減量義務，未能符合議定書之要求時，個別會員國應與該區域經濟整合組織（在該組織之權限內）依據其等間協議之排放量負責。[117]就此而言，區域經濟整合組織之會員國，倘若其與該組織共同履行議定書之減量義務，在無法達成議定書課予之義務時，固然會員國彼此間各自須就其承諾之減量標準負責；然而，該區域經濟整合組織仍須就未達減量標準之個別會員國部分共同負責。

（二）共同體同意締結議定書之過程

爲了共同履行京都議定書所課予之義務，共同體在簽署京都議定書時宣布：共同體與其會員國將依據議定書第4條之規定，共同履行議定書第3(1)條之相關承諾。[118]其後，理事會在以2002/358/EC理事會決定[119]同意締結京都議定書時，理事會並強調共同履行議定書義務之重要性。理事會決定之第八段前言提及，該議定書提供締約方在區域經濟整合組織之架構下與該組織共同履行其承諾之規定。[120]在該議定書簽訂時，共同體業已

---

[116] Kyoto Protocol, art. 4(1).

[117] Kyoto Protocol, art. 4(6).

[118] 聲明全文如下：*The European Community and its Member States will fulfil their respective commitments under article 3, paragraph 1, of the Protocol jointly in accordance with the provisions of article 4.* (United Nations Framework Convention on Climate Change, n.d.b)。

[119] Council Decision 2002/358/EC of 25 April 2002 concerning the approval, on behalf of the European Community, of the Kyoto Protocol to the United Nations Framework Convention on Climate Change and the joint fulfilment of commitments thereunder, OJ L 130/1 (15 May 2002).

[120] *Ibid.*, at eighth preamblar.

宣布共同體與會員國將依據議定書第4條之規定共同履行議定書第3(1)條
所為之相關承諾。[121]理事會決定之第十段前言並敘及：在決定共同履行
議定書之承諾時，共同體與會員國將依據議定書第4(6)條以及第24條共同
為量化排放減量承諾負責。就此，依據共同體條約第10條規定，會員國個
別或集體有義務採取適當措施，確保由共同體機構措施衍生之義務之實現
（包含共同體基於議定書之量化排放減量承諾）；促進承諾之達成；並避
免損及該承諾達成之措施。[122]理事會2002/358/EC決定於第2(1)條規定：
共同體與其會員國應依據議定書第4條之規定，共同履行承諾，並應注意
共同體條約第10條之規定。[123]

　　理事會2002/358/EC決定並於附件II部分，依據議定書第4(2)條之規
定，分配各會員國應負擔之減量比例，共同體會員國之責任分擔協議
（burden sharing agreement）乃藉由理事會之決定，得以拘束會員國。在
京都議定書是否生效仍具有疑慮時，藉由理事會決定，該共同負擔義務之
協議，仍得獨立生效，不受京都議定書之影響。該理事會決定並於附件
III部分宣讀其與會員國之權限分配。聲明首先臚列歐洲共同體之所有會
員國，[124]隨即並說明共同體依據共同體條約（尤其第175條）有權簽訂條

---

[121] *Ibid.*, at ninth preamblar.

[122] *Ibid.*, at ninth preamblar: *in accordance with Article 10 of the Treaty establishing the European Community, Member States individually and collectively have the obligation to take all appropriate measures, whether general or particular, to ensure fulfilment of the obligations resulting from action taken by the institutions of the Community, including the Community's quantified emission reduction commitment under the Protocol, to facilitate the achievement of this commitment and to abstain from any measure that could jeopardise the attainment of this commitment.*

[123] *Ibid.*, at art. 2(1): *The European Community and its Member States shall fulfil their commitments under Article 3(1) of the Protocol jointly, in accordance with the provisions of Article 4 thereof, and with full regard to the provisions of Article 10 of the Treaty establishing the European Community.*

[124] Annex III to Council Decision 2002/358/EC, L 130/20 (15 May 2002), para. 1.

約並履行條約之義務，以追求下列目標：保存、保護以及改善環境品質；保護人類健康；謹慎且理智地使用自然資源；提倡國際層次之措施以處理區域或全球之環境問題。[125]該聲明第三段則再度重申共同體之量化排放減量承諾，將由共同體與其會員國在各自權限內履行。此外共同體業已就議定書所規範之事務採取法律措施，該等法律措施對於會員國具有法拘束力。[126]

　　然應加以說明者，係共同體固然成爲氣候變化綱要公約之締約方，並參與其後之京都議定書談判過程，且就共同體與其會員國宣稱將共同履行人爲溫室氣體之量化排放減量承諾。然而，會員國並不樂見完整且一貫的共同體氣候變化政策，乃至於會員國權限之喪失，因而，會員國間之責任分擔協議係在環境理事會架構下完成，且該協議並未有相對應之執委會提案。亦即，執委會並未參與該責任分擔協議之形成，而係由環境理事會在政府間（intergovernmental）架構下達成。[127]同時，就其法律依據，究竟應選取共同體條約第175(1)條或第175(2)條，部分會員國亦存有意見，主要原因乃在於第175(2)條之共識決，爲會員國在日後之相關決定上保留否決權。不過由於執委會宣稱若以第175(2)條作爲法律依據，其將訴諸歐洲法院以澄清法律基礎。此外就政治層面而言，隨著共同體將於2002年9月在約翰尼斯堡世界永續發展高峰會，有其政治上之利益及通過京都議定書並向其他締約方展示共同體履行承諾之意願，因此，會員國最終乃接受第175(1)條作爲法律依據。[128]

（三）歐盟爲促進議定書生效之努力

　　在布希政府確定不批准京都議定書後，如何確保京都議定書得以跨越55%的溫室氣體排放之門檻，而得以生效，成爲歐盟對外環境外交之重點，除會員國藉由會員國層次之外交途徑說服其他締約國批准議定書外，

---

[125] *Ibid.,* at para. 2.

[126] *Ibid.,* at para. 2.

[127] Krämer, *supra* note 10, at 341.

[128] *Ibid.,* at 340.

在歐盟層次則是如何說服俄羅斯批准京都議定書，乃確保議定書之生效。

俄羅斯批准京都議定書的過程涉及幾項主要之政經脈絡，首先是2004年歐盟的東擴，此項東擴最直接影響乃是共同體市場之擴大。在新會員國加入歐盟後，其經貿權限移轉至共同體而落於共同商業政策下，而相關經貿議題將受到共同體法所規範。因而，不論是在對外關稅或是產品規制、衛生與檢疫規範等議題，俄羅斯出口至新會員國之貨品貿易或服務貿易均受到影響。如何將共同體與俄羅斯於1997年簽訂之夥伴與合作協定（Partnership Cooperation Agreement，下稱PCA協定）[129]延伸至新會員國中，乃是俄國重要考量之一。其次，俄羅斯自1993年申請加入GATT協定，以及其後之世界貿易組織，談判進展一直有限。尤其俄羅斯與歐盟及美國之雙邊談判一直未能確定。2004年之東擴，一方面影響歐盟與俄羅斯在雙邊架構下之夥伴與合作協定，另一方面亦影響歐盟在世界貿易組織下之承諾調整，進而影響俄羅斯之入世協商。

關於PCA協定之延伸部分，此項問題在2004年之東擴生效前夕終於完成，歐盟與俄羅斯間同意在PCA協定之架構下，簽訂一個議定書，藉由議定書之規範，將其適用範圍延伸至新會員國。[130]就上開議定書之簽署而言，理事會並以2006/456/EC理事會決定授權理事會主席指定代表，以代表共同體與會員國簽署上開議定書，[131]並規範在上開議定書生效之

---

[129] Agreement on Partnership and Cooperation Establishing a Partnership between the European Communities and their Member States, of one part, and the Russian Federation, of the other part, OJ L 327/3 (28 November 1997).

[130] Protocol to the Partnership and Cooperation Agreement establishing a partnership between the European Communities and their Member States, of the one part, and the Russian Federation, of the other part, to take account of the accession of the Czech Republic, the Republic of Estonia, the Republic of Cyprus, the Republic of Latvia, the Republic of Lithuania, the Republic of Hungary, the Republic of Malta, the Republic of Poland, the Republic of Slovenia, and the Slovak Republic to the European Union, OJ L 185/17 (6 July 2006), art. 1.

[131] Council Decision of 26 April 2004 on the signing and provisional application of a Protocol to

前，上開議定書得暫時適用。[132]就歐盟與俄羅斯間關於俄羅斯入世之雙邊談判而言，雙方在2004年之歐盟—俄羅斯高峰會中達成結論。依據學者Douma之觀察，在雙邊入世談判達成協議之後，亦為俄羅斯對於京都議定書之批准埋下伏筆。[133]俄羅斯隨即於10月22日批准該議定書，於隔年2月16日生效。

歐盟藉由連結俄羅斯之加入世界貿易組織談判以及共同體與俄羅斯間夥伴與合作協定之延伸，說服俄羅斯批准京都議定書，以確保議定書之生效。[134]學者Vogler與Bretherton因而指出，由於美國在國際氣候變化政策之退出，製造了一個歐盟得以創造其領導者地位之契機，歐盟說服俄羅斯批准京都議定書之過程，亦證明倘若以經貿力量作為支撐時，歐盟得以展現強大之行為者能力（actor capacity）。[135]此外，由於俄羅斯是歐盟國家能源之主要來源，歐盟與俄羅斯間關於俄羅斯之入世協議，無可避免地將著重於能源議題，藉由能源議題連結到氣候變化議題，並不特別突兀。而即令認為上開連結並不尋常，且歐盟在對外關係上係一現實主義強權

---

the Partnership and Cooperation Agreement establishing a partnership between the European Communities and their Member States, of the one part, and the Russian Federation, of the other part, to take account of the accession of the Czech Republic, the Republic of Estonia, the Republic of Cyprus, the Republic of Latvia, the Republic of Lithuania, the Republic of Hungary, the Republic of Malta, the Republic of Poland, the Republic of Slovenia, and the Slovak Republic to the European Union (2006/456/EC), OJ L 185/17 (6 July 2006), art. 1.

[132] *Ibid.*, art. 2: *Pending its entry into force, the Protocol shall be applied on a provisional basis from the date of accession.*

[133] Wybe T. Douma, *The European Union, Russia and the Kyoto Protocol, in* EU Climate Change Policy: The Challenge of New Regulatory Initiatives 51, 61 (Marjan Peeters & Kurt Deketelaere eds., 2006).

[134] 就官方說法，此項議題之連結並不存在。然而，除Vogler與Bretherton認為上開之連結存在外，學者Douma亦主張，確有入世協議、夥伴與合作協定與京都議定書批准之連結。其主要論據乃在於俄羅斯駐歐盟公使Sergey Yastrzhembsky之說法以及俄羅斯總統普丁（Vladimir Putin）與愛爾蘭總理Bertie Ahern在高峰會上之發言（2006：61-62）。

[135] Vogler & Bretherton, *supra* note 6, at 8-14 (2006).

（realist power），Zimmermann亦同意氣候政策對執委會以及部分重要會員國之外交政策而言，占有高度之重要性，如何藉由經貿力量轉換爲國際氣候變化政策之資本，並將歐盟推向國際舞臺而成爲全球行爲者，乃是歐盟與俄羅斯關於俄羅斯入世談判之主軸。[136]

三、後京都時代之發展

在京都議定書架構下，附件一國家所擔負之人爲二氧化碳量化排放限制與減量承諾之第一承諾期間（commitment phase）係自2008年起至2012年止，亦即此承諾期間即將於2012年屆滿。因而，在該承諾期間屆滿後應如何因應，係國際氣候變化政策之最重要議題。各締約方爲因應後京都時代之發展，擬定談判時程以及談判模式，最重要之發展乃係於2007年在印尼峇里島所確定之峇里行動計畫，主要希望藉由爲期2年之談判時程，在2009年哥本哈根第15次締約方大會時，完成後京都時代關於人爲二氧化碳量化排放限制與減量承諾之談判。此項目標在哥本哈根氣候會議中僅完成哥本哈根協議（Copenhagen Accord），而未達成一全面且具有法拘束性之國際法文件後，宣告失敗。同時，2010年在墨西哥坎昆所舉行之第16次締約方會議時，亦未有突破性之進展。就其實質之氣候變化政策發展或許有限；然而，就理解歐盟在國際氣候變化政策之參與以及其談判策略，仍

---

[136] 請參照Hubert Zimmermann, Realist Power Europe? The EU in the Negotiations about China's and Russia's WTO Accession, 45 J. Common Mkt. Stud. 813, 826-827 (2007)。就貿易議題與環境議題之連結，可以被認爲係歐盟作爲公民強權或規範性強權（Normative power）之體現。然而，Zimmermann強調，歐盟在促使俄羅斯批准京都議定書，乃在於追求歐盟之地緣策略利益，並確保歐盟在全球政治之地位，況且，在歐盟與俄羅斯談判過程，並未提及任何與車臣有關之議題，就人權保障觀點，歐盟乃是個現實主義之力量，而非學者Duchêne所稱之公民強權或Manners所稱之規範性強權（Zimmermann, 2007: 827）。關於「公民強權」，亦有國內學者譯爲「柔性強權」，而對於歐洲作爲「柔性強權」身分建構，請參照甘逸驊，歐盟「柔性強權」身分認同的建構與批判，問題與研究，46卷4期，頁1-25（2007年）；李正通，歐盟規範性強權在其對中國大陸和緬甸人權政策上的實踐，收於：蘇宏達編，歐洲聯盟的歷史發展與理論辯論，頁503-514（2011年）。

具有高度重要性。因而，在本小節之脈絡下，以下擬依據時間之演進，分別就聯合國氣候變化綱要公約下之發展以及歐盟內部之政策文件，加以說明與分析，俾以就歐盟在國際氣候變化政策之參與，自其公約之草擬、制定與內國之批准，與其後京都議定書之談判與簽署，乃至於後京都時代之發展，得以取得縱向之理解。

（一）峇里行動計畫

在第11次公約締約方大會時，締約方決定成立一對話機制，就氣候變化議題之長期合作交換意見（Dialogue on Long-term Cooperative Action），[137]同時，在京都議定書架構下，亦有一非常設之工作小組以處理附件一國家就後續承諾之議題（Ad Hoc Working Group on Furthter Commitments for Annex I Parties under the Kyoto Protocol, AWG-KP）。[138]在2007年印尼峇里島舉行之公約締約方大會與議定書締約方會議，就上開對話主要促進者（co-facilitators）以及工作小組之報告加以討論，在此基礎下，採認了峇里行動計畫。

在該計畫中決定成立一非常設之工作小組以討論公約架構下之長期合作行動（Ad Hoc Working Group on Long-term Cooperative Action under the Convention, AWG-LCA），工作小組應於2009年完成工作，並應將其成果報告與第15次締約方大會以供採認。[139]工作小組應依據公約之條文以及原則，例如共同但區別之責任（common but differentiated responsibilities）以及相對應之能力，且考量社會及經濟條件等因素，勾勒長期合作行動之共同願景（shared vision），以達成公約之終極目標。[140]具體而言，工作小組應強化減緩氣候變化之內國或國際行動；[141]強化調適行動；[142]強化

---

[137] Decision 1/CP.11.

[138] Decision 1/CMP.1.

[139] Decision 1/CP.13, para. 2.

[140] Decision 1/CP.13, para. 1(a).

[141] Decision 1/CP.13, para. 1(b).

[142] Decision 1/CP.13, para. 1(c).

技術發展與移轉以支持減緩或調適之行動；[143]強化財政資源與投資之提供以支持減緩、調適與技術合作之行動。[144]

（二）哥本哈根氣候會議

依據峇里行動計畫，公約架構下長期合作工作小組應於第15次公約締約方大會時完成工作，並提出報告以供採認。在峇里島締約方大會後，其中經歷第14次締約方大會，於2008年在波蘭波茲南（Poznan）舉行，在此過程中，歐盟業於2007年即片面承諾在2020年前，將以1990年爲基準減排20%。依據學者Kilian與Elgströn之觀察，歐盟在2008年在波茲南之締約方大會仍可被視爲綠色領導者（green leader），此項領導者地位可分別從其內部自我形象（self-image）之型塑（conception）以及外部其他參與者之形象（perception）得到佐證。依據Kilian與Elgströn之見解，歐盟之領導者特質主要係藉由設立範例以及說服之方式，主導議題方向（directional），而其基礎之一乃係歐盟之政經地位。[145]而此項領導者地位，似乎在2009年受到挑戰，有所動搖。

在哥本哈根氣候會議之前，執委會發布兩項文件，其一係對於達成一全面性之哥本哈根協議之立場，[146]其次則是針對氣候財政（climate finance）勾勒出哥本哈根談判之藍圖。[147]就前者而言，執委會主要探討

---

[143] Decision 1/CP.13, para. 1(d).

[144] Decision 1/CP.13, para. 1(e).

[145] Kilian & Elgströn, *supra* note 9, at 266.

[146] Communication from the Commission to the European Parliament, the Council, the European Economic and Social Committee and the Committee of the Regions: Towards a Comprehensive Climate Change Agreement in Copenhagen, COM (2009) 39 final (28 January 2009) (hereinafter Toward a Comprehensive Climate Change Agreement in Copenhagen).

[147] Communication from the Commission to the European Parliament, the Council, the European Economic and Social Committee and the Committee of the Regions: Stepping up International Climate Finance: *A European Blueprint for the Copenhagen Deal*, COM (2009) 475/3 (hereinafter *A European Blueprint for the Copenhagen Deal*).

三項議題：首先，執委會勾勒哥本哈根會議之目標以及相關行動，其次，分別觸及財政以及全球碳市場之建構。就目標而言，歐盟重申其願意以1990年為基準在2020年達到減排20%之承諾，此項承諾無涉於國際社會是否達成減排之協議。[148]而在其他已開發國家提出相當（comparable）之承諾，以及開發中國家為適當（appropriate）之行動時，歐盟願將其減排承諾提高至30%。依據執委會之主張：已開發國家減排之目標，應以公平且相當之方式分配，其中應考量平均每人GDP；每單位GDP的溫室氣體排放；以及自1995年至2005年間溫室氣體排放與人口成長之趨勢。[149]

同時，依據執委會之主張，開發中國家整體之減排數量應介於15%至30%之間。[150]因而開發中國家具有相當高之財政需求，此項需求可由完善之全球碳市場以及已開發國家之捐助而來。易言之，減排目標可藉由開發中國家之自主行動（autonomous action）、資助的行動，以及經由碳市場交易移轉而來之行動達成。[151]而全球性之碳市場應連結各該相當之內國碳交易制度（Emissions Trading System），以在2015年建立一個涵蓋所有經濟合作與發展組織（Organisation for Economic Cooperation and Development）國家為目標，並應於2020年延伸至其他國家。[152]

財政支援部分，是上開執委會文件之重點，除碳市場之外，國際金融架構亦應支持開發中國家在減緩以及調適上所需之財政需求，同時在公約架構下之氣候變化財政支柱需與既有之援助機制調和、互補，以確保財政資助之有效、充足、效率、公平、一致、可歸責與可預測等。[153]詳言之，就氣候變化財政資助而言，必須處理減排與調適面向；[154]同時亦須

---

[148] Toward a Comprehensive Climate Change Agreement in Copenhagen, para. 1.

[149] Toward a Comprehensive Climate Change Agreement in Copenhagen, para. 3.1.

[150] Toward a Comprehensive Climate Change Agreement in Copenhagen, para. 1.

[151] Toward a Comprehensive Climate Change Agreement in Copenhagen, para. 3.2.

[152] Toward a Comprehensive Climate Change Agreement in Copenhagen, para. 1.

[153] Toward a Comprehensive Climate Change Agreement in Copenhagen, paras. 4.1-4.2.

[154] Toward a Comprehensive Climate Change Agreement in Copenhagen, para. 4.3.

資助氣候政策之研究與技術發展，並應探求創新之資助資源，[155]且應資助早期行動。[156]此外，並應強化在氣候變化政策之國際資金流之治理面向。[157]

　　就氣候政策之財政資助部分，執委會亦發布一項文件，除強調在決定財政資助之比例應依據各國資助能力（ability to pay）以及溫室氣體排放之責任（responsibility for greenhouse gas emissions）外，[158]並指出歐盟提撥氣候變化資助之可能方案，其中包含三種方式：其一係藉由歐盟預算方式為之，此方式透明度較高且較可靠，並可強化該資助之政治意涵，彰顯歐盟對於氣候變化議題之重視，同時可藉由既有之財政規範加以監控，歐洲議會亦得監督；[159]第二種方式則是藉由雙邊之方式，成立獨立之基金，藉此基金資助公約之氣候變化財政需求。依據執委會之意見，此方式較為靈活，但規範密度較低，同時歐洲議會無法行使議會監督。[160]第三種方式則是各歐盟會員國直接向公約提出財政資助，但會員國之資助仍須被視為歐盟單一資助（single global offer）之一部分。[161]就氣候變化財政資助之治理模式，執委會強調該治理模式須建立在分散且由下而上之基礎上，該治理模式並應與巴黎援助成效宣言（Paris Declaration on Aid Effectiveness）之精神一致，強化氣候變化財政資助之所有權（ownership）、補充性（subsidiarity）、一致、透明、可歸責並應考量援助成效。[162]

　　然而，歐盟在哥本哈根氣候會議之前對於完成全面性氣候變化協議之企圖，以及其為氣候變化財政資助所擘劃之藍圖並未於哥本哈根氣候會議

---

[155] Toward a Comprehensive Climate Change Agreement in Copenhagen, para. 4.4.

[156] Toward a Comprehensive Climate Change Agreement in Copenhagen, para. 4.5.

[157] Toward a Comprehensive Climate Change Agreement in Copenhagen, para. 4.6.

[158] *A European Blueprint for the Copenhagen Deal*, para. 2.6.

[159] *A European Blueprint for the Copenhagen Deal*, para. 3.1.

[160] *A European Blueprint for the Copenhagen Deal*, para. 3.1.

[161] *A European Blueprint for the Copenhagen Deal*, para. 3.1.

[162] *A European Blueprint for the Copenhagen Deal*, para. 4.

中實現，相反地，依據學者之觀察，歐盟在哥本哈根氣候會議中其領導者
之地位已見動搖，主要因素係歐盟在對外談判上，立場並不一致，歐盟未
能達成單一發聲之目標；其次，歐盟未能樹立典範，其減量20%之承諾，
在金融危機之衝擊下，並不具任何可資讚揚之處。再者，就溫室氣體排放
上，歐盟所占之重要性已逐漸遞減。因而，就結構性因素，歐盟之領導者
地位無可避免地將逐漸消退。[163]學者Spencer等人並指出，歐盟之失敗除
溫室氣體減量承諾不具足夠之企圖心外，在談判立場上亦顯得與多數國家
格格不入，尤其歐盟堅持單一、全面且具有法拘束力之協定與多數已開發
國家與開發中國家不合，以致歐盟在氣候外交上之孤立。因而，其等乃主
張歐盟應提高減排之目標，且不應附加其他條件，藉此，得以樹立典範。
其次，歐盟應重回兩軌談判之模式，亦即區分已開發國家（美國除外）以
及美國與開發中國家兩個類別，加以規範。[164]

（三）後哥本哈根至杜哈

哥本哈根氣候會議在結論上達成哥本哈根協議，其過程以及其實質內
容，在哥本哈根氣候會議中均產生爭議。部分締約方更明白表示就協議之
談判過程或實質內容反對之意。[165]因而，在非正式諮商之後，祕書處依
據部分締約方式提案，將現有願意接受哥本哈根協議之締約方列於協議之
前言中，在該協議正式確定前，締約方亦可表示接受之意。其後，若欲接
受該協議者，則將逐漸更新於聯合國氣候變化綱要公約之網站中。[166]

哥本哈根氣候會議後，執委會在2010年3月發布一份名爲「後哥本哈
根之國際氣候政策」文件，[167]同年5月間，執委會再度發布一項文件，探

[163] Kilian & Elgström, *supra* note 9, at 267.

[164] Thomas Spencer, Kristian Tangen & Anna Korppoo, The EU and the Global Climate Regime 4-7 (2010).

[165] Report of the Conference of Parties on its Fifteenth Session, held in Copenhagen from 7 to 19 December 2009, FC/CP/2009/11 (30 March 2010), para. 93.

[166] *Ibid.,* at para. 95.

[167] Communication from the Commission to the European Parliament, the Council, the

討歐盟在減量承諾上超過20%達到30%之可能性，以及所衍生之碳洩漏（carbon leakage）風險。[168]執委會之目的乃在於希望藉由減量承諾之提高，以及談判立場之調整，重拾其氣候變化政策領導者之角色。在「後哥本哈根之國際氣候政策」文件中，執委會首先強調聯合國體系對於氣候變化政策之重要性，一方面表達其對哥本哈根協議之形式、法拘束力或是實質承諾之失望。同時間，亦認為哥本哈根協議在草擬決議或談判文本上均得作為日後談判之指引。[169]

除聯合國機制外，執委會亦強調歐盟應向第三國延伸，以促進聯合國架構下之談判。在此過程中，歐盟應強化單一發聲且應善用新建置之歐洲對外行動署（European External Action Service），[170]就實質問題部分，執委會強調環境完整（environmental integrity）之重要性，認為京都議定書不管是其架構或其涵蓋範圍均無從達成將溫度控制在較工業革命前2℃範圍內之目標。此外，既存議定書架構並未處理土地利用、土地利用改變與森林業（land use, land-use change and forestry, LULUCF）之問題。再者，若2008年至2012年承諾期間未使用配額（assigned amount units）得以延伸至下一個承諾期間，將嚴重減損京都議定書之效力，並危及溫室氣體減量之目標。[171]就行動方面，執委會強調就溫室氣體減量部分，應

European Economic and Social Committee and the Committee of the Regions: International Climate Policy post-Copenhagen: *Acting now to Reinvigorate Global Action on Climate Change*, COM (2010) 86 final (9 March 2010) (hereinafter *Acting now to Reinvigorate Global Action on Climate Change*).

[168] Communication from the Commission to the European Parliament, the Council, the European Economic and Social Committee and the Committee of the Regions: *Analysis of Options to Move beyond 20% Greenhouse Gas Emission Reductions* and Assessing the Risk of Carbon Leakage, COM (2010) 265 final (26 May 2010) (hereinafter *Analysis of Options to Move beyond 20% Greenhouse Gas Emission Reductions*).

[169] *Acting now to Reinvigorate Global Action on Climate Change*, para. 2.1.

[170] *Acting now to Reinvigorate Global Action on Climate Change*, paras. 2.2.1-2.2.2.

[171] *Acting now to Reinvigorate Global Action on Climate Change*, para. 2.2.3.

置於「歐洲2020策略」（Europe 2020 Strategy）[172]下加以考量，亦即，應朝向低碳經濟的目標而努力，並創造綠能工作（green jobs），強化能源效率與能源安全。[173]同時間，除立即執行哥本哈根協議外，在公約架構下並應強化監督、報告與確認系統（monitoring, reporting and verification, MRV）。[174]此外，對於快速採取行動之開發中國家所需之財政資助，歐盟須以調和之方式提出資助，避免援助之重複及強化其連結。[175]

　　而爲了強化歐盟在氣候變化議題上的主導地位，執委會並探討減排承諾至30%之可能性。執委會首先說明減排20%之目標在金融危機之影響下，所需之經濟成本已降低許多，然而同時間，企業得以因應之能力也隨之降低。[176]在此情況下，藉由減排至30%可能可以促進「歐洲2020策略」所要求之永續成長之目標。執委會並指出在達成溫室氣體減量排放至30%之可藉由碳交易制度、技術創新、碳稅與清潔發展機制（Clean Development Mechanism）之改革等方式爲之。但同時間，溫室氣體減量至30%亦可能對於經濟發展階段較低之會員國產生衝擊，亦即，減量排放所產生的負擔並非由所有會員國平均分擔，因此，凝聚政策（cohesion policy）在此扮演重要之角色。[177]

　　執委會之兩項文件，一方面希望重新調整歐盟在哥本哈根會議後之談判立場，另一方面希望藉由更大幅度之溫室氣體減量排放承諾，重建其在國際氣候變化議題上之可信度。就談判立場，歐盟仍強調單一且具有法拘束力協議之重要性，此項立場，勢必成爲歐盟與其他締約方立場歧異之導源。另一方面，歐盟爲強化其在國際氣候變化議題之主導地位，試圖藉

---

[172] *Europe 2020*: A Strategy for Smart, Sustainable and Inclusive Growth, Communication from the Commission, COM (2010) 2020 final.

[173] *Acting now to Reinvigorate Global Action on Climate Change*, para. 3.1.

[174] *Acting now to Reinvigorate Global Action on Climate Change*, para. 3.2.2.

[175] *Acting now to Reinvigorate Global Action on Climate Change*, para. 3.2.3.

[176] *Analysis of Options to Move beyond 20% Greenhouse Gas Emission Reductions*, para. 2.

[177] *Analysis of Options to Move beyond 20% Greenhouse Gas Emission Reductions*, para. 3.2.

由提高減排目標達成，然而，此項目標勢必對於歐盟內部產業結構之調整
造成衝擊，尤其對於能源密集產業以及能源效率較低之新會員國之影響更
為強大，執委會因而強調凝聚政策之重要性。另一方面，歐盟在國際氣候
變化政策上，提出更高之減排承諾，亦有助於其內部產業結構之調整，尤
其依據執委會發布之「歐洲2020策略」，強調歐盟之經濟成長須建立在聰
明、永續且含括式（inclusive）之成長上。歐盟之目標在於致力創造一個
得以提供更好、更佳之工作機會且具有更高之社會凝聚，並得以永續成長
之具有競爭力、動能之知識導向經濟。[178]藉由溫室氣體減量排放承諾之
提高，以及隨之而來之產業結構調整、知識與技術創新以及可能創造之綠
能工作，則為「歐洲2020策略」注入新動能。

　　2010年，坎昆締約方會議後，歐盟所期待之單一法律協議並未定
案，然而，哥本哈根氣候會議之氣候談判將延續至2011年南非舉辦之締約
方大會，此項現實為執委會所預見。因而，無從以坎昆會議之未能達成協
議即否定歐盟在國際氣候變化政策之影響力。其談判方式仍然在兩個工作
小組（即AWG-LCA與AWG-KP）架構下進行。就此而言，似延續著京都
議定書第二承諾階段之方式進行，與歐盟所偏好之單一法律文件，涵蓋
附件一國家與非附件一國家之減量承諾以取代京都議定書之立場似乎相
左。坎昆締約方會議主要之成果乃係坎昆協議（Cancun Agreements），
其主要目的之一乃係將哥本哈根協議之內容以締約方決定之方式，賦予
法律拘束力。[179]坎昆協議主要涵蓋幾個重要面向：長期合作之願景；在
調適以及減緩之進一步行動；技術、財務與能力建置等。坎昆協議乃係
第一個正式將2℃的目標明文化之聯合國決定。[180]除此明確目標之外，
坎昆協議並強化監督、報告與確認系統，已開發與開發中國家將每2年
報告大會其檢排所為之努力，就已開發國家部分進行國際評量與審查

---

[178] Presidency Conclusions, Lisbon European Council (23-24 March 2000) para. 5.

[179] The Cancun Agreements: Outcome of the work of the Ad Hoc Working Group on Long-term Cooperative Action under the Convention, 1/CP.16 (15 March 2011).

[180] *Ibid.*, at para. 4.

（international assessment and review），開發中國家部分則進行國際諮商與分析（international consultation and analysis）。藉此方式，希望進一步強化與減排努力有關之資訊之透明度。

在坎昆會議之後，公約締約方在2011年德班之締約方會議中亦達成了德班合作平臺（Durban Platform of Enhanced Cooperation），藉由此項平臺希望進一步建立一個新的市場機制，以更具成本效益之方式減少碳排放量，同時，考量如何將農業列入氣候變化之議題中。在德班締約方會議中，歐盟提案主張未來之氣候變化談判，應涵蓋所有國家。該新談判架構可以議定書、新的法律文件，或任何締約方同意而具有法律拘束力之形式為之。詳言之，在新的氣候變化規範框架下，減排之目標將2℃之目標予以明文化，且所有締約方均應提出減排承諾，然而，此承諾須基於共同但區別之責任此原則為之。該規範框架應具有法拘束力，同時，各經濟領域均應列入此規範架構之控制，包含海事運輸與航空業。此一規範架構應涵蓋坎昆與德班締約方會議所建立之規範與制度架構，同時，應納入京都議定書之根本規範。再者，該規範架構應進一步強化監督、報告與確認系統，同時建立市場機制以追求符合成本效益之減排措施。最後，該規範架構應涵蓋對於開發中國家之氣候財政援助。[181]

更重要之締約方會議則為2012年之杜哈締約方會議，此項會議之目的在於確定京都議定書第一承諾期間屆滿後，將如何延續？並在德班合作平臺之架構下，於2015年完成新的氣候變化規範架構，2020年開始實施。為達成此一目標，理事會分別在環境理事會[182]以及經濟與財政事務理事

---

[181] DG Climate Action, The Future Global Framework (7 January 2013), retrived from http://ec.europa.eu/clima/policies/international/negotiations/future/index_en.htm (2011).

[182] Council Conclusions on the Preparations for the 18th session of COP 18 to the UNFCCC and the 8th session of the Meeting of the Parties to the Kyoto Protocol (CMP 8) (Doha, Qatar, 26 November to 7 December 2012), 3194th Environment Council Meeting, Luxembourg (25 October 2012).

會（ECOFIN）之架構下做出結論，[183]以作為杜哈締約方會議之準備。據杜哈締約方會議之結論，歐盟在應對氣候變化之努力上，應可認為達成有限度之成功。所謂之成功，乃在於對於京都議定書修正案之達成，[184]得以於第一承諾期間屆滿後，進入自2013年至2020年之第二承諾階段。然而，由於此第二承諾階段乃係建立在京都議定書之基礎上，世界最大以及次大之溫室氣體排放國家（中國與美國）並未參與。因而，杜哈締約方會議所達成之京都議定書修正案對於全球暖化所能產生之實效仍屬有限。在德班締約方會議歐盟所提出之全面、有企圖心且具有法律拘束力之全球規範架構，仍有待於日後進一步協商。氣候變化綱要公約之締約方大會所達成之決定，仍係依據峇里行動計畫，繼續勾勒此一全球規範架構之形式與內涵。

其次，就歐盟所為之承諾而言，一如歐盟長期所主張的，其承諾係20%之減排承諾，僅在條件成就，亦即在其他已開發國家做出相同程度之減排（comparable emission reductions），且開發中國家做出符合其責任與能力之承諾（adequately according to their responsibilities and respective capabilities）時，歐盟方提高其承諾之30%之減排承諾。就此而言，歐盟之減排承諾並不具足夠之企圖心，亦無從藉由更高之減排承諾以型塑其氣候變化領導者之地位。最後，與第一承諾階段相同，第二承諾階段仍建立在責任共享之基礎上，然而，由於歐盟成員國之擴充，以及候選會員國之即將加入，歐盟之責任共享範疇同時包含新會員國與候選會員國，例如克羅埃西亞與冰島。

就歐盟自聯合國氣候綱要變化公約談判伊始之參與，以及京都議定書之承諾與為促進議定書生效所為之努力，乃至於京都議定書下第一承諾期間屆滿時，後京都時代之談判，依其發展之分析得以發現，歐盟在國際氣

---

[183] Council Conclusions on Climate Finance—Fast Start Finance, 3198th Economic and Financial Affairs Council Meeting, Brussels (13 November 2012).

[184] Amendment to the Kyoto Protocol pursuant to its Article 3, paragraph 9 (the Doha Amendment), Decision 1/CMP.8, Doha, Qatar (26 November to 7 December 2012).

候變化政策是否得以扮演全球行為者，乃至於領導者之角色主要有幾項因素。就其前提問題係歐盟是否具有參與之適格。亦即歐盟是否得以藉由區域經濟整合組織之身分，參與聯合國架構下之多邊環境公約，此項前提性問題在共同體成功說服其他談判方在公約架構下增列區域經濟整合組織得作為公約締約方時，即已解決。其後，歐盟全球行為者角色之展現主要繫於主觀與客觀因素。主觀因素：則係歐盟是否得以提出具有企圖心之減量承諾，以資作為其他締約方之典範。另一方面，歐盟與其會員國間立場是否一致，能否單一發聲，以確保歐盟成為一個一致之行為者。客觀因素：主要源自於歐盟談判立場與其他締約方立場之差距，以及此差距是否得以藉由說服或其他外交途徑之方式加以消除，因此，仍有賴於歐盟在實質承諾所展現之企圖以及歐盟與會員國間立場是否得以整合而定。以下本文擬從歐盟條約第4(3)條所揭櫫之真誠合作原則出發，探討該原則是否得以促進並確保歐盟與其會員國就對外立場之一致。

肆、真誠合作原則對於協調會員國行動之貢獻

如前文所述，歐盟與會員國間廣泛之合作義務來自於歐盟條約第4(3)條之真誠合作原則。依據真誠合作原則，聯盟與會員國應相互尊重，協助彼此完成條約所賦予之任務；會員國應採取一般或特定之適當措施以執行條約或聯盟機構措施所導致之義務；會員國並應促進聯盟任務之達成，且應避免妨礙達成聯盟目標之措施。就歐盟條約第4(3)條所課予之義務，可分兩個層次加以討論：就義務之課予層面，歐盟條約第4(3)條第一句要求聯盟與會員國相互尊重，且均有協助彼此完成條約所賦予之義務之責任。亦即，真誠合作原則之義務人，並不僅限於會員國，聯盟亦負有相同之義務。其次，歐盟條約第4(3)條第二句則規範會員國就條約或聯盟措施所產生之義務，會員國應採取適當措施以確保義務之滿足。而條約第4(3)條第三句更進一步區分積極與消極兩個面向加以規範：一方面要求會員國應促進聯盟任務之達成；另一方面要求會員國避免妨害聯盟目標之達成。

　　就聯盟之對外行動層面，歐盟條約第五章以下設有進一步之規範。歐盟條約第21(2)條本文要求聯盟應制定並追求共同政策與共同行動，並應在各國際關係領域上高度合作（a high degree of cooperation），俾以發展國際措施以保存及改善環境品質與全球自然資源之永續管理，以茲促進永續發展；[185]提倡以強化多邊合作與全球良善治理為基礎的國際體系。[186]此外，歐盟條約第21(3)條第二句並要求聯盟應確保各類聯盟外部行動以及此類外部行動與其他政策之一貫性。[187]

　　依上開條文分析得以發現，歐盟條約除要求聯盟與會員國在對外立場上須相互合作，採取一致之立場外，同時間，亦要求聯盟對外行動彼此之間以及對外行動與其他聯盟政策間之一貫性，藉此強化聯盟對外行動之一致及聯盟在國際代表之單一性（unity of international representation）。然而，就此真誠合作原則之內涵以及其所課予會員國之義務，應如何適用在歐盟之對外關係上並非毫無疑義。就歐盟對外在環境議題之參與，亦曾產生爭議。因而，本節以下乃先就歐洲法院之重要案例法加以分析，其次，並針對環境議題上產生之爭議加以探討。

　　參酌歐洲法院之案例，歐洲法院首先在1978年Euratom條約下提及真誠合作義務，在涉及國際原子能總署架構下之核能物質之實體保護公約（Convention on the Physical Protection of Nuclear Materials）簽署時，法院指出：該公約在共同體境內之執行僅有在共同體機構與會員國在談判以及締約階段密切聯繫（close association）下方能達成。當一特定國際義務部分落於共同體權限，部分落於會員國權限時，該國際義務僅有在共同體與會員國聯繫下方得以承擔，而此項情形，亦為Euratom條約所預見。[188]

---

[185] TEU, art. 21(2)(f).

[186] TEU, art. 21(2)(h).

[187] TEU, art. 21(3).

[188] Ruling of 1/78 on Draft Convention of the International Atomic Energy Agency on the Physical Protection of Nuclear Materials, Facilities and Transports (hereinafter *Ruling 1/78*) [1978] ECR 2151, para. 34.

在公約生效後，共同體內部與會員國內之執行亦須共同體與會員國之密切合作（close cooperation）。[189]此項見解旋即適用在共同體脈絡下，歐洲法院在2/91諮詢意見中表示：即令上開意見是在Euratom條約架構下做成，上開合作義務在EEC條約架構下亦屬適用，蓋上開合作之義務乃係基於共同體國際代表之一致性要求所導出。[190]質言之，共同體與會員國之合作義務適用於談判、簽署以及內國執行階段，此項合作義務不僅適用於Euratom條約架構，也適用於共同體架構。再者，此項義務之依據乃係基於共同體對外代表之一致性所致。

　　而就環境議題上適用真誠合作義務之案例，則出現於*Commission v. Sweden*[191]一案。在該案中，執委會以瑞典自行依據斯德哥爾摩持久性有機汙染物公約（Stockholm Convention on Persistent Organic Pollutants），提交全氟辛烷磺酸（perfluoroctane sulfonate），以將之列入管制，認為瑞典違反共同體條約第10條之真誠合作義務。詳言之，本案涉及會員國有無權力在聯盟行動架構外，自行依據斯德哥爾摩公約第22條之規定，單獨提交化學物質名單以將之列入管制。執委會主張：瑞典並未促進共同體任務之達成，也未避免妨礙共同體目標之達成，因而違反共同體條約第10條真誠合作原則之義務（duty of cooperation in good faith）。[192]法院首先指出：真誠合作義務（duty of genuine cooperation）具有普遍適用之性質，且該義務與共同體對於特定議題是否享有專屬權限或特定會員國是否有權（right）與第三國簽訂國際條約無涉。[193]本案中，執委會表示：其非主張共同體於該領域具有專屬權限，因而，本案應認屬於共享權限範疇

---

[189] *Ruling 1/78*, para. 36.

[190] *Opinion 2/91*, para. 36.

[191] Case C-246/07, *European Commission v. Kingdom of Sweden* (hereinafter *Commission v. Sweden*) [2010] ECR I-03317.

[192] *Commission v. Sweden*, para. 50. 就共同體條約第10條課予之義務，在本案判決中，不同之字眼混用。同時，在歐洲法院之判例裡，亦未有一貫之用法。

[193] *Commission v. Sweden*, para. 71.

內。[194]法院就此強調，在特定議題中部分屬於共同體權限而另一部分屬於會員國權限時，有必要確保共同體機構與會員國在談判、締約及義務之履行上密切合作。此項合作之義務來自於共同體在國際代表單一性之要求。[195]

　　法院並強調：在執委會已提交提案予理事會，即令該提案尚未經理事會採認，但該提案即足作爲共同體在國際層次行動的起點，會員國即負有採取特定行爲或避免一定情況發生之義務。[196]法院同時指出：當理事會藉由理事會決定，授權執委會進行多邊條約之談判時，此理事會決定即代表共同體共同行動（concerted Community action）之起點，因此，會員國（若非避免採取其他行動）至少應與共同體機構緊密合作以促進共同體任務之達成，以及確保共同體行動之一致與連貫以及其國際代表之單一性。[197]就本案之情形，依斯時之理事會意見，基於財政考量，共同體之優先考量是將共同體既有之管制物質列入上開公約內管制，共同體之共同策略（common strategy）係暫不將該化學物質列入斯德哥爾摩公約管制。[198]法院因而認爲瑞典片面將該化學物質提交與斯德哥爾摩公約，以期將該化學物質列入管制，並未依循共同策略而爲。[199]

　　再者，由於斯德哥爾摩公約第23(2)條規定，區域經濟整合組織就其所享權限範圍內得行使之投票權數係相當於其會員國而爲公約締約方之總數。倘若該組織之會員國行使投票權，該組織即不得行使投票權；反之亦然。瑞典片面提出管制系爭化學物質之提案，將使得共同體面臨：選擇行使投票權，則瑞典無從行使投票權以捍衛其提案；或不行使投票權，而由

---

[194] *Commission v. Sweden*, para. 72.

[195] *Commission v. Sweden*, para. 73.

[196] *Commission v. Sweden*, para. 74.

[197] *Commission v. Sweden*, para. 75.

[198] *Commission v. Sweden*, paras. 89-90.

[199] *Commission v. Sweden*, para. 91.

其餘會員國投票反對瑞典提案之困境。[200]瑞典之片面提案將妨害歐盟與其會員國對外代表單一性之原則，並削弱聯盟與會員國之談判力量。

上開判決就歐盟在國際氣候變化之參與上，有幾點值得加以參考。首先，本案重申就真誠合作義務之適用而言，其範圍係一般適用，並不僅限於歐盟享有專屬權限，亦不限於會員國對於特定議題，有權利與第三國訂定國際條約之情形。就氣候變化議題，因涉及不同領域，並可能跨及核能議題，藉由真誠合作以協調歐盟與會員國在不同政策上之一致性，有其重要之價值。其次，由於氣候變化公約與京都議定書就投票權之規範，均與斯德哥爾摩公約相同，亦即，歐盟享有其參與公約或議定書之會員國總數之投票權，在歐盟行使投票權時，會員國即不得行使其投票權；反之，在會員國行使投票權時，歐盟即不得行使投票權。就此，倘若會員國單獨提案，即面臨類似本案所可能產生之「同一議案，立場分歧」之情形，就此除削弱歐盟與會員國之談判力量外，又弱化歐盟與會員國在國際代表之單一性。就量化人為溫室氣體減量及限制而言，由於歐盟與會員國間存有責任共享協議，此協議強化了聯盟與會員國在氣候變化議題之緊密合作；在此協議之下，歐盟與其會員國更有義務依據歐盟條約第4(3)條，真誠合作以協助彼此達成聯盟條約所課予之義務，並應促進聯盟任務之完成，以及避免妨害聯盟之目標達成。

伍、結論

本文主要藉由歐盟環境政策之法律基礎演變，探求歐盟環境政策權限擴張的歷程，藉此，本文試圖勾勒歐盟如何藉由內部權限的取得以支撐其在國際環境政治議題逐漸取得全球行為者之角色。在單一歐洲法將環境議題納入條約架構前，共同體之環境政策係藉由共同體條約第308[235]條之基礎而言，同時，第308條之使用亦涉及共同體體內部／外部權限平行主

---

[200] *Commission v. Sweden,* para. 94.

義之基本原則，此項原則源自歐洲法院之AETR之判例法。本文主張，在國際法上作為行為者之意義在於，法人格之取得進而得以享受權利、負擔義務。就歐盟與會員國權限劃分之不明確，由誰行使權利（例如投票權）以及相關國際義務如何履行，是造成其他參與談判者拒絕接受歐盟作為正式談判方之原因之一。此外，共同體對外身分之建立係以區域經濟整合組織為基礎，藉由區域環境公約之先例（締結預防陸源性之海洋汙染公約以及避免船隻及飛行器傾倒之海洋汙染公約），共同體逐漸出現在多邊環境公約中。相較於多邊環境公約，國際組織之設計（尤其聯合國及其周邊機構）係以主權國家為核心，因此，客觀上之國際架構即不利於歐盟成為正式之締約方，而聯合國的氣候變化綱要公約即係在此背景下協商而成。

　　就歐盟作為一個全球氣候變化政策之行為者而言，其成功將區域經濟整合組織納入氣候變化綱要公約之締約主體，使得共同體得以簽署該公約，並成為公約之締約方；其後，就京都議定書之生效過程中，在美國決定不批准該議定書之背景下，歐盟藉由經貿議題與氣候變化議題之連結，成功說服俄羅斯批准該議定書。經由長期在氣候變化議題上的出現，並適時把握美國退出國際環境政治之契機，歐盟取得在氣候變化議題之領導者地位。然而，由於氣候變化議題仍屬歐盟與會員國之共享權限，歐盟對外不僅面臨其他談判方之挑戰，亦有可能面臨會員國在國際場合之挑戰，因而，在歐盟與會員國立場之一致與各部門政策之一貫，顯得格外重要。

　　此項問題，可從歐盟在後京都時代之發展找到佐證。一方面歐盟未能在後京都時代之談判提出具企圖心之減量承諾，另一方面歐盟與會員國未能達成一致之立場，依循單一發聲之原則，歐盟在氣候變化政策之領導者地位乃受到挑戰，有所動搖。其次，就提高減量承諾至30%，除涉及氣候變化政策之外，亦涉及歐盟產業調整，對於能源密集之產業或經濟發展階段較低之會員國，均造成衝擊，因而，社會凝聚政策亦扮演重要之角色。此外，歐盟之氣候變化政策亦須在歐盟「歐洲2020策略」脈絡思考，亦即，如何藉由人為溫室氣體之減量承諾，達成上開策略中所揭櫫之聰明、永續且含括之發展。就此，本文主張真誠合作原則對於確保歐盟對外行動之一致與政策之一貫，以及歐盟與會員國在國際代表之單一性，以強化歐

盟之身分具有高度之價值。本文因而回顧歐洲法院關於真誠合作原則之主
要案例，並分析上開原則在涉及環境政策時，如何實踐。本文發現上開原
則在歐洲法院之案例法中曾多次出現，在實際環境政策議題上亦有所著
墨；如何確保歐盟與其會員國對外代表單一性，以免聯盟與會員國之談判
力量遭削弱，係乃歐洲法院論證之核心。

一、中文部分

Jean-Paul Costa & Vassilios Skouris著，王士帆譯（2011），歐洲人權法院與歐盟法院共同聲明——關於歐盟基本權利憲章與歐洲人權公約之同步併行解釋，以及歐盟加入歐洲人權公約，司法週刊，1547期，頁3。

甘逸驊（2007），歐盟「柔性強權」身分認同的建構與批判，問題與研究，46卷4期，頁1-25。

何曜琛（2007），WTO爭端解決裁決於國內法院的效力——兼評以歐盟經驗對我國的借鏡，中華國際法與超國界法評論，3卷1期，頁201-222。

吳志光（2012），歐洲聯盟加入歐洲人權公約的意義與影響——以歐洲人權法院面對之問題為核心，台灣法學雜誌，195期，頁67-79。

吳志光（2013），多層次人權保障機制的競合與合作——以歐洲聯盟加入歐洲人權公約為核心，憲政時代，38卷4期，頁449-487。

吳志光（2015），歐盟法院的訴訟類型，收於：洪德欽、陳淳文編，歐盟法之基礎原則與實務發展（上），頁151-211，臺北：臺大出版中心。

吳建輝（2012），歐盟對外經貿法之發展：法律與政策變遷，歐美研究，42卷4期，頁753-839。

吳建輝（2013a），歐盟作為全球環境行為者：以其在氣候變化綱要公約之參與為例，歐美研究，43卷1期，頁27-87。

吳建輝（2013c），歐盟對外經貿協定的多重面向與治理模型，收於：李貴英、李顯峰編，歐債陰影下歐洲聯盟新財經政策，臺北：臺大歐盟中心。

李貴英（2000），論歐洲聯盟投資政策，收於：洪德欽編，歐洲聯盟經貿政策，頁251-292，臺北：中央研究院歐美研究所。

李貴英（2007），論歐洲憲法條約架構下之共同商業政策，政大法學評論，96期，頁345-396。

李貴英（2013），論歐洲聯盟國際投資政策之法律規範，歐美研究，42卷2期，頁339-389。

李正通（2011），歐盟規範性強權在其對中國大陸和緬甸人權政策上的實踐，收於：蘇宏達編，歐洲聯盟的歷史發展與理論辯論，臺北：臺大出版中心。

周旭華（2000），歐洲共同體對外貿易關係權力劃分問題，美歐季刊，14卷4期，頁433-470。

周旭華（2011），里斯本條約後歐洲議會在歐盟對外事務的新角色，收於：「歐盟對外經貿協定與談判策略研討會」，中央研究院歐美研究所。

周德旺（1994），歐洲共同體法直接效力研究，美歐月刊，9卷10期，頁92-102。

林宜男（2000），從實施策略研討歐體反傾銷法之「傾銷認定」，收於：洪德欽編，歐洲聯盟經貿政策，頁203-250，臺北：中央研究院歐美研究所。

林欽明（1998），歐洲聯盟貿易爭議之調解與內部整合，收於：沈玄池、洪德欽編，歐洲聯盟：理論與政策，頁155-205，臺北：中央研究院歐美研究所。

洪德欽（1998），歐洲聯盟之理論與實踐——方法論之分析研究，收於：沈玄池、洪德欽編，歐洲聯盟：理論與政策，頁1-85，臺北：中央研究院歐美研究所。

洪德欽（2006），歐盟對外貿易與發展協定人權條款之規定與實踐，收於：洪德欽主編，歐洲聯盟人權保障，頁375-440，臺北：中央研究院歐美研究所。

宮國威（1998），當前歐洲聯盟與拉丁美洲政治暨經貿關係之發展及其限制，收於：沈玄池、洪德欽主編，歐洲聯盟：理論與政策，頁415-460，臺北：中央研究院歐美研究所。

陳麗娟（2009），里斯本條約後EU的共同貿易政策之研究，貿易政策論叢，11期，頁169-192。

陳麗娟（2010），歐洲聯盟在經貿領域全球角色之研究，貿易政策論叢，13期，頁51-88。

楊雲驊（2010），國際刑事法院羅馬規約下檢察官的地位與職權，檢察新論，8期，頁33-48。

廖福特（2000），歐盟與歐洲人權公約，月旦法學雜誌，62期，頁87-98。

鄧衍森（1997），歐洲共同體對外權能，貿易調查專刊，2期，頁45-61。

鄧衍森（2004），WTO協定歐洲聯盟之法律效力，台灣國際法季刊，1卷3期，頁9-30。

二、英文部分

Agreement on the European Economic Area [1994] OJ L 1/3.

Agreement Setting Up a Free Trade Area between the Arab Mediterranean Countries, signed Rabat on 4 Muharram 1425 H, corresponding to 25 February 2004.

Antoniadis, Antonis and Olympia Bekou. 2007. The European Union and the International Criminal Court: An Awkward Symbiosis in Interesting Times. *International Criminal Law Review* 7, 4: 621-655.

Babarinde, Olufemi. 2005. The Changing Environment of ACP-EU Relations. pp. 17-35 in *The European Union and the Developing Countries: THE Cotonou Agreement*, edited by Olufemi Babarinde and Gerrit Faber. Leiden and Boston: Martinus Nijhoff.

Babarinde, Olufemi and Gerrit Faber. 2005. From Lomé to Cotonou: ACP-EU Partnership in Transition. pp. 1-16 in *The European Union and the Developing Countries: The Cotonou Agreement*, edited by Olufemi Babarinde and Gerrit Faber. Leiden and Boston: Martinus Nijhoff.

Baldwin, Matthew. 2006. EU Trade Policies—Heaven or Hell?. *Journal of European Public Policy*, 13(6): 926-942.

Bartels, Lorand. 2005. *Human Rights Conditionality in the EU's International Agreements.* Oxford, UK & New York: Oxford University Press.

'Barcelona Declaration Adopted at The Euro-Mediterranean Conference' (27-28 November 1995) in *Europe Documents*, No. 1964, 06 December 1995.

Bretherton, Charlotte and John Vogler. 2006. *The European Union as a Global Actor* (2. ed.). New York: Routledge.

Broberg, Morten P. 2011. Don't Mess With The Missionary Man! On The Principle of Coherence, the Missionary Principle and the European Union's Development Policy. pp. 181-196 in *EU External Relations Law and Policy in The Post-Lisbon Era*, edited by Paul James Cardwell. The Hague, the Netherlands: TMC Asser Press.

Bull, Hedley. 1982. Civilian Power Europe: A Contradiction in Terms?. *Journal of Common Market Studies*, 21, 2: 149-170.

Bungenberg, Marc. 2010. Going Global? The EU Common Commercial Policy After Lisbon. pp. 123-151 in *European Yearbook of International Economic Law 2010*, edited by Christoph Herrmann and Jörg Philipp Terhechte. Berlin: Springer.

Case 181/73, *Haegeman v. Belgium* [1974] ECR 00449.

C-432/92, *The Queen v. Minister of Agriculture, Fisheries and Food, ex parte S. P. Anastasiou (Pissouri) Ltd and others* [1994] ECR I-03087.

C-219/98, *Regina v. Minister of Agriculture, Fisheries and Food, ex parte S. P. Anastasiou (Pissouri) Ltd and Others* [2000] ECR I-05241.

C-140/02, *Regina on the application of S. P. Anastasiou (Pissouri) Ltd and Others v. Minister of Agriculture, Fisheries and Food* [2003] ECR I-10635.

Charnovitz, Steve. 2002. The WTO Cosmopolitics. *New York University Journal of International Law and Politics*, 34, 2: 299-354.

Consolidated version of the Treaty on the European Union [2012] OJ C326.

Coop, Granham. 2009. The Energy Charter Treaty and the European Union: Is Conflict Inevitable?. *Journal of Energy & Natural Resources Law*, 27, 3: 404-419.

Council Directive 77/93/EEC of 21 December 1976 on Protective Measures Against The Introduction into The Member States of Harmful Organisms of Plants or Plant Products, OJ L26/20, 31 January 1977.

Council of Europe. 2014. *Accession of the European Union to the European Convention on Human Rights*. Retrieved from http://www.coe.int/t/dghl/standardsetting/hrpolicy/accession/default_EN.asp

Craig, Paul. 2010. *Lisbon Treaty: Law, Politics and Treaty Reform*. Oxford, UK & New York: Oxford University Press.

Craig, Paul. 2013. EU Accession to the ECHR: Competence, Procedure and Substance. *Fordham International Law Journal*, 34: 1114-1150.

Cremona, Marise 2004. The Union as a Global Actor: Roles, Models and Identity. *Common Market Law Review*, 41, 2: 553-573.

Cremona, M. Marise and Bruno de Witte. Eds. 2008. *EU Foreign Relations Law: Constitutional Fundamentals*. Oxford, UK: Hart.

Damro, Chad. 2006. EU-UN Environmental Relations: Shared Competence and Effective Multilateralism. pp. 175-192 in *The European Union at the United Nations: Intersecting Multilateralisms,* edited by Katie Verlin Laatikainen and Karen E. Smith. Basingstoke, UK & New York: Palgrave Macmillan.

Dashwood, Alan and Marc Maresceau. Eds. 2008. *Law and Practice of EU External Relations: Salient Features of a Changing Landscape.* Cambridge, UK: Cambridge University Press.

De Schutter, Oliver. 2014. Bosphorus Post-Accession: Redefining the Relationships Between the European Court of Human Rights and the Parties. pp. 177-198 in *The EU Accession to the ECHR*, edited by Vasiliki Kosta, Nikos Skoutaris and Vassilis P. Tzevelekos. Oxford, UK: Hart.

De Witte, Bruno. 2014. Beyond the Accession Agreement: Five Items for the European Union's Human Rights Agenda. pp. 349-356 in *The EU Accession to the ECHR*, edited by Vasiliki Kosta, Nikos Skoutaris and Vassilis P. Tzevelekos. Oxford, UK: Hart.

Deitelhoff, Nicole. 2008. *Deliberating CFSP: European Foreign Policy and the International Criminal Court* (RECON Online Working Paper 2008/10). Retrieved from http://www.reconproject.eu/main.php/RECON_wp_0810.pdf?fileitem=5456226

Denza, Eileen. 2010. Bilateral Investment Treaties and EU Rules on Free Transfer: Comment on *Commission v. Austria, Commission v. Sweden* and *Commission v. Finland. European Law Review,* 35, 2: 263-274.

DG Climate Action. 2011. *The Future Global Framework.* Retrieved from http://ec.europa.eu/clima/policies/ international/negotiations/future/index_en.htm

Dimopoulos, Angelos. 2010. The Effects of the Lisbon Treaty on the Principles and Objectives of the Common Commercial Policy. *European Foreign Affairs Review*, 15, 2: 153-170.

Douglas-Scott, Sionaidh. 2011. The European Union and Human Rights after the Treaty of Lisbon. *Human Rights Law Review*, 11: 645-682.

Douma, Wybe T. 2006. The European Union, Russia and the Kyoto Protocol.

pp. 51-66 in *EU Climate Change Policy: The Challenge of New Regulatory Initiatives*, edited by Marjan Peeters and Kurt Deketelaere. Cheltenham, UK & Northampton, MA: Edward Elgar.

Duchêne, François. 1972. Europe's Role in World Peace. pp. 32-47 in *Europe Tomorrow: Sixteen Europeans Look Ahead*, edited by Richard Mayne. London: Fontana.

Dupont, Cédric. 2012. Unexpected Changes? EU Bilateral Trade Negotiations before and after Lisbon. Paper presented at the *International Conference on Beyond Lisbon Treaty: Re-examing EU Institutions and Governance*, 7-8 September, Institute of European and American Studies, Academia Sinica, Taipei, Taiwan.

Dür, Andreas. 2007. EU Trade Policy as Protection for Exporters: The Agreements with Mexico and Chile. *Journal of Common Market Studies*, 45, 4: 833-855.

Eckes, Christina. 2013. EU Accession to the ECHR: Between Autonomy and Adaption. *The Modern Law Review*, 76: 254-285.

Eeckhout, Piet. 2002. Judicial Enforcement of WTO Law in the European Union-Some Further Reflections. *Journal of International Economic Law*, 5, 1: 91-110.

Eeckhout, Piet. 2004. *External relations of the European Union: Legal and Constitutional Foundation*. Oxford, UK & New York: Oxford University Press.

Eeckhout, Piet. 2011a. *External Relations of the European Union: Legal and Constitutional Foundations* (2. ed.). Oxford, UK & New York: Oxford University Press.

Eeckhout, Piet. 2011b. *EU External Relations Law*. Oxford, UK: Oxford University Press.

Eeckhout, Piet. 2015. Opinion 2/13 on EU Accession to the ECHR and Judicial Dialogue: Autonomy or Autarky. *Fordham International Law Journal*, 38, 4: 955-992.

Eilmansberger, Thomas. 2009. Bilateral Investment Treaties and EU Law. *Common Market Law Review*, 46, 2: 383-429.

Elgström, Ole and Michael Smith. Eds. 2006. *The European Union's Roles in International Politics: Concepts and Analysis*. New York: Routledge.

Emerson, Michael., Rosa Balfour, Tim Corthaut, Jan Wouters, Piotr Maciej Kaczyński and Thomas Renard. 2011. *Upgrading The EU's Role as Global Actor: Institutions, Law and the Restructuring of European Diplomacy*. Brussels, Belgium: Centre for European Policy Studies.

Energy Charter Secretariat. 2004. *The Energy Charter Treaty and Related Documents*. Brussels, Belgium: Author.

Energy Charter Secretariat. n.d. *Members and Observers: Russia*. Retrieved from http://www.encharter.org/index.php?id=414 &L=0%3B#c1338

Eriksen, Erik Oddvar and John Fossum. 2004. Europe In Search of Legitimacy: Strategies of Legitimation Assessed. *International Political Science Review*, 25: 435-459.

Eriksen, Erik Oddvar. 2006. The EU—A Cosmopolitan Polity?. *Journal of European Public Policy*, 13, 2: 252-269.

Everling, Ulrich. 1992. Reflections on the Structure of the European Union. *Common Market Law Review*, 29, 6: 1053-1077.

Fairlie, Megan. 2004. The Marriage of Common and Continental Law at the ICTY and its Progeny, Due Process Deficit. *International Criminal Law Review*, 4, 3: 243-319.

Farah, Paolo D. and Elena Cima. 2013. Energy Trade and the WTO: Implications for Renewable Energy and the OPEC Cartel. *Journal of International Economic Law*, 16, 3: 707-740.

General Secretariat of the Council. 2010. *The European Union and the International Criminal Court*. Brussels, Belgium: European Union.

Generalised System of Preferences. 2010. *EU Temporarily Withdraws GSP+ Trade Benefits from Sri Lanka*. Retrieved from http://trade.ec.europa.eu/doclib/ press/index.cfm?id=515 &serie=316&langId=en

Generalised System of Preferences. n.d. *Commission Statement on Sri Lanka GSP+ Report*. Retrieved from http:// trade.ec.europa.eu/doclib/press/index.cfm?id=466

Ghouri, Ahmad Ali. 2010. Resolving Incompatibilities of Bilateral Investment Treaties of the EU Member States with The EC Treaty: Individual and Collective

Options. *European Law Journal*, 16, 6: 806-830.

Gragl, Paul. 2014. A Giant Leap for European Human Rights? The Final Agreement on The European Union's Accession to the European Convention on Human Rights. *Common Market Law Review*, 51: 13-58.

Griller, Stefan. 2000. Judicial Enforceability of WTO Law in the European Union. Annotation to Case C-149/96, *Portugal v. Council. Journal of International Economic Law*, 3, 441-472.

Groenleer, Martijn and David Rijks. 2009. The European Union and the International Criminal Court: The Politics of International Criminal Justice. pp. 167-187 in *The European Union and International Organizations*, edited by Knud Erik Jørgensen. London: Routledge.

Halberstam, Daniel. 2015. "It's Autonomy, Stupid!" A Modest Defense of Opinion 2/13 on EU Accession to the ECHR and teh Way Forward. *German Law Journal*, 16: 105-146.

Happ, Richard. 2007. The Legal Status of the Investor Vis-À-Vis the European Communities: Some Salient Thoughts. *International Arbitration Law Review*, 10, 3: 74-81.

Heliskoski, Joni. 2001. *Mixed Agreements as a Technique for Organizing the International Relations of the European Community and its Member States*. The Hague, the Netherlands: Martinus Nijhoff.

Herrmann, Christoph. and Jörg Philipp Terhechte. Eds. 2011. *European Yearbook of International Economic Law 2011*. Berlin and New York: Springer.

Hillion, Christophe. 2008. Tous Pour Un, Un Pour Tous! Coherence in the External Relations of the European Union. pp. 10-36 in *Developments in EU External Relations Law*, edited by Marise Cremona. Oxford, UK & New York: Oxford University Press.

Hill, Christopher and Michael Smith. Eds. 2011. *International Relations and the European Union*. Oxford, UK: Oxford University Press.

Hoffmann, Andrea Ribeiro. 2005. *A More Cooperation EU Policy towards MERCOSUR? The Case of Foreign Direct Investment (1980-2000)*. CIES e-Working Paper No. 6/2005. Retrieved from http://www.cies.iscte.pt/destaques/documents/CIES-WP6_Ribeiro_.pdf (17 August 2011).

Horng, Der-Chin. 2012. Reshaping the EU's FTA Policy in a Globalizing Economy: The Case of the EU-Korea FTA. *Journal of World Trade*, 46, 2: 301-326.

Hyde-Price, Adrian. 2006. "Normative" Power Europe: A Realist Critique. *Journal of European Public Policy*, 13, 2: 217-234.

Jacqué, Jean Paul. 2001. The Accession of the European Union to the European Convention on Human Rights and Fundamental Freedoms. *Common Market Law Review*, 48: 995-1023.

Jackson, John H. 2000. GATT, International Treaties, and National Laws and Constitutions. pp. 195-307 in *The Jurisprudence of GATT and the WTO: Insights on Treaty Law and Economic Relations*. Cambridge: Cambridge University Press.

Jans, Jan H. 2000. *European Environmental Law* (2. ed.). Groningen, The Netherlands: Europa Law.

Johansen, Stian Øby. 2015. The Reintepretation of TFEU Article 344 in Opinion 2/13 and the Potential Consequences. *German Law Journal*, 16: 169-178.

Jørgensen, Knud Erik. 2006. A Multilateralist Role for the EU?. pp. 30-46 in *The European Union's Role in International Politics: Concepts and Analysis*, edited by Ole Elgström and Michael Smith. Oxon, UK: Routledge.

Kilian, Bertil and Ole Elgströn. 2010. Still a Green Leader? The European Union's Role in International Climate Negotiation. *Cooperation and Conflict*, 45, 3: 255-273.

Kleinheisterkamp, Jan. 2012. Investment Protection and EU Law: The Intra- and Extra-EU Dimension of the Energy Charter Treaty. *Journal of International Economic Law*, 15, 1: 85-109.

Kok, Wim. 2004. *Facing the Challenge: The Lisbon Strategy for Growth and Employment*. Luxembourg, Belgium: Office for Official Publications of the European Communities.

Konoplyanik, Andrey A. 1992. Lubbers Plan: Soviet Energy as Standpoint for

Improving Economic Reforms in USSR. *The Energy Journal*, 13, 3: 281-294.

Korenica, Fisnik and Dren Doli. 2016. A View on CJEU Opinion 2/13's Unclear Stance on and Dislike of Protocol 16 ECHR. *European Public Law Journal*, 22, 2: 269-286.

Koutrakos, Panos. 2008. Legal Basis and Delimitation of Competence of EU External Relations. pp. 171-198 in *EU Foreign Relations Law: Constitutional Fundamentals*, edited by Marise Cremona and Bruno de Witte. Oxford, UK: Hart.

Koutrakos, Panos. 2009. Case C-205/06 *Commission v. Austria*, Judgement of the Court (Grand Chamber) of 3 March 2009, not yet reported; Case C-249/06 *Commission v. Sweden*, Judgement of the Court (Grand Chamber) of 3 March 2009, not yet reported. *Common Market Law Review*, 46, 6: 2059-2076.

Krajewski, Markus. 2012. The Reform of Common Commercial Policy. pp. 292-306 in *EU Law after Lisbon*, edited by Andrea Biondi, Piet Eeckhout and Stefanie Ripley. New York: Oxford University Press.

Krämer, Ludwig. 2007. *EC Environmental Law* (6. ed.). London: Sweet & Maxwell.

Lamy, Pascal. 2001. *Harnessing Globalisation, Do we Need Cosmopolitics?*. Lecture presented at London School of Economics and Political Science, London. Retrieved from http://www.lse.ac.uk/collections/globalDimensions/lectures/ harnessingGlobalisationDoWeNeedCosmopolitics/transcript.htm

Lavranos, Nikolaos. 2009. *Commission v. Austria*, Case 205/06, Judgment, March 3, 2009; *Commission v. Sweden*, Case C-294/06, Judgment, March 3, 2009: European Court of Justice Decisions on the Legal Status of Pre-Accession Bilateral Investment Treaties Between European Union Member States and Third Countries. *Amerina Journal of International Law*, 103, 4: 716-722.

Lazowski, Adam and Rames A. Wessel. 2015. When Caveats Turn into Locks: Opinion 2/13 on Accession of the European Union to the ECHR. *German Law Journal*, 16: 179-212.

Leal-Arcas, Rafael. 2001. The European Community and Mixed Agreements. *European Foreign Affairs Rev*iew, 6, 4: 483-513.

Legal Consequences for States of the Constituted Presence of South Africa in Namibia (South West Africa) notwithstanding Security Council Resolution 276 [1970] Advisory Opinion, I.C.J. Reports 1971.

Lenaerts, Koen and Piet Van Nuffel. 2011. *European Union Law*. London: Sweet & Maxwell.

Lerch, Marika and Guido Schwellnus. 2006. Normative by Nature? The Role of Coherence in Justifying the EU's External Human Rights Policy. *Journal of European Public Policy*, 13, 2: 304-321.

Lisbon European Council. 2000. *Presidency conclusions.* Retrieved from http://www. consilium.europa.eu/ueDocs/ cms_Data/docs/pressData/en/ec/00100-r1.en0.htm

Lock, Tobias. 2010. EU Accession to the ECHR: Implications for the Judicial Review in Strasbourg. *European Law Review*, 35: 777-798.

Lock, Tobias. 2011. Walking on a Tightrope: The Draft ECHR Accession Agreement and the Autonomy of the EU Legal Order. *Common Market Law Review*, 48: 1025-1054.

Lock, Tobias. 2012. End of an Epic: the Draft Agreement on the EU's Accession to the ECHR. *Yearbook of European Law*, 31, 1: 162-197.

Lock, Tobias. 2015. The Future of the European Union's Accession to the European Convention on Human Rights after Opinion 2/13: Is it Still Possible and Is it Still Desirable?. *European Constitutional Law Review*, 11: 239-273.

Manners, Ian. 2002. Nrmative Power Europe: A Contradiction in Terms?. *Journal of Common Market Studies*, 40, 2: 235-258.

Manners, Ian. 2006. Normative Power Europe Reconsidered: Beyond the Crossroads. *Journal of European Public Policy*, 13, 2: 182-199.

Manzini, Pietro. 2001. The Priority of Pre-existing Treaties of EC Member States within the Framework of International Law. *European Journal of International Law*, 12, 4: 781-792.

Maressceau, Marc. 2004. Bilateral Agreements Concluded by the European Community. pp. 149-451 in *Collected Courses of the Hague Academy of International Law*, edited by the Hague Academy of International Law. Boston:

Martinus Nijhoff.

Martines, Francesca. 2014. Direct Effect of International Agreements of the European Union. *European Journal of International Law*, 25, 1: 129-147.

Massari, Maurizio. 2005. Do all Roads Lead to Brussels? Analysis of the Different Trajectories of Croatia, Serbia-Montenegro and Bosnia-Herzegovina. *Cambridge Review of International Affairs*, 18, 2: 259-273.

Mavu, Merve, Arif Oduncu and Didem Güne. 2013. The Possible Effects of Transatlantic Trade and Investment Partnership (TTIP) on Turkish Economy. *Munich Personal RePEc Archive (MPRA) Paper* No. 51900.

Meunier, Sophie. 2007. Managing Globalization? The EU in International Trade Negotiation. *Journal of Common Market Studies*, 45, 4: 905-926.

Meunier, Sophie and Kalypso Nicolaïdis. 2006. The European Union as a Conflicted Trade Power. *Journal of European Public Policy*, 13, 6: 906-925.

Morijn, John. 2014. Kissing Awake a Sleeping Beauty? The Charter of Fundamental Rights in EU and Member States' Policy Practice. pp. 123-140 in *The EU Accession to the ECHR*, edited by Vasiliki Kosta, Nikos Skoutaris and Vassilis P. Tzevelekos. Oxford, UK: Hart.

Nugent, Neill. 2000. EU Enlargement and 'the Cyprus Problem'. *Journal of Common Market Studies*, 38: 131.

O'Meara, Norreen. 2011. "A More Secure Europe of Rights?" The European Court of Human Rights, The Court of Justice of European Union and EU Accession to the ECHR. *German Law Journal*, 12: 1813-1832.

Orbie, J. 2008. *Europe's Global Role: External Policies of the European Union*. Aldershot, UK: Ashgate.

Peers, Steve. 2015. The EU's Accession to the ECHR: The Dream Becomes a Nightmare. *German Law Journal*, 16: 213-222.

Peskin, Victor. and Mieczysl aw P. Boduszyński. 2003. International Justice and Domestic Politics: Post-Tudjman Croatia and the International Criminal Tribunal for the Former Yugoslavia. *Europe-Asia Studies*, 55, 7: 1117-1142.

Portela, Clara and Kolja Raube. 2008. Six Authors in Search of a Notion: (In) coherence in EU Foreign Policy and its Causes. *Hamburg Review of Social Sciences*, 3, 1: 1-10.

Radu, Anca. 2008. Foreign Investors in the EU: Which "Best Treatment"? Interactions Between Bilateral Investment Treaties and EU Law. *European Law Journal*, 14, 2: 237-260.

Rasch, M. B. 2008. *The European Union at the United Nations: The Functioning and Coherence of EU External Representation in A State-Centric Environment.* Boston: Martinus Nijhoff.

Reiterer, Michael. 2005. *Interregionalism: A New Diplomatic Tool: The European Experience with East-Asia.* Paper presented at the 3rd Conference of the European Union Studies Association Asia-Pacific (EUSA-AP), 8-10 December, Tokyo, Japan. Retrieved from http://www.eusa-japan.org/download/eusa_ap/paper_MichaelReiterer.pdf (4 October 2012).

Scheipers, Sibylle and Daniella Sicurelli. 2007. Normative Power Europe: A Credible Utopia? *Journal of Common Market Studies*, 45, 2: 435- 457.

Scheipers, Sibylle and Daniella Sicurelli. 2008. Empowering Africa: Normative Power in EU-Africa relations. *Journal of European Public Policy*, 15, 4: 607-623.

Schimmelfennig, Frank. 2008. EU Political Accession Conditionality after the 2004 Enlargement: Consistency and Effectiveness. *Journal of European Public Policy*, 15, 6: 918-937.

Shan, Wenhua and S. Zhang. 2010. The Treaty of Lisbon: Half Way toward a Common Investment Policy. *European Journal of International Law*, 21, 4: 1049-1073.

Simma, Bruno. 1985. Self-contained Regimes. *Netherlands Yearbook of International Law*, 16: 111-136.

Simma, Bruno and Dirk Pulkowski. 2006. Of Planet and the Universe: Self-Contained Regimes in the International Law. *European Journal of International Law*, 17: 483-529.

Sjursen, Helene. 2006. The EU as A "Normative" Power: How Can This Be?. *Journal of European Public Policy*, 13, 2: 235-251.

Slingenberg, Yvon. 2004. Community Action in the Fight against Climate Change. pp. 209-227 in *Europe and the Environment: Legal Essays in Honour of Ludwig Krämer*, edited by Marco Onida. Groningen, the Netherlands: Europa Law.

Spencer, Thomas. Kristian Tangen and Anna Korppoo. 2010. *The EU and the Global Climate Regime* (Briefing Paper No. 55). Helsinki: The Finnish Institute of International Affairs.

Tan, Jr. and Chet J. 2003. The Proliferation of Bilateral Non-Surrender Agreements Among Non-Ratifiers of the Rome Statute of the International Criminal Court. *American University International Law Review*, 19, 5: 1115-1180.

Tietje, Christian. 2008. *The Applicability of the Energy Charter Treaty in ICSID Arbitration of EU National vs. EU Member States.* Berlin: Martin-Luther-University.

Timmermans, Christiaan. 2014. Some Ersonal Comments on the Accession of the EU to the ECHR. pp. 333-340 in *The EU Accession to the ECHR*, edited by Vasiliki Kosta, Nikos Skoutaris and Vassililis P. Tzevelekos. Oxford, UK: Hart.

Torres Pérez, Aida. 2014. Too Many Voices? The Prior Involvement of the Court of Justice of the European Union. pp. 29-44 in *The EU Accession to the ECHR*, edited by Vasiliki Kosta, Nikos Skoutaris and Vassililis P. Tzevelekos. Oxford, UK: Hart.

Touscoz, Jean. 1997. The Role of the European Union in the Framework of the Energy Charter Treaty. *European Foreign Affairs Review*, 2, 1: 23-32.

United Nations Framework Convention on Climate Change. n.d.a. *Declarations by Parties—United Nations Framework Convention on Climate Change.* Retrieved from http:// unfccc.int/essential_background/convention/items/5410.php

United Nations Framework Convention on Climate Change. n.d.b. *Declarations and reservations by parties—Kyoto Protocol.* Retrieved from http://unfccc.int/kyoto_protocol/status_of_ratification/items/5424.php

Van Sliedregt, Elies. 2012. *Individual Criminal Responsibility in International Law.* Oxford: Oxford University Press.

Van Vooren, Bart., Steven Blockmans and Jan Wouters. Eds. 2013. *The EU's Role in Global Governance: The Legal Dimension.* Oxford: Oxford University Press.

Vogler, John and Charlotte Bretherton. 2006. The European Union as a Protagonist to the United States on Climate Change. *International Studies Perspectives,* 7, 1: 1-22.

Vogler, Jan and Hannes R. Stephan. 2007. The European Union in Global Environmental Governance: Leadership in the Making?. *International Environmental Agreements,* 7, 4: 389-413.

Wehland, Hanno. 2009. Intra-EU Investment Agreement and Arbitration: Is European Community Law an Obstacle?. *International and Comparative Law Quarterly,* 58, 2: 297-320.

Weiler, Todd and Thomas Wälde. 2004. Investment Arbitration under the Energy Charter Treaty in the Light of New NAFTA Precedents: Towards a Global Code of Conduct for Economic Regulation. *Transnational Dispute Management,* 2004, 1. Retrieved from http://www.transnational-dispute-management.com/article.asp?key=31

WeB, Wolfgang. 2011. Human Rights in the EU: Rethinking the Role of the European Convention on Human Rights after Lisbon. *European Constitutional Law Review,* 7: 64-95.

Wessel, Ramses A. 2000a. The Inside Looking Out: Consistency and Delimitation in EU External Relations. *Common Market Law Review,* 37, 5: 1135-1171.

Wessel, Ramses A. 2000b. Revisiting the International Legal Status of the EU. *European Foreign Affairs Review,* 5, 4: 507-537.

Wessel, Ramses A. 2008. The EU as a Party to International Agreements: Shared Competences, Mixed Responsibilities. pp. 152-187 in *Law and Practice of EU External Relations-Salient Features of a Changing Landscape,* edited by Alan Dashwood and Marc Maresceau. Cambridge, UK: Cambridge University Press.

White, Simone. 2010. The EU's Accession to the Convention on Human Rights: A New Era of Closer Cooperation between the Council of Europe and EU. *New Journal of European Criminal Law,* 1: 433-446.

Wouters, Jan and Sudeshna Basu. 2009. The Creation of a Global Criminal Justice System: The European Union and the International Criminal Court. pp. 117-142 in *The Effectiveness of International Criminal Justice*, edited by Cedric Ryngaert. Antwerp, Belgium: Intersentia.

Wu, Chien-Huei. 2010. EU's Participation in the WHO and FCTC: A Good Case for "EU as a Global Actor?". *Asian Journal of WTO & International Health Law and Policy*, 5, 2: 467-496.

Wu, Chien-Huei. 2011. Foreign Direct Investment as Common Commercial Policy: EU External Economic Competence after Lisbon. pp. 375-400 in *EU External Relations Law and Policy in the Post-Lisbon Era*, edited by Paul J. Cardwell. The Hague, the Netherlands: TMC Asser Press.

Zarrilli, Siminetta. 2003. Domestic Taxation of Energy Products and Multilateral Trade Rules: Is This a Case of Unlawful Discrimination?. *Journal of World Trade*, 37, 2: 359-394.

Zimmermann, Hubert. 2007. Realist Power Europe? The EU in the Negotiations about China's and Russia's WTO Accession. *Journal of Common Market Studies*, 45, 4: 813-832.

國家圖書館出版品預行編目資料

里斯本下的歐盟對外關係：法律與政策／吳建
輝著. －－初版.－－臺北市：五南，2019.06
　　面；　公分
ISBN 978-957-763-209-8（平裝）
1.歐洲聯盟　2.論述分析
578.1642　　　　　　　　　　107021705

1UE1

里斯本下的歐盟對外關係：法律與政策

作　　者 — 吳建輝（60.9）

發 行 人 — 楊榮川

總 經 理 — 楊士清

副總編輯 — 劉靜芬

責任編輯 — 蔡琇雀、呂伊真、李孝怡

封面設計 — 姚孝慈

出 版 者 — 五南圖書出版股份有限公司

地　　址：106台北市大安區和平東路二段339號4樓

電　　話：(02)2705-5066　　傳　　真：(02)2706-6100

網　　址：http://www.wunan.com.tw

電子郵件：wunan@wunan.com.tw

劃撥帳號：01068953

戶　　名：五南圖書出版股份有限公司

法律顧問　林勝安律師事務所　林勝安律師

出版日期　2019年 6 月初版一刷

定　　價　新臺幣480元